Le Droit au quotidien

POUR LES NULS

Le Droit au quotidien POUR LES NULS

Dina Topeza-de la Croix

Avocat à la Cour

FIRST Editions

Mise en garde

Cet ouvrage, par sa vocation à appréhender de nombreux aspects du droit, est par essence incomplet. Dans certains domaines traités, il ne fait d'ailleurs qu'évoquer les grands principes.

N'étant pas un ouvrage de doctrine, il a pour objet de permettre une première approche juridique compréhensible et accessible à ceux qui n'ont pas étudié le droit et qui s'y trouvent confrontés au quotidien. En aucune façon, il ne peut « donner de solution », ni éviter de consulter un avocat ou un notaire.

Le droit au quotidien pour les Nuls

12, avenue d'Italie
75013 Paris
Tél : 01 44 16 09 00
Fax : 01 44 16 09 01
Courriel : firstinfo@efirst.com
Internet : www.pourlesnuls.fr

ISBN: 978-2-7540-2470-9
Dépôt légal: décembre 2013

Ouvrage initié par Benjamin Arranger
Édition : Laure-Hélène Accaoui
Relecture et corrections : Stéphanie Bouvet
Couverture : KN Conception
Mise en page : Catherine Kédémos
Illustrations de parties : Marc Chalvin
Indexation : Muriel Mékiès
Production : Emmanuelle Clément

Imprimé en France par Hérissey à Évreux (Eure) - N° 121455

Pour Thierry,

Pour Thibault et Typhaine,

Ma vie.

A propos de l'auteur

Maître Dina Topeza est avocat près la Cour d'appel de Paris. Elle a été une pionnière de la vulgarisation du droit en publiant de nombreux articles et ouvrages à destination du grand public, dont notamment *Le Guide pratique du droit* (Solar) et *Raconte-moi la justice* préfacé par Robert Badinter (Nouvelle Arche de Noé).

Formateur professionnel, elle intervient dans de nombreux séminaires et dans des Masters spécialisés.

Enseignante, elle est chargée de travaux dirigés à l'université Paris V et professeur de droit à l'École Spéciale des Travaux Publics de Paris.

Remerciements

À Laure-Hélène Accaoui qui, au delà de son travail d'éditeur, a permis que ce livre existe. Si j'ai tenu la plume et utilisé mon savoir, elle m'a tenu la main et sans son intuition, sans sa gentillesse, sa disponibilité, ses encouragements et son soutien, rien n'aurait été possible.

À Stéphanie Bouvet et à toutes ces fourmis de l'ombre qui ont aidé à la réalisation de cet ouvrage et grâce à qui ce livre a pu devenir ce qu'il est.

Enfin, à toutes celles et ceux qui ont croisé ma vie juridique et judiciaire, et qui, sans le savoir, ni le vouloir, ont façonné ma vision du droit.

Sommaire

Introduction 1

À propos de ce livre 1
Comment ce livre est organisé 1
Première partie : Le système juridique français 1
Deuxième partie : La famille 2
Troisième partie : Le droit de l'habitation 2
Quatrième partie : Consommer 2
Cinquième partie : Quand les biens sont en péril 3
Sixième partie : Le droit du travail 3
Septième partie : La partie des Dix 3
Annexes 4
Les icônes de ce livre 4
Comment utiliser ce livre ? 5

Première partie : Le système juridique français 7

Chapitre 1 : Les sources du droit 9

La Constitution 9
« *Primus inter pares* » 9
Un peu de droit constitutionnel 10
La loi 11
La loi organique 11
Le bloc législatif « ordinaire » 11
L'ordonnance 13
Un acte exceptionnel 13
Deux régimes pour le prix d'un 13
Le règlement 14
Le décret 14
L'arrêté 15

Chapitre 2 : Le pouvoir exécutif 17

Le président de la République 17
Tous aux urnes ! 17
Rôle et pouvoirs du président de la République 18
Le gouvernement 22
Le Premier ministre 22
Le gouvernement 23

La succession 193
La famille d'abord ! 193
Procédons par ordre… 193
Famille, je vous hais 194
La quotité disponible 195
Le testament 196
La part du fisc 198
Succession, l'accepter ou la refuser ? 198
Le régime de l'indivision 201

Chapitre 11 : La protection des mineurs émancipés et des majeurs 205

Modalités de la protection 205
Qui est concerné ? 206
Qui pour assister ou représenter la personne protégée ? 206
Combien ça coûte? 206
Les mesures d'accompagnement 207
La mesure d'accompagnement social personnalisé (MASP) 207
La mesure d'accompagnement judiciaire (MAJ) 208
La gestion du budget familial par un tiers 208
Le mandat de protection future 209
Comment le donner ? 209
Un mandat rien qu'à moi 209
Un mandat pour autrui 210
Les mesures judiciaires de protection 210
Qui demande ? 210
Le certificat médical, c'est o-bli-ga-toire ! 211
Qui décide ? 211
La mise sous sauvegarde de justice 211
La mise sous curatelle 215
La mise sous tutelle 220

Troisième partie : Le droit de l'habitation 227

Chapitre 12 : La copropriété 229

La copropriété, c'est quoi ? 229
Un ensemble de lots 229
Un accord écrit : le règlement de copropriété 230
Un représentant : le syndicat 230
Un carnet de bord : le carnet d'entretien 230
Assurances 231
Le syndicat doit être assuré… 231
… Comme le copropriétaire 232
Parties privatives et parties communes 233
Que dit la loi ? 233
Bornes et limites 234

Le règlement de copropriété 235
En cas de travaux 235
Envers ses voisins 236
Les charges 237
Les sanctions contre le propriétaire défaillant 238
En cas de non paiement des provisions sur charges 238
En cas de non paiement des charges exceptionnelles ou des arriérés 239
Frais complémentaires 240
En cas de mauvais usage des parties privatives 241
Le syndicat des copropriétaires 241
L'assemblée générale 241
Le syndic 244
Le conseil syndical 246
Les finances du syndicat 247

Chapitre 13 : La location 251

La location d'un logement vide en secteur libre 251
Quels sont les logements concernés ? 252
La candidature 253
Le contrat de bail 254
Le cautionnement 257
Le loyer et les charges 259
La sous-location 261
Les causes de résiliation anticipée du bail 261
L'expulsion du locataire 262
L'abandon du local loué 264
La fin normale du bail : le congé 266
La location meublée 269
Résidence principale ou pas ? 269
Contrat et constat : pour un locataire bien protégé 269
La colocation 271
Colocation : que dit la loi ? 272
Colocataires : responsables et solidaires 272
La location sociale 273
Logement social, pour qui ? 273
Quelques règles 273
Un loyer tout doux 274
Des charges variables 275
Un logement *ad vitam aeternam* ? 275
Logement à vendre ! 277
La location saisonnière 277
La location saisonnière, c'est quoi ? 277
La location saisonnière, mode d'emploi 278
Quelques obligations 280

Quatrième partie : Consommer 281

Chapitre 14 : Souscrire un crédit 283

Le crédit à la consommation 283
Quelques petites choses à savoir sur le crédit à la consommation 283
Les crédits concernés par la réglementation 284
Les crédits non concernés par la réglementation 286
Protection de l'emprunteur 286
Oups ! Je ne peux plus payer ! 288
Remboursement anticipé 289
Le crédit affecté 289
Le crédit immobilier 291
Les crédits concernés 291
Protection de l'emprunteur là aussi 292
J'accepte… c'est tout bon ? 294
En cas de refus, la condition suspensive 295
En cas de pépin dans l'exécution du contrat principal 296
Et si je n'arrive plus à payer ? 297
Remboursement anticipé 298

Chapitre 15 : Être protégé 301

Comment régler un litige 301
Pour éviter une action judiciaire 301
Saisir les tribunaux 302
Les organismes de protection des consommateurs 303
Le Conseil national de la consommation 303
L'Institut national de la consommation (INC) 303
La Direction générale de la concurrence, de la consommation et de la répression des fraudes (DGCCRF) 304
Les associations de consommateurs 304
La protection au niveau européen 304
L'information des consommateurs 305
Do you speak French ? 305
100 % quoi ? 305
Arrhes et acompte, c'est pareil ? 305
L'étiquetage des produits alimentaires préemballés 306
Ça vient d'où ? 307
Les garanties du consommateur en matière de vente de biens meubles corporels 308
La garantie de conformité 308
La garantie des vices cachés 309
Le démarchage à domicile 311
Où et quand ? 311
Pratique commerciale agressive, que faire ? 311
Le contrat, une obligation 312

Le droit de rétractation 312
Quel recours en cas d'abus ? 313

Chapitre 16 : Acheter à distance 315

La vente à distance traditionnelle 315
Je n'ai rien demandé moi ! 315
Le démarchage par téléphone 316
Le commerce électronique 316
L'obligation d'information 316
Concrétisation du contrat 318
Le paiement 319
En cas de changement d'avis 319
Quel recours en cas de non livraison ? 320
Qui est responsable ? 321
Juridiction compétente 321

Chapitre 17 : S'assurer 323

Les acteurs du contrat d'assurance 323
Ceux qui assurent 323
L'assuré 325
Le contrat d'assurance 325
Pour l'assureur : obligation de conseil 325
Pour le souscripteur : obligation d'information 326
La proposition d'assurance 328
La conclusion du contrat 328
Cas particulier : l'assurance à distance 329
Fin du contrat 330
Modification ou suspension du contrat 332
Les obligations de l'assuré 332
Obligation d'information : c'est grave docteur ? 332
Il faut payer ! 333
Déclarer le sinistre 334
Les litiges 336
Saisir le tribunal 336
Apporter des preuves 336

Chapitre 18 : Voyager 337

Obligations du prestataire 337
Obligation de conseil 337
Obligations relatives au contrat 338
Obligations en cas de modifications 338
Cession, annulation 339
L'annulation 339
La cession 340
Le forfait touristique, définition 340
Responsabilité 341

Chapitre 19 : Les véhicules terrestres à moteur 343

Protection du propriétaire d'un véhicule 343
Obligation d'information 343
Vices cachés et garantie de conformité 344
En cas de réparation 345
Boire ou conduire, il faut choisir 345
Les normes 346
Les contrôles d'alcoolémie 346
Les peines encourues 347
Les stupéfiants, c'est interdit aussi ! 348
À toute vitesse… ou pas 349
L'assurance en matière de véhicule automobile 350
L'assurance, c'est obligatoire ! 350
Les assurances facultatives 350
Personne ne veut de moi ! 351
Le FGAO 351
Déclaration de sinistre 351
Indemnisation de l'assuré et des victimes 352
À vélo vélo 353
S'assurer ou ne pas s'assurer ? 353
Les vélos et le Code de la route 354
Circuler en toute sécurité 354

Cinquième partie : Quand les biens sont en péril 355

Chapitre 20 : Le cautionnement 357

Les conditions juridiques au cautionnement 357
Quels cadres pour le cautionnement ? 357
Caution simple ou caution solidaire ? 358
Cautionnement civil et cautionnement commercial 360
Quelles conditions pour un cautionnement valable ? 361
Vices du consentement 361
La preuve et les limites du cautionnement 363
Droits et obligations de la caution 364
Durée du cautionnement 364
Protection en matière de crédit à la consommation 366
Recours contre le débiteur 367
Extinction du cautionnement 368
Cautionnement des dettes professionnelles 368

Chapitre 21 : Les voies d'exécution 369

La saisie 369
Quel titre présenter pour exécuter une saisie ? 369
Comment se protéger ? 370
Les biens déclarés insaisissables 371

Les mesures conservatoires ... 374
La mesure conservatoire, mode d'emploi ... 374
Quels recours en cas de mesure conservatoire ? ... 375
Une mesure conservatoire, ça concerne quoi ? ... 375
La saisie-vente des meubles corporels ... 377
Une saisie-vente, ça concerne quoi ? ... 377
Une saisie-vente, ça commence comment ? ... 377
Dans le vif du sujet… ... 378
Après la saisie… et avant la vente ... 379
Dernière étape : la vente des meubles ... 381
Deux saisies particulières ... 382
La saisie-attribution des meubles incorporels ... 384
La saisie-attribution, mode d'emploi ... 384
Quels effets sur le patrimoine ? ... 385
Meubles incorporels concernés ... 386
La saisie immobilière des immeubles ... 389
Qui provoque la procédure ? ... 390
Saisie immobilière, sous quelles conditions ? ... 390
Mesures de protection ... 391
Et après ? ... 391
La vente ... 392
Le juge de l'exécution ... 395
Pourquoi et comment saisir le juge de l'exécution ? ... 395
Déroulement de la procédure ... 396

Chapitre 22 : Le surendettement ... 399

Le surendettement, c'est quoi ? ... 399
Implications ... 399
Comment s'en sortir ? ... 400
Le dossier de surendettement ... 400
Constitution du dossier ... 401
Où déposer le dossier de surendettement ? ... 401
Et après ? ... 402
La commission de surendettement ... 402
Recevabilité de la demande ... 402
Y a-t-il surendettement ? ... 402
Mauvaise foi interdite ! ... 403
C'est oui ou c'est non ? ... 404
Contestation ... 405
Et après ? ... 405
Ouf, un peu de répit ! ... 405
Quid de l'expulsion ? ... 406
Un impératif : se montrer raisonnable ... 406
Comment sortir du surendettement ? ... 406
La solution amiable : le plan conventionnel de redressement ... 406
Alternatives au plan ... 409
La procédure de rétablissement personnel ... 412

Sixième partie : Le droit du travail 415

Chapitre 22 : Le contrat de travail 417

La conclusion du contrat de travail 417
Félicitations, vous êtes embauché ! 417
Rédaction (ou pas) du contrat de travail 418
Contrat à durée déterminée ou indéterminée ? 420
L'exécution du contrat de travail 421
La période d'essai 421
Les obligations réciproques 424
La sanction disciplinaire 425
Le licenciement pour motif personnel 427
Le licenciement, mode d'emploi 427
Les motifs de licenciement 429
Peut-on contester un licenciement ? 430
Le licenciement pour motif économique 431
La procédure en détail 431
Les motifs de contestation 432
La démission 432
Comment donner sa démission ? 433
Les conséquences 434
La rupture conventionnelle 435
À quelles conditions ? 435
L'entretien préalable 436
Les termes de l'accord 437
Se rétracter, c'est possible ! 438
L'homologation 438
Les droits du salarié 439
Deux autres formes de départs 440
Prendre acte de la rupture du contrat de travail 440
Demander la résiliation judiciaire du contrat de travail 441
La résolution judiciaire du contrat 442
L'heure de la retraite 442
Ne pas confondre… 442
La mise à la retraite 442
Quand c'est le salarié qui veut partir 444
La fin anticipée du CDD 445
Cinq situations possibles 445
Avis aux contestataires 445

Chapitre 23 : La santé au travail 447

La maladie au travail 447
L'arrêt maladie, mode d'emploi 447
Que devient le contrat de travail ? 449
Et après ? 450

La maternité au travail ... 450
Enceinte… et salariée ! ... 450
Des aménagements aux petits soins ... 452
Bienvenue au boulot ! ... 453
Le handicap au travail ... 454
Le travailleur handicapé, définition ... 455
Employer un travailleur handicapé, qui y est tenu ? ... 455
Les obligations de l'employeur ... 455

Chapitre 24 : La sécurité au travail ... 457

Respecter les temps de travail ... 457
Travailler, c'est quoi ? ... 457
Le temps de travail en détail ... 458
Les bornes des limites ... 459
Attention, danger ! ... 460
Le droit d'alerte : droit ou obligation ? ... 460
Le droit de retrait ... 461
Les risques psychosociaux ... 461
Cas spécifiques ... 465
Le travail posté ... 465
Le travail sur écran ... 466

Septième partie : La Partie des Dix ... 469

Chapitre 25 : Le crédit en dix points clés ... 471

Donner les bons renseignements ... 471
Une offre écrite, c'est o-bli-ga-toire ! ... 471
La rétractation, c'est un droit ! ... 471
Pas de bien, pas de crédit ! ... 472
Délai de réflexion, les sous attendront ... 472
Distinguer simulation et engagement du banquier ... 472
Une condition sous condition ... 472
Pas de contrat d'assurance, pas de prêt ... 473
Faire l'autruche, c'est non ! ... 473
Ne pas aggraver la situation ... 473

Chapitre 26 : Conseils juridiques pour 10 étapes clés de la vie quotidienne ... 475

Pour faire un état des lieux ... 475
Pour se porter caution ... 476
Pour signer un CDI ... 476
Pour écrire à la Banque de France ... 476
Pour rédiger une lettre de démission ... 477

Pour demander au syndic de copropriété la convocation d'une assemblée générale 477
Pour témoigner en justice 478
Pour se marier ! 478
Pour divorcer 479
Pour comprendre le système judiciaire français 480

Annexe A : Adresses utiles 481

Annexe B : Glossaire 485

Index 497

Introduction

Selon la définition du Petit Larousse, le droit, c'est « l'ensemble des principes qui régissent les rapports des hommes entre eux, et qui servent à établir des règles juridiques », le mot désignant aussi « l'ensemble des règles juridiques en vigueur dans une société ». Le dictionnaire poursuit en soulignant que « l'évolution du droit contemporain est marquée par une complexité croissante et par un enchevêtrement des branches de droit entre elles ». Or tout le monde n'est pas juriste… d'où ce livre !

À propos de ce livre

Ce livre a été conçu pour mettre le droit, dans ses applications les plus quotidiennes, à la portée de tous. Il servira de référence facile à consulter pour tous ceux qui se posent une question de droit mais qui n'ont aucune envie de mettre le nez dans le Code civil, le Code de la consommation ou encore le Code des procédures civiles !

Comment ce livre est organisé

Ce livre est organisé en six parties, consacrées à des sujets spécifiques, complétées d'annexes (glossaire, adresses utiles) et bien sûr, de la partie des Dix, si chère aux Nuls.

Première partie : Le système juridique français

La première partie de l'ouvrage vous donnera les bases nécessaires pour comprendre comment s'organisent les différents pouvoirs au sein de notre système démocratique et pour appréhender le système juridique français. Le premier chapitre reviendra aux sources du droit avec la Constitution, puis les trois chapitres suivants expliqueront respectivement les trois pouvoirs que sont l'exécutif, le législatif et le judiciaire. Le chapitre 5, enfin, s'intéressera au contrat (sa formation, sa vie et son exécution), ces principes édictés par le droit civil se retrouvant dans tous les autres domaines du droit dès qu'une relation contractuelle est en cause.

Deuxième partie : La famille

Pacs, mariages, naissances, adoption mais aussi, hélas, séparation, divorce, décès, c'est riche en événements une vie de famille ! C'est pourquoi la deuxième partie, qui traite du droit de la famille, est la plus conséquente de l'ouvrage. Le chapitre 6 s'intéressera à la vie commune, puisqu'une famille, c'est d'abord un couple. Suite que l'on pourrait qualifier de logique, le chapitre 7 traitera de la filiation, tandis que le chapitre 8 sera consacré à l'état civil (parce que lorsque l'on a un enfant, il faut bien lui donner un prénom et un nom !). Suite malheureuse mais fréquente, le chapitre 9 aura pour sujet la rupture du lien conjugal. Le chapitre 10 vous dira tout ce qu'il faut savoir sur le patrimoine familial, qu'il s'agisse de différencier les différents régimes matrimoniaux français ou de connaître les façons dont se transmet le patrimoine. Enfin, le chapitre 11 vous exposera la législation en matière de protection des mineurs anticipés ou des majeurs, une personne n'étant pas toujours apte à diriger sa vie toute seule.

Troisième partie : Le droit de l'habitation

Avec la deuxième partie de l'ouvrage, vous avez fondé une famille. Il va maintenant falloir songer à la loger ! Heureusement, cette troisième partie est là pour vous aider. Le chapitre 12 aura pour sujet la copropriété. Qui dit copropriété dit partage, avec d'autres propriétaires, de certains droits et jouissances… mais aussi d'obligations, qu'il vaut mieux connaître pour préserver de bonnes relations avec ses voisins ! Le chapitre 13 vous permettra des déjouer les pièges de la location en détaillant là encore les droits et les devoirs du propriétaire comme du ou des locataire(s).

Quatrième partie : Consommer

Consommer est un acte aussi naturel que se lever le matin. Pourtant, il ne faudrait pas croire qu'il est aussi anodin : la moindre baguette de pain peut faire l'objeta d'un litige, si le boulanger la vend comme étant bio alors qu'elle ne l'est pas ! Bien loin de ces farineux problèmes, le chapitre 14 vous mettra en garde sur le crédit à la consommation, qui se doit de respecter des règles strictes pour protéger les souscripteurs. Le chapitre 15 traitera d'ailleurs, sur un plan plus général, de la protection du consommateur, qui passe par des informations, des droits, des garanties, voire des recours, en cas de litige. Plus spécifique, le chapitre 16 vous présentera la législation particulière qui régit la vente à distance, en plein essor depuis quelques années grâce à Internet. Le chapitre 17 vous dira tout ce que vous devez savoir sur les assurances, en présentant les acteurs de l'assurance et en observant les contrats à la loupe. Enfin, le chapitre 18 vous fera voyager et le chapitre 19 vous expliquera tout ce qu'il faut savoir pour se déplacer par le biais d'un véhicule, à moteur ou non.

Cinquième partie : Quand les biens sont en péril

Chômage, divorce, placement immobilier hasardeux, la vie réserve parfois de mauvaises surprises… et les finances s'en ressentent, au point que l'on ne parvient plus à faire face à ses dettes. La cinquième partie de cet ouvrage se penche sur les circonstances qui peuvent conduire à la mise en péril des biens d'une personne et donne aussi des clés pour limiter la casse. Le chapitre 20 traite du cautionnement, un acte à ne pas prendre à la légère, car il engage les biens de la personne qui se porte caution, parfois bien au-delà de ce qu'elle aurait imaginé, en voulant juste « rendre service » ! Le chapitre 21 a pour objet les voies d'exécution, autrement dit les différentes procédures qui peuvent mettre en péril la libre disponibilité des biens. Il explique aussi comment y faire face voire s'y opposer. Cette partie s'achève avec le chapitre 22 et le surendettement, où comment sortir la tête de l'eau alors que l'on est submergé de dettes.

Sixième partie : Le droit du travail

Avoir un travail, c'est bien. Pouvoir le faire dans de bonnes conditions, c'est mieux… et c'est de toute façon ce qu'exige la loi ! Le droit du travail, qui fait l'objet de cette sixième partie, réunit précisément l'ensemble des normes juridiques qui régissent les relations entre un employeur et un travailleur. Concrétisation de ces relations et véritable sésame ouvrant les portes de l'entreprise, le contrat de travail sera d'abord examiné à la loupe dans le chapitre 23. Le chapitres 24 portera quant à lui sur la santé au travail, parce qu'on peut-être travailleur et malade, travailleur et handicapé ou travailleuse et enceinte ! Enfin, le chapitre 25 s'intéressera à la sécurité au travail, laquelle passe par le respect du temps de travail, et l'identification et la prévention des risques, *a fortiori* lorsque le poste présente des risques spécifiques.

Septième partie : La partie des Dix

Comme tout ouvrage « Pour les Nuls » qui se respecte, le livre s'achèvera avec la Partie des Dix. Vous y apprendrez comment conclure ou rompre un contrat en dix points clés au chapitre 26, vous adopterez les dix réflexes de la vente sur Internet avec le chapitre 27 et enfin, parce que les tribunaux c'est bien, mais c'est mieux si l'on n'a pas à y recourir, vous découvrirez, au chapitre 28, les dix précautions qui vous permettront (peut-être) d'éviter un procès.

Annexes

Vous trouverez dans les annexes :

- les adresses de nombreux organismes, associations ou instances dont il est question dans l'ouvrage,
- un glossaire, qui vous sera bien utile pour comprendre l'inévitable jargon juridique utilisé dans l'ouvrage. La première occurrence dans l'ouvrage de chaque mot du glossaire est indiquée par un astérisque. Si vous ne prenez pas le livre dans l'ordre et que vous butez sur un mot, reportez-vous au glossaire, il s'y trouvera sans doute…

Les icônes de ce livre

Au fil de l'ouvrage, de petites icônes sont disséminées ça et là pour attirer votre attention. Ne les négligez pas, elles distillent souvent de précieuses informations, chaque icône ayant une signification différente. Présentation :

Cette icône attire votre attention sur un cas particulier, un point de procédure ou une exception, bref, sur une foule de détails qui n'en sont pas.

Les textes estampillés par cette icône ont pour objet de vous mettre en garde. En matière de droit en effet, on ne se contente pas d'à peu près, les choses doivent être faites en bonne et due forme, en temps et en heure, ou sinon…

Les textes en regard de cette icône vous expliquent comment s'effectuent certains actes ou procédures, parce que même si l'on connait la théorie, il faut encore savoir l'appliquer !

Comme son nom l'indique, un texte estampillé « Exemple » illustre concrètement un point de droit un peu complexe, pour montrer ce que la théorie peut donner en pratique.

À chaque situation, un interlocuteur. Les textes correspondant à cette icône vous permettent de connaître le bon.

Les situations présentées en regard de cette icône sont celles qui ont créé un précédent et qui peuvent désormais servir d'exemples.

Comment utiliser ce livre ?

Si vous souhaitez trouver des informations sur un point de droit ou une procédure particulière, le sommaire vous permettra facilement d'atteindre le chapitre concerné. Rien ne vous empêche cependant d'entreprendre de lire ce livre linéairement dans sa totalité, nul doute que vous découvrirez des informations susceptibles de vous intéresser dans chaque chapitre.

Première partie

Le système juridique français

Dans cette partie :

Difficile de comprendre le droit, de prendre la mesure de son importance dans la vie quotidienne sans connaître comment s'organisent les différents pouvoirs au sein de notre système démocratique et sans connaître l'origine de ce système juridique.

Cette première partie va permettre de comprendre la hiérarchie des règles de droit qui nous gouvernent afin de saisir la cohérence du système. Nous verrons aussi que comprendre les pouvoirs de ceux qui nous gouvernent est utile pour apprécier les enjeux politiques. Nous décortiquerons le système judiciaire afin de savoir devant quel tribunal porter un litige… si toutefois on n'a pas opté pour une autre alternative. Enfin, nous consacrerons le dernier chapitre de cette partie aux relations contractuelles, auxquelles tout un chacun est amené à prendre part au cours de sa vie.

N.B. : Sauf mention contraire, les articles cités dans cette partie sont issus de la Constitution du 4 octobre 1958 pour les quatre premiers chapitres et du Code civil pour le chapitre V.

Chapitre 1

Les sources du droit

Dans ce chapitre :

- La Constitution, norme juridique suprême
- La loi : qui la vote, sur quoi porte-t-elle ?
- L'ordonnance, un acte rare
- Le règlement, l'apanage des élus

Quel que soit le domaine d'étude que l'on envisage, on ne peut en acquérir de connaissances approfondies sans en avoir tout d'abord étudié les fondamentaux. Ce chapitre propose de revenir aux sources du droit, en énumérant, en détaillant et en hiérarchisant les différentes normes juridiques de notre système législatif… à commencer par la plus importante d'entre elles : la Constitution.

La Constitution

La Constitution se compose d'un ensemble de textes juridiques (un préambule et 89 articles) qui définit les différentes institutions composant l'État et qui organise leurs relations.

« Primus inter pares »

« *Primus inter pares* » (premier parmi ses pairs), la Constitution est la norme suprême. Son préambule affirme l'attachement du peuple français « aux droits de l'homme » et aux principes de la souveraineté nationale tels qu'ils ont été définis par la Déclaration de 1789, confirmés et complétés par le préambule de la Constitution de 1946 et celui de la Constitution de 1958, ainsi qu'aux droits et devoirs définis dans la charte de l'environnement de 2004.

Formellement, c'est la norme juridique supérieure à l'ensemble des autres normes juridiques produites et applicables dans l'ordre juridique national. En pratique, cela signifie que toutes nos lois, tous nos règlements, doivent être conformes à la Constitution. Le Conseil constitutionnel est le garant de cette conformité.

Lorsque l'on veut simplement modifier une ou plusieurs parties de la Constitution, on utilise la loi de révision constitutionnelle. Sous la Ve République, elle a permis d'adapter la Constitution à l'évolution de notre société sans pour autant remettre en cause le texte initial. Elle a été utilisée par exemple pour octroyer des prérogatives au citoyen (création de la question préalable de constitutionnalité).

Un peu de droit constitutionnel

La Constitution n'est pas un texte immuable. On peut en effet la modifier dans son intégralité ou dans certaines de ses dispositions : si l'on rédige et que l'on fait approuver une nouvelle Constitution, c'est que l'on veut changer de République ; si l'on ne veut pas changer de République mais adapter le texte de la Constitution, on va en réformer certains points.

La Constitution peut être révisée par :

- le peuple, par un vote lors d'un referendum,
- le Congrès (qui réunit les deux chambres, c'est-à-dire Assemblée Nationale et Sénat), qui va devoir se prononcer sur les textes qui lui sont soumis.

Il existe néanmoins quelques limites à la liberté constituante du peuple ou de ses représentants. Ainsi, aucune révision ne peut porter atteinte à l'intégrité du territoire ni à la forme républicaine du gouvernement (art. 89).

La dernière réforme constitutionnelle d'envergure a été votée par le Parlement réuni en congrès à Versailles le 23 juin 2008.

Un peu d'histoire

Que ce soit en congrès ou par voie de referendum, la Constitution a connue 24 révisions depuis 1958. Certaines ont permis la modernisation des institutions :

- La réforme du 6 novembre 1962 a institué l'élection du président de la République au suffrage universel direct.
- La réforme du 2 octobre 2000 a instauré le quinquennat présidentiel.
- La réforme du 23 juillet 2008 a accordé de nouveaux droits aux citoyens.

D'autres ont pris en considération le nouvel environnement géopolitique :

- La réforme du 25 juin 1992 a introduit dans la Constitution un nouveau titre « Des communautés européennes et de l'Union européenne ».

D'autres enfin, ont permis de prendre en considération les exigences de la vie en société :

- La réforme du 1er mars 2005 a hissé au rang de principe constitutionnel les règles contenues dans la Charte de l'Environnement.

La loi

Il existe une hiérarchie au sein des textes législatifs qui, en tout état de cause, doivent être conformes aux principes édictés par la Constitution.

La loi organique*

La loi organique se situe entre la Constitution et la loi. Elle a généralement pour objet de préciser l'organisation et le fonctionnement des pouvoirs publics. Elle se différentie de la loi ordinaire pour deux raisons :

- sa procédure d'adoption est plus contraignante,
- le Conseil constitutionnel doit systématiquement vérifier qu'elle est conforme à la Constitution avant qu'elle ne soit promulguée*.

Le bloc législatif « ordinaire »

La loi ordinaire* est un texte législatif voté par le Parlement, selon la procédure établie par la Constitution.

Qui détient l'initiative ?

L'initiative des lois appartient :

- soit au Premier ministre (on parle alors de projet de loi),
- soit aux membres du Parlement (on parle alors de proposition de loi).

Depuis la Ve République, la majorité de nos lois sont d'origine gouvernementale (environ 90 % !).

Une loi, oui, mais sur quoi ?

C'est l'article 34 de la Constitution qui détermine quels sont les domaines dans lesquels la loi ordinaire, créatrice de règles de droit, peut intervenir et être votée par le Parlement. Ainsi, par exemple, la loi fixe les règles concernant :

- la nationalité,
- l'état et la capacité des personnes,
- les régimes matrimoniaux,
- les successions et libéralités*.

La loi détermine également les principes fondamentaux :

- de l'enseignement,
- de la préservation de l'environnement,
- du droit du travail,
- du droit syndical,
- de la sécurité sociale.

Deux exceptions : la loi de finances et la loi référendaire

Le plus souvent, la loi est votée par le parlement, selon les règles communes de la procédure législative.

Certaines lois sont élaborées dans des conditions spécifiques (dans des délais particuliers par exemple). C'est le cas des lois de finances, qui déterminent les recettes et les utilisations des finances de l'État ou encore des lois de financement de la sécurité sociale.

Lorsque la loi qui existe s'applique à la suite, non pas d'un vote du parlement, mais de celui des citoyens qui se sont exprimés par la voie du referendum, on parle de loi référendaire.

Anticonstitutionnellement… ou pas !

La loi, en application du principe de la hiérarchie des normes, doit être conforme à la Constitution et aux traités internationaux. Ce principe permet de remettre en cause une loi ou certaines dispositions d'une loi. Lorsque la conformité d'une loi est remise en cause au regard des principes de notre Constitution, c'est le Conseil constitutionnel qui statue. Lorsqu'elle est remise en cause par rapport à une norme internationale, c'est le juge judiciaire ou administratif qui statue. Ce peut être également la Cour européenne de Strasbourg.

L'ordonnance*

La Constitution ouvre la possibilité au Gouvernement de prendre par ordonnances des mesures qui sont normalement du domaine de la loi (art. 38). Le Parlement va voter « une loi d'habilitation » qui va permettre au gouvernement de prendre des ordonnances en Conseil des ministres, pour une durée limitée.

Un acte exceptionnel

Contrairement à la loi, l'ordonnance n'est pas votée, c'est un acte unilatéral, exceptionnel, qui émane du Gouvernement et qui ne peut être pris que pour l'exécution de son programme.

Le gouvernement Villepin a demandé au Parlement de pouvoir prendre des « mesures d'urgence pour l'emploi » (loi d'habilitation n° 2005-846 du 26 juillet 2005). Dûment habilité, il a pu prendre six ordonnances qui lui ont permis de mettre en œuvre sa politique pour l'emploi sans attendre le vote du Parlement.

Pour pouvoir être exécutées, les ordonnances doivent être signées par le président (art. 13). S'il refuse, il paralyse l'action du gouvernement (c'est ce qu'a fait Mitterrand en 1986 lors de la première cohabitation et Chirac lors de la seconde !).

Deux régimes pour le prix d'un

L'ordonnance se situe entre le bloc législatif et le bloc réglementaire. En effet, avant sa ratification par le Parlement, l'ordonnance a valeur de règlement, c'est un acte administratif. En revanche, après sa ratification, par une loi votée par le Parlement, elle prend valeur de loi, ce qui fait d'elle un acte législatif.

Les ordonnances deviennent caduques si le projet de loi de ratification n'est pas déposé devant le Parlement avant la date fixée par la loi d'habilitation.

Le règlement

La règle de droit est ici établie unilatéralement par le président de la République, le Premier ministre et, par délégation, les ministres, les préfets, les maires et les autres personnes habilitées.

- Lorsque ces actes émanent du président de la République, du Premier ministre ou des ministres, ce sont des décrets*.
- Lorsque les initiateurs sont des ministres, des préfets ou des maires, on parle d'arrêtés*.
- Lorsqu'ils proviennent d'autres sources, il s'agit de décisions ou délibérations.

Tous les décrets sont publiés au Journal officiel, tous les arrêtés doivent être publiés ou affichés. Un acte réglementaire qui n'a pas été publié ou affiché ne peut être invoqué pour faire reconnaître ou revendiquer un droit.

Le décret

Un décret est un acte à portée réglementaire ou individuelle pris par le président de la République, le Premier ministre ou d'autres ministres. On parle ainsi de décret présidentiel, de décret interministériel ou de décret ministériel. Il existe deux types de décrets.

Le décret d'application*

Les décrets d'application sont des textes complémentaires qui permettent d'appliquer la loi. Sans eux, la plupart des lois ne pourraient être appliquées. Ces actes administratifs doivent, par définition, être directement subordonnés à la loi.

Parfois, les décrets d'application sont rédigés très longtemps après le vote d'une loi, ainsi par exemple la loi du 22 décembre 2010 qui a créé l'article 14-1 de la loi du 6 juillet 1989, dont le décret d'application est paru le 10 août 2011 !

Le décret autonome

Le décret autonome correspond à la décision du pouvoir réglementaire dans les domaines qui ne sont pas attribués au Parlement par la Constitution. On le qualifie d'« autonome » car il n'est pas lié à une loi préalable. En revanche, il est bien sûr subordonné à la Constitution.

L'arrêté

Hiérarchiquement inférieur, l'arrêté est un texte réglementaire secondaire. Il peut être interministériel, ministériel, préfectoral ou encore municipal. Sa portée est bien souvent plus réduite que celle d'un décret.

Chapitre 2

Le pouvoir exécutif

Dans ce chapitre :

- Rôle et pouvoirs du président de la République
- Le Premier ministre : qui est-il ? Que fait-il ?
- Le gouvernement : actions et moyens d'actions

En France, le pouvoir exécutif est aux mains du président de la République, du Premier ministre et du gouvernement. Mais attention, chacun a un rôle et dispose de pouvoirs bien définis. Et qu'ils le veuillent ou non, ils sont bien obligés d'interagir les uns avec les autres. Ainsi le veut la Constitution...

Le président de la République

« Clé de voûte des institutions », le président de la République est l'homme fort du régime. C'est lui qui assure, par son arbitrage, « le fonctionnement régulier des pouvoirs publics » (art. 5). La durée du mandat présidentiel est désormais identique à celle de l'Assemblée nationale. La réduction à cinq ans du mandat présidentiel et le fait que l'élection du chef de l'État précède désormais celle de l'Assemblée nationale ont été mises en place afin d'essayer de limiter les cas de cohabitation entre un président issu d'une majorité et une Assemblée issue d'une autre majorité. Cette nouvelle situation devrait renforcer la prééminence du président de la République.

Tous aux urnes !

Tout citoyen de nationalité française, âgé de 18 ans, qui jouit de ses droits civiques* et qui a pu recueillir au moins cinq cents signatures d'élus peut se présenter comme candidat à la Présidence de la République.

L'élection a lieu au scrutin majoritaire uninominal à deux tours. Pour être élu au premier tour, le candidat doit obtenir la majorité absolue (cela ne s'est jamais présenté). Lors du second tour, seuls les deux candidats qui sont arrivés en tête peuvent prétendre aux suffrages. Ainsi, en 2002, Jean-Marie Le Pen, qui avait obtenu 16,86 % des suffrages exprimés au premier tour, s'est retrouvé au second tour face à Jacques Chirac, qui avait récolté 19,88 % des voix. En revanche, Lionel Jospin, qui n'avait recueilli que 16,18 % des suffrages, n'avait pas pu y participer.

Dans le cadre d'un suffrage majoritaire, seuls sont comptabilisés les votes exprimés ; les votes blancs (ceux dont l'enveloppe ne contient aucun nom) et les votes nuls (ceux dont les enveloppes contiennent deux bulletins par exemple) ne sont pas comptabilisés.

Rôle et pouvoirs du président de la République

Arbitre pour certains, garant de la continuité de l'État pour d'autres, le président de la République assure la direction de l'économie, du secteur social et des relations de la France à l'international. Cependant, il n'assure pas toujours seul ces pouvoirs, certaines décisions se faisant en collaboration avec ses ministres. On distinguera donc pouvoirs propres et pouvoirs partagés.

Seules des circonstances exceptionnelles (art. 16) permettent au président de cumuler les pouvoirs propres et les pouvoirs partagés.

En solo : les pouvoirs propres

Tout d'abord, le président peut nommer seul le Premier ministre (art. 8). Cette liberté connaît cependant une contrainte puisque le régime est parlementaire. Pratiquement, il faut que le Premier ministre désigné puisse obtenir une majorité à l'Assemblée National afin que celle-ci accorde sa confiance au gouvernement et éviter le risque de censure. Le président ne peut donc choisir le Premier ministre que dans « la majorité » qui se dégage à l'Assemblée nationale.

C'est d'ailleurs cet impératif qui a entraîné ce que l'on a appelé le régime de la cohabitation (d'abord entre François Mitterrand, président socialiste et Jacques Chirac Premier ministre RPR puis entre Jacques Chirac président RPR et Lionel Jospin, Premier ministre socialiste).

Dans le cadre de ses pouvoirs propres, le président nomme aussi trois membres du Conseil constitutionnel et en désigne son président (art. 56).

Le président peut recourir au referendum (art. 11) pour tout projet de loi concernant :

- l'organisation des pouvoirs publics (comme par exemple celui qui concernait l'élection du président au suffrage universel en 1962),
- la ratification d'un traité qui, sans être contraire à la Constitution, aurait des incidences sur le fonctionnement des institutions (ainsi les accords d'Évian),
- des réformes relatives à la politique économique et sociale de la nation et aux services publics qui y concourent.

Le président peut dissoudre l'Assemblée nationale mais il doit au préalable consulter le Premier ministre et les présidents des deux assemblées (art. 12). Cette faculté est cependant interdite dans trois situations :

- si le président dispose des pleins pouvoirs (art. 16),
- si une dissolution a déjà eu lieu dans l'année,
- dans le cas d'un intérim de la Présidence.

La dissolution de l'Assemblée nationale, une bonne idée… ou pas !

Parmi les dissolutions les plus marquantes figure celle de François Mitterrand le 22 mai 1981, qui dissout une Assemblée nationale qui lui est hostile (majorité de droite). Cela permet à la majorité présidentielle de gauche de se dégager après les nouvelles élections. On retiendra aussi celle de Jacques Chirac le 21 avril 1997, dont le résultat n'est pas conforme à ce que le président en attendait puisque la gauche plurielle remporte le scrutin et que le président perd la majorité dont il bénéficiait à l'Assemblée !

Le président dispose d'un droit de message (art. 18) avec les deux assemblées (Assemblée nationale et Sénat). Ce n'est pas un dialogue ni un débat ; cette attribution se concrétise par la lecture de sa stratégie par le président de chaque assemblée.

Le président dispose du pouvoir de saisir le Conseil constitutionnel s'il considère qu'une loi, avant sa promulgation (art. 61), ou un traité (art. 54) ne sont pas conformes à la Constitution.

Il préside aussi certains organismes, comme par exemple le Conseil des ministres (art. 9), ou encore le Conseil supérieur de la magistrature (art. 65).

En tant que chef des armées, c'est à lui qu'incombe la responsabilité de donner l'ordre d'engager la force armée (art. 5).

Enfin, le président de la République dispose du droit de grâce. Il s'agit d'une prérogative traditionnelle des chefs de l'État héritée de la monarchie, qui permet de dispenser un condamné d'effectuer tout ou partie de sa peine (art. 17). Ce pouvoir était d'autant plus important qu'avant l'abolition de la peine de mort (qui a eu lieu le 9 octobre 1981), il pouvait remettre en cause le verdict de la Cour d'assises.

Valéry Giscard d'Estaing est le dernier président à avoir été confronté à cette alternative. Il a refusé d'accorder la grâce présidentielle à Hamida Djandoubi. Ce dernier fut décapité à la prison des Baumettes à Marseille, le 10 septembre 1977.

Depuis la révision constitutionnelle du 23 juillet 2008, la grâce présidentielle doit être accordée individuellement, ce qui ne permet plus de grâces collectives (comme par exemple l'annulation des contraventions !).

À plusieurs : les pouvoirs partagés

Certains pouvoirs ne peuvent être exercés par le président sans le contreseing* soit du Premier ministre, soit des ministres concernés. Ces pouvoirs partagés peuvent poser problèmes en cas de cohabitation puisque chacun peut refuser la signature d'actes qu'il réprouve !

Sur proposition du Premier ministre, le président va nommer les autres membres du gouvernement (ministres d'État, ministres, ministres délégués, secrétaires d'État). Il pourra le cas échéant mettre fin à leurs fonctions, dans les mêmes conditions (art. 8).

Lorsqu'une loi est définitivement votée, le président de la République doit, dans les 15 jours qui suivent le vote, promulguer cette loi en la contresignant (art. 10).

Les ordonnances sont également une illustration de ces pouvoirs partagés car si elles sont prises par le gouvernement, elles sont soumises au contreseing du président de la République. Si le président refuse de signer, le gouvernement est alors obligé de soumettre le texte à la lecture et aux votes du Parlement, ce qui va retarder son application (art. 38). Au cours des deux cohabitations, Mitterrand a refusé de signer différentes ordonnances, Chirac également.

Le président de la République signe également les décrets délibérés en Conseil des ministres.

Le président de la République peut convoquer le Parlement en session extraordinaire par décret sur un ordre du jour déterminé, à la demande du

Premier ministre ou de la majorité des membres composant l'Assemblée nationale (art. 29).

Le président négocie et ratifie les traités en collaboration avec les ministres concernés (art. 52).

Enfin, il dispose du pouvoir d'initialiser la révision de la Constitution, mais c'est en étroite collaboration avec le Premier ministre et dans des conditions très précises (art. 89).

L'article 16 : I've got the power !

Les dispositions de l'article 16 permettent au président de la République de se saisir de tous les pouvoirs. On parle alors de pouvoirs exceptionnels. Pour que l'article 16 puisse être mis en place, depuis la réforme constitutionnelle du 23 juillet 2008, deux conditions de fond doivent être réunies :

- Une « menace grave et immédiate » doit peser sur « les institutions de la République, l'indépendance de la Nation, l'intégrité de son territoire ou l'exécution de ses engagements internationaux ». Sont en particulier visés les guerres et tous les mouvements insurrectionnels.
- Le fonctionnement régulier des pouvoirs publics constitutionnels doit être interrompu.

C'est au président de la République qu'il appartient d'apprécier si les deux conditions sont remplies.

Cette analyse peut toutefois être remise en cause par le Parlement, s'il estime que le président outrepasse ses droits. Le Parlement dans ces conditions peut se réunir en Haute Cour et destituer le président pour manquement à ses devoirs, manifestement incompatible avec l'exercice de son mandat.

Ce garde-fou est d'autant plus important qu'en cas d'application de l'article 16, la répartition des pouvoirs telle qu'elle est prévue par la Constitution n'est plus applicable. Cette « dictature momentanée » permet au président de la République de réunir entre ses mains les trois pouvoirs (exécutif, législatif et judiciaire), dont la séparation constitue l'essence même de notre démocratie.

Le président de la République exerce les pleins pouvoirs et « prend les mesures exigées par les circonstances ». Ces mesures « doivent être inspirées par la volonté d'assurer aux pouvoirs publics constitutionnels, dans les moindres délais, les moyens d'accomplir leur mission ». Les décisions prises par le président de la République sont soumises pour avis au Conseil constitutionnel.

Depuis le 1er octobre 1958, cet article a été appliqué une seule fois, du 25 avril au 20 septembre 1961, à la suite de la tentative de putsch militaire survenue à Alger.

Pour contrebalancer ce pouvoir exorbitant, pendant la durée de mise en œuvre des pouvoirs exceptionnels, le Parlement se réunit de plein droit et l'Assemblée nationale ne peut être dissoute. De plus, ce droit n'est plus absolu puisque depuis la révision du 23 juillet 2008, après 30 jours d'exercice des pouvoirs exceptionnels, le Conseil constitutionnel peut être saisi par le président de l'Assemblée nationale, le président du Sénat, soixante députés ou soixante sénateurs, afin d'examiner si les conditions énoncées pour recourir aux pouvoirs exceptionnels prévus par l'article 16 demeurent réunies. Il y a donc désormais une possibilité démocratique de revenir sur cette situation.

Le gouvernement

Le gouvernement est composé d'un Premier ministre et de ministres qui vont partager avec le président de la République le pouvoir de diriger la politique de la Nation.

Le Premier ministre

Le Premier ministre est nommé par le président de la République, qui le choisit en tenant compte de la composition de la majorité parlementaire. La durée de ses fonctions n'est limitée par aucun texte, elle peut dépendre des circonstances (cohabitation, élection) ou de la volonté du président. Lorsqu'il y a divergences, le président « demande » au Premier ministre de remettre sa démission.

Un peu d'histoire

Un exemple frappant de cette démission forcée est donné dans la lettre de démission de Jacques Chaban-Delmas en 1972 au président Georges Pompidou :

« Monsieur le président,

Vous m'avez fait part de votre intention de changer le gouvernement, j'ai donc l'honneur de vous présenter la démission du gouvernement. » (*Droit Constitutionnel*, O.Gohin, éd. LITEC)

Subordonné au président de la République, le Premier ministre est le chef du gouvernement, dont il va composer la liste des membres à la nomination du président de la République. C'est lui qui « dirige l'action du gouvernement » (art. 21) et qui défend la politique générale de son gouvernement devant l'Assemblée Nationale.

Il a l'initiative des lois (art. 39, alinéa 1), qui doivent lui permettre de réaliser sa politique. Il veille à leur exécution et possède le pouvoir réglementaire (art. 21). Il peut décider d'engager la responsabilité du gouvernement (art. 49, alinéa 3) sur un texte en discussion.

Il est responsable de la défense nationale (même si seul le président de la République peut donner l'ordre de déclarer la guerre).

Il est le chef suprême de l'administration et à ce titre, procède aux nominations des emplois civils et militaires.

Le gouvernement

Les membres du gouvernement sont nommés par le président sur proposition du Premier ministre (art. 8). Comme pour le Premier ministre, il n'y a pas de durée prédéterminée. La démission ou le changement de l'un ou de plusieurs de ses membres peut intervenir sans pour autant entraîner un changement de gouvernement.

Le gouvernement n'est pas un groupe homogène car il existe une « hiérarchie » au sein de ses membres. Viennent en premier les ministres d'État, dont le titre est honorifique. Il désigne par exemple le ministre de l'Intérieur ou le ministre de la Justice. Le nombre de ministres d'État varie d'un gouvernement à l'autre. Puis viennent les ministres, parfois les ministres délégués et enfin les secrétaires d'État. Les membres du gouvernement peuvent être choisis dans la majorité politique (députés ou sénateurs) mais aussi dans la société civile (André Malraux, Bernard Kouchner…). Homme politique, le ministre est avant toute chose le chef d'une administration, celle qui dépend de son ministère.

La fonction de ministre est exclusive d'autres activités. Ainsi, lorsqu'un parlementaire est désigné comme membre du gouvernement, il doit céder la place à son suppléant. S'il est avocat ou médecin, il ne peut plus exercer pendant la durée de ses fonctions.

Pour déterminer et conduire la politique de la Nation (art. 20), le gouvernement dispose de l'administration et la force armée. Il a aussi le pouvoir de soumettre au Parlement des amendements*.

L'action du gouvernement s'exerce majoritairement collégialement, au sein notamment de formations mais cet exercice collégial n'exclut pas que certains membres du gouvernement disposent de pouvoirs propres au sein de leur ministère.

Le Conseil des ministres est la plus importante des formations du gouvernement. Il se réunit chaque mercredi sous la Présidence du Premier ministre et en présence du chef de l'État. Vient ensuite le Conseil de cabinet, qui se réunit sous l'autorité du Premier ministre hors de la présence du président. Le Comité interministériel, quant à lui, réunit, pour l'examen d'une question particulière intéressant plusieurs ministères, les ministres concernés autour du Premier ministre. Enfin, les Conseils restreints, encore appelés « comités de l'Elysée », se tiennent sous la présidence du Premier ministre, avec la participation des membres de l'entourage du président de la République.

Et l'Europe dans tout ça : le pouvoir exécutif européen

Comme toute organisation politique démocratique, les institutions européennes respectent la séparation des pouvoirs. La Communauté européenne est donc dotée d'un organe exécutif, d'un parlement et d'institutions judiciaires.

La Commission européenne est l'organe exécutif de l'Union européenne. Elle représente les intérêts de l'Union dans son ensemble. Elle est composée d'un président, désigné par le Conseil européen pour un mandat de cinq ans et de 26 commissionnaires. Le président choisit les commissaires (et définit leurs domaines de compétences) parmi les candidats présentés par les États membres. La liste des commissaires est soumise à l'approbation du Conseil des ministres, puis du Parlement.

Chapitre 3

Le pouvoir législatif

Dans ce chapitre :

- L'Assemblée nationale : qui sont les députés ?
- Le Sénat : qui sont les sénateurs ?
- Le rôle du Parlement dans l'élaboration de la loi et dans le contrôle du gouvernement

En France, le pouvoir législatif appartient au Parlement, c'est-à-dire aux députés de l'Assemblée nationale mais aussi aux sénateurs. Qui sont ces hommes – et ces femmes, parité oblige ! – qui votent les lois, par qui sont-ils élus et qu'attend-on d'eux exactement ? C'est ce que nous allons découvrir dans ce chapitre.

L'Assemblée nationale

Cette chambre, composée de députés, est élue au suffrage universel direct selon le système du scrutin uninominal majoritaire à deux tours. La durée du mandat d'un député est de cinq ans.

Qui élit les députés ?

Les députés et leurs suppléants* sont choisis par les électeurs. Pour avoir la qualité d'électeur, il faut être de nationalité française, être âgé de 18 ans révolus et jouir de ses droits civils et politiques.

ATTENTION !

Devenir électeur est un acte volontaire. Avoir 18 ans ne suffit pas, encore faut-il s'inscrire sur une liste électorale avant le 31 décembre de chaque année civile.

L'inscription sur les listes électorales peut se faire :

- à la mairie de son domicile,

- à la mairie d'une commune dans laquelle on est assujetti aux impôts locaux depuis au moins 5 ans,
- à la mairie de sa résidence à condition d'y résider de manière effective et continue depuis au moins 6 mois,
- à la mairie de la commune où l'on est assujetti à résidence obligatoire en tant que fonctionnaire public.

EN PRATIQUE

Comment confier son vote : la procuration

Que l'on soit empêché de voter, volontairement (vacances par exemple) ou pour des raisons physiques (maladie par exemple), on peut donner une procuration à un tiers de confiance qui votera selon les consignes qu'on lui aura données.

C'est très simple mais il faut s'y prendre suffisamment à l'avance. Il suffit de se présenter au commissariat de police, à la brigade de gendarmerie ou au tribunal d'instance de son domicile ou de son lieu de travail (pour les personnes résidant à l'étranger, ce sera au consulat ou à l'ambassade) et de remplir le formulaire qui justifie son absence. Si l'on ne peut se déplacer (maladie, invalidité), une personne de la police vient à domicile. Une pièce justificative d'identité, admise pour pouvoir voter (carte nationale d'identité, passeport ou permis de conduire ou de chasser par exemple), doit être présentée.

Qui peut devenir député ?

Pour pouvoir se présenter et prétendre à un mandat, il faut être âgé d'au moins 18 ans (loi organique du 14 avril 2011) et jouir de ses droits civiques. Le vote a lieu par circonscription, à chacune d'elles correspondant un siège.

Pour être élu au premier tour, il faut que le candidat obtienne la majorité absolue des suffrages exprimés et au moins un quart du nombre des électeurs inscrits (art. L 126 du Code électoral). Pour pouvoir se présenter au second tour de scrutin, le candidat doit avoir recueilli au premier tour un nombre de voix d'au moins 12,5 % du nombre d'électeurs inscrits (art. 162, alinéa 3 du Code électoral). Au second tour, la majorité relative suffit. En cas d'égalité de suffrage, il est prévu que le plus âgé des candidats soit élu.

Le Sénat

Les sénateurs sont élus au suffrage universel indirect. Leur mandat est de 6 ans.

Qui élit les sénateurs ?

Dans chaque département, les députés, les conseillers régionaux, les conseillers généraux et les conseillers municipaux vont composer un collège électoral. Ce sont les membres de ce collège électoral qui vont élire les sénateurs. Depuis la réforme de 2003, les sénateurs sont élus pour un mandat de 6 ans (contre 9 ans auparavant) renouvelable. Le Sénat se renouvelle par moitié tous les 3 ans.

Qui peut devenir sénateur ?

Pour briguer un mandat de sénateur, il faut être de nationalité française, être âgé de 24 ans au moins (loi organique du 14 avril 2011) et ne pas être privé de ses droits civiques. Comme pour celles des députés, les élections sénatoriales doivent respecter les dispositions relatives à la parité entre homme et femme.

ATTENTION !

Certains hauts fonctionnaires peuvent être inéligibles là où ils exercent.

Un peu d'histoire : la parité

La France est le premier pays à avoir adopté une loi pour réaliser la parité entre les hommes et les femmes afin de réduire la sous-représentation des femmes dans la vie politique. Il s'agit de la loi n°2000-493 du 6 juin 2000, tendant à favoriser l'égal accès des hommes et des femmes aux mandats électoraux et fonctions électives. Elle a été appliquée pour la première fois aux élections municipales de mars 2001.

Cette loi, qui a modifié les articles 3 et 4 de la Constitution, comprend principalement deux dispositions :

La première disposition rend obligatoire le principe de parité pour tous les scrutins de liste, ce principe pouvant être mis en œuvre de deux manières différentes :

- soit chaque liste est composée alternativement d'un candidat de chaque sexe (c'est le cas pour les élections sénatoriales et les élections des représentants au Parlement européen),
- soit un nombre égal de candidats de chaque sexe doit figurer au sein de chaque groupe entier de six candidats dans l'ordre de présentation de la liste.

La seconde disposition module l'aide publique versée aux partis politiques en fonction de l'écart constaté entre le nombre d'hommes et le nombre de femmes présentés par chaque parti à l'occasion des élections législatives. Ainsi, lorsque le nombre de candidats de chaque sexe ayant déclaré se rattacher à un parti ou groupement politique dépasse, lors du dernier renouvellement général de l'Assemblée nationale, 2 % du nombre total de ces candidats, le montant des crédits qui lui sont attribués au titre de la première fraction de l'aide publique versés aux partis est diminué d'un pourcentage égal à la moitié de cet écart.

Le parlement*

Avant la Ve République, l'initiative législative appartenait au Parlement. Depuis 1958, elle appartient désormais concurremment au Premier ministre et aux membres du Parlement. En revanche, c'est au parlement et à lui seul qu'il revient de voter la loi. Un autre rôle incombe aussi au Parlement : celui de contrôler l'action du gouvernement, contrôle qui peut parfois se transformer en censure…

Le rôle législatif du parlement

De nos jours, le rôle du Parlement dans l'initiative de la loi est devenu quasiment symbolique puisque aujourd'hui, plus de 80 % des lois sont d'origine gouvernementale. Là où le Parlement intervient en revanche, c'est lorsqu'il s'agit de voter la loi.

Conformément à l'article 34 de la Constitution, le projet ou la proposition de loi est transmis successivement à l'Assemblée Nationale puis au Sénat, chacune des chambres l'examinant en commission puis en séance plénière. C'est l'Assemblée Nationale qui examine et vote le texte en premier. Ce texte peut être voté comme il a été proposé ou faire l'objet d'amendements. Le texte initial ou amendé est ensuite transmis au Sénat. Pour que la loi soit votée, il faut que le vote de l'Assemblée et que celui du Sénat aboutissent à un texte identique (art. 45). Lorsque le Sénat vote un texte différent, il revient à l'Assemblée Nationale (c'est ce que l'on appelle la « navette »).

Lorsque le texte est voté en des termes identiques, il est promulgué par le président de la République dans les 15 jours du vote. La loi est alors publiée au Journal officiel (JO). Elle entre en vigueur après cette publication, sauf lorsqu'elle nécessite des décrets d'application. C'est à ce stade de la procédure que « nul n'est censé ignorer la loi ».

Pour éviter un différend entre Assemblée nationale et Sénat, le gouvernement peut utiliser la procédure dite accélérée (une seule lecture, dans chaque assemblée) ou provoquer la réunion d'une commission mixte paritaire (C.M.P) en vue d'élaborer un texte portant sur les dispositions restant en discussion. Depuis 2008, lorsque le texte en discussion est une proposition de loi, les présidents des assemblées peuvent également provoquer la réunion de cette commission. En cas d'échec, une nouvelle lecture du texte a lieu dans les deux assemblées et le gouvernement peut donner le dernier mot à l'Assemblée nationale.

Et l'Europe dans tout ça : le pouvoir législatif européen

Le Parlement européen est l'organe exécutif de l'Union européenne. Comme un parlement national, il détient le pouvoir législatif mais à la différence de celui-ci, il le partage avec le Conseil de l'Union européenne. Il détient la capacité d'adopter des lois européennes (directives, règlements,...) et peut aussi agréer, modifier ou rejeter le contenu des législations européennes. De tous les organes de l'Union européenne, le Parlement européen est l'unique institution supranationale dont les membres sont élus tous les 5 ans par les électeurs des 27 États membres de l'Union. Il représente les peuples des États membres.

Le rôle de contrôle du parlement

Outre son rôle législatif, le Parlement est tenu de contrôler l'action du gouvernement. Non seulement il dispose d'un droit d'information auprès du gouvernement mais il peut aussi censurer ce dernier...

Le droit d'information

Le Parlement dispose d'un droit d'information auprès du gouvernement (art. 24). Désormais, une semaine de séance sur quatre est réservée par priorité et dans l'ordre fixé par chaque assemblée au contrôle de l'action du gouvernement (nouvel art. 48, alinéa 5C). Ce contrôle s'exerce :

- lors des déclarations du gouvernement, qui ont lieu à son initiative ou à celle d'un groupe parlementaire d'opposition ou minoritaire (art. 50-1C). Elles ne donnent pas lieu à un vote ;
- par les questions des parlementaires. Chaque parlementaire peut interroger par écrit un ministre sur une question pour obtenir des « éclaircissements » sur un texte de loi ou sur une situation administrative. Les réponses données s'appellent des « réponses ministérielles » et sont publiées au Journal officiel. Il peut aussi simplement poser une question orale qui est alors traitée en temps réel (art. 49, alinéa 6C) ;
- par les auditions parlementaires régulières des ministres dans les commissions permanentes, qui assurent l'information des assemblées afin de leur permettre d'exercer leur contrôle sur la politique du gouvernement ;
- par l'évaluation parlementaire, qui consiste à apprécier les effets de la législation, tout particulièrement en matière de finances et de sécurité sociale (art. 47 et 47-1C).

La censure

C'est la phase la plus belliqueuse du contrôle. Elle se manifeste face à l'Assemblée Nationale uniquement, à trois occasions :

Lors de la « question de confiance » : Le Premier ministre, après délibérations du Conseil des ministres, peut engager devant l'Assemblée nationale la responsabilité du gouvernement sur son programme ou éventuellement sur une déclaration de politique générale (art. 49, alinéa 1er). Il est d'usage que lors de son entrée en fonction, le chef du gouvernement y satisfasse par courtoisie à l'égard de sa majorité. Par la suite, cette procédure relève d'une question d'opportunité. Le vote est acquis à la majorité absolue des suffrages exprimés.

Par la motion de censure : Les députés peuvent tenter de provoquer le retrait du gouvernement en présentant une motion de censure. Elle doit respecter un certain nombre de règles :

- elle doit être demandée par au moins un dixième des députés,
- le vote doit être rapide (48 heures après le dépôt),
- seuls les votes favorables sont recensés (les députés qui s'abstiennent ou ne prennent pas part au vote sont réputés soutenir le gouvernement),
- elle doit être adoptée à la majorité absolue des membres composant l'Assemblée (art. 49, alinéa 2C).

Si elle aboutit, le Premier ministre doit remettre au président de la République la démission de son gouvernement (art. 50).

Beaucoup de motions de censure ont été déposées (Cf. encadré) mais une seule a été votée, le 5 octobre 1962. Elle a provoqué la fin du premier gouvernement Pompidou et la dissolution de l'Assemblée.

Tableau 3-1 : Motions de censure déposées sous la Ve République

Premier ministre	*Nombre de motions de censure déposées*
Michel Debré (1959-1962)	2
Georges Pompidou (1962-1968)	7
Maurice Couve de Murville (1968-1969)	0
Jacques Chaban-Delmas (1969-1972)	1
Pierre Messmer (1972-1974)	3
Jacques Chirac (1974-1976)	2
Raymond Barre (1976-1981)	7

Tableau 3-1 : Motions de censure déposées sous la Vᵉ République (suite)

Premier ministre	*Nombre de motions de censure déposées*
Pierre Mauroy (1981-1984)	7
Laurent Fabius (1984-1986)	1
Jacques Chirac (1986-1988)	1
Michel Rocard (1988-1991)	6
Edith Cresson (1991-1992)	2
Pierre Bérégovoy (1992-1993)	2
Édouard Balladur (1993-1995)	1
Alain Juppé (1995-1997)	2
Lionel Jospin (1997-2002)	2
Jean-Pierre Raffarin (2002-2005)	2
Dominique de Villepin (2005-2007)	3
François Fillon (2007-2010)	1
François Fillon (2010-2012)	1
Jean-Marc Ayrault (2012-)	1
TOTAL	54

Source : Assemblée nationale

Lors d'une question de confiance associée à la motion de censure : Cette combinaison, visée à l'article 49, alinéa 3, permet de faire adopter une loi à l'Assemblée nationale lorsque les moyens ordinaires dont le gouvernement dispose ne permettent pas « d'imposer » un projet de loi. S'agissant d'une procédure à risque, la délibération préalable en Conseil des ministres est obligatoire. En effet, le Premier ministre va lier le sort de son gouvernement au projet de loi ! Le gouvernement soumet le texte à l'Assemblée nationale. Il est considéré comme adopté, sauf si une motion de censure, déposée en réplique dans les 24 heures, est votée dans les conditions précitées. Lors de chaque session parlementaire, le Premier ministre peut y recourir une seule fois, pour faire passer un projet ou une proposition de loi.

Pour éviter la pression du gouvernement, désormais cette procédure ne peut concerner que l'adoption du projet de loi de finances ou de financement de la Sécurité sociale.

Le référendum

Le référendum correspond au second volet de l'expression de la souveraineté populaire (« la souveraineté nationale appartient au peuple qui l'exerce par ses représentants et par la voie du référendum » art. 3, alinéa 1).

Le référendum permet de soumettre au « peuple français » tout projet de loi portant sur :

- l'organisation des pouvoirs publics,
- des réformes relatives à la politique économique, sociale ou environnementale de la Nation et aux services publics qui y concourent,
- l'autorisation de la ratification d'un traité qui, sans être contraire à la Constitution, aurait des incidences sur le fonctionnement des institutions.

Le président de la République, sur proposition du gouvernement, peut proposer un référendum, lequel peut être également organisé à l'initiative d'un cinquième des membres du Parlement, soutenue par un dixième des électeurs inscrits sur les listes électorales. Cette initiative prend la forme d'une proposition de loi (art. 11).

La loi constitutionnelle du 23 juillet 2008 a prévu une participation populaire qui permet aux électeurs de soutenir une initiative parlementaire. Mais ce texte, modifié par le Sénat, est actuellement soumis au vote du Parlement et à ce jour, l'article 11 de la Constitution n'a toujours pas intégré cette possibilité.

Un peu d'histoire : quelques référendums marquants

Depuis le début de la Ve République, la France a connu dix référendums. Parmi les plus marquants :

- Celui du **8 avril 1962** concernant les accords d'Évian sur le cessez-le-feu en Algérie qui a été approuvé à... 90,81 %.
- Celui du **27 avril 1969** sur la régionalisation et la transformation du rôle du Sénat. Le Général de Gaulle avait précisé qu'en cas de non à ce référendum, il démissionnerait. Le non l'ayant emporté, il a respecté sa parole et donné sa démission le lendemain du suffrage.
- Celui du **24 septembre 2000** qui a permis la réduction à 5 ans de la durée du mandat du président de la République et pour lequel 69,81 % des électeurs se sont abstenus de se rendre aux urnes !
- Celui du **29 mai 2005** sur la ratification du Traité constitutionnel européen. Le non l'a emporté avec 54,67 % des suffrages exprimés et une abstention de 30,63 %.

Chapitre 4

Le système judiciaire

Dans ce chapitre :

- Tout ce qu'il faut savoir sur les différentes juridictions françaises
- Les instances judiciaires européennes
- Les alternatives au contentieux
- L'accès à la justice pour tous

Il existe en France un certain nombre de juridictions, chacune ayant une mission et un champ d'action bien définis. Ces différentes juridictions, qui statuent en examinant les faits et le droit, sont :

- les juridictions de première instance ou premier degré,
- les juridictions d'appel*, ou second degré.

Il faut y ajouter une juridiction à laquelle ne sont soumis que des problèmes de droit. Cette juridiction « suprême » permet une interprétation uniforme du droit :

- pour le droit privé*, il s'agit de la Cour de cassation,
- pour le droit administratif, il s'agit du Conseil d'État.

Toutes les villes ne disposent pas d'un tribunal ou d'une cour d'appel. Pour savoir quelle est la juridiction compétente par rapport à votre domicile, rendez-vous sur : `http://www.annuaires.justice.gouv.fr/` rubrique « Justice en région ».

Le Conseil supérieur de la magistrature

Le rôle du Conseil supérieur de la magistrature (CSM) est de porter assistance au président de la République dans sa fonction de nomination et de discipline des magistrats.

Rôle dans la nomination des magistrats

Pour la nomination des magistrats du siège*, la formation du Conseil supérieur de la magistrature proposent les nominations des magistrats du siège de la Cour de cassation, des premiers présidents de cours d'appel et des présidents de tribunaux de grande instance.

Pour tous les autres postes de magistrats (juges d'instruction par exemple), c'est le garde des Sceaux qui propose les nominations des magistrats du siège. La formation étudie les dossiers des magistrats proposés et dispose alors d'un simple pouvoir d'avis qui ne lie pas le garde des Sceaux.

Pour la nomination des magistrats du parquet*, c'est le garde des Sceaux qui propose les nominations. La formation ne dispose alors que d'un pouvoir d'avis simple.

Rôle dans la sanction des magistrats

La sanction d'un magistrat peut intervenir à la requête d'un organe de l'État, lorsque le CSM a été saisi par le garde des Sceaux, le ministre de la Justice, les premiers présidents de cours d'appel, les présidents des tribunaux supérieurs d'appel, les procureurs généraux près les cours d'appel ou les procureurs près les tribunaux supérieurs d'appel.

Depuis la dernière réforme, adoptée par le Parlement réuni en congrès à Versailles le 21 juillet 2008, le CSM peut également être saisi par un justiciable (art. 65), s'il considère qu'un magistrat a commis une faute dans l'exercice de ses fonctions à l'occasion d'une procédure judiciaire le concernant.

Pour saisir le Conseil supérieur de la magistrature, il faut attendre un an après que la décision est devenue irrévocable.

Entrée en vigueur le 23 janvier 2010, cette réforme permet au justiciable de voir sanctionner le comportement d'un magistrat, s'il est susceptible de recevoir une qualification disciplinaire et doit concerner « le comportement d'un magistrat dans l'exercice de ses fonctions ». Il n'y a donc plus d'immunité absolue de l'acte juridictionnel. Il doit s'agir d'« une violation grave et délibérée d'une règle de procédure constituant une garantie essentielle des droits des parties ».

Déjà strictement délimité, ce recours se complique par le mode de saisine du CSM, qui est enfermé dans des délais très stricts et par un système de filtrage.

Si le justiciable transmet au CSM des faits qu'il savait partiellement ou totalement inexacts, il encourt des poursuites pour dénonciation calomnieuse* (il risque donc de se voir condamner pénalement).

Le Conseil constitutionnel

Le Conseil constitutionnel est une institution qui date de la Constitution du 4 octobre 1958. Il a un rôle à jouer dans certaines circonstances précises. Il veille notamment à la régularité des élections nationales et se prononce sur la conformité des lois à la Constitution.

L'Académie des neuf

Le Conseil constitutionnel compte neuf membres. Parmi les membres les plus éminents de cette institution figurent les anciens présidents de la République qui, sauf incompatibilités (mandat électoral ou encore poste de responsabilité ou de direction au sein d'un parti ou groupement politique par exemple), font, de droit, partie à vie du Conseil constitutionnel. Pour les conseillers autres que les anciens présidents de la République, le mandat est de 9 ans, non renouvelable.

Tous les 3 ans, le Conseil constitutionnel se renouvelle par tiers (art. 56, 57 et 58). Les membres ne sont pas élus mais désignés respectivement par le président de la République et le président de chacune des assemblées du Parlement (Sénat et Assemblée nationale).

Élection : réglo ou pas ?

Toute personne inscrite sur les listes électorales de la circonscription dans laquelle l'élection a eu lieu ou toute personne qui a fait acte de candidature peut contester l'élection à laquelle il a participé. Les réclamations sont alors transmises au Conseil constitutionnel qui les examine et les tranche définitivement.

Pleins pouvoirs : accordés ou pas ?

Si le chef de l'État envisage de recourir à l'article 16 pour obtenir les pleins pouvoirs (Cf. Chapitre 2), il doit consulter officiellement le Conseil constitutionnel. Ce dernier émettra un avis sur la mise en œuvre de l'article 16 de la Constitution et ultérieurement sur les décisions prises dans ce cadre. Rien n'oblige le chef de l'État à suivre cet avis…

Loi : conforme ou pas ?

Le Conseil constitutionnel peut être saisi entre le moment où la loi est votée et sa promulgation, pour qu'il se prononce sur la conformité du texte de loi aux principes de notre Constitution (art. 61, alinéa 2). Ce droit appartient à soixante députés ou soixante sénateurs.

Depuis la révision constitutionnelle du 23 juillet 2008 et la loi organique du 10 décembre 2009, tout justiciable dispose du droit de contester la constitutionnalité* d'une disposition législative à l'occasion d'un procès devant une juridiction administrative ou judiciaire, lorsqu'il estime qu'un texte porte atteinte aux droits et libertés que la Constitution garantit (art. 61-1 et 62). Ce droit s'exprime dans le cadre de la Question Prioritaire de Constitutionnalité* (QPC). À la différence de la saisine parlementaire qui est un recours *a priori*, la QPC institue un contrôle de constitutionnalité *a posteriori* (c'est-à-dire après que la loi est entrée en application). Une fois saisi, le Conseil constitutionnel rend une décision sur la constitutionnalité du texte qui lui est soumis.

Comment ça marche : la question prioritaire de constitutionnalité

La QPC (question prioritaire de constitutionnalité) permet à tout un chacun de contester la constitutionnalité d'une disposition législative.

Quand ?

Le justiciable (que l'on désigne aussi sous le nom de partie) peut soulever une QPC quelles que soient :

- la nature du litige (droit civil, droit pénal, droit administratif….),
- l'étape de la procédure (première instance, appel ou cassation),
- la juridiction saisie (de l'ordre judiciaire ou de l'ordre administratif).

Seule exception : les litiges soumis à la cour d'assises. Dans un procès criminel, la QPC ne peut être posée qu'au moment de l'instruction ou après le procès de première instance, c'est-à-dire devant la cour d'assises d'appel ou devant la Cour de cassation, mais pas au niveau de la cour d'assises.

Comment ?

La QPC doit être posée par écrit à la juridiction saisie. C'est dans un premier temps cette juridiction qui examine si la question posée est recevable et si les critères fixés par la loi organique du 10 décembre 2009 sont remplis.

Dans l'affirmative, la QPC est alors soumise soit à la Cour de cassation (pour les litiges de droit privé) soit au Conseil d'État (pour les litiges de droit public*). Ces deux juridictions suprêmes procèdent alors à un examen plus approfondi et décident de soumettre ou de ne pas soumettre la QPC au Conseil constitutionnel.

À ce stade de la procédure, la Cour de cassation ou le Conseil d'État doit examiner trois questions, pour déterminer si la QPC est recevable :

- La disposition législative critiquée est-elle applicable au litige ou à la procédure ou constitue-t-elle le fondement des poursuites ?
- La disposition législative critiquée n'a-t-elle pas déjà été déclarée conforme à la Constitution par le Conseil constitutionnel ?
- La question est-elle nouvelle ou présente-t-elle un caractère sérieux ?

La Cour de cassation ou le Conseil d'État peut, après avoir examiné la pertinence de la question posée :

- refuser ce droit au justiciable, lequel ne dispose alors d'aucun recours contre ce refus,
- transmettre la QPC au Conseil constitutionnel

Et après ?

La première conséquence de la QPC est de suspendre le cours du litige. En effet, soulever une QPC oblige la juridiction devant laquelle elle est posée à suspendre la procédure, ce qui implique que les magistrats ne peuvent continuer d'instruire l'affaire ou ne peuvent rendre de décision. Cette suspension obligatoire a poussé le législateur à enfermer le recours dans des délais assez rapides puisque la juridiction doit statuer « sans délai par une décision motivée sur la transmission de la question prioritaire de constitutionnalité au Conseil d'État ou à la Cour de cassation ». Le Conseil constitutionnel, pour sa part, doit rendre sa décision dans les 3 mois qui suivent la transmission de la décision de la Cour de cassation ou du Conseil d'État.

La seconde conséquence, concerne la décision elle-même :

- Soit le Conseil constitutionnel déclare la disposition contestée conforme à la Constitution et la juridiction doit l'appliquer (sauf incompatibilité avec un traité ou une disposition de droit européen).
- Soit le Conseil constitutionnel déclare la disposition contestée contraire à la Constitution. En ce cas, elle va être abrogée soit immédiatement, soit à une date ultérieure fixée lors de la décision ; c'est l'effet *erga omnes*, (c'est-à-dire envers tous citoyens et/ou les justiciables). Elle ne pourra plus jamais être utilisée.

La Haute Cour et la Cour de Justice de la République

La Haute Cour et la Cour de Justice de la République sanctionnent le président de la République ou les membres du gouvernement pour les actes commis lors de leurs fonctions.

La Haute Cour

La Haute Cour succède à la Haute Cour de justice. Elle a pour mission de juger le président de la République, lorsqu'il se rend coupable d'actes répréhensibles incompatibles avec ses fonctions. Si ces actes relèvent de la compétence de la Cour pénale internationale ou qu'ils constituent un manquement « à ses devoirs manifestement incompatible avec l'exercice de son mandat », la Haute Cour aura pour mission de le destituer.

En ce qui concerne les actes accomplis avant son mandat ou dépourvus de liens avec ce dernier, il faut savoir que le président ne peut, durant son mandat :

- être requis de témoigner,
- faire l'objet d'une action judiciaire,
- faire l'objet d'un acte d'information, d'instruction ou de poursuite devant aucune juridiction ou autorité administrative française.

Il s'agit d'une inviolabilité temporaire car à l'issue du mandat (qui suspend tout délai de prescription* ou de forclusion*), les procédures pourront reprendre dans le mois qui suit la fin des fonctions présidentielles.

Jacques Chirac a vu les poursuites reprendre à son égard après douze années « de suspension », compte tenu de sa qualité de président de la République, dans le procès concernant les emplois fictifs de la Mairie de Paris.

La Cour de justice de la République

Depuis la loi constitutionnelle du 27 juillet 1993, la responsabilité pénale des membres du gouvernement peut être engagée devant cette juridiction pénale particulière, qui a pour objet de juger les crimes* et les délits* des membres du gouvernement commis dans l'exercice de leurs fonctions. Elle peut être saisie par toute personne qui se prétend lésée par un crime ou un délit commis par un membre du gouvernement dans l'exercice de ses fonctions. Sa plainte est alors instruite et peut aboutir soit à un rejet, soit au contraire à la saisine de la juridiction qui en ce cas est compétente pour condamner les membres du gouvernement incriminés.

Les juridictions de l'ordre judiciaire privé

Il convient de distinguer les juridictions qui concernent les litiges entre particuliers et celles qui concernent la délinquance pénale. Les premières seront considérées comme des juridictions « civiles », les secondes comme des juridictions répressives.

Les juridictions civiles de première instance

Les juridictions civiles ont pour mission de trancher les litiges mais ne peuvent infliger de peines. Certaines sont spécialisées dans des domaines particuliers.

Le tribunal d'instance

Le tribunal d'instance a vocation à juger toutes les affaires (actions personnelles* ou mobilières*) dont les demandes mettent en cause des personnes privées. Il juge de tous ces litiges :

- en dernier ressort (pourvoi en cassation) lorsque le litige est inférieur à 4000 €,
- à charge d'appel lorsque l'enjeu financier est inférieur à 10 000 €.

BON À SAVOIR

Lorsque l'importance du litige est inférieure à 4000 €, il faut saisir le juge de proximité qui géographiquement se trouve au tribunal d'instance.

Il juge également de litiges pour lesquels il a compétence exclusive* sans limitation de montant, ainsi par exemple en matière de baux d'habitation (art. R 221-38 du Code de l'organisation judiciaire). Le tribunal d'instance traite aussi :

- des saisies des rémunérations du travail,
- des litiges relatifs aux élections professionnelles (notamment dans le cadre des élections des délégués du personnel ou des membres du comité d'entreprise* ou encore désignation d'un délégué syndical),
- des dossiers liés aux sauvegardes de justice (curatelle, tutelle*).

La compétence du tribunal va au-delà de ses attributions judiciaires car sur le plan administratif, il procède à l'enregistrement des conventions de pacte civil de solidarité (PACS), ou encore à l'établissement des certificats de nationalité française.

Devant le tribunal d'instance, l'assistance d'un avocat n'est pas obligatoire. Il est donc possible de se défendre soi-même. On peut également se faire assister* (cela signifie que l'on est présent à l'audience) ou représenter (cela signifie que l'on est absent à l'audience) par :

- un avocat,
- son conjoint, son concubin ou la personne avec laquelle on a conclu un pacte civil de solidarité,
- ses parents ou alliés en ligne directe ou en ligne collatérale jusqu'au 3e degré inclus,
- des personnes exclusivement attachées à son service ou à son entreprise.

Le représentant choisi, sauf s'il est avocat, doit être muni d'un pouvoir spécial. Il s'agit d'un écrit par lequel celui qui est en défense ou en demande mais qui ne peut pas venir à l'audience désigne la personne comme son représentant. Le représentant doit aussi justifier de son identité (par un document administratif de type carte nationale d'identité et s'il est étranger, au moyen d'une carte de séjour en cours de validité).

Si le pouvoir n'est pas régulier, si la personne n'a pas de pouvoir ou bien encore si elle ne peut justifier de son identité, la décision sera rendue comme si le justiciable n'était pas présent et aucun argument ne pourra être retenu par le tribunal.

Si un litige est dirigé contre un couple marié, et que seul Monsieur se rend à l'audience car Madame est empêchée, il devra être muni de sa pièce d'identité, d'un pouvoir de Madame et d'une pièce d'identité la concernant.

Si la personne poursuivie est une entreprise, le dirigeant devra apporter un extrait Kbis* qui prouvera qu'il est le dirigeant, et s'il donne pouvoir à l'un de ses salariés, celui-ci devra apporter l'extrait Kbis et justifier de son identité.

Le tribunal de grande instance

Les enjeux judiciaires, comme ceux du tribunal d'instance, concernent les litiges civils qui ne sont pas attribués par la loi à une autre juridiction et qui opposent des personnes privées (physiques ou morales), mais aussi les litiges dont l'enjeu financier porte sur des sommes supérieures à 10 000 €.

Y sont également examinées les affaires pour lesquelles le tribunal de grande instance a une compétence exclusive, quel que soit le montant de la demande.

Ainsi par exemple les affaires concernant :

- le droit des personnes (mariage, filiation, adoption, déclaration d'absence, rectifications d'actes d'état civil, successions...),
- les actions civiles pour diffamation ou injures,
- la dissolution des associations.

Devant cette juridiction, que l'on soit en demande ou en défense, le recours à un avocat est obligatoire, c'est-à-dire que l'on ne peut se défendre seul et que la seule personne habilitée à représenter le justiciable est un avocat dont le domicile professionnel est situé dans le ressort du tribunal. La seule exception concerne certains litiges devant le juge aux affaires familiales. Les parties peuvent le saisir sans l'intervention obligatoire d'un avocat :

- après une procédure de divorce*,
- après une séparation (concubinage ou PACS).

Le Conseil des prud'hommes

Cette juridiction d'exception a vocation à résoudre les conflits individuels entre salariés et employeurs du secteur privé, ainsi, si un salarié revendique un salaire en fonction des barèmes de la convention collective* ou encore s'il conteste une sanction disciplinaire ou un licenciement. L'employeur aussi peut saisir le Conseil des prud'hommes lorsque le comportement de son salarié lui porte préjudice, comme par exemple en matière de concurrence déloyale ou bien de démission intempestive (sans respect de la période de préavis*).

Le Conseil des prud'hommes est divisé en sections, chacune regroupant des secteurs économiques différents :

- la section commerce,
- la section industries,
- la section encadrement,
- la section activités diverses,
- la section agriculture.

Le Conseil des prud'hommes compétent est celui du siège social de l'entreprise ou bien du lieu de situation de l'établissement où s'exécute le contrat de travail. Si le salarié n'a pas de bureau (chantier, VRP), ce peut être celui du domicile du salarié. La procédure se déroule en deux temps : dans une première phase, les parties sont convoquées en vue d'une conciliation. À défaut de conciliation, elles sont convoquées devant le bureau de jugement.

Au jour de l'audience de conciliation, les parties doivent se présenter en personnes (c'est en principe la règle) ou se faire représenter par un avocat ou un syndicat professionnel. Cet avocat doit être muni d'une lettre de représentation et le membre d'un syndicat professionnel doit être titulaire d'un pouvoir lui permettant, le cas échéant, de concilier, si la partie qu'il représente n'est pas présente.

Si les parties ne se concilient pas, l'affaire est renvoyée devant le bureau de jugement qui rendra une décision faisant droit à l'une ou l'autre des parties.

Le tribunal de commerce

Composé de juges élus par des représentants des commerçants et des industriels, le tribunal de commerce juge tous les litiges concernant les actes réalisés par un commerçant (personne physique ou société).

Un particulier en litige avec un commerçant peut saisir cette juridiction. En revanche, un commerçant qui a un litige avec un particulier doit saisir le tribunal d'instance ou de grande instance, selon l'enjeu financier du litige.

Les parties peuvent se présenter elles-mêmes devant le tribunal de commerce. Elles peuvent aussi choisir de se faire représenter par un avocat ou toute personne de leur choix (art. 853 du Nouveau Code de procédure civile). Le représentant qui n'est pas avocat doit être muni d'un pouvoir spécial, d'un extrait Kbis et justifier de son identité.

En règle générale, il y a un ou plusieurs tribunaux de commerce dans un département. Lorsqu'il n'existe pas de tribunal de commerce, les conflits sont tranchés par le tribunal de grande instance selon la procédure prévue par les tribunaux de commerce (c'est par exemple le cas à Metz).

Le tribunal paritaire des baux ruraux

Lorsqu'un conflit survient à l'occasion d'un bail rural entre un propriétaire d'un domaine agricole et son fermier ou métayer, il est soumis au tribunal paritaire des baux ruraux. Ainsi en sera-t-il pour un problème concernant le loyer de fermage, la durée de métayage ou la reprise de la terre.

Les parties sont en principe tenues de comparaître personnellement sauf empêchement légitime mais elles peuvent se faire assister par un avocat. C'est le président du tribunal d'instance qui préside le tribunal paritaire des baux ruraux. Il est assisté de quatre assesseurs non professionnels élus, à savoir deux propriétaires et deux métayers ou fermiers. Le demandeur doit saisir le tribunal du lieu où se trouve le domaine agricole.

À chaque tribunal, sa compétence. En cas de problème concernant le paiement du fermage, le demandeur devra porter le litige devant le tribunal d'instance. Pour tout autre litige, comme un conflit relatif à l'existence et à la nature du bail, ce sera le tribunal de grande instance qui sera compétent.

Le tribunal des affaires de la Sécurité sociale (TASS)

Le tribunal des affaires de la Sécurité sociale juge les conflits d'ordre administratif entre les caisses de sécurité sociale et les usagers. Ainsi par exemple :

- les litiges nés de l'inscription à une caisse de sécurité sociale : tel individu relève-t-il du régime général ou au contraire d'un régime particulier comme les travailleurs non salariés (TNS),
- les contentieux liés aux contraintes,
- le calcul et le recouvrement des cotisations,

En revanche, ce tribunal ne peut être saisi pour un litige concernant :

- les plaintes contre les infractions au code de la Sécurité sociale, qui sont réprimées par la justice pénale,
- les conflits liés aux institutions de retraite complémentaire qui sont de la compétence de la justice civile.

Le tribunal compétent est en général celui du domicile du demandeur ou celui du domicile de son employeur. Le tribunal est saisi par simple lettre déposée au greffe* ou envoyée par lettre recommandée avec accusé de réception. Le TASS peut également être saisi après que la commission de recours amiable a eu connaissance du problème et s'est prononcée (par exemple sur une remise de pénalité).

Les délais pour saisir le TASS après la saisine de la commission sont variés, et doivent être précisés dans les notifications des décisions.

Les parties peuvent comparaître personnellement ou se faire représenter ou assister par un avocat, leur conjoint, un ascendant ou descendant en ligne directe (père, mère, enfant), un membre de leur profession, un représentant syndical...

La décision rendue est exécutoire de plein droit, ce qui signifie que même si l'une des parties exerce un recours, il faut se conformer au jugement*. Ainsi par exemple, il faudra payer la somme à laquelle on est condamné.

Les juridictions de première instance répressives

Ces institutions jugent les infractions pénales. Elles sont au nombre de quatre.

Le tribunal de police

Composé d'un juge, du procureur ou d'un commissaire de police selon la gravité de la contravention*, et bien sûr d'un greffier, le tribunal de police est compétent pour juger des contraventions de 5e classe, c'est-à-dire les infractions les plus graves en matière de contravention, comme par exemple la vente forcée par correspondance, ou encore des violences volontaires ayant entraîné une incapacité temporaire de travail inférieure ou égale à 8 jours.

Pour les infractions de la 1e à la 4e classe, c'est le juge de proximité qui est compétent. Ainsi par exemple en matière d'amende de la circulation.

Le contrevenant risque une peine d'amende pouvant aller jusqu'à 1 500 € (3 000 € en cas de récidive*), et des peines complémentaires, restrictives ou privatives de droit, comme par exemple la suspension du permis de conduire.

Le tribunal de police se trouve généralement dans les locaux du tribunal d'instance. Le contrevenant peut se présenter à l'audience ou se faire représenter mais uniquement par un avocat.

Le contrevenant peut même accepter qu'on le juge en son absence (dans ce cas, il fera un courrier au tribunal) ! Toutefois, pour choisir cette dernière option, il faut être certain qu'aucune partie civile* ne demandera de dommages et intérêts.

Le tribunal correctionnel

Le tribunal correctionnel va sanctionner une infraction, et plus précisément un délit comme par exemple le vol, les coups et blessures graves, l'escroquerie, l'abus de faiblesse (infraction envers les personnes âgées ou sous sauvegarde de justice)… Il peut également juger des infractions qualifiées de contraventions lorsque celles-ci sont liées au délit.

Lorsqu'un conducteur est jugé pour avoir commis un accident de la circulation ayant entraîné des blessures graves à la victime, le conducteur responsable est poursuivi pour le délit de blessures involontaires devant le tribunal correctionnel. Si cet accident est lié à un feu rouge non respecté, la contravention concernant cette infraction au Code de la route liée au délit est alors jugée à la même audience et non pas devant le tribunal de police.

Les faits reprochés sont en principe punis d'une peine d'emprisonnement maximale de 10 ans et/ou d'une amende variable selon la gravité des faits qui sont reprochés. Certains délits particulièrement graves sont toutefois punis d'une peine d'emprisonnement supérieure à 10 ans. À l'occasion de ces instances pénales, les victimes peuvent se porter « partie civile » et réclamer des dommages et intérêts pour le préjudice subi.

Les peines prononcées peuvent être des peines de prison ou d'amende mais le tribunal peut prononcer une peine alternative comme par exemple un Travail d'Intérêt Général (TIG). Le tribunal peut aussi prononcer des peines complémentaires, comme celles prévues par l'article 322-15 du Code pénal :

- interdiction des droits civiques, civils et de famille,
- interdiction provisoire ou définitive d'exercer une fonction publique ou d'exercer l'activité professionnelle ou sociale dans l'exercice ou à l'occasion de l'exercice de laquelle l'infraction a été commise,
- suspension, pour une durée de 3 ans au plus, du permis de conduire.

L'annulation du permis est de droit lorsque le conducteur est en état de récidive légale d'une conduite sous l'empire d'un état alcoolique.

Devant le tribunal correctionnel, lorsque le prévenu* est convoqué à une audience, il doit s'y présenter en personne et se défendre seul ou être assisté par son avocat. La partie civile n'est pas obligée de se présenter, elle peut se faire représenter par un avocat. Parfois même, l'envoi d'une lettre précisant les demandes suffit. Dans ce courrier, la partie civile peut demander qu'à l'audience, l'« avocat des victimes » défende ses intérêts.

La cour d'assises

La cour d'assises est composée de trois magistrats professionnels (un président et deux assesseurs) et de six citoyens tirés au sort sur les listes électorales situées dans le ressort de la cour d'assises, dénommés jurés. Lorsque les faits jugés concernent des actes de terrorisme ou les infractions les plus graves relatives au trafic organisé des stupéfiants, la cour d'assises est composée uniquement de magistrats.

La cour d'assises juge les infractions les plus graves commises par les personnes majeures comme par exemple les meurtres, les viols… mais également des délits ou des contraventions liées au crime. La cour d'assises, devant laquelle on peut se défendre seul ou se faire assister par un avocat, prononce des peines de réclusion* ou de détention* criminelle à perpétuité ou limitée dans le temps (au moins 10 ans).

Serment des jurés de cour d'assises

« Vous jurez et promettez d'examiner avec l'attention la plus scrupuleuse les charges qui seront portées contre X, de ne trahir ni les intérêts de l'accusé, ni ceux de la société qui l'accuse, ni ceux de la victime ; de ne communiquer avec personne jusqu'après votre déclaration ; de n'écouter ni la haine ou la méchanceté, ni la crainte ou l'affection ; de vous rappeler que l'accusé est présumé innocent et que le doute doit lui profiter ; de vous décider d'après les charges et les moyens de défense, suivant votre conscience et votre intime conviction avec l'impartialité et la fermeté qui conviennent à un homme probe et libre, et de conserver le secret des délibérations, même après la cessation de vos fonctions. »

Après la lecture de la formule du serment par le président de la Cour, chaque juré dit : « Je le jure. »

On a parfois la mauvaise surprise de recevoir une condamnation pénale alors que l'on n'a pas été informé de la tenue de l'audience. On dit alors que le jugement est rendu par défaut. Dans ce cas, la partie absente a la faculté de faire opposition au jugement, c'est-à-dire de faire rejuger l'affaire devant le même tribunal. L'opposition se forme par déclaration au procureur de la République dans les 10 jours de la prise de connaissance du jugement.

La cour d'assises des mineurs

Lorsqu'un mineur commet un crime, il doit être jugé par une juridiction spécialisée, c'est la cour d'assises des mineurs. Elle est composée de trois magistrats professionnels (dont deux juges des enfants) et d'un jury populaire de citoyens. Si le mineur est jugé après sa majorité, la cour d'assises des mineurs demeure compétente. Les sanctions peuvent être :

- des mesures éducatives*,
- des peines d'emprisonnement égales à la moitié des peines encourues pour les adultes.

Les juridictions de second degré

Lorsqu'un plaideur n'est pas satisfait du jugement rendu en première instance, il a souvent la possibilité de faire appel, autrement dit de faire juger l'affaire une seconde fois. C'est là que les juridictions de second degré entrent en jeu.

Faire appel, oui, mais pas n'importe quand

Lorsque la faculté de faire appel est possible, elle est enfermée dans un délai. En matière civile, le délai d'appel est d'1 mois à compter de la notification ou de la signification par huissier de la décision. En matière pénale, il est de 10 jours à compter du prononcé de la décision. Il est de 15 jours pour les décisions rendues en référé. Il faut être attentif à bien respecter ces délais, sinon la décision deviendra une décision de justice définitive*.

Toutes les décisions de justice ne sont pas susceptibles d'appel. Ainsi en est-il des décisions dont la condamnation financière est inférieure à 4000 €.

À chacun sa chambre

Chaque cour d'appel dispose de chambres spécialisées.

La chambre civile juge des affaires qui ont été soumises en première instance au juge de proximité si la demande est indéterminée financièrement et des affaires qui ont été soumises au tribunal d'instance ou au tribunal de grande instance.

La chambre sociale juge des affaires qui ont été soumises en première instance au Conseil des prud'hommes ou au tribunal des affaires de la Sécurité sociale.

La chambre pénale juge :

- les peines liées aux contraventions si la peine encourue est une amende de 5e classe (1500 €) ou si les juges ont prononcé une suspension du permis de conduire pour une durée de 3 ans maximum ou si les juges ont prononcé une peine d'amende supérieure à 150 €,
- les peines liées aux délits,
- des ordonnances prononcées par le juge d'instruction ; on soumet cet appel à la chambre de l'instruction.

La chambre commerciale juge des affaires qui ont été soumises en première instance au tribunal de commerce.

Cas particulier : la cour d'assises d'appel

Depuis la loi du 15 juin 2000, il existe une cour d'assises d'appel qui examine les appels contre les décisions rendues par une première cour d'assises. Avant, seul était possible un pourvoi en cassation, ce qui limitait les possibilités de recours. Cet appel se nomme « l'appel par tournant », car ce n'est pas une autre juridiction (comme pour les autres domaines du droit) qui statuera sur l'appel mais une autre cour d'assises, qui sera alors composée de nouveaux magistrats et de neuf jurés.

Les droits de la partie civile

Parfois, en matière pénale, le ou les condamnées ne souhaitent pas faire appel de la décision. Si l'une des parties civiles considère que la condamnation infligée n'est pas assez sévère, elle ne dispose d'aucun recours pour que le prévenu soit rejugé par une cour d'appel. En revanche, si elle considère que les sommes allouées à titre de dommages et intérêts ne sont pas suffisantes, elle peut, conformément à l'article 497-3 du Code de procédure pénale, être seule à interjeter appel sur ce fondement.

Devant la cour d'assises, la partie civile dispose également du droit d'interjeter appel de la décision, mais cet appel ne peut porter que sur les intérêts civils (art. 380-2 du Code de procédure pénale).

Dans un cas comme dans l'autre, cela ne pourra pas remettre en cause la condamnation pénale.

La Cour de cassation

La Cour de cassation est la plus haute juridiction de l'ordre judiciaire de droit privé. À ce titre, elle est le juge suprême pour apprécier en dernier ressort les recours dirigés contre les décisions prises par les juridictions civiles ou pénales.

La Cour de cassation veille à ce que les décisions rendues par les autres juridictions judiciaires soient prises en conformité avec la loi. Elle assure ainsi par sa jurisprudence une application harmonieuse des lois. Depuis une loi du 15 mai 1991, la Cour de cassation, à la demande des juridictions, peut donner son avis sur des questions de droit nouvelles et complexes se posant dans de nombreux litiges. Enfin, depuis le 1er mars 2010, elle examine la pertinence de l'exception des questions prioritaires de constitutionnalité.

EN PRATIQUE

Pour saisir la Cour de cassation, on est obligé, sauf en matière pénale, d'être assisté par un avocat « au Conseil d'État et à la Cour de cassation ».

Il n'existe en France qu'une seule Cour de cassation. Elle est divisée en six chambres, qui examinent les questions de droit traitées par les chambres spécialisées de la Cour d'appel :

- trois chambres civiles,
- une chambre commerciale, financière et économique,
- une chambre sociale,
- une chambre criminelle.

Les juridictions de l'ordre administratif

Les juridictions de l'ordre administratif ont pour mission de juger « l'administration ». C'est à elles que l'on doit s'adresser si l'on souhaite contester une décision de l'administration, quels qu'en soient l'auteur (État, département, commune), la forme (décret, arrêté, simple lettre) ou le contenu.

Tous les actes administratifs ne sont pas susceptibles de recours : ainsi de simples avis, les informations, les projets ou les déclarations d'intention ne sont susceptibles d'aucun recours.

Comment s'y prendre ?

Il est prudent de se renseigner avant d'introduire un recours devant une juridiction administrative, pour savoir si la demande doit ou non être déposée par un avocat.

La représentation n'est pas systématiquement nécessaire, mais lorsqu'elle est obligatoire (demandes indemnitaires par exemple), il faut s'y plier, sans quoi la saisine du tribunal ne sera pas régulière et l'action sera irrecevable. Ce point est d'autant plus important que, les recours contre les décisions devant les tribunaux administratifs étant enfermés dans des délais, le requérant risque de se voir opposer une forclusion s'il prend un avocat trop tard. Il ne pourra alors plus faire valoir ses droits ! Cette remarque vaut également si le requérant veut interjeter appel.

En principe, le contentieux qui naît entre les administrations et les usagers sera examiné par les juridictions de l'ordre administratif, qui s'organise hiérarchiquement comme les juridictions de droit commun. Toutefois, cette compétence n'est pas systématique. En effet, pour certains litiges comme par exemple les accidents causés par les véhicules de l'administration, les dommages causés par l'activité de la police judiciaire, ou encore lorsque le litige implique les sociétés gérant un service public industriel ou commercial (EDF, GDF…), on peut se poser la question de savoir si c'est la juridiction de l'ordre judiciaire ou de l'ordre administratif qui doit être saisie. C'est au tribunal saisi de déterminer s'il est compétent pour juger ou au contraire s'il doit décliner sa compétence. S'il décide de se déclarer compétent, l'affaire sera instruite et jugée devant les tribunaux de l'ordre administratif, sinon ce seront les tribunaux de l'ordre judiciaire qui résoudront le litige.

Le tribunal administratif

Le tribunal administratif est le premier degré de la juridiction administrative. Cette juridiction connaît des contestations à l'encontre des actes administratifs ou des décisions rendues par l'administration. Le tribunal est saisi par voie de requête, laquelle doit être reçue et enregistrée avant l'expiration du délai de 2 mois soit de la publicité de l'acte, soit de la décision implicite ou explicite de rejet. Ne pas respecter ce délai fait perdre au requérant tous ses droits !

ATTENTION ! C'est la date d'enregistrement qui est retenue, et non la date d'envoi de la requête.

Pour contester certaines décisions, on ne peut pas saisir directement le tribunal : il faut au préalable adresser une réclamation à l'autorité administrative concernée. Ce recours gracieux peut donc être un préalable à la saisine du tribunal.

EXEMPLE ! Ainsi par exemple en matière fiscale, dans le cadre d'un litige concernant les impôts directs, il faut adresser l'objet de sa réclamation au chef du service des impôts. Autre exemple : lorsque l'administration refuse de communiquer un document, il faut adresser une demande à la Commission d'accès aux documents administratifs (CADA).

L'administré peut également, avant de saisir le tribunal, faire une demande préalable à l'administration concernée pour qu'elle fasse connaître sa position. Ainsi par exemple, si l'usager s'estime lésé, il peut faire une demande d'indemnisation ou bien s'il s'estime victime d'un trouble, il peut demander la cessation de ce trouble. Il peut aussi revendiquer l'accès à un droit... Cette demande préalable est un élément indispensable pour la suite de la procédure, à défaut la demande ne pourra pas être examinée par le tribunal.

Le service administratif doit alors faire connaître sa décision :

- soit en adressant à l'administré une décision explicite faisant droit ou pas à la demande (envoi d'un courrier comportant la décision),
- soit en ne faisant rien, on parle alors de décision implicite de rejet (silence pendant 1 ou 2 mois).

C'est alors cette décision qui pourra faire l'objet d'un recours judiciaire dans les délais impartis.

La cour administrative d'appel

De création récente (1987), la cour administrative d'appel est chargée d'examiner les jugements rendus par les tribunaux administratifs. Toutefois, certains recours lui échappent pour relever directement de la compétence du Conseil d'État en appel, tels que par exemple les recours contre les élections cantonales et municipales. Comme les cours d'appel, les cours administratives d'appel sont divisées en chambres spécialisées, dans lesquelles les magistrats siègent de façon collégiale.

Le Conseil d'État

Le Conseil d'État est la plus haute juridiction de l'ordre administratif, c'est le pendant de la Cour de cassation dans le système judiciaire de droit privé. Il examine en droit les décisions de la cour administrative d'appel. Parfois, il peut être saisi directement. Ainsi en est-il des décisions des organismes collégiaux à compétence nationale (un jury national de concours, par exemple) ou encore d'une contestation concernant les décrets du président de la République ou du Premier ministre. Depuis le 1er mars 2010, le Conseil d'État examine aussi la pertinence de l'exception des questions prioritaires de constitutionnalité soulevée devant les juridictions de l'ordre administratif. Comme la Cour de cassation, il ne peut être saisi que par un avocat « au Conseil d'État et à la Cour de cassation ».

Le 8 octobre 2013, le Conseil d'État a rendu un avis négatif sur l'ouverture des salles de shoot, considérant que la mesure prise par la Mairie de Paris n'était pas conforme à une disposition de la loi n° 70-1320 du 31 décembre 1970, relative à la lutte et à la répression de la toxicomanie.

Le tribunal des conflits

Les situations conflictuelles entre l'administration et les personnes de droit privé peuvent être soumises au droit privé ou au contraire au droit administratif. Ce conflit de compétence suppose que l'on détermine le tribunal compétent.

Le tribunal judiciaire, comme le tribunal administratif, peut donc retenir sa compétence ou au contraire la décliner. Il arrive parfois que ni l'un, ni l'autre ne retienne sa compétence. On est alors dans une impasse : aucun tribunal ne veut s'occuper de l'affaire !

C'est pourquoi il existe un tribunal qui a en charge* de régler les conflits de compétence entre ces deux juridictions. Il peut être saisi soit par le préfet de département, soit par le Conseil d'État ou la Cour de cassation, soit par les justiciables (l'assistance d'un avocat au conseil est obligatoire), soit enfin par les juridictions elles-mêmes en cas de conflit négatif ou de conflit sur renvoi en prévention d'un conflit négatif.

Le rôle du tribunal des conflits peut être déterminant. Ainsi par exemple, c'est depuis une décision au tribunal des conflits en date du 8 février 1873, dite « arrêt Blanco » que la responsabilité de l'État est consacrée à raison des dommages causés par les services publics et que celle-ci relève de la compétence de la juridiction administrative.

Les alternatives au contentieux

« Un mauvais arrangement vaut mieux qu'un bon procès », dit le proverbe. Aussi, plutôt que d'avoir recours immédiatement aux tribunaux, il peut être préférable de faire appel au médiateur.

Le citoyen face à l'administration

Décision administrative arbitraire, droits bafoués, on peut vite se sentir démuni lorsqu'on doit « affronter » l'administration. Heureusement, différents médiateurs sont là pour nous venir en aide.

Le médiateur de la République

Institué par la loi du 3 janvier 1973, le médiateur avait pour mission de venir en aide aux administrés en conflit avec une administration, en raison des dysfonctionnements de celle-ci. Il ne pouvait être saisi directement par un administré en difficulté avec une administration, c'est un parlementaire qui servait d'intermédiaire. En revanche, une personne morale (comme une entreprise ou une association) ou les homologues étrangers du médiateur pouvaient également le saisir. Le médiateur de la République a été supprimé et ses fonctions ont été reprises par le défenseur des droits.

Le défenseur des droits

La réforme de la constitution du 23 juillet 2008 a instauré une nouvelle institution, celle du défendeur des droits, dont la mise en place a été organisée par la loi organique et la loi ordinaire du 29 mars 2011. Les attributions du défenseur des droits reprennent celles du médiateur de la République, mais aussi celles du défenseur des enfants, de la Commission nationale de déontologie de la sécurité (CNDS) ainsi que de la Haute autorité de lutte contre les discriminations et pour l'égalité (HALDE). Il peut être saisi :

- par toute personne s'estimant lésée par le fonctionnement d'une administration ou d'un service public,
- en matière de protection de l'enfance et de déontologie de la sécurité,
- de toutes les discriminations, directes ou indirectes, prohibées par la loi ou par un engagement international régulièrement ratifié ou approuvé par la France.

La saisine du défenseur des droits est gratuite. Le défenseur des droits dispose de « larges pouvoirs d'investigation », et peut être entendu par toute juridiction. Il peut saisir le Conseil d'État d'une demande d'avis sur des textes pour trancher entre des interprétations divergentes, proposer une transaction et, si ses recommandations restent sans effet, prononcer une injonction. Le non respect des pouvoirs d'investigation du défenseur des droits donne lieu à des sanctions.

Le médiateur de l'économie et des finances

Après une démarche insatisfaite (rejet total ou partiel explicite ou implicite) liée au fonctionnement des services du ministère auprès du service concerné, les usagers peuvent saisir le médiateur de l'économie et des finances.

Le médiateur de l'Éducation nationale

Le médiateur (actuellement, une médiatrice) de l'Éducation nationale et de l'Enseignement supérieur peut être saisi des réclamations concernant le fonctionnement du service public de l'Éducation nationale, de la maternelle à l'enseignement supérieur, à l'exclusion de la recherche. La demande peut émaner aussi bien des usagers que des agents de l'administration de l'Éducation nationale. Lorsque le litige concerne les services et les établissements (écoles, collèges, lycées, universités, etc.) situés dans l'académie du requérant, on doit saisir le médiateur académique.

Le consommateur face aux grands opérateurs économiques

QUI CONTACTER ?

Mis en place par les institutions concernées (banques, assurances...), les médiateurs ont vocation à essayer de trouver une solution amiable. Les adresses de l'ensemble des médiateurs cités ici sont reproduites en annexe de cet ouvrage, dans la section « Adresses utiles ».

Le médiateur bancaire

Le médiateur bancaire peut, selon les banques, être national, par caisse ou être lié à la Fédération Bancaire Française. Pour toute information, le client peut s'adresser à Infobanque.

Le médiateur des assurances

Les assureurs ont mis en place des dispositifs de médiation* interne. Pour en savoir plus, il faut interroger BP Médiation Assurance. Cependant, l'assuré peut avant tout saisir l'Autorité de contrôle prudentiel (ACP).

BON À SAVOIR

Cet organisme ne pouvant intervenir que si aucune autre instance n'a été saisie, il est judicieux de s'adresser à elle en priorité !

Le médiateur de la SNCF

Le médiateur de la SNCF s'occupe de tous les litiges nés d'un voyage SNCF et qui ne se sont pas réglés après une démarche écrite auprès du service clientèle (ou du centre de recouvrement des procès-verbaux). On doit le saisir par écrit. En cas d'infraction, le recours n'est possible que dans les 2 mois suivant la commission de l'infraction.

Le médiateur de la RATP

Le médiateur de la RATP peut être saisi pour des sujets tels que les infractions à la police des chemins de fer, le fonctionnement des réseaux et l'évolution du service offert à la clientèle.

ATTENTION !

Lorsqu'un procès-verbal a été dressé, la saisine du médiateur est irrecevable si elle intervient plus de 2 mois après l'infraction (en ce cas, il ne faut pas attendre la réponse du service clientèle).

Le médiateur du groupe La Poste

Le médiateur du groupe La Poste s'occupe des différends survenant avec les clients, après une démarche insatisfaisante auprès du bureau de poste ou du centre financier. Il peut être saisi par le client (particulier ou professionnel) mais aussi par un élu.

Le médiateur national de l'énergie

Le médiateur national de l'énergie est chargé de recommander des solutions aux litiges relatifs à l'exécution des contrats de fourniture d'électricité ou de gaz naturel. En cas de litige avec le fournisseur d'électricité ou de gaz naturel, le consommateur ou son représentant peut saisir le médiateur national de l'énergie pour l'aider à régler le différend.

Cette saisine doit être précédée d'une réclamation écrite auprès du fournisseur concerné (le médiateur sera saisi si la réponse ne donne pas satisfaction ou en l'absence de réponse dans le délai de 2 mois maximum). Le client peut également saisir directement le médiateur EDF ou GDF…).

Le médiateur de l'eau

Le médiateur de l'eau est compétent pour régler les litiges entre les consommateurs et les entreprises qui gèrent les services publics d'eau et d'assainissement, comme par exemple la Lyonnaise des Eaux.

Avant de saisir le médiateur, il faut avoir épuisé toutes les voies de recours internes de l'entreprise (réclamation envoyée par courrier à l'instance de recours la plus élevée dans l'entreprise). Le client peut saisir le médiateur s'il n'a pas obtenu de réponse dans le délai d'1 mois.

Le litige doit dater de moins de 2 ans.

Le médiateur du crédit aux entreprises

Le médiateur du crédit aux entreprises peut être saisi en remplissant un formulaire sur le site qui lui est dédié. Il intervient auprès des chefs d'entreprise, artisans, commerçants, professions libérales, créateurs ou repreneurs d'entreprise, entrepreneurs individuels qui rencontrent avec leur(s) banque(s) des difficultés pour résoudre des problèmes de financement ou de trésorerie.

Le médiateur des communications électroniques

Le médiateur des communications électroniques a vocation à régler tous les différends opposant les clients à leur opérateur de téléphonie fixe ou mobile ou à leur fournisseur d'accès Internet ou de télévision, après une réponse insatisfaisante du service clients puis du service consommateurs.

Les arrangements amiables en droit privé

Les arrangements amiables en droit privé concernent les particuliers et les personnes morales. Ils peuvent être trouvés dans le cadre de la médiation civile ou de la médiation pénale.

La médiation civile

Alternative au contentieux, la médiation civile peut permettre de mettre fin à une action judiciaire ou d'éviter une action judiciaire. Elle peut intervenir dans différentes circonstances.

Au cours d'un procès

Le juge peut proposer de désigner un médiateur qui aura pour mission, dans un temps donné, de trouver une solution amiable au conflit. La rémunération du médiateur est fixée par le juge et est à la charge des parties, dans des proportions fixées amiablement ou par le juge. Si la médiation n'aboutit pas, le juge rendra une décision pour trancher le contentieux; si elle aboutit, elle peut être soumise à l'homologation* du juge.

À la requête des parties

Les parties vont alors présenter au juge une requête* conjointe. Si elle est déposée devant le tribunal d'instance, l'assistance d'un avocat n'est pas obligatoire. Si, en revanche, c'est le tribunal de grande instance qui est saisi, la requête devra être déposée par un avocat.

Pour être recevable, la requête doit porter sur une demande qui n'est pas prescrite. La prescription est en général de 5 ans mais il existe des délais plus courts (par exemple, en matière de crédit à la consommation, la prescription est de 2 ans) ou plus long (en cas de dommages corporels, la prescription est de 10 ans).

Pour anticiper ou régler un différend simple

Il peut s'agir d'un différend d'ordre familial (par exemple dans le cadre d'un héritage), professionnel (par exemple impayé) ou patrimonial (par exemple entre propriétaire ou locataire). L'accord peut être négocié et concrétisé par un avocat (en ce cas des honoraires sont dus) ou par un conciliateur de justice (en ce cas, c'est gratuit). Les parties peuvent parvenir à un accord :

- par l'intermédiaire d'un avocat. Elles signeront alors un protocole d'accord, encore appelé transaction qui a les mêmes effets qu'une décision de justice;
- devant le conciliateur, qui dressera un procès verbal, lequel aura également la même valeur qu'une décision de justice.

Si aucun accord ne peut être trouvé, chacun des adversaires reste libre de faire régler le litige par le tribunal.

On ne peut pas transiger sur tout. Ainsi, on ne peut transiger sur les matières touchant à l'état civil, dont la solution passe obligatoirement par une décision de justice.

La médiation peut être une alternative intéressante mais il ne faut pas qu'elle puisse remettre en cause les droits des parties. En effet, sauf lorsqu'elle est envisagée par un juge déjà saisi (qui propose alors aux parties de tenter de résoudre leur différend dans le cadre d'une médiation), les parties doivent rester vigilantes par rapport aux délais. Sinon, elles risquent de ne plus pouvoir introduire d'action en justice !

La médiation ne suspend pas le délai de prescription. Donc, si par exemple, le délai de prescription est de cinq ans et que les parties envisagent une médiation seulement 5 mois avant la fin du délai de 5 ans, il ne faut pas que l'issue de cette médiation dépasse ce délai car si les parties ne parviennent pas à trouver une solution amiable, elles ne pourront plus soumettre leur litige au tribunal.

La médiation pénale

La médiation pénale est une alternative dont dispose le procureur de la République pour éviter au délinquant une condamnation et permettre à la victime d'être indemnisée. Le médiateur peut être une personne physique ou une association habilitée, son rôle étant de faciliter le règlement amiable d'une infraction pénale. L'auteur de l'infraction s'engage à indemniser la victime et donc à régler une somme sur laquelle les deux parties sont tombées d'accord.

L'arrangement amiable porte sur l'indemnisation de la victime. Les parties ne peuvent pas s'entendre sur la peine pénale (amende, jour-prison...) qui va être prononcée.

Cette intervention est gratuite tant pour la victime que pour le délinquant, sauf s'ils souhaitent se faire assister d'un avocat (dont l'intervention alors peut rester gratuite dans le cadre d'une commission d'office ou de l'aide juridictionnelle*). Elle permet au prévenu de ne pas voir la partie civile comparaître à l'audience (cela peut influencer favorablement le juge). La transaction a ici un avantage « psychologique » vis-à-vis des magistrats, qui peuvent prendre en compte l'indemnisation de la victime par le prévenu pour moduler le *quantum* de la peine.

Il ne faut pas confondre la médiation pénale et une éventuelle transaction* entre la victime et l'auteur de l'infraction. Lorsque le prévenu et la partie civile transigent, contrairement à la médiation pénale, cela n'arrête pas les poursuites pénales, c'est-à-dire que l'auteur de l'infraction peut être condamné.

Le coût de la justice

L'un des grands principes de la justice en France, c'est la gratuité. Cela signifie que ce ne sont pas les justiciables qui doivent rémunérer les magistrats mais l'État. Cependant, cela ne signifie pas pour autant que le justiciable n'aura rien à débourser dans le cadre d'un procès. Car un procès, cela coûte de l'argent… beaucoup d'argent. Alors qui paie quoi ?

La « gratuité » de la justice

Selon l'affaire à juger, sa nature et sa complexité, le justiciable devra régler des frais plus ou moins importants de procédure mais aussi des honoraires aux auxiliaires de justice que sont les avocats, les huissiers de justice, les experts judiciaires... Chaque personne prenant part à un procès fait l'avance de ses propres frais de justice, à fonds perdus pour celui qui perd, pour partie récupérable sur le ou les adversaires pour celui qui gagne. L'article 700 du Code de procédure civile permet en effet au justiciable de demander à la juridiction saisie que son adversaire lui rembourse les frais qu'il a avancé. En plus de ces frais, deux taxes, prévues par la loi de finances rectificative du 29 juillet 2011 et par un décret du 28 septembre 2011, viennent remettre en cause ce principe de la gratuité :

- Depuis le 1er octobre 2011, chaque justiciable qui souhaite introduire une action judiciaire en matière civile, commerciale, prud'homale, sociale, rurale ou de droit administratif doit désormais (sauf les bénéficiaires de l'aide juridictionnelle) acquitter une taxe de 35 € auprès du Trésor public. Cette contribution n'est cependant pas absolue puisque certaines matières en sont exemptées, notamment les procédures auprès du juge des tutelles ou les procédures de surendettement.
- Depuis le 1er janvier 2011, si le justiciable souhaite interjeter appel d'une décision qui lui est défavorable, il devra s'acquitter d'une taxe de 150 € lorsque l'assistance de l'avocat est obligatoire.

La première de ces taxes a vocation à permettre l'indemnisation des avocats pour leurs permanences dans le cadre des gardes à vue, la seconde à payer le tribut de l'indemnisation des avoués après la suppression de leurs charges.

L'aide juridictionnelle*

Pour permettre aux personnes sans ressources ou ayant des ressources modestes de faire face à un litige, la loi du 10 juillet 1991 a créé une aide financière, c'est l'aide juridictionnelle.

À quoi ça sert ?

L'aide juridictionnelle est une aide financière qui permet, sous certaines conditions de ressources ou de revenus, de bénéficier gratuitement de l'assistance d'un auxiliaire de justice (sauf le paiement des droits de plaidoirie, qui s'élèvent à 13 €) et des frais de procédure (comme par exemple les frais liés à une expertise). Toutefois, cette gratuité n'est pas totale. D'abord, parce qu'en fonction des ressources ou des revenus, seul un pourcentage des honoraires de l'avocat pourra être pris en charge.

Ensuite, parce qu'en de cas de perte du procès, le bénéficiaire de l'aide juridictionnelle peut être :

- condamné aux dépens, c'est-à-dire au remboursement des frais exposés par l'adversaire,
- condamné, sur le fondement de l'article 700 du NCPC, à rembourser la totalité ou une partie des honoraires de l'avocat de son adversaire.

Enfin, parce que si le bénéficiaire de l'aide juridictionnelle gagne son procès, son avocat peut, avec l'autorisation du bâtonnier, lui réclamer des honoraires complémentaires si le montant de la condamnation obtenue est important.

Pour qui ?

L'aide juridictionnelle est accordée aux personnes physiques de nationalité française et aux ressortissants des États membres de la Communauté européenne. Les personnes de nationalité étrangère résidant habituellement et régulièrement en France sont également admises au bénéfice de l'aide juridictionnelle. La loi prévoit également une prise en charge des étrangers, sans condition de résidence :

- lorsqu'ils sont mineurs, témoins assistés, inculpés, prévenus, accusés, condamnés ou parties civiles,
- lorsqu'ils font l'objet d'une mesure mettant en cause leur présence sur le territoire français,
- sous certaines conditions, lorsqu'ils doivent se défendre devant la commission des recours des réfugiés.

Pour bénéficier de l'aide juridictionnelle totale, il faut que la moyenne mensuelle des ressources perçues l'année qui précède l'action en justice soit inférieure à un certain plafond de ressources. Ce montant de ressources pour l'admission à l'aide juridictionnelle est déterminé par une circulaire, qui le revalorise au 1er janvier de chaque année. L'aide juridictionnelle totale dispense totalement le justiciable du paiement, de l'avance ou de la consignation des frais du procès que l'État prend en charge directement.

Au-dessus de ce plafond, elle est partielle. Cela signifie que l'assistance de l'État pour le règlement des honoraires des avocats ou des frais d'expertise par exemple est inversement proportionnelle aux ressources de l'intéressé (l'État prend alors en charge entre 15 et 85 %).

Quand ?

L'aide juridictionnelle est accordée en matière gracieuse ou contentieuse, en demande ou en défense devant n'importe quelle juridiction (civile, pénale, administrative). Elle peut être accordée pour tout ou partie de l'instance.

Elle peut également être accordée à l'occasion de l'exécution d'une décision de justice ou de tout autre titre exécutoire.

Le choix de l'avocat fait partie des droits du justiciable. Si le bénéficiaire de l'aide judiciaire connaît un avocat qui accepte de prêter son concours dans le cadre d'une aide juridictionnelle totale ou partielle, il pourra l'indiquer dans la demande et celui-ci sera désigné. S'il ne connaît pas d'avocat, le bureau de l'aide juridictionnelle lui en désignera un.

Comment ?

S'il souhaite bénéficier de l'aide juridictionnelle, le justiciable doit remplir une demande à l'aide d'un formulaire (Cerfa n°12467*01), dans lequel il doit notamment justifier de ses ressources, sauf :

- s'il est bénéficiaire du RSA ou des allocations du Fonds national de solidarité,
- s'il est victime, ou ayant droit, de crimes ou d'atteintes volontaires à la vie ou à l'intégrité physique de la personne.

EN PRATIQUE

Ce formulaire est disponible dans les tribunaux, les maisons de justice et du droit, les mairies et sur internet (`vosdroits.service-public.fr`). Il doit être accompagné des pièces justificatives demandées. La demande doit ensuite être déposée au bureau d'aide juridictionnelle dans le ressort duquel habite le requérant. C'est souvent le tribunal de grande instance du domicile du justiciable. Une personne sans domicile fixe peut se faire domicilier par une association.

Le dépôt du dossier peut aussi se faire devant d'autres juridictions, en fonction de la juridiction en charge de l'affaire :

Tableau 4-1 : Bureaux de dépôt des demandes d'aide juridictionnelle

Juridiction en charge de l'affaire	*Bureau d'aide juridictionnelle où la demande doit être déposée*
Cour d'appel ou cour administrative d'appel	tribunal de grande instance où siège la juridiction
Conseil d'État ou tribunal des conflits	Conseil d'État
Cour de cassation	Cour de cassation
Cour nationale du droit d'asile (CNDA)	CNDA
Si l'affaire est déjà engagée dans une autre juridiction	bureau dont relève cette juridiction

Source : `service-public.fr`

La commission d'office

Lorsqu'un justiciable est confronté à une procédure pénale et qu'il ne connaît pas d'avocat, il va pouvoir bénéficier de l'assistance d'un avocat. Cet avocat va être commis d'office, c'est-à-dire qu'il va être désigné pour assurer la défense du justiciable. Cette désignation peut être faite par le bâtonnier, mais aussi par le président lors de l'audience, si le justiciable n'a pas d'avocat et qu'il souhaite finalement être défendu. En principe, l'avocat désigné doit s'exécuter, sauf à invoquer des motifs d'excuse ou d'empêchement qui doivent être acceptés par le bâtonnier ou le président qui l'a désigné.

L'avocat commis d'office est payé par l'État si les ressources du justiciable lui permettent de bénéficier de l'aide juridictionnelle. En revanche, si ses revenus sont supérieurs à ceux permettant d'obtenir l'aide juridictionnelle partielle ou totale, il devra payer l'avocat qui aura été commis d'office.

Et l'Europe dans tout ça ? Le système judiciaire européen

Différentes juridictions européennes se partagent l'exercice du pouvoir judiciaire au sein de l'Union européenne.

Le tribunal de l'Union européenne

Crée en 1989, le tribunal de l'UE siège au Luxembourg. Il est composé de juges des pays appartenant à l'Union européenne (un par État). Il a vocation à offrir aux citoyens européens une meilleure protection juridique. C'est à lui qu'incombe la charge de rendre des décisions sur les recours introduits par des personnes physiques, des entreprises et certaines organisations, ainsi que dans les affaires de concurrence. Les décisions qu'il rend ne peuvent faire l'objet que d'un pourvoi dans les 2 mois, limité donc aux questions de droit, et examiné par la Cour de justice.

Depuis sa création, le tribunal a joué un rôle important dans les domaines des marques communautaires, du champ d'application des règles de concurrence et dans celui concernant les concentrations.

La Cour de justice de l'Union européenne

Créée en 1952, la Cour de justice de l'UE est composée de juges des pays appartenant à l'Union européenne (un par État), qui sont aidés de huit avocats généraux. Elle siège au Luxembourg. Son rôle principal est de donner une interprétation cohérente et uniforme du droit communautaire (traités, directives, décisions de la Banque centrale européenne, etc.) et de veiller à son respect par l'ensemble des États de l'Union et de leurs citoyens.

Pour éviter que l'interprétation du droit européen ne varie d'un pays à l'autre, les juridictions nationales peuvent, et dans certains cas doivent, demander à la Cour de justice de donner son avis sur tel ou tel point d'une disposition européenne. C'est ce que l'on appelle un renvoi préjudiciel.

...

...

Pour éviter que l'interprétation du droit européen ne varie d'un pays à l'autre, les juridictions nationales peuvent, et dans certains cas doivent, demander à la Cour de justice de donner son avis sur tel ou tel point d'une disposition européenne. C'est ce que l'on appelle un renvoi préjudiciel.

La Cour européenne des droits de l'homme (CEDH)

Créée en 1959, la Cour européenne des droits de l'homme siège à Strasbourg. C'est l'Assemblée parlementaire du Conseil de l'Europe qui élit ses juges (un pour chaque État). Elle juge de toutes les atteintes aux droits civiques et politiques qui sont visés par la Convention européenne des droits de l'homme comme par exemple :

- le droit à la vie,
- la liberté d'expression,
- la liberté de conscience.

Elle peut être saisie par tout justiciable ressortissant de l'Union européenne à la condition qu'il ait épuisé tous les recours devant les juridictions de son pays.

Chapitre 5

Les relations contractuelles

Dans ce chapitre :

- La formation du contrat : quelles sont les conditions pour que le contrat soit valable ?
- La vie et l'exécution du contrat, un monde d'obligations

Le contrat engage deux parties à respecter des règles pour le bien de chacune. En cela, il constitue une des pierres angulaires de notre rapport quotidien aux autres. Le contrat est un accord de volonté qui crée des obligations.

Plus précisément, l'article 1101 du Code civil le définit comme « une convention par laquelle une ou plusieurs personnes s'obligent envers une autre à donner, à faire ou à ne pas faire quelque chose ». Or, donner, ce peut être à titre onéreux ou à titre gratuit. De même, faire quelque chose, c'est s'obliger gratuitement ou moyennant une contrepartie financière. Ne pas faire concerne simplement une obligation négative sans contrepartie financière directe. C'est parce qu'il est essentiel que les modalités d'un don ou d'une action soient clairement définies pour les deux parties que les contrats existent ! Et des contrats, on en signe partout, pour tout : immobilier, mariage, vente par correspondance… Alors autant être bien informé !

N.B. : Sauf mention contraire, les articles cités dans ce chapitre font référence au Code civil.

La formation du contrat

Un contrat, cela ne s'improvise pas. Pour qu'un contrat soit valablement formé, il faut respecter un certain nombre de règles et d'étapes.

Avant de signer un contrat important, on peut se tourner vers un avocat qui pourra être de bon conseil. S'il s'agit d'une vente immobilière, on peut également se tourner vers un notaire.

Avant : la période précontractuelle

Avant la concrétisation d'un contrat, il peut y avoir une période pendant laquelle les parties discutent des futures conditions de leur collaboration. Cette période ne fait naître aucune obligation. De fait, en principe, la rupture de pourparlers précontractuels peut se faire à tout moment puisqu'aucun contrat n'a été signé. Néanmoins, la rupture des pourparlers ne doit pas constituer une violation de la confiance légitime du partenaire. Dès lors que la partie lésée pourra invoquer la mauvaise foi, l'intention de nuire ou une légèreté blâmable, elle pourra obtenir éventuellement des dommages et intérêts.

Des pourparlers en vue du rachat d'une entreprise qui, à 48 heures de la signature, ne se concrétisent pas car le vendeur a finalement conclu avec un autre acquéreur, pourraient entraîner des poursuites pour violation de la confiance légitime du partenaire.

Qui est obligé ?

Le contrat peut être :

- synallagmatique* ou bilatéral, lorsque les contractants s'obligent l'un envers l'autre (art. 1102). C'est le cas par exemple d'un contrat de location. On parle d'obligation réciproque, l'obligation de l'un conditionnant celle de l'autre.
- unilatéral, lorsqu'une ou plusieurs personnes s'obligent envers une ou plusieurs autres (art. 1103). C'est le cas, par exemple, d'une promesse unilatérale de vente, par laquelle le vendeur va s'engager pendant une période donnée à vendre son bien à une autre.

Oui mais... : la condition suspensive*

Parfois, un contrat peut envisager que l'engagement soit soumis à une ou plusieurs conditions, appelées conditions suspensives, qui vont permettre à celui qui s'engage de différer son obligation. Cela signifie que le contrat ne prendra effet que lorsque l'événement prévu se réalisera... s'il se réalise ! L'obligation est donc conditionnelle puisqu'on la fait dépendre d'un événement futur et incertain (art. 1168).

Conditions de la condition !

Il faut toutefois savoir que l'existence d'une condition suspensive ne garantit pas d'être libéré de son engagement si elle ne se réalise pas. Encore faut-il que celui en faveur de qui elle est stipulée respecte les obligations mises à sa charge pour qu'elle se réalise ! Ainsi par exemple, si la construction d'un pavillon est confiée à une entreprise, sous la condition suspensive d'obtenir un permis de construire, le maître d'ouvrage* doit pouvoir prouver qu'il a fait toutes les démarches nécessaires pour l'obtenir et que le refus, ou l'absence de permis de construire, n'est pas de sa faute.

Cas particulier : condition suspensive et opération immobilière

La condition suspensive dans le cadre d'un contrat formalisant une opération immobilière répond à des exigences spécifiques. Lorsqu'une opération immobilière doit se faire par l'obtention d'un ou de plusieurs prêts destinés à le financer, le Code de la consommation soumet cet aléa, considéré comme une condition suspensive, à un certain nombre de dispositions. Elles sont impératives et d'ordre public, c'est-à-dire que les parties (les cocontractants*) ne peuvent s'y soustraire et que même si les obligations fixées par le Code ne sont pas respectées, les dispositions s'appliquent.

L'article L 312-16 du Code de la consommation prévoit que lorsque l'acte de vente (y compris lorsqu'il s'agit d'une promesse unilatérale de vente, art. L 312-15 du Code de la consommation) envisage que le prix sera financé par un ou plusieurs prêts, « cet acte est conclu sous la condition suspensive de l'obtention du ou des prêts qui en assument le financement. La durée de validité de cette condition suspensive ne pourra être inférieure à un mois… ». Souvent, la durée envisagée dans les actes est de 2 mois. L'acquéreur doit cependant être vigilant et mettre tout en œuvre pour obtenir ce ou ces prêts car il doit pouvoir prouver ses démarches et les éventuels refus. À défaut, la condition suspensive ne pourra pas jouer car dans ce cas, les tribunaux considèrent que l'emprunteur n'a pas rempli ses obligations.

ATTENTION !

L'acquéreur/emprunteur doit non seulement obtenir les refus des organismes de financement par écrit mais il doit les communiquer au vendeur avant l'issue du délai fixé dans le contrat. S'il laisse passer la date, le contrat est valablement conclu, et il se retrouve engagé !

Si l'acquéreur n'obtient pas son crédit, il sera libéré de son obligation, puisque la condition suspensive ne s'est pas réalisée. Si la condition suspensive s'est réalisée, elle a un effet rétroactif au jour de l'engagement (art. 1179), c'est-à-dire que le contrat est réputé conclu dès la signature.

Lorsque l'acte indique que le prix sera payé sans l'aide d'un ou de plusieurs prêts, l'acquéreur ne pourra plus bénéficier de la disposition protectrice de la condition suspensive. C'est pourquoi l'article L 312-17 impose que cet acte porte « de la main de l'acquéreur une mention par laquelle celui-ci reconnaît avoir été informé que s'il recourt néanmoins à un prêt, il ne peut plus se prévaloir des dispositions » concernant la condition suspensive. Cet article précise dans son second alinéa que si cette mention n'est pas portée sur le contrat, alors l'acquéreur pourra bénéficier des dispositions protectrices de l'article 312-16 sur la condition suspensive.

Valable... ?

Pour qu'un contrat se forme valablement, un certain nombre de conditions doivent être respectées.

Tope là... et signe !

En principe, le contrat se concrétise par le seul échange des consentements, sans qu'aucune forme particulière ne soit nécessaire. Partant de ce principe, un contrat verbal – à condition de le prouver ! – est valable. C'est le fameux « tope là » des vendeurs de bestiaux. Cependant aujourd'hui, l'évolution du droit et des échanges rend souvent impératifs la rédaction d'un écrit et sa signature pour concrétiser le contrat. Ainsi, l'article 1341 du Code civil prévoit l'obligation d'un écrit (acte par devant notaire ou sous seing privé*) pour prouver une obligation au-delà d'une certaine valeur (actuellement 1 500 €). De nombreuses dispositions du Code de la consommation font également obligation au professionnel de conclure un contrat écrit, comportant certaines clauses pour être valable.

L'offre : la faire et la faire... accepter !

Le principe du contrat réside en ce que l'une des parties fait une offre et l'autre l'accepte. Pour qu'un contrat soit valable, il faut que chacune des parties l'ait accepté de manière claire et explicite. C'est un peu l'origine de la mention « lu et approuvé ».

Sauf exceptions (acceptation tacite de l'administration, offre faite dans l'intérêt exclusif du destinataire par exemple), le silence ne vaut acceptation ni du contrat, ni de ses conditions.

On peut refuser une offre, l'offre en elle-même ne créant pas d'obligations, sauf circonstances particulières prévues par le législateur. Ainsi, l'article L 122-1 du Code de la consommation interdit au vendeur, sauf motif légitime, de refuser la vente d'un produit ou d'un service au consommateur. Traditionnellement, la rencontre de l'offre et de l'acceptation, qui juridiquement forme le contrat, se concrétise lorsque chacune des parties a donné son consentement, par la signature de l'acte notamment. Cependant, la vente à distance (réseaux traditionnels mais aussi et surtout maintenant la vente par Internet) a profondément modifié cette rencontre, c'est pourquoi le législateur est intervenu pour protéger le consommateur.

Qui peut conclure un contrat ?

Pour qu'un contrat soit valable, il faut que celui qui s'engage ait la capacité pour le faire (art. 1123). Cela suppose que le cocontractant ne soit pas juridiquement incapable :

- S'agissant des personnes physiques, il ne faut pas qu'elles soient mineures (sauf émancipées) ni majeures sous curatelle ou sous tutelle.
- Dans le cadre d'une personne morale, il faut que la personne physique ait pouvoir d'engager l'entité juridique qu'elle représente, ce qui ne pose aucun problème lorsque c'est le dirigeant mais peut en susciter si c'est le commercial de la société par exemple.

Rappel à l'ordre... public

Aucun contrat n'est possible s'il est contraire à des dispositions d'ordre public ou aux bonnes mœurs (art. 6). L'ordre public édicte des règles qui protègent l'individu. Elles sont impératives et on ne peut y déroger.

Ainsi, un contrat de travail qui envisagerait une période d'essai d'un an serait contraire à l'ordre public du fait de cette disposition. Pour être valable, le contrat ne doit pas non plus être contraire aux bonnes mœurs. Ainsi par exemple, dans le cas d'un contrat de location d'un studio en vue de la prostitution, l'objet et la cause seraient contraires aux bonnes mœurs.

Pas de vice

Pour qu'un contrat soit valable, il faut que le consentement des cocontractants soit exempt de vices. C'est un principe défini par l'article 1109 du Code civil, qui précise qu'« il n'y a point de consentement valable, si le consentement n'a été donné que par erreur ou s'il a été extorqué par violence ou surpris par dol* ». Ce sont des éléments déterminants dans la formation du contrat car si l'on peut prouver que l'un de ces trois vices a pesé sur le consentement donné, le contrat pourra être annulé.

L'erreur (art. 1110) peut porter sur la substance (comme par exemple la matière, ainsi on croit acheter un bijou en or, alors qu'il n'est qu'en plaqué or), mais aussi sur la personne (ainsi par exemple dans un mariage, l'article 180 du Code civil prévoit que « l'erreur sur la personne ou sur les qualités essentielles de la personne » peut entraîner la nullité du mariage).

Toute erreur ne peut donner lieu à la nullité du contrat. Il faut que l'erreur soit conforme aux circonstances exigées par la loi et la jurisprudence*. Elle doit notamment avoir été déterminante dans la décision de celui qui l'invoque.

Ainsi par exemple, ce mari qui invoquait un vice du consentement pour obtenir la nullité de son mariage prétextant que sa femme n'était pas vierge et qu'il y avait « erreur sur les qualités essentielles », a vu sa demande rejetée (cour d'appel de Douai, 18 novembre 2008).

La violence (art. 1111 à 1115) peut être physique bien sûr mais aussi purement morale (harcèlement, menaces). Il y a violence morale lorsque l'on fait pression sur une personne et que cette violence provoque une crainte vis-à-vis du cocontractant. Cette violence peut être dirigée vers le contractant mais également vers ses proches (époux, épouse, descendants ou ascendants). Elle peut permettre d'obtenir la nullité du contrat, voire des dommages et intérêts et peut même être réprimée sur le plan pénal.

Il ne faut pas confondre violence et crainte révérencielle. La crainte révérencielle (envers ses père et mère ou autre ascendant) n'est pas considérée comme un vice du consentement, sauf si elle s'accompagne de violence (art. 1114).

Le dol (art. 1116) est une tromperie qui incite l'autre partie à s'engager. Il suppose une intention frauduleuse. Il peut prendre différentes formes :

- un « oubli » volontaire (ainsi par exemple, ne pas révéler un trouble oculaire lors de la vente d'un cheval de concours complet), on parle alors de réticence dolosive*,
- des manœuvres (par exemple, maquillage de bilan dans le cadre d'une cession d'actions pour en augmenter la valeur).

Si le dol est prouvé, il permet de prononcer la nullité du contrat, voire d'obtenir des dommages et intérêts. Il peut également être considéré comme un élément d'une infraction pénale (ainsi par exemple lors d'un abus de faiblesse envers une personne âgée).

... Ou pas valable ?

Un contrat qui n'est pas valablement formé peut être remis en cause. Lorsqu'un des éléments nécessaires à la validité de la conclusion du contrat n'existe pas, le contractant qui s'estime trompé ou lésé peut demander, selon les circonstances, la nullité du contrat ou la rescision pour lésion*. Une demande en nullité, selon les circonstances, peut être initialisée uniquement par un des cocontractants (nullité relative*) ou par toute personne qui y a intérêt (nullité absolue).

La demande en nullité

Sauf loi particulière, l'action en nullité ne peut être introduite que pendant un délai de 5 ans (art. 1304), en principe à partir du jour de la conclusion du contrat. Toutefois, ce point de départ peut être retardé :

- en cas de vice du consentement,
- lorsque le contrat a été conclu par un mineur,
- lorsque le contrat a été conclu par un majeur protégé,
- dans tous les cas d'incapacité (mineure ou majeure).

La demande en rescision pour lésion*

Il peut y avoir demande de rescision pour lésion dans différents cadres et dans différentes situations.

En matière de vente immobilière (7/12e de la valeur) : en principe, le prix est librement consenti entre vendeur et acheteur. Mais parfois, le vendeur peut se sentir lésé et considérer que le prix auquel il a vendu est anormalement bas. Dans le cadre d'une vente, si le vendeur peut prouver qu'il a subi une lésion de plus de sept douzièmes sur le prix de l'immeuble* (art. 1674), il peut intenter une action en rescision pour lésion afin d'obtenir l'annulation de la vente, à condition d'introduire son action dans un délai de 2 ans (art. 1676). La rescision pour lésion ne peut en revanche avoir lieu en faveur de l'acheteur (art. 1683).

Dans le cas où l'action en rescision est admise, deux possibilités s'offrent à l'acquéreur (art. 1681 et 1682) : soit il rend la chose en retirant le prix qu'il en a payé, soit il garde le fonds en payant le supplément du juste prix, sous la déduction du dixième du prix total. Si l'acquéreur préfère garder la chose en fournissant le supplément réglé par l'article précédent, il doit l'intérêt du supplément, à partir du jour de la demande en rescision. S'il préfère la rendre et recevoir le prix, il rend les fruits (c'est-à-dire ce qu'a produit le bien, comme par exemple des loyers) à partir du jour de la demande.

Un vendeur forcé (dont le bien immobilier* a été vendu aux enchères) qui considère que le prix de cession de son bien permettrait de revendiquer une lésion de plus des 7/12e, ne peut bénéficier de ce droit. Il en est en effet spécifiquement exclu par l'article 1684 du Code civil. Il pourra uniquement provoquer une surenchère.

Dans le cadre d'un partage (1/4 de la valeur) : la demande en rescision pour lésion peut être faite par un héritier dans le cadre d'un partage. « Lorsque l'un des copartageants établit avoir subi une lésion de plus du quart, le complément de sa part lui est fourni, au choix du défendeur, soit en numéraire, soit en nature. Pour apprécier s'il y a eu lésion, on estime les objets suivant leur valeur à l'époque du partage » (art. 889).

Lorsque la convention lèse un mineur non émancipé (quelle que soit la valeur), toute lésion (art. 1305) subie par le mineur permet de demander la rescision pour lésion.

Les effets de la nullité

La nullité ne peut être prononcée que par une décision de justice. Elle remet alors les parties dans la même situation que si aucun contrat n'avait été conclu.

Si la nullité ne pose pas de problème lorsque le contrat n'a pas encore été exécuté, en revanche, lorsque le contrat a été partiellement ou totalement exécuté, surgissent des problèmes liés à la nécessité de restituer certains éléments objets du contrat (acomptes ou arrhes, biens). Parfois, lorsque la restitution physique n'est pas possible (si par exemple le bien a été revendu ou dégradé entre-temps), les tribunaux contournent la difficulté en imposant une restitution en valeur.

La vie du contrat

À présent que le contrat a été signé, il va falloir l'exécuter ! Cela implique des obligations de part et d'autre mais aussi un respect des modalités du contrat.

Contrat oblige !

Un contrat fait naître des obligations :

- l'une (ou plusieurs) des parties est débitrice de l'obligation,
- l'autre (ou plusieurs) partie est créancière de l'obligation.

Exécution !

Le contrat qui a été valablement conclu va devenir le support des rapports juridiques entre les cocontractants. L'article 1134, alinéa 1 du Code civil illustre cette situation et le caractère contraignant des obligations qui découlent d'un contrat, en posant comme principe que « les conventions légalement formées tiennent lieu de lois à ceux qui les ont faites ». La référence à la loi (non plus celle imposée par le législateur, mais celle voulue par les parties) donne au contrat une force exécutoire qui impose au(x) cocontractant(s) d'exécuter de bonne foi leurs obligations. Cette obligation permet au bénéficiaire du contrat d'obtenir par décision de justice et éventuellement, par la force publique, le respect du contrat qui a été signé. C'est ce que l'on appelle l'exécution forcée (on l'oppose à l'exécution volontaire de l'obligation née du contrat). C'est pourquoi il est important de comprendre ce que l'on signe afin de ne pas s'engager « à la légère » !

Dans un contrat de location, le locataire, en application du contrat qu'il a signé, a l'obligation de payer ses loyers. De son côté, le propriétaire a l'obligation de fournir à son locataire un logement décent. Si le locataire ne paye pas les loyers, le propriétaire pourra demander en justice sa condamnation et son expulsion. De son côté, le locataire ne disposant pas d'un logement décent pourra saisir le tribunal pour exiger de son propriétaire qu'il satisfasse à son obligation et obtenir une contrepartie financière.

Sauf situations particulières, « nul ne peut se faire justice à soi-même ». Partant de cet adage, lorsque l'une des parties n'exécute pas son obligation, c'est la juridiction saisie qui va reconnaître des droits à l'autre partie. Ainsi par exemple, le locataire qui ne vit pas dans un logement décent, ne peut, de sa propre initiative, cesser de payer ses loyers (pas même en les « consignant » auprès de la Caisse des dépôts), c'est au tribunal de trancher le différend.

Nature des obligations contractuelles

On peut être débiteur* ou créancier d'une obligation de moyen ou on peut être débiteur ou créancier d'une obligation de résultat. La distinction entre ces deux obligations est importante lorsqu'il s'agit de déterminer la responsabilité de celui qui a failli à son obligation.

L'obligation de moyen

Le débiteur de l'obligation s'engage à mettre tous les moyens en sa possession pour parvenir à concrétiser l'objet du contrat. En revanche, cette obligation ne va pas jusqu'à devoir garantir le résultat. De manière générale, l'obligation de faire, ou encore d'information ou de conseil sont des obligations de moyens.

L'obligation de résultat

Le débiteur de l'obligation s'engage à obtenir un résultat, quels que soient les moyens mis en œuvre pour y parvenir.

Un contrat, ça engage qui ?

S'il semble évident que toute personne qui a signé un contrat s'engage; ce n'est pourtant pas la seule hypothèse.

Une personne représentée

Une partie peut être engagée par une personne détenant l'autorisation légale ou le pouvoir de la représenter. Cette personne pourra notamment signer un contrat et sa signature engagera celui pour qui elle est donnée. Le représentant peut être le tuteur d'un majeur protégé ou d'un mineur non émancipé mais aussi le dirigeant d'une société ou bien encore un époux autorisé pour représenter son conjoint « hors d'état de manifester sa volonté » (art. 219).

Cette représentation peut également être liée à un mandat. Dans ce cas, préalablement à ce pouvoir de représentation, va être signé, sauf circonstances exceptionnelles, un contrat de mandat. Aux termes de ce contrat de mandat, une « personne (le mandant*) donne à une autre (le mandataire*), le pouvoir de faire quelque chose pour le mandant et en son nom » (art. 1894).

Une agence immobilière ou un syndic peut recevoir mandat de proposer à la location un appartement pour le compte du propriétaire et de signer le contrat de bail, engageant ainsi le propriétaire.

Parfois, le mandat peut n'être « qu'apparent », c'est-à-dire que celui qui signe a pu croire, en toute légitimité, que le tiers s'engageait pour le compte d'un mandant. Cette ambiguïté va être source de problème lorsqu'il va s'agir de déterminer si le « mandataire apparent » était véritablement investi d'un pouvoir.

Un tiers

En principe, le contrat n'a d'effet qu'entre les parties contractantes (art. 1165), c'est ce que l'on appelle « l'effet relatif des contrats ». Cependant, dans certaines situations, un tiers au contrat doit parfois tenir compte de la situation juridique créée par le contrat.

Ainsi, si une clause de non concurrence* dans son contrat prohibe à un salarié de travailler dans une entreprise directement concurrente, une entreprise directement concurrente qui embaucherait ce salarié se verrait opposer cette clause que pourtant elle n'a pas signée.

Un bénéficiaire

Le principe de l'effet relatif des contrats connaît une autre exception, c'est la stipulation pour autrui (art. 1121). Il s'agit alors d'une relation bipolaire qui se transforme en relation triangulaire, sans que la troisième partie n'ait à ratifier cet accord. Le stipulant (celui qui souhaite que les conditions fixées au contrat profitent à une tierce personne) convient avec le promettant (l'autre signataire du contrat) qu'il exécutera une obligation définie contractuellement au profit d'un tiers (le bénéficiaire), qui lui n'a rien signé.

Dans le cadre d'une assurance vie, l'assuré (stipulant) demande à l'assureur (promettant) de payer à une personne contractuellement dénommée comme par exemple « mes enfants » (les tiers bénéficiaires) une certaine somme d'argent s'il décède.

Un contrat, pour combien de temps ?

Un contrat peut être conclu pour une durée déterminée (de date à date) ou au contraire sans limitation dans le temps, on parle alors de contrat à durée indéterminée. En principe, le choix entre ces deux types de contrats relève de la volonté des parties sauf quand le législateur intervient pour les interdire ou en restreindre la durée.

Le contrat à durée déterminée

Lorsque le contrat est conclu pour une durée déterminée, il prend fin en principe à la date d'échéance (ainsi par exemple, un contrat d'abonnement auprès d'un opérateur de téléphonie).

Toutefois, ce terme n'est pas toujours la certitude que les parties seront libres de tout engagement. En effet, de nombreux contrats à durée déterminée comportent des clauses de reconduction tacite. La clause de reconduction tacite suppose que si aucun des cocontractants ne prévient l'autre (avant la date de préavis fixée contractuellement) de sa volonté de voir le contrat s'arrêter à échéance, celui-ci est reconduit pour une durée identique.

Si on veut éviter cette reconduction tacite, pour ne pas se retrouver engagé au-delà de ce que l'on souhaite, il faut donc dénoncer le contrat, dans les délais fixés contractuellement et porter à la connaissance de l'autre son intention de ne pas « repartir pour une durée équivalente ». Ainsi, si le contrat prévoit un préavis de 2 ou 3 mois, il faut adresser une lettre recommandée avec accusé de réception qui doit être présentée avant la date anniversaire de ce préavis, faute de quoi, le contrat est reconduit pour la même durée.

En matière de droit de la consommation, les dispositions protectrices du consommateur modifient les conditions de renouvellement et les conséquences de la reconduction. En effet, l'article L 136-1 du Code de la consommation fait obligation au professionnel prestataire de service – à l'exception notable des exploitants des services d'eau potable et d'assainissement – « d'informer le consommateur par écrit, au plus tôt 3 mois et au plus tard 1 mois avant le terme de la période autorisant le rejet de la reconduction, de la possibilité de ne pas reconduire le contrat qu'il a conclu avec une clause de reconduction tacite ». Si cette obligation d'information n'est pas respectée, le consommateur peut « mettre gratuitement un terme au contrat, à tout moment à compter de la date de reconduction ».

Le contrat à durée indéterminée

Lorsqu'un contrat est conclu pour une durée indéterminée, cela signifie que l'on ne peut connaître la date à laquelle les parties seront libérées de leur engagement. Un engagement perpétuel n'étant pas possible juridiquement, le contrat à durée indéterminée peut être rompu unilatéralement, chaque partie pouvant y mettre fin librement. Cette liberté n'est cependant pas absolue :

- En droit du travail, employeur et salarié sont obligés de respecter les dispositions concernant le licenciement ou la démission.
- Celui qui rompt le contrat ne doit pas commettre d'abus de droit.
- Il faut respecter un préavis d'usage ou défini contractuellement.

Touche pas à mon contrat !

Puisque le contrat forme la loi des parties, il doit être respecté dans toutes ses dispositions. Est-ce à dire qu'il est immuable ?

La loi nouvelle

L'article 2 du Code civil pose le principe que la « loi ne dispose que pour l'avenir » et qu'« elle n'a point d'effet rétroactif ». Cette solution protège le principe de « l'autonomie des volontés » qui caractérise le contrat. Les parties ont passé un accord qui est conforme à la loi en vigueur au jour de sa conclusion. Le contrat ainsi conclu demeure soumis à la loi ancienne.

BON À SAVOIR

Cette situation peut être remise en cause si le législateur prévoit expressément dans la loi que celle-ci sera immédiatement applicable aux contrats en cours. En cas de doute, il vaut mieux solliciter le conseil d'un avocat ou, selon les circonstances, d'un notaire.

La volonté des parties

Le contrat étant le reflet de la volonté des parties, ce qui a été fait peut être modifié si les parties en conviennent. Néanmoins, revenir sur un accord suppose certaines conditions :

- La modification ne doit pas être unilatérale, c'est-à-dire voulue et imposée par une seule des parties sans que l'autre y ait acquiescé.
- Cette modification doit être explicite et non ambiguë. Elle doit être concrétisée par un écrit (soit un avenant*, soit un nouveau contrat) signé par toutes les parties.

La procédure pas à pas

Un couple décide de faire refaire sa cuisine et commande du carrelage de couleur bleue, c'est ce qui est signalé sur le contrat ou sur le devis accepté. Brusquement, il change d'avis pour un carrelage rouge. Si le couple demande cette modification uniquement par téléphone, il risque de se voir livrer la couleur qui était initialement prévue car le prestataire de services prendrait un risque en modifiant la commande sur un simple avis verbal (qui peut avoir une valeur mais qu'il devrait prouver). Pour concrétiser juridiquement la modification demandée, il faut qu'un avenant (ou qu'un devis modifié) soit signé prévoyant que le carrelage livré et installé doit être rouge et non plus bleu. Ces nouvelles stipulations du contrat s'imposent désormais aux deux contractants qui doivent alors les respecter.

Ce que le contrat dit… ou pas

Puisque le contrat fait la loi des parties, les clauses et les conditions qu'il prévoit s'imposent aux contractants. Mais ce qui est exprimé dans le contrat n'est pas la seule source d'obligation.

Suites « logiques »

Le contrat peut obliger les parties dans les « suites que l'équité, l'usage ou la loi donnent à l'obligation d'après sa nature » (art. 1135). C'est grâce à ce principe que l'on peut associer à certains contrats une obligation de sécurité par exemple.

Ainsi en est-il dans le contrat de transport. Aux termes de ce contrat, le transporteur s'oblige à transporter un passager. Mais au-delà de cette obligation d'amener le passager d'un point à un autre, le transporteur se voit imposer une obligation non écrite qui est celle de conduire le voyageur sain et sauf.

Où il est question d'interprétation

Parfois, une partie peut considérer que telle ou telle clause du contrat doit s'interpréter d'une façon et l'autre partie d'une autre. Ce différend sera alors tranché par un juge, qui va devoir « rechercher quelle a été la commune intention des parties contractantes, plutôt que de s'arrêter au sens littéral du terme » (art. 1156), sans pour autant « dénaturer les obligations qui résultent [du contrat] ou modifier les stipulations qu'il renferme ».

Lorsque le juge s'en mêle

Dans certaines circonstances, le juge peut aller plus loin, en remettant en cause la volonté des parties et en révisant un contrat.

Ainsi par exemple :

- Le juge peut modifier la date de paiement contractuellement prévue. Alors que par exemple, l'obligation initiale du débiteur est de payer à échéance et que le créancier est en droit d'exiger le paiement à bonne date, le juge peut décider d'accorder un délai au débiteur en difficulté (art. 1244-1) et imposer cette modification au créancier.
- Le juge, en imposant au vendeur ou au prestataire de service le retrait d'une disposition qui lui était bénéfique, peut modifier les conditions d'exécution d'un contrat comportant des clauses abusives*.

L'exécution du contrat

Il arrive que l'exécution d'un contrat ne se déroule pas comme prévu : l'un des contractants ne respecte pas ses obligations ou commet des erreurs. Que se passe-t-il alors ?

Dès qu'un contrat pose des problèmes lors de son exécution, il est important de prendre conseil sans attendre auprès d'un avocat, afin qu'il puisse anticiper et éviter les situations irréversibles.

L'une des parties n'exécute pas le contrat, il se passe quoi ?

Tout ce qui est prévu dans un contrat a « force obligatoire » pour chacune des parties. Lorsque l'une des parties n'exécute pas son ou ses obligations, celui qui est créancier de cette ou de ces obligations dispose alors, devant le tribunal, d'une alternative pour résoudre le conflit (art. 1184, alinéa 2) :

- soit il demande que celui qui est défaillant soit obligé de s'exécuter, on parle alors d'obligation forcée d'exécuter les clauses du contrat,
- soit il demande la résolution* du contrat et éventuellement des dommages et intérêts.

Lorsque le contrat comporte une clause résolutoire de plein droit, c'est-à-dire une clause par laquelle le créancier de l'obligation peut considérer le contrat comme résilié* après une mise en demeure restée sans effet, il n'est plus alors nécessaire de saisir le tribunal pour que l'acte juridique et ses conséquences soient effacés.

L'action en résolution du contrat

Lorsque l'exécution forcée n'est pas ou plus possible, le cocontractant lésé va demander en justice la résolution du contrat (article 1184, alinéa 3) et éventuellement des dommages et intérêts (art. 1184, alinéa 2 *in fine*). Si la résolution est prononcée par le juge, le contrat est anéanti. Cela signifie que l'on revient à la situation qui existait avant que le contrat ne soit signé. Lorsque cette solution n'est pas possible, le litige se résout par l'allocation de dommages et intérêts.

Si un particulier se fait construire une maison individuelle et que le constructeur à qui il a confié la réalisation du projet abandonne le chantier, le contrat va être résolu* par la juridiction saisie mais on ne va pas obliger le maître d'ouvrage à détruire ce qui a été construit ! L'entreprise défaillante sera condamnée à des dommages et intérêts.

Lorsque le contrat est à exécutions successives*, comme par exemple un contrat de location d'un immeuble à usage d'habitation, on ne peut pas condamner le bailleur à rembourser les loyers perçus ! On va donc prononcer la résolution du contrat mais uniquement pour l'avenir.

Avant d'envisager une demande en résolution du contrat, on peut essayer de sortir de l'impasse en invoquant « l'exception d'inexécution » ou exception « *non adiplemti contractus* » ! Il s'agit du droit que détient chaque partie à un contrat synallagmatique de refuser d'exécuter sa propre prestation tant que son partenaire n'a pas rempli ses obligations. Cela permet à celui qui est redevable par exemple d'une obligation de payer, de demander au juge de l'autoriser à suspendre ses paiements tant que l'obligation de l'autre partie n'a pas été exécutée.

La résolution de plein droit

Au moment de la conclusion du contrat, les parties peuvent volontairement envisager une clause prévoyant que le contrat sera résolu de plein droit si la partie débitrice de l'obligation ne respecte pas son engagement, et après une mise en demeure restée sans effet. Cette clause ne doit pas être prise à la légère : grâce à elle, un contrat peut être résilié sans qu'il soit nécessaire de saisir le tribunal.

En matière de baux d'habitation, il y a une clause qui prévoit qu'à défaut de paiement des loyers et après une mise en demeure restée infructueuse, le bail sera résilié de plein droit.

Et en cas de faute ?

Lorsqu'une faute est commise dans l'exécution du contrat, celui qui en est victime va pouvoir mettre en cause la responsabilité du cocontractant : on parle alors de responsabilité contractuelle. Pour que la victime prétendue puisse obtenir des tribunaux la réparation du préjudice qu'elle estime avoir subi du fait de cette faute, il faut qu'elle démontre :

- un dommage,
- une faute contractuelle,
- un lien de causalité entre le dommage et cette faute.

Cette responsabilité va être appréciée différemment selon que la faute porte sur une obligation de moyens ou une obligation de résultat.

Lorsque contractuellement, la personne fautive est tenue à une obligation de moyens, sa responsabilité va être mise en cause dès lors que l'on va pouvoir lui reprocher de ne pas avoir utilisé tous les moyens pour parvenir à ses fins.

Ainsi par exemple, on ne peut engager la responsabilité d'un médecin parce que son patient est décédé (il n'a pas l'obligation de résultat de le guérir) mais parce qu'il n'a pas prodigué de soins consciencieux, attentifs et conformes aux données de la science, faillant, en cela, à son obligation de moyens. Les héritiers, pour obtenir réparation du préjudice subi du fait du décès du patient, devront prouver que le médecin n'a pas mis en œuvre tous les moyens nécessaires pour essayer de le guérir.

Lorsque contractuellement, la personne fautive est tenue à une obligation de résultat, sa responsabilité va être mise en cause en l'absence du résultat prévu. Ainsi en matière de transport, lorsque l'avion d'une compagnie aérienne s'écrase, peu importe que l'avion ait été révisé, qu'il soit neuf … c'est-à-dire que la compagnie aérienne ait mis en œuvre tous les moyens techniques pour éviter l'accident. Ce qui va caractériser la faute, c'est le fait de ne pas avoir obtenu le résultat attendu (transporter les passagers sains et saufs d'un point à un autre). Cette absence de résultat ouvrira le droit à des dommages et intérêts dès lors qu'il y a un lien direct entre la faute et le dommage.

Seule la force majeure (considérée comme un élément imprévisible et irrésistible) ou la cause étrangère, c'est-à-dire le fait d'un tiers ou de la victime (mais dans cette dernière hypothèse, il faut alors que cette faute soit intentionnelle) pourront permettre d'exonérer le fautif de sa responsabilité.

Certains contrats contiennent des clauses exonératoires de responsabilité ou limitatives de responsabilité, qui remettent en cause les conséquences de la mise en jeu de la responsabilité contractuelle du cocontractant. Ces clauses prévoient :

- l'exonération de la responsabilité de celui qui est tenu à une obligation, dont l'inexécution fautive n'ouvrira pas droit à des dommages et intérêts,
- la limitation du montant des dommages et intérêts.

Même si les conventions passées entre les parties et librement consenties ont force obligatoire, ces clauses peuvent être remises en cause soit par le législateur (protection du consommateur par exemple), soit par les tribunaux.

Responsabilité contractuelle vs responsabilité délictuelle

Les relations entre les parties ne sont pas toujours nées d'un contrat et le comportement fautif est alors soumis aux conditions de la responsabilité délictuelle qui s'applique à toutes les fautes commises en dehors d'un contrat.

Cette responsabilité délictuelle vise :

- « Tout fait quelconque de l'homme qui cause à autrui un dommage », ce dommage obligeant alors « celui par la faute duquel il est arrivé à le réparer » (art. 1382). Ainsi par exemple, un joueur de casino qui s'était fait interdire administrativement a engagé la responsabilité d'un casino qui n'avait pris aucune disposition pour assurer l'efficacité de la mesure à son égard. Il a demandé et obtenu des dommages et intérêts !
- La négligence ou l'imprudence (art. 1383). Ainsi par exemple des chasseurs ont été déclarés responsables d'un accident de chasse pour avoir participé à un tir qui ne constituait pas un acte de chasse normal.
- Le dommage qui « est causé par le fait des personnes dont on doit répondre, ou des choses que l'on a sous sa garde ». Ainsi par exemple, le propriétaire d'une boîte aux lettres débordant sur un trottoir a été déclaré responsable de l'accident survenu à cause de cette boîte aux lettres.
- Les dommages causés par un animal dont on est propriétaire ou dont l'on se sert qu'il soit sous la garde de son propriétaire ou qu'il se soit égaré ou échappé (art. 1384). Ainsi par exemple, le propriétaire d'un chien qui casse sa laisse et qui mord un enfant sera responsable des conséquences de la morsure et ne pourra invoquer le fait que l'animal s'était échappé.
- Les dommages causés par les immeubles, le propriétaire d'un bâtiment étant responsable du dommage causé par sa ruine, lorsqu'elle arrive suite au défaut d'entretien ou par le vice de sa construction (art. 1385). Ainsi par exemple, un propriétaire qui n'aurait pas refait sa toiture et dont quelques tuiles seraient tombées sur la tête d'un passant serait déclaré responsable.
- Les dommages causés par des produits présentant un défaut (art. 1386-1 à 1386-15). Ainsi par exemple un jouet destiné à un enfant de moins de 3 ans est défectueux lorsqu'une petite pièce se détache de sorte que l'enfant peut l'absorber. Le producteur sera alors déclaré responsable en cas d'accident.

Deuxième partie

La famille

Dans cette partie :

Lorsque l'on fonde une famille, on est rarement au fait de tout ce que cela implique sur le plan juridique. Cette partie a pour objet de faire prendre conscience à nos lecteurs que :

- La vie commune entraîne des conséquences juridiques selon les étapes et la forme de la cohabitation choisie. Il s'agit d'en connaître les règles essentielles pour pouvoir en mesurer l'importance.
- Ouvrir sa famille à des enfants, c'est leur donner juridiquement des droits et des devoirs.
- La vie commune peut cesser pour des raisons affectives mais juridiquement, la séparation doit être réglementée car elle modifie les droits de chacun.
- Une famille, c'est avant tout des personnes qui disposent pour être identifiées d'un nom qui s'acquiert selon un formalisme juridique.
- Le régime matrimonial choisi a des conséquences sur la disposition des biens et des revenus.
- Le décès d'un membre de la famille modifie les droits de chacun sur le plan patrimonial.
- Parfois, on n'est plus en mesure de gérer son destin et dans ces circonstances, on doit être protégé contre soi-même et envers les autres.

La famille évolue, le droit aussi

La notion traditionnelle de la famille s'est profondément modifiée au cours des quarante dernières années. D'une union composée d'un homme et d'une femme, puis d'enfants on a progressivement admis dans notre société puis dans le droit, l'union de personnes de même sexe au sein du PACS d'abord puis désormais par les liens du mariage civil depuis le 17 mai 2013. De même la notion d'enfant adultérin a disparu, comme celle d'enfants naturels. Désormais, quelle que soit la situation des parents au moment de la naissance, juridiquement l'enfant a la même dénomination, les mêmes droits et les mêmes devoirs.

Chapitre 6

La vie commune

Dans ce chapitre :

- Les fiançailles
- Le mariage
- Le concubinage
- Le PACS (PActe Civil de Solidarité)

Même si la notion de famille s'est profondément modifiée, même si, globalement, la société ne fait plus de différence sociale entre une famille dont les partenaires sont mariés ou ne le sont pas, la loi maintient certaines différences selon le mode de vie commune choisie.

N. B. : Dans ce chapitre, les articles font référence au Code civil, sauf mention contraire.

Les fiançailles

Juridiquement, les fiançailles peuvent précéder le mariage de quelques semaines, mois ou bien années. Bien que non obligatoires et considérées comme un simple engagement moral, elles peuvent générer des conséquences juridiques si elles viennent à être rompues volontairement ou par un accident de la vie. Elles peuvent se concrétiser par une réunion familiale et/ou amicale mais aussi par une simple promesse de mariage qui devra alors être prouvée, si les fiançailles venaient à être rompues.

Largué(e) !

Dans la mesure où aucun contrat n'a été conclu, la rupture de fiançailles ou d'une promesse de mariage met en cause une responsabilité qui suppose que celui qui s'estime lésé puisse prouver une faute à l'encontre de celui qui a volontairement rompu son engagement, ou éconduit son partenaire (notamment en rompant brutalement et sans aucune justification). Le partenaire délaissé devra également rapporter la preuve d'un préjudice moral et/ou matériel et la preuve d'un lien de causalité* entre la faute et le préjudice. C'est seulement si ces trois conditions sont réunies que celui qui est victime de la rupture pourra demander des dommages et intérêts, qui peuvent compenser le préjudice matériel (comme par exemple l'achat de biens en vue du mariage, ou encore des frais engagés pour une réception) et s'accompagner d'une réparation financière pour le préjudice moral. Si en revanche, la rupture des fiançailles repose sur un motif valable comme par exemple une mésentente sur le choix du régime matrimonial, aucun des fiancés ne pourra prétendre à des dommages et intérêts.

Quid des cadeaux ?

Traditionnellement, le fiancé offre une bague et quelquefois les fiancés s'échangent des cadeaux. Peut alors se poser la question du sort de cette bague ou de ces cadeaux après la rupture. La réponse dépend de la valeur des cadeaux et de celui qui est à l'origine de la rupture. Ainsi, les cadeaux d'usage de petite valeur demeurent la propriété de celui qui les a reçus. En revanche, si les cadeaux ont une certaine valeur marchande, les solutions vont dépendre des circonstances de la rupture.

- Si c'est le fiancé qui est à l'origine de la rupture, et s'il a commis une faute, cadeaux et bague de fiançailles demeureront à la fiancée (sauf si la bague est une bague de famille de valeur, en ce cas elle doit être restituée).
- Si la rupture a lieu d'un commun accord, la coutume veut que la bague soit restituée ainsi que les cadeaux.
- Si c'est la fiancée qui rompt, le fiancé éconduit doit restituer les cadeaux qu'elle lui a faits.

En cas de décès

Si l'un des fiancés vient à décéder tragiquement (accident par exemple), l'autre pourra demander amiablement ou devant les tribunaux la réparation de son préjudice moral et/ou matériel et pourra être indemnisé par les auteurs de l'accident.

De manière tout à fait exceptionnelle, ces fiançailles pourront produire un effet juridique. En effet, depuis 1951, le Code civil admet un mariage entre un mort et un vivant. Les fiançailles vont permettre de déterminer l'intention et le mariage posthume du fiancé survivant avec celui qui est décédé (par exemple si la fiancée est enceinte). C'est le président de la République qui peut autoriser par décret ces mariages posthumes, sous certaines conditions. Le mariage ainsi autorisé produit des effets très limités. Il ne donne aucun droit successoral, ni régime matrimonial pour le conjoint survivant ; en revanche, il permet des effets d'ordre social, comme le versement d'une pension de réversion. Si un enfant posthume naît de cette « union », l'enfant pourra porter le nom du père et entrer dans sa famille avec l'intégralité des conséquences juridiques qui en découlent (dont notamment la possibilité d'hériter).

Le mariage

Le mariage, ce n'est pas seulement la fête, la belle robe blanche, les dragées et la pièce montée. D'un point de vue juridique, un mariage, c'est une institution, qui implique des droits mais surtout des devoirs et des obligations.

Quelles conditions pour se marier ?

Le fiancé a demandé la main de sa belle, elle a dit « oui » ! Mais si le législateur, lui, disait non ?...

Qui ?

S'il n'existe pas d'âge maximum pour se marier, il faut en revanche être âgé de 18 ans minimum (art. 144). Auparavant, une fille de 15 ans pouvait se marier avec le consentement de ses parents mais la loi du 4 avril 2006 a porté cet âge à 18 ans afin de limiter les risques de mariages forcés. Ce qui signifie qu'un mineur ne peut se marier sauf s'il obtient pour des motifs graves une dispense du procureur de la République ou l'autorisation de ses parents, ou, si ceux-ci en sont empêchés, de ses ascendants ou du conseil de famille*.

Avec qui ?

Depuis la loi 2013-404 en date du 17 mai 2013, « le mariage est contracté par deux personnes de sexe différent ou de même sexe » (art. 143). Toutefois, quel que soit le sexe du futur marié, il doit être libre de tout autre lien matrimonial (la bigamie ou la polygamie sont interdites en France).

Sont également interdits les mariages avec des liens consanguins rapprochés. L'article 161 interdit le mariage entre ascendant et descendant et entre frère et sœur. L'article 162 interdit l'union entre frère et frère ou entre sœur et sœur, entre oncle et nièce/neveu, entre tante et neveu/nièce (art 162). Sont enfin proscrits les mariages avec les alliés en ligne directe (beau-père et belle-fille, gendre et belle-mère). Cette interdiction peut exceptionnellement être levée par le président de la République. À défaut, tout mariage conclu dans ces conditions serait nul, de nullité absolue*.

BON À SAVOIR

Le mariage est autorisé entre cousins germains ou encore beaux frères et belles-sœurs.

Un consentement exempt de vice

Chaque futur époux doit donner librement son consentement sans menace ou contrainte (art. 146). Les mariages forcés sont donc interdits par la loi. Chacun des époux doit aussi avoir une véritable intention matrimoniale (c'est le problème des mariages simulés, dits « mariages blancs », en vue d'obtenir un titre de séjour voire la nationalité française). Il faut également que le consentement donné soit exempt de toute erreur :

- sur le nom par exemple,
- sur les orientations sexuelles (si par exemple, l'un des conjoints a caché son homosexualité, le conjoint ayant contracté mariage en pensant que l'autre était hétérosexuel ou inversement),
- sur l'état de santé (si par exemple un conjoint a caché sa séropositivité, le conjoint non atteint ayant envisagé une union avec un conjoint en bonne santé).

Quelques formalités

Un mariage, cela ne se concrétise pas en cinq minutes... sauf dans les comédies romantiques à l'américaine ! Un mariage, c'est avant tout, n'en déplaise aux grands romantiques, un acte administratif, régi par un certain nombre de règles.

Avant le mariage...

Avant toute chose, les futurs époux doivent retirer un dossier à la mairie où ils envisagent de se marier. Ils doivent ensuite collecter un certain nombre de documents et fournir un certain nombre de pièces, comme par exemple une copie intégrale de l'acte de naissance (afin désormais de vérifier si la condition d'âge est respectée ou bien si les futurs conjoints n'étaient pas déjà mariés), ou encore un certificat du notaire s'il a été établi un contrat de mariage*. Avant la réforme du 17 mai 2013, l'officier d'état civil vérifiait le sexe (désormais, ce n'est pas un critère).

Le choix de la mairie où se déroulera le mariage n'est pas entièrement libre. Il peut s'agir de :

- celle du domicile ou de la résidence de l'un des futurs époux au choix (art. 165),
- celle de « la commune où l'un des parents a son domicile ou sa résidence à la date du mariage » (loi du 17 mai 2013).

Dans le cadre d'un mariage de personnes de même sexe qui demeurent hors de France dans un pays qui n'accepte pas le mariage homosexuel, et si l'une d'entre elles est de nationalité française, les règles de compétence territoriale* sont particulières afin de permettre le mariage (art. 171-9).

C'est à ce stade que l'officier d'état civil, s'il a un doute sur la réalité du consentement de l'un des époux, peut auditionner les époux. Si le doute persiste, il saisira alors le procureur de la République qui pourra s'opposer au mariage.

Lorsque le dossier est complet et que la date du mariage a été arrêtée, les bans (c'est-à-dire la publication à la mairie) doivent être publiés pendant 10 jours, le mariage pouvant avoir lieu dès le 11e jour et au plus tard dans l'année de la publication des bans. La publication doit avoir lieu à la mairie du lieu de célébration bien sûr mais également à celle du domicile de l'autre futur conjoint, s'il est différent (art. 166). Le procureur de la République peut dispenser les époux de la publication mais uniquement pour des « causes graves » (art. 169).

... Et pendant !

Pour que le mariage soit valable, il faut y mettre les formes ! Prenant la dénomination d'une « cérémonie républicaine » (art. 165, modifié), le mariage doit avoir lieu devant un officier d'état civil, être public et être célébré en présence de deux témoins au minimum et quatre au maximum (art. 75). Les époux doivent être présents (ce qui interdit le mariage par procuration) puisqu'il faut conscntir soi même au mariage (art. 146-1)

Pendant la cérémonie, l'officier d'état civil, qui exerce désormais ses pouvoirs sous le contrôle du procureur de la République (art. 34-1), doit lire les articles du Code civil qui concernent les obligations des époux entre eux et envers les enfants et préciser si les époux ont ou non contracté un contrat de mariage. À l'issue de la cérémonie, il rédige l'acte de mariage et délivre gratuitement aux époux un livret de famille. Y seront enregistrées toutes les modifications de la famille (naissances, décès, divorce....), chacun des conjoints ayant la responsabilité de la mise à jour des informations. Lors d'une séparation, l'époux qui n'a pas conservé le livret peut en demander un autre exemplaire.

Modifier ou falsifier un livret de famille peut entraîner des poursuites pénales.

Mariage, ou pas ?

Sous certaines conditions, un mariage peut être remis en cause, avant mais aussi après sa célébration.

Avant le mariage

Lorsqu'un ou des faits sont susceptibles d'entraîner la nullité du mariage, celui qui y a intérêt va pouvoir faire opposition au mariage, avant qu'il ne soit célébré. Ainsi par exemple, lorsqu'un des futurs conjoints n'envisageait l'union que pour pouvoir régulariser sa situation vis-à-vis des autorités françaises. Cette opposition, qui empêche que le mariage ne soit célébré (art. 68), peut être formulée par le procureur de la République, les parents des époux et à défaut d'ascendants la famille proche (grands-parents, frère, sœurs…). Seule une mainlevée volontaire ou judiciaire pourra alors permettre au mariage d'avoir lieu.

Après le mariage

La remise en cause du mariage se fait après la célébration et s'exprime uniquement dans le cadre d'une action judiciaire. Elle doit être portée devant le tribunal de grande instance et ne peut être introduite que par l'intermédiaire un avocat. Elle peut avoir vocation à défendre des intérêts particuliers ou au contraire l'intérêt général de la société :

- Lorsqu'elles protègent les intérêts particuliers, les actions en nullité ont pour fondement l'existence d'un vice du consentement (art. 180) ou le défaut d'autorisation du mariage d'un mineur (art. 162).

  Dans la mesure où l'action judiciaire peut aboutir à l'annulation du mariage, elle est limitée dans le temps. Pour être recevable, elle doit être introduite dans un délai de 5 ans à compter du mariage. Passé ce délai, aucune demande de nullité ne peut aboutir, même si les conditions de fond pour l'obtenir existent.

- Lorsqu'elles protègent l'intérêt général ou l'ordre public*, les demandes de nullité peuvent tenir à la situation des époux (comme par exemple la polygamie) ou aux conditions de célébration du mariage (comme par exemple un mariage qui n'aurait pas été contracté publiquement). Puisqu'elles concernent l'intérêt général ou l'ordre public, elles peuvent être demandées par les époux mais également par tous ceux qui y ont intérêt (parents collatéraux* par exemple, voire procureur de la République). Compte des principes qu'elle défend, elle peut être introduite dans un délai de trente 30 ans, sauf exception.

Annulation, quelles conséquences ?

L'annulation du mariage n'a aucune conséquence sur les droits des enfants. En ce qui les concerne, le mariage va produire tous ses effets (nom, vocation successorale…). On considère que pour eux il est toujours putatif* (art. 202).

Pour les époux, les conséquences vont être différentes selon qu'ils étaient ou non de bonne foi. Si les deux époux étaient de mauvaise foi au jour du mariage (ainsi par exemple les mariages blancs), le mariage est annulé depuis le jour du mariage et les époux seront donc considérés comme n'ayant jamais été mariés. Si l'un des deux était de bonne foi et l'autre de mauvaise foi (ainsi par exemple lorsque l'un des conjoints a caché son identité sexuelle), le mariage sera annulé au jour du jugement, c'est ce que l'on appelle le mariage putatif (art. 201, alinéa 1). Le mariage est ainsi annulé pour l'avenir mais on considère que les époux ont été mariés jusqu'à la date du jugement, un mariage putatif produisant les mêmes effets qu'un divorce.

Une femme de bonne foi dont le mariage est annulé pourra prétendre, au décès de son mari, à une pension de retraite en fonction de la durée de son mariage.

Just married... et après ?

Se marier, c'est bien sûr acquérir des droits mais c'est aussi disposer de certains pouvoirs ou au contraire ne plus pouvoir faire un acte juridique dans les mêmes conditions.

Les droits

Auparavant, chacun des époux conservait l'usage et la jouissance de son nom, mais pouvait faire usage du nom de l'autre. Désormais, ce n'est plus une coutume mais un droit. L'article 225-1 indique en effet que « chacun des époux peut porter, à titre d'usage, le nom de l'autre époux, par substitution ou adjonction à son propre nom dans l'ordre qu'il choisit ».

Puisque « chacun des époux est autonome sur la gestion de ses biens personnels » (art. 223), il peut donc librement exercer une profession et disposer de ses gains et salaires. Cette liberté est toutefois soumise à une obligation, celle de participer aux charges du ménage (art. 233) avec les fonds provenant des gains ou des salaires. Les charges comprennent l'ensemble des dépenses liées au train de vie du ménage selon le libre choix de chacun, le principe est donc la liberté pour chaque couple de déterminer la part contributive de chacun. Ce n'est qu'en cas de conflit ou de refus de la part de l'un des époux de s'acquitter de ces charges que le juge aux affaires familiales saisi répartira les charges à hauteur des facultés respectives de chaque conjoint.

Cette libre disposition de ses deniers trouve également une limite selon les régimes matrimoniaux lorsque les gains et salaires ont été économisés, placés ou investis.

Chacun des époux peut se faire ouvrir un compte bancaire sans l'autorisation de l'autre et peut librement disposer des fonds ou des titres en dépôt (art. 221). Le banquier doit donc tenir compte de cette faculté lorsqu'il gère les comptes des époux et ne pas accepter qu'un époux prélève des fonds ou donne des ordres sur le compte de l'autre. Dans le cas contraire, le banquier commet une faute qui engage sa responsabilité mais s'il est condamné, il dispose d'un droit pour récupérer les fonds auprès de l'époux qui a transgressé ces règles.

Cette liberté de gérer trouve également une limite dans la gestion du logement de la famille. Quel que soit le régime matrimonial choisi par les époux, ils ne peuvent disposer l'un sans l'autre ni du logement de la famille, ni des meubles meublants dont il est garni (art. 215, al. 3). Cette cogestion concerne tous les actes qui risquent de priver la famille de se résidence principale (vente, mise en location, hypothèque....). Cela suppose que tout acte qui modifie la composition du patrimoine lié à la résidence principale doit être consenti par chacun des époux, à défaut, celui qui n'y a pas consenti peut en demander l'annulation. Cette protection s'applique tant que le mariage perdure, elle disparaît donc en cas de divorce ou de décès. Chaque époux peut en revanche librement disposer d'un bien meuble corporel* lui appartenant individuellement (une voiture par exemple).

Les devoirs

Selon l'article 212 du Code civil, les époux :

- se doivent fidélité,
- doivent respecter l'intégrité physique de leur conjoint (absence de violence physique) et/ou psychologique (harcèlement moral),
- se doivent secours et assistance (obligation financière mais aussi morale). Cela se traduit par le devoir de secours entre époux et la contribution aux charges du mariage.

Si en principe, les époux doivent avoir une communauté de vie, cela n'exclut pas que les domiciles puissent être distincts pour des raisons professionnelles (art. 108). Néanmoins, être marié suppose que soit déterminée d'un commun accord une résidence pour la famille. Cette obligation à la communauté de vie peut cesser s'il y a violence, séparation de corps* ou divorce. La communauté de vie suppose l'obligation pour les époux d'avoir des relations sexuelles. Il s'agit d'une présomption* qui, depuis la loi du 4 avril 2006, peut être remise en cause si le conjoint considère et prouve qu'il a agi sous la contrainte. Dans cette hypothèse, on peut même arriver à invoquer le viol.

Pour le meilleur... et pour le pire !

Le mariage crée une solidarité entre les époux en ce qui concerne les dettes ménagères (art. 220, alinéa 1). Quel que soit le régime matrimonial choisi par les époux, chacun d'entre eux peut passer seul les contrats qui ont pour objet l'entretien du ménage et l'éducation des enfants. L'autre conjoint ne peut se dégager de son obligation solidaire (celle de payer !) vis-à-vis du créancier pour toutes les dépenses de la vie courante comme la nourriture, l'habillement, les factures de téléphone, d'eau, le loyer, le paiement d'une femme de ménage ou même un voyage d'agrément, à la condition toutefois qu'il n'ait pas profité à un seul époux !

En principe, les dettes nées de l'activité professionnelle de l'un des époux (paiement des cotisations de sécurité sociale par exemple) ne sont pas considérées comme ayant un caractère ménager. Cette exclusion n'est toutefois pas absolue et peut être remise en cause. Ainsi les cotisations de retraite sont considérées comme des dettes solidaires car elles doivent profiter pour l'avenir aux deux conjoints.

Pour autant, cette solidarité ne couvre pas l'ensemble des dettes ménagères. En sont exclues :

- les dépenses « manifestement excessives », c'est-à-dire qui ne correspondent pas au train de vie du foyer ou encore les dépenses qui sont manifestement inutiles,
- les dépenses exigées par un créancier qui serait de mauvaise foi,
- les achats à tempérament réalisés par un seul des époux ou les emprunts à caractère ménager souscrit par un seul époux, sauf s'ils portent sur des sommes modestes nécessaires aux besoins de la vie courante, ce caractère « modeste » s'appréciant en fonction des revenus du couple (art. 220, alinéa 3).

Sur le plan fiscal, la solidarité s'applique à l'impôt sur le revenu, l'ISF, la taxe d'habitation.

Jusqu'à ce que la mort vous sépare

En cas de décès de l'un des époux, c'est la loi qui réglemente la dévolution des biens au conjoint survivant et qui protège l'époux survivant lorsque les époux n'ont rien prévu (art. 757 et suivants).

La succession

À la condition de ne pas être divorcé, en présence d'autres héritiers, le conjoint survivant pourra, après avoir fait valoir ses droits dans le cadre de la liquidation du régime matrimonial, faire valoir sa qualité d'héritier sur l'autre partie revenant à l'époux décédé (cette revendication concerne les héritiers du défunt). À ce stade, les droits viennent en concurrence avec ceux des autres héritiers (enfants, parents, frères et sœurs…). Cependant, ces droits ne sont pas absolus car ils peuvent être remis en cause par un testament. Il faut savoir en effet qu'il est possible de déshériter son conjoint ! La protection volontaire concrétisée par des avantages matrimoniaux* ou des libéralités que peuvent se concéder les époux du temps de leur mariage ne fait alors qu'améliorer le sort de celui qui demeure.

Le conjoint survivant peut faire appel à un notaire, un avocat, et en complément un avocat fiscaliste.

L'héritage auquel peut prétendre le conjoint survivant dépend de la situation familiale du foyer :

- Lorsque le couple a des enfants communs, le conjoint survivant a le choix entre hériter en pleine propriété* du quart de la succession de son conjoint ou bien opter pour l'usufruit sur la totalité des biens.
- Lorsque le couple ou le défunt laisse des enfants d'un autre lit, le conjoint survivant hérite en pleine propriété au moins du quart de la succession de son conjoint.
- Lorsque le conjoint décédé ou le couple ne laisse pas d'enfants, si le défunt laisse un père et/ou une mère, le conjoint reçoit en pleine propriété une partie de la succession (moitié ou trois quarts). S'il ne laisse que des frères et sœurs ou des membres de sa famille, le conjoint survivant reçoit l'intégralité de la succession sauf droit de retour (concerne les biens reçus de ses parents par le conjoint décédé). Cette succession peut être amputée, sous certaines conditions, du droit de créance des grands-parents.

Logement conjugal : rester ou partir ?

Pour éviter que le décès n'engendre des changements immédiats trop douloureux, la loi n° 2001-1135 du 3 décembre 2001 permet au conjoint survivant non divorcé de disposer d'un droit sur le logement principal et les meubles le garnissant. Cependant, ce droit ne s'exerce pas de la même manière selon que le logement conjugal était détenu en propriété ou qu'il était pris en location.

Si le logement appartenait aux époux ou s'il dépend totalement de la succession, le conjoint survivant bénéficie d'un droit de jouissance gratuite du logement et du mobilier, y compris celui de la succession, à la condition d'occuper le logement à titre d'habitation principale au moment du décès. Cette occupation temporaire (un an) ne donne lieu à aucun loyer, ni à aucune indemnisation pour la succession.

Ce droit n'est pas absolu. Le conjoint survivant ne peut ni l'invoquer, ni le revendiquer si le logement est en indivision avec des personnes étrangères à la succession (ainsi un logement détenu par une Société Civile Immobilière, dont les époux seraient partiellement titulaires des droits sociaux avec un investisseur).

Le conjoint survivant bénéficie aussi d'un droit viager au logement, qui se concrétise par un droit d'habitation sur le logement commun et un droit d'usage sur les meubles. Le conjoint qui souhaite en bénéficier doit en faire la demande dans l'année de l'ouverture de la succession (art. 765-1). Grâce à ce droit viager, il pourra soit occuper le logement jusqu'à son décès, soit le donner en location s'il ne correspond plus à ses besoins et percevoir les loyers (pour en vivre ou pour se loger ailleurs, dans une maison de retraite par exemple).

À la condition d'occuper le logement au moment du décès du défunt et de pouvoir revendiquer des droits indivis en nue-propriété ou en pleine propriété sur le logement, le conjoint survivant peut demander l'attribution préférentielle du logement conjugal lors du partage. Dans ce cas, il lui faudra pouvoir établir qu'il en a eu la jouissance temporaire, qu'il lui sert effectivement d'habitation et qu'il utilise le mobilier le garnissant. Cette attribution est évaluée et si elle dégage une soulte* en faveur des autres héritiers, le conjoint survivant devra la payer comptant.

Le conjoint survivant peut n'en régler que la moitié et demander des délais (ne pouvant excéder 10 ans) pour le solde (art. 832-4, alinéa 2). S'il ne parvient pas à un accord avec les héritiers, la partie la plus diligente saisira le tribunal de grande instance, et c'est au juge qu'il appartiendra d'accorder ou de refuser ce droit préférentiel (art. 832-3). La décision du magistrat sera guidée par les intérêts en présence.

Si le couple était locataire, la situation sera différente selon que les époux résidaient ou non ensemble au moment du décès.

Lorsque le conjoint survivant était co-titulaire avec le défunt du droit au bail sur le logement conjugal (à usage exclusif d'habitation) et qu'il y résidait avant le décès, il dispose alors d'un droit exclusif sur ce bail au décès de son conjoint. Ce transfert de droit au bail est de plein droit sauf si le conjoint y renonce expressément. Le conjoint survivant bénéficie aussi d'un droit d'usage sur le mobilier le garnissant, y compris dans la succession.

Si le logement était loué par le *de cujus** et que le conjoint survivant, non divorcé, ne cohabitait pas avec son époux, le conjoint survivant peut bénéficier du transfert du contrat de location (à usage exclusif d'habitation ou mixte) au décès de son époux. Cependant, ce droit n'est alors plus exclusif et vient en concurrence avec celui des autres héritiers ou d'une personne à charge qui vivait avec le défunt depuis au moins un an. C'est donc au juge qu'il appartiendra d'examiner les intérêts en présence et de choisir l'attributaire en fonction.

Le capital décès

Si le conjoint décédé était salarié et ne laisse pas de personne « à charge permanente, totale et affective », le conjoint survivant sera le seul bénéficiaire du capital décès versé par la Sécurité sociale. Si le conjoint décédé avait le statut de cadre ou assimilé, l'employeur sera tenu de verser une indemnité complémentaire (soit l'employeur a conclu un contrat d'assurance, soit il devra verser l'indemnité en prélevant son montant sur les fonds de la société). S'il n'avait pas ce statut de cadre, l'entreprise peut être redevable d'une indemnité complémentaire dès lors qu'elle est prévue contractuellement ou par la convention collective. En cas d'accident mortel du travail, le conjoint a droit à une rente viagère qui peut être majorée si le conjoint du *de cujus* bénéficiaire est lui-même âgé ou invalide.

BON À SAVOIR

Les industriels et commerçants, les artisans, les professions libérales peuvent s'assurer individuellement ou par corps de métier (par exemple les ordres des avocats souscrivent des contrats d'assurance groupe pour les avocats dépendant de leur barreau) contre le risque décès. C'est dans le cadre de cette assurance que le conjoint survivant percevra un capital décès.

La pension de réversion

Les conditions du droit à une pension de réversion pour le conjoint survivant sont fixées par le régime dont relevait l'assuré décédé (régime général, professions libérales, artisans, commerçants…)

Si le *de cujus* était salarié, cette pension sera versée au conjoint survivant par le régime général de la Sécurité sociale, l'Arrco et l'Argic. Si la durée du mariage n'a aucune importance, le conjoint survivant devra être âgé de 55 ans au moins et avoir des ressources (les siennes et celles qui incluent la pension de réversion) inférieures à un certain plafond, dont le montant varie chaque année. Une fois attribuée, cette pension est due même si le conjoint survivant se remarie ou s'il vit en couple (sous réserve encore une fois du plafond de revenus). Cette pension de réversion est sujette à révision à la hausse ou à la baisse selon le montant des revenus. Toutefois cette modification ne peut intervenir que pendant une période donnée, au-delà de laquelle elle est définitivement fixée. Si le *de cujus* a été marié plusieurs fois, cette pension sera partagée au prorata des années de mariage aux bénéficiaires. Si l'assuré est décédé avant d'avoir pu faire valoir ses droits à la retraite, la retraite est calculée avec une décote.

ATTENTION !

Seul un conjoint survivant non remarié peut bénéficier de la retraite complémentaire de son époux, sans conditions de ressources. L'âge requis est de 55 ans pour l'Arcco mais 60 ans pour l'Argic (il peut dans certaines conditions être minoré à 55 ans). Dans certaines conditions, la retraite complémentaire peut être versée sans condition d'âge (par exemple si le conjoint survivant élève au moins deux enfants mineurs au moment du décès).

Si le *de cujus* relevait d'un autre régime que le régime général (fonctionnaire, professions libérales…), le conjoint survivant peut également percevoir une pension de réversion, dont les conditions sont fixées par chaque régime.

Si le *de cujus* n'avait pas atteint l'âge légal, à la condition qu'il ait cotisé au moins 3 mois continus au régime général, le conjoint survivant peut prétendre, en l'état de la législation actuelle, à une assurance veuvage, s'il est âgé de moins de 55 ans. Cette assurance veuvage garantit une allocation temporaire au conjoint survivant d'un assuré au régime général ou au régime des salariés agricoles, qui est décédé alors qu'il était en activité, en retraite, en arrêt de travail indemnisé, au chômage ou bénéficiaire de l'allocation aux adultes handicapés (AAH). L'allocation cesse d'être versée à l'issue d'une période de 2 ans ou lorsque le bénéficiaire remplit lui même les conditions pour bénéficier de la pension de réversion.

Cette allocation sera suspendue si l'allocataire se marie, vit en concubinage ou conclut un Pacs.

Protection complémentaire

Ce qui est prévu légalement peut être considéré comme insuffisant, c'est pourquoi les époux peuvent décider de s'accorder des avantages plus importants tout au long du mariage, afin de protéger le survivant, tout en respectant les droits des enfants (communs ou pas) et le principe de la réserve héréditaire*.

Au cours du mariage, les époux qui ont opté pour le régime communautaire peuvent ainsi :

- envisager également une communauté « élargie » (choix de la communauté universelle ou apport d'un bien dans la communauté sans dédommagement),
- déroger au principe du partage par moitié et prévoir que l'un recevra 1/3 et l'autre 2/3, ou ¼ pour l'un et ¾ pour l'autre, voire envisager l'attribution intégrale de la communauté…
- autoriser l'époux survivant à prélever sur la communauté avant tout partage un ou plusieurs biens, à charge pour ce dernier d'indemniser la communauté. On parle alors de clause de préciput.*
- modifier les règles prévues par le régime des récompenses*, en le supprimant ou en l'aménageant,
- s'accorder des libéralités, ce qui permet d'augmenter la part du conjoint survivant sur la quotité disponible dans les limites autorisées par la loi,
- envisager une donation au dernier vivant, ce qui augmentera les droits de son conjoint.

Si les époux sont mariés sous le régime de la séparation de biens, ils pourront convenir d'une « clause commerciale » qui permettra à l'époux survivant de prélever sur la communauté des biens personnels de son conjoint survivant. Elle porte généralement sur les biens liés à l'exploitation de l'époux mais elle peut concerner d'autres biens.

Chacune de ces libéralités peut être remise en cause par les enfants si elles empiètent sur leur réserve. En ce cas, ils pourront demander en justice une réduction des libéralités consenties au-delà de leurs droits.

Pour faire une libéralité, il faut contacter le notaire. Si un différend apparaît à la suite du décès, il faut se tourner vers l'avocat.

L'union libre ou le concubinage

Le concubinage est une union de fait, caractérisée par une vie commune présentant un caractère de stabilité et de continuité, entre deux personnes de sexe différent ou de même sexe, qui vivent en couple (art. 515-8). Contrairement au mariage et au PACS, le concubinage ne crée pas d'obligations, c'est en principe le régime de la liberté sans contraintes, sans contreparties. Cette analyse lapidaire n'est pas tout à fait exacte car cette situation a cependant quelques effets juridiques sur la situation sociale et fiscale des concubins et la rupture peut être source de conflits financiers et familiaux.

Pour bénéficier du statut de concubin, cet état des relations doit être prouvé, par un certificat de vie commune ou de concubinage par exemple, qui sera délivré par la mairie. À défaut, les mairies n'ayant plus obligation de délivrer ce document, toute personne qui souhaite prouver qu'elle vit en union libre ou en concubinage peut remplir une déclaration sur l'honneur qui fera foi.

Finances, c'est chacun pour soi !

Sauf convention particulière (très rare), la contribution aux charges du ménage n'existe pas dans une union libre. Un concubin ne peut donc exiger de l'autre qu'il y participe. De même, il n'existe pas à proprement parler de dettes ménagères. Chaque concubin ne répond que des dettes qu'il a contractées personnellement.

Cette séparation n'est pas toujours aussi tranchée. Ainsi la Caisse d'Allocations Familiales a demandé et obtenu le remboursement d'allocations versées à la mère et qui n'étaient pas dues (Aide Personnalisée au Logement ou Allocation de Parent Isolé) auprès du concubin car le tribunal a considéré qu'il en avait indirectement bénéficié.

Le concubinage enfin ne crée aucune obligation alimentaire entre les concubins ou à l'égard des parents de l'un d'entre eux. Ainsi par exemple, en cas de séparation, aucune pension alimentaire ni aucune prestation compensatoire* ne peut être demandée. Chaque concubin gère seul et perçoit seul les fruits des biens qu'il possédait avant l'union libre, qu'il a acquis seul ou dont il hérite. En matière de biens meubles, celui qui en a la possession en est le propriétaire. C'est pourquoi, il est conseillé aux concubins de conserver tout document qui permet d'apporter la preuve de la propriété (facture, testament….), en cas de conflit. Le concubinage (sauf circonstances de durée exceptionnelle) ne permet pas de percevoir une pension de réversion. Cette position a été confirmée par une décision du Conseil constitutionnel en date du 29 juillet 2011 saisi dans le cadre d'une question préalable de constitutionnalité.

Sur le plan fiscal, le concubinage n'est pas considéré comme un foyer fiscal. Cela signifie que chaque concubin établit une déclaration personnelle, s'acquitte de ses impôts dont il est seul redevable et que les enfants peuvent être librement imputés au choix sur l'une ou l'autre des déclarations. Sauf situation exceptionnelle, les concubins font toutefois l'objet d'une imposition commune à l'ISF. Enfin, lorsqu'un concubin hérite de l'autre, il ne bénéficie d'aucun régime de faveur, et le taux applicable à la succession est de 60 %, ce qui correspond au taux appliqué aux personnes non parentes.

Vivre à deux sous le statut de concubins ouvre quand même quelques droits en commun. Ainsi par exemple, la loi ne fait plus de distinction entre les enfants nés dans et hors mariage. Le concubinage crée pour les enfants, dès lors qu'ils sont reconnus volontairement ou qu'ils acquièrent une filiation par décision de justice, les mêmes droits et devoirs vis-à-vis de leurs parents que ceux d'un couple marié. Le concubinage permet au concubin de bénéficier de l'assurance maladie maternité de la personne dont il partage la vie, ainsi que des prestations sociales et familiales, alors même qu'il ne peut y prétendre à titre personnel.

En cas de séparation

Les concubins, ayant choisi de ne pas donner de statut légal à leur union, ne peuvent invoquer aucune disposition législative propre au concubinage. Cela ne signifie pas pour autant que la rupture ne produit aucune conséquence sur les enfants issus de cette union ou sur le patrimoine des concubins.

Les enfants

Lorsque le couple se sépare, pas question pour celui qui s'en va de prendre l'enfant sous le bras en même temps que ses valises ! Comme pour les couples mariés, toutes les conséquences de la rupture pour les enfants doivent être soumises au juge aux affaires familiales, qui :

- permettra que l'éducation et l'entretien des enfants puissent être assurés par les deux parents, tous deux titulaires de l'autorité parentale,
- fixera la résidence de l'enfant chez l'un de ses parents et un droit de visite et d'hébergement chez l'autre parent,
- envisagera une contribution à l'entretien et l'éducation de l'enfant pour le parent qui ne vivra pas avec son ou ses enfants,
- de manière générale, prendra toute mesure pour protéger le ou les enfants et assurer le lien entre les deux parents.

Dans cette situation, chacun des parents peut saisir seul le juge aux affaires familiales mais la complexité de certaines situations rend nécessaire l'assistance d'un avocat.

Le droit à indemnisation

Dans la mesure où chaque concubin est libre de rompre, la rupture ne peut justifier une demande de compensation au titre de la disparité qu'elle créé entre les niveaux de vie, donc le concubin délaissé ne peut demander de prestation compensatoire. Pour les mêmes raisons, la rupture ne peut donner lieu à une allocation de dommages et intérêts sur le fondement d'un préjudice moral. C'est la conséquence de la précarité qui conditionne le statut qui en principe exclut toute indemnisation.

Certaines circonstances particulières, comme une faute avérée ayant causé un préjudice matériel ou moral, peuvent cependant ouvrir doit à une indemnisation. Ce sont les tribunaux qui apprécient le caractère fautif de la rupture notamment au regard des circonstances de la rupture, de la durée de vie commune, et de l'existence d'enfants. De la même manière, certaines situations peuvent ouvrir des droits pour le concubin abandonné. Ainsi, lorsqu'un des concubins, au moment de la rupture, prend un engagement vis-à-vis de l'autre, comme par exemple le paiement du loyer et des charges du logement abandonné, il transforme une obligation naturelle en obligation civile et doit alors exécuter son engagement, à défaut il pourra y être contraint par les tribunaux.

Les conséquences financières

Il peut exister des disparités de revenus entre les concubins. Au cours de la vie commune, cette disparité peut contraindre l'un des concubins à une mise de fonds plus importante. Lorsqu'il y a rupture, celui qui par exemple considère avoir fourni l'essentiel des dépenses du ménage peut vouloir obtenir le « remboursement » de cette disparité. Les tribunaux considèrent que cette récupération n'est pas possible, sauf si par convention les concubins ont prévu la contribution de chacun aux charges du ménage.

Celui qui a reçu un bien meuble corporel est présumé en être propriétaire (art. 2279), qu'il s'agisse d'un objet ou d'une somme d'argent. La rupture d'un concubinage pouvant parfois soulever un problème de propriété sur certains biens meubles, il appartiendra à celui qui revendique la propriété d'apporter la preuve qu'il lui appartient. Celui qui se prétend propriétaire d'un bien meuble devra prouver que la jouissance de son concubin n'est pas paisible et invoquer un vice du consentement, comme la violence par exemple ou bien apporter la preuve que c'est lui qui a réglé le bien.

En principe, les fonds remis par un concubin à un autre sont considérés comme une libéralité. Parfois, le concubin conteste cet état de fait et il prétend qu'il s'agit en réalité d'un prêt, ce qu'il devra être en mesure de prouver pour obtenir gain de cause.

Lorsqu'un bien immobilier a été acheté au nom d'un seul concubin, le concubin lésé peut essayer d'invoquer sa contribution financière ou manuelle pour essayer de faire constater une « société créée de fait », dont l'existence lui permettra éventuellement d'être indemnisé. La reconnaissance de cette éventuelle « société créée de fait » se fera alors devant les tribunaux, qui apprécieront la situation au regard de trois conditions cumulatives :

- les apports mutuels,
- l'intention de collaborer sur un pied d'égalité à la réalisation d'un projet commun,
- l'intention de participer aux bénéfices ou aux pertes.

Ce n'est que si ces trois conditions sont réunies que le tribunal pourra accorder une indemnisation. Lorsqu'il s'agit d'un bien indivis*, le concubin qui a personnellement exposé des dépenses d'amélioration ou de conservation peut être indemnisé par l'indivision*(art. 815-13, alinéa 1).

Qu'il s'agisse de biens mobiliers ou immobiliers, certains concubins, pour obtenir ce qu'ils considèrent comme leur dû, saisissent les tribunaux en invoquant « l'enrichissement sans cause », prévu par l'article 1371 du Code civil. Pour obtenir gain de cause, le concubin malheureux en amour comme en finances devra alors prouver qu'il a enrichi son partenaire, qu'il s'est appauvri et que cette situation est dénuée de cause. Or bien souvent, les tribunaux considèrent qu'il existe une cause, à savoir les avantages que le concubin a pu tirer de la vie commune.

Lors d'une séparation, chacun conserve la propriété des biens qu'il a personnellement acquis, créés ou reçus. Le problème se pose pour les biens pouvant être considérés comme communs, qui sont alors considérés comme une indivision. Reste alors au concubin qui veut récupérer sa part à faire jouer les dispositions de l'article 815, alinéa 1 du Code civil et de provoquer la fin de l'indivision en saisissant le tribunal. Exceptionnellement, il peut être sursis au partage si la réalisation immédiate porte préjudice à la valeur du bien ou si l'un des co-indivisaires entend reprendre l'entreprise. L'indivision peut également exceptionnellement être maintenue pour protéger le conjoint et les enfants mineurs.

Devenir du logement commun

Le logement commun ne connaîtra pas le même sort selon que les concubins en sont locataires ou propriétaires.

Lorsque le logement est loué par un seul concubin, seul celui qui est titulaire du bail peut le résilier. Cette résiliation* prive l'autre concubin de tout droit sur le logement, ce qui le contraint à déménager ou l'expose à une procédure d'expulsion. Lorsque le bail est loué aux deux noms, chacun peut donner congé. En cas de désaccord sur celui qui reste, comme pour le PACS mais contrairement à la situation des conjoints, le juge n'a aucun pouvoir pour attribuer le logement.

ATTENTION !

Ce congé ne libère pas celui qui part vis-à vis-du propriétaire car il demeure tenu aux loyers et aux charges jusqu'au départ de l'autre concubin ou jusqu'à la date du renouvellement ou de la tacite reconduction.

Lorsque seul l'un des concubins est propriétaire, l'autre peut être tenu de quitter le logement à tout moment, il n'aucun droit sur la jouissance du bien. Lorsque les deux concubins ont acquis le bien ensemble, l'acte d'acquisition peut prévoir une propriété en fonction des facultés contributives de chacun ou au contraire prévoir que le bien est indivis pour moitié en parts égales. Lorsque les concubins décident de gérer le bien dans le cadre d'une indivision, ils devront conclure par devant notaire une convention d'indivision. Si les deux concubins veulent vendre, le produit de la vente sera partagé en fonction du pourcentage de propriété de chacun (après éventuellement remboursement des banques). Si l'un des deux veut conserver l'immeuble, il peut faire jouer son droit de priorité pour le rachat de la part de son concubin. Si un litige surgit au moment de la mise en vente ou après la vente, ce sera le tribunal de grande instance qui sera chargé de résoudre le problème. Si l'un des deux copropriétaires décède, l'autre pourra être expulsé si les héritiers de son concubin demandent la vente du bien. Si c'est possible (c'est-à-dire si cela ne contrevient pas aux droits successoraux des héritiers), les concubins peuvent se léguer mutuellement leur part, les droits de succession étant alors taxés à 60%.

En cas de décès

Puisque l'union libre est un régime informel, le concubin qui décède sans laisser de dispositions testamentaires prend le risque que l'ensemble de ses biens mobiliers et immobiliers revienne à sa famille et que son concubin ne puisse prétendre à rien. Cette situation se retrouve au niveau des droits à la retraite. Le survivant (sauf circonstances exceptionnelles de durée du concubinage) ne peut prétendre à aucune pension de réversion. En revanche, le concubin survivant demeure titulaire des droits liés à l'assurance maladie-maternité pour la même durée et dans les mêmes conditions que le conjoint divorcé.

Devenir du logement commun

Si le concubin décédé était seul propriétaire du logement, le concubin survivant devra partir. Le risque d'être obligé de partir existe également lorsque le bien est indivis car le concubin ne peut pas, contrairement au conjoint survivant, demander l'attribution préférentielle du logement et comme le bien sera en indivision avec les héritiers, ceux-ci auront des droits.

Si le logement commun était loué et que le bail de location est au deux noms, le bail continue au nom du concubin survivant et le propriétaire ne peut donner congé prématurément. Si le bail était au nom du concubin décédé, le survivant qui peut invoquer un concubinage notoire*, un bail et une occupation d'une durée d'au moins un an à la date du décès, peut demander au propriétaire le transfert du bail à son nom.

En présence d'ascendants ou de descendants du concubin ou de personnes à charge, ce droit peut être remis en question par les héritiers et c'est alors le tribunal, saisi par la partie la plus diligente, qui devra trancher.

Indemnisation, c'est possible ?

Si un concubin est victime d'un accident mortel, le survivant pourra obtenir des dommages et intérêts s'il démontre une liaison stable et durable avant le décès.

Si le concubin décède dans un accident du travail, le concubin survivant pourra obtenir une rente viagère du régime général de la Sécurité sociale, à condition de pouvoir prouver un concubinage avant le décès d'au moins 2 ans (certificat de concubinage) mais sans aucune condition de durée si le couple avait des enfants communs.

Si le concubin décédé était dans les conditions requises pour que son décès ouvre droit à un capital décès par le régime général de la Sécurité sociale, le concubin pourra obtenir un capital décès. Les autres régimes (fonctionnaires, professions libérales, commerçants, artisans…) déterminent les conditions pour que le concubin puisse prétendre à ces deux avantages.

Protection du concubin survivant

Puisque la loi ne prévoit aucune protection du conjoint survivant, c'est du vivant de chacun d'eux qu'il faut prévoir des palliatifs afin d'éviter que le concubin survivant ne se retrouve « à la rue ».

L'une des solutions est d'acquérir le logement familial mais surtout de prévoir lors de l'acquisition les moyens pour que le concubin survivant en devienne seul propriétaire et qu'il puisse rester dans les lieux (acquisition en indivision avec clause de rachat, en tontine, ou en Société Civile Immobilière avec clause d'agrément*…). Le concubin prévoyant peut aussi faire un testament mais il faut tenir compte :

- des règles du droit de succession ou des régimes matrimoniaux qui peuvent limiter la libre disposition des biens si le concubin a des enfants d'un autre lit ou s'il est encore marié,
- de l'incidence fiscale (article 796-0 bis du Code général des Impôts) puisque pour le concubin survivant, les droits de succession sont de 60%, après un abattement (qui peut varier mais qui aujourd'hui est de 1570 €).

On peut également prévoir la situation du concubin survivant en faisant, sous certaines conditions, une donation, qui sera irrévocable certes (sauf causes légales de révocation) mais également imposée au taux de 60%.

Un notaire ou un avocat fiscaliste peut conseiller les concubins sur ces questions.

Le PACS (PACte Social de solidarité)

Comme le mariage, le PACS est un contrat. Il permet à deux personnes majeures de sexe différent mais aussi du même sexe liées par un lien affectif de concrétiser juridiquement la vie commune.

Conditions pour se pacser

Seules les personnes majeures peuvent conclure un PACS (art. 515-1). Comme pour chaque contrat, le consentement doit être libre et exempt de vices et comme pour le mariage, il existe des cas d'empêchement (parents et alliés proches, mais aussi si un des partenaires est déjà marié ou pacsé), pour lesquels aucune dérogation n'est possible. En revanche, si l'un des partenaires vit en concubinage, rien ne l'empêche de contracter un PACS avec un tiers. Si l'une de ces conditions n'est pas respectée, le PACS pourra être annulé (art. 515-2).

Dans le cas de personnes vivant à l'étranger, le PACS ne pourra être concrétisé devant les autorités consulaires que si l'un des deux partenaires au moins est Français.

Le PACS, mode d'emploi

Tout comme le mariage, conclure un PACS s'accompagne d'un certain nombre de formalités administratives.

La convention de PACS

La convention de PACS est le document qui va organiser la vie commune des deux contractants (art. 515-3, alinéa 2). Elle peut être faite soit :

- par un acte SSP (Sous Seing Privé),
- par un acte notarié*,
- par un acte sous seing d'avocat ou acte d'avocat *.

Cette convention a pour objectif de concrétiser juridiquement la situation au sein du PACS. La liberté de son contenu est la règle mais elle ne peut envisager d'évincer l'entraide matérielle, ni écarter le devoir d'assistance. Parmi les points qu'il est important d'y insérer figurent les modalités d'assistance mutuelle et le régime adopté pour les biens, afin d'éviter des discussions voire des litiges en cas de rupture.

Cette convention peut être modifiée à tout moment au cours de la vie du PACS. Puisqu'il s'agit d'un contrat, aucun des partenaires ne peut décider unilatéralement d'une modification. S'il y a modification, elle devra être acceptée par chacun des partenaires et faire l'objet d'une mention en marge des actes de naissance. Sans cette formalité, les nouvelles dispositions ne seront pas opposables aux tiers, c'est-à-dire que ce seront les modalités de la convention antérieure qui s'appliqueront.

Cette convention devra être complétée par d'autres éléments (comme par exemple une copie intégrale de l'acte de naissance ou une attestation sur l'honneur certifiant l'absence de lien de parenté susceptible d'empêcher le PACS), dont la liste est fournie par les dispositions de l'article 513-3.

La déclaration de PACS

Une fois l'ensemble des documents regroupés et la convention signée, les futurs pacsés doivent faire une déclaration conjointe au tribunal d'instance du lieu de leur résidence, pour officialiser juridiquement le PACS. Le greffier* enregistre la déclaration sur un registre unique. C'est seulement alors que le PACS prend effet entre les partenaires. Il est mentionné en marge des actes de naissance et produit ses effets à l'égard des tiers. (art. 515-3-1).

Pour que le PACS soit valable, il faut que les deux contractants soient présents lors de la déclaration conjointe.

Pacsés... et après ?

Conclure un PACS, c'est accepter de se soumettre à un certain nombre de règles et d'obligations.

Quelques règles et obligations

Comme une personne vivant en concubinage, une personne pacsée n'est tenue à aucune obligation alimentaire envers les ascendants de son partenaire. En revanche, ses revenus peuvent être pris en compte pour fixer la contribution de son partenaire à une obligation alimentaire. Ainsi par exemple, si une personne pacsée doit verser une pension alimentaire pour l'éducation et l'entretien de ses enfants, on prendra en considération ses ressources mais également celles de son partenaire.

Le PACS suppose une obligation de vie commune (art. 515-4) mais le Code civil est muet sur l'obligation de fidélité ! Si l'un des deux partenaires trompe l'autre, aucune sanction légale n'est envisagée. La solution, c'est donc au couple de la trouver…

Si seul l'un des pacsés est titulaire du bail, son partenaire n'a aucun droit vis-à-vis du propriétaire, qui peut parfaitement l'ignorer… sauf pour le paiement des loyers, pour lequel le partenaire est solidairement responsable.

Si le logement commun est la propriété d'un seul des pacsés, l'autre sera occupant à titre gratuit. Cependant, rien n'empêche le propriétaire de faire de son partenaire son locataire, ce qui au moins temporairement pourra le protéger. Le propriétaire pourra aussi vendre le logement ou le donner en location sans que son partenaire ne puisse s'y opposer.

Et l'argent dans tout ça ?

Les partenaires se doivent réciproquement une aide matérielle (art. 515-4). Cette obligation est d'ordre public, on ne peut donc y déroger. En raisonnant par analogie avec le mariage, il semble que cette aide matérielle soit l'équivalent des charges du ménage dont la proportionnalité peut avoir été établie dans la convention. C'est même fortement conseillé pour éviter les problèmes ultérieurs ! À défaut d'avoir été prévoyants, les partenaires verront leur désaccord éventuel tranché par le juge en fonction des facultés financières respectives de chacun.

Contrairement à une personne mariée, une personne pacsée qui ne participe pas matériellement à la vie du foyer ne peut y être contrainte par une action en contribution. Cela n'exclut pas cependant pour le partenaire lésé de saisir le juge aux affaires familiales pour remettre le partenaire récalcitrant en face de ses responsabilités.

Les partenaires du PACS sont tenus solidairement à l'égard des tiers (art. 515-5, alinéa 1) pour les dettes nées des besoins de la vie courante, qui sont identiques aux dettes ménagères des époux. Comme pour les couples mariés, cette solidarité ne joue pas pour les dépenses manifestement excessives.

PACS et administrations

Le PACS permet au partenaire d'être couvert par l'assurance maladie-maternité et de bénéficier des prestations familiales (situation identique au concubin).

Le PACS, comme le concubinage, ne permet pas de percevoir une pension de réversion. Tout comme le concubinage, cette position a été confirmée par une décision du Conseil constitutionnel en date du 29 juillet 2011.

Sur le plan fiscal, à la différence de l'union libre, les partenaires du PACS font l'objet d'une imposition commune. Il en est de même pour l'ISF ou les impôts locaux (sauf pour la taxe foncière si l'immeuble est la propriété de l'un des partenaires seulement).

Le PACS et la propriété

La propriété des biens meubles ou des immeubles des partenaires dépend du régime choisi lors de la rédaction de la convention.

Le régime antérieur au 1er janvier 2007

Sauf si les partenaires avaient envisagé d'autres modalités, le régime était celui de l'indivision. Les partenaires qui ont conclu une convention avant cette date restent soumis à ce régime, sauf si depuis, ils ont conclu une convention modificative qui intègre de nouvelles dispositions.

Selon ce régime, les biens acquis (sauf meubles meublants) avant la conclusion du PACS sont réputés appartenir uniquement à leur propriétaire, tout comme ceux acquis par donation ou succession ou comme les biens créés (fond de commerce par exemple) au cours du PACS. Les biens acquis après la conclusion du PACS sont présumés indivis par moitié si la convention ne prévoit pas un autre régime, qu'il s'agisse de meubles meublants (comme par exemple une télévision, un lit, une cuisinière....), de biens immobiliers ou de biens mobiliers autres que meublants (véhicule par exemple).

Si le partenaire souhaite faire sortir un bien de l'indivision, il doit, au moment de l'acquisition, le mentionner dans l'acte acquisitif. Si aucune disposition ne permet de définir les modalités de gestion de ce patrimoine indivis, ce sont les règles de l'indivision légale qui vont s'appliquer (prise de décision de manière collégiale pour l'indivision, seul pour la défense de ses droits indivis).

Le régime postérieur au 1er janvier 2007

Désormais, sauf dispositions contraires dans la convention (option pour le régime de l'indivision), les partenaires d'un PACS sont soumis au régime de la séparation de biens (art. 515-5). En principe, chaque partenaire est donc l'unique propriétaire des biens qui lui appartenaient avant l'enregistrement du PACS, de ceux qu'il va recevoir par succession* ou donation* ou encore de ses salaires ou de ses gains. Cela signifie qu'il va en conserver non seulement la jouissance mais aussi l'administration et la libre disposition. Cette séparation de biens n'exclut pas que certains biens soient propriété indivise des deux partenaires. Celui qui se prétend propriétaire exclusif d'un bien, lorsque l'autre prétend que la propriété est indivise, doit pourvoir en apporter la preuve (facture ou témoignage pour un bien mobilier*, titre de propriété pour un bien immobilier, ou bien inventaire des biens figurant en annexe à la convention), à défaut la propriété peut être jugée comme indivise pour moitié. Si les partenaires du PACS optent pour le régime d'indivision, les biens qu'ils achètent ensemble ou séparément à compter de l'enregistrement de la convention sont réputés indivis par moitié.

Si l'un des partenaires règle une quote-part plus importante, voire achète le bien en réglant l'intégralité de son prix, il ne pourra, en cas de différend, demander le remboursement de sa dépense supplémentaire et n'obtiendra pas plus que la valeur de la moitié pour sa part indivise.

Les créanciers des partenaires d'un PACS qui ont opté pour le régime d'indivision pourront saisir les biens indivis s'il s'agit de dépenses pour lesquels les partenaires sont solidaires. *A contrario*, lorsque les dettes proviennent de dépenses pour lesquelles les partenaires ne sont pas solidaires, le créancier ne pourra saisir les biens indivis (art. 815-17).

En cas de séparation

Le lien des personnes pacsées peut être rompu. Puisque dans le cadre du PACS, la vie commune est une réalité juridique, la dissolution a des effets juridiques contrairement au concubinage mais ils sont beaucoup moins importants que lorsque ce sont des époux qui se séparent.

Séparation, mode d'emploi

Les partenaires qui souhaitent ensemble se séparer et mettre fin au PACS doivent établir une « déclaration conjointe » adressée en recommandé avec accusé de réception au greffe du tribunal d'instance ou au notaire qui a enregistré l'acte (art. 515-7, alinéa 3). Si seul l'un des partenaires effectue la démarche, c'est un huissier qui préviendra le cocontractant (art. 515-7, alinéa 5). Dans les deux cas, la rupture du PACS sera mentionnée en marge de l'acte de naissance de chacun des partenaires.

Les enfants

Comme dans le cas d'un couple marié, lorsqu'un différent surgit, c'est le juge aux affaires familiales qui décide, qu'il s'agisse de la résidence de l'enfant, de la pension alimentaire qui doit être versée… (Cf. *supra*). Les enfants auront les mêmes droits et les mêmes devoirs que les enfants d'un couple marié ou vivant en concubinage.

Indemnisation

Puisque le PACS est un contrat, les partenaires peuvent prévoir une indemnisation en cas de rupture… ou ne rien prévoir ! Certes la convention peut être muette, mais elle ne peut prévoir qu'en cas de rupture, celui qui est délaissé renonce à toute indemnisation. Dans le silence du PACS, le partenaire qui s'estimé lésé, s'il parvient à démontrer que la rupture est fautive (dans les mêmes hypothèses que pour le concubinage mais avec plus de sévérité puisque ce droit a un caractère impératif), peut demander au juge l'indemnisation de son préjudice (art. 515-7, alinéa 10).

Qui garde quoi ?

À la suite de la rupture, les droits et les obligations des partenaires vont être liquidés. Si rien n'a été prévu pour le partage des biens lors de la conclusion du PACS (ou postérieurement par modification) les règles applicables seront celles qui concernent soit la séparation de biens, soit l'indivision, selon le type de régime choisi. Lorsqu'un partenaire prête de l'argent à l'autre pour lui permettre d'acquérir, d'améliorer ou de conserver un bien personnel, il dispose, lors du partage, d'une créance sur son partenaire (art. 515-5-2) dont le règlement peut être en argent mais également par compensation* avec une dette de son partenaire. En cas de désaccord c'est, depuis le 1er janvier 2010, le juge aux affaires familiales qui tranchera (art. 515-7, alinéa 2).

Ce partage, qu'il y ait ou non une soulte, donne lieu à la perception par le Trésor public d'un droit d'enregistrement. Depuis le 1er janvier 2012, ce pourcentage variable est de 2,5 % sur la valeur nette des biens concernés (la valeur nette étant celle de l'actif, déduction faite du passif éventuel).

Concernant le logement commun, si l'un des partenaires est seul titulaire du bail et qu'il compte le garder, l'autre devra partir sans pouvoir demander au juge aux affaires familiales de lui « attribuer la jouissance du domicile conjugal ». Si au contraire le titulaire du bail décide de partir, son ancien partenaire pourra rester… à condition de prouver qu'il est lié par un pacte civil de solidarité au détenteur du bail (art. 14 de la loi n° 89-462 du 7 juillet 1989), sans avoir à démontrer toutefois que leur cohabitation durait depuis un an (ce qui est le cas du concubin).

Les impôts

La rupture du PACS met fin à l'imposition commune à la date de rupture qui sera indiquée sur l'acte de naissance. La solidarité fiscale héritée du statut cessera :

- au lendemain du jour où la date de séparation est indiquée sur l'acte de naissance en ce qui concerne l'IRPP (Impôt sur le Revenu des Personnes Physiques),
- au 1er janvier de l'année qui suit la rupture en ce qui concerne l'ISF et la taxe foncière.

Si la rupture intervient avant la fin de la première année ou au cours de la seconde année, le bénéfice du PACS est remis en cause et chacun est de nouveau imposé séparément, c'est-à-dire que le fisc revient sur le statut provoqué par le PACS.

En cas de décès

Si l'un des deux signataires du PACS décède, le greffe ou le notaire qui a enregistré la convention devra en être informé afin que cette nouvelle situation figure sur l'acte de naissance du partenaire survivant ou en l'étude du notaire (art. 517-7).

Testament, en avoir… ou pas

Si le partenaire décédé n'a pas fait de testament ou de donation, le survivant ne peut prétendre à aucun droit sur la succession, qui reviendra alors intégralement à la famille, et s'il n'a pas de famille à l'État. Si le partenaire a fait un testament, et si le *de cujus* n'a pas d'héritiers, le survivant peut se voir léguer l'intégralité de sa fortune. S'il y a des héritiers réservataires, le partenaire survivant ne pourra se voir léguer que la quotité disponible*. Lorsque le partenaire survivant hérite, il bénéficie d'une exonération des droits de succession équivalente à celle du conjoint.

Le sort du logement

Concernant le logement, propriété totale ou indivise de celui qui vient de décéder et que le partenaire survivant occupe à titre principal au moment du décès, la loi prévoit qu'il peut rester 12 mois gratuitement (sauf s'il en a été privé par testament). Au-delà, si la propriété est indivise, soit le testament prévoit qu'il bénéficie du droit d'attribution préférentielle (il doit alors dédommager les autres héritiers s'il y en a), soit rien n'est prévu et c'est le juge saisi par le partenaire ou les héritiers qui tranchera. Si le logement est loué, le bail subit le même sort que dans le cadre d'une séparation (Cf. *supra*).

En cas de décès accidentel

En cas de décès accidentel, le partenaire survivant pourra faire valoir son préjudice, c'est-à-dire qu'il pourra obtenir des dommages et intérêts. Ainsi par exemple, dans le cas d'un accident de la circulation, il pourra se porter partie civile. S'il s'agit d'un accident du travail, le partenaire survivant peut obtenir une rente et un capital décès si le salarié décédé remplissait les conditions d'ancienneté et de cotisations pour y avoir droit.

La protection de la violence au sein du couple

Quelle que soit la situation d'un couple (mariage, concubinage, PACS ou même simple relation sans cohabitation), rien n'autorise la violence à s'exprimer au sein de ce couple ou après une séparation.

Si l'un des partenaires exerce des violences sur l'autre ou sur les enfants, les mettant ainsi en danger, la victime de ces agissements délictueux peut demander au juge aux affaires familiales, par le biais d'un avocat, qu'il rende en urgence une ordonnance de protection (art. 515-9). Cette ordonnance aura pour objectif de faire cesser le trouble, par exemple en interdisant à la personne ayant commis des actes violents de rencontrer ou d'entrer en relation avec certaines personnes. Cette ordonnance peut aussi attribuer la jouissance du logement ou de la résidence du couple au partenaire ou ex-partenaire qui n'est pas l'auteur des violences et préciser les modalités de prise en charge des frais afférents à ce logement (art. 515-11).

Chapitre 7

La filiation

Dans ce chapitre :

- Comment s'établissent la filiation « biologique » et la filiation adoptive
- Les conséquences de la filiation sur les devoirs des parents
- Les droits des parents biologiques ou adoptifs face à leurs enfants.
- Les obligations des enfants vis-à-vis de leurs parents biologiques ou adoptifs
- L'enlèvement d'un enfant

L'article 6-1 du Code civil, né du vote de la loi sur « le mariage pour tous » transforme la donne en matière de filiation : « le mariage et la filiation adoptive emportent les mêmes effets, droits et obligations [...], que les époux soient de sexe différent ou de même sexe ». Deux papas ou deux mamans, c'est donc désormais possible.

Pourtant, si l'évolution de la cellule familiale et celle de la médecine ont profondément modifié les différentes possibilités de faire établir une filiation, certains interdits demeurent. Ainsi ni le PACS, ni le mariage ne permettent aux couples homosexuels d'avoir recours à la PMA (procréation médicalement assistée). Homo ou hétéro, marié ou non, personne ne peut avoir recours à la GPA (gestation pour autrui). En matière d'inceste absolu, la filiation ne peut être établie qu'à l'égard d'un seul des parents de l'enfant, jamais à l'égard de celui qui est incestueux. Les couples pacsés et les concubins ne peuvent toujours pas adopter ensemble ni adopter l'enfant de l'autre...

N.B. : Dans ce chapitre, les articles font référence au Code civil, sauf mention contraire.

La filiation biologique

Être dénommé père ou mère d'un enfant, c'est encore possible, que ce soit dans les actes de l'état civil ou sur le livret de famille, dès lors que les parents sont hétérosexuels. La filiation biologique s'établit de différentes manières, en fonction de la situation des parents, mais pas seulement.

Lorsque les parents sont mariés

En ce qui concerne la mère, la filiation est automatique dès lors que son nom figure dans l'acte de naissance de l'enfant (art. 311-25).

En ce qui concerne le père, l'enfant conçu ou né dans les liens du mariage est présumé être né du mari (art. 312), en application de la présomption de paternité : « *pater is est quem justæ nuptiæ demonstrant* » (que l'on pourrait traduire par : « Le père est celui que les liens du mariage démontrent comme tel »). Cette présomption tombe si l'acte de naissance ne désigne pas le mari en tant que père.

Lorsque les époux divorcent, l'enfant né à compter du 301e jour après une décision judiciaire constatant la séparation n'est plus considéré être celui du mari même si la décision de divorce n'est pas prononcée.

Lorsque les parents ne sont pas mariés

Lorsque les parents, hétérosexuels, ne sont pas mariés, la filiation biologique peut s'établir de deux façons différentes.

La reconnaissance

Dès lors que le nom de la mère est indiqué dans l'acte de naissance, cela suffit pour établir la filiation (art. 311-25). Seules certaines situations très particulières feront que la mère sera obligée de reconnaître son enfant. Pour le père, la reconnaissance est le mode normal d'établir la filiation hors mariage (en principe elle doit être faite dans les 3 jours de la naissance). Nul ne peut le faire pour lui, c'est un acte personnel. Sauf à avoir de bonnes raisons et à saisir le tribunal, l'acte de reconnaissance est définitif.

Reconnaître un enfant suppose qu'il soit né, mais rien n'empêche le futur père ou la futur mère de le faire avant la naissance soit à la mairie par devant l'officier d'état civil, soit auprès d'un notaire . Il n'y a pas de délai imposé pour reconnaître un enfant, il est possible de le faire après son décès. Quelle que soit la date de la reconnaissance, la filiation est établie à l'égard de son auteur dès la naissance de l'enfant (cela signifie que ses effets rétroagissent au jour de la naissance, ce qui est important par rapport aux droits de l'enfant).

La reconnaissance d'un enfant né ou à naître n'a pas à être justifiée. Un homme peut reconnaître un enfant parce qu'il en est le père mais aussi par exemple parce qu'il vit avec la mère. Si en venant reconnaître l'enfant, un homme s'aperçoit qu'un autre l'a devancé, ce sera au tribunal de trancher pour établir la véritable paternité.

Dans un couple homosexuel, la reconnaissance de l'enfant de l'autre n'est pas possible.

La possession d'état

Lorsque la présomption de paternité est écartée ou lorsque l'enfant n'a pas été reconnu, la possession d'état permettra d'établir judiciairement le lien de filiation avec le père (elle peut aussi être invoquée par la mère mais les situations qui peuvent donner lieu à une telle demande sont exceptionnelles). Pour établir la filiation par la possession d'état, il faut que trois éléments soient réunis (art. 311-1) :

- Le *tractatus* (le comportement des intéressés) permet d'établir que le parent a traité l'enfant comme le sien. Par exemple, le père a pris en charge des dépenses liées à son éducation ou son entretien ou bien a fait acte de présence aux réunions de parents d'élèves et plus tard a apporté son aide pour qu'il puisse démarrer dans la vie… Mais cela suppose aussi que l'enfant ait eu vis-à-vis du père une démarche affective voire financière lorsqu'il est plus âgé.
- La *fama* (la renommée) permet de prouver que ce lien a été reconnu comme tel dans la famille, dans l'entourage social de l'enfant (école, voisins…).
- Le *nomen* (le nom) est un indice supplémentaire, si l'enfant porte le même nom que le prétendu parent (père et/ou mère) mais le fait de ne pas porter le même nom n'exclut pas que la possession d'état puisse jouer.

Le prétendu parent devra ensuite prouver que la possession d'état a été continue mais cela n'exclut pas qu'elle puisse être brève. Elle peut par exemple n'exister que pendant la grossesse (décès prématuré du prétendu père). Elle devra être paisible (c'est-à-dire exempte de fraude par exemple pour essayer d'établir une filiation après une gestation pour le compte d'autrui, ce qui en France, est illégal) et non équivoque (il peut exister plusieurs possessions d'état successives à la suite d'un mariage, d'un divorce, puis d'un concubinage par exemple).

On recourt à la possession d'état pour établir la filiation notamment lorsque :

- l'enfant n'a pas été reconnu et que cette reconnaissance n'est plus possible (ainsi en est-il lorsque le père est décédé),
- la présomption de paternité dans le cadre du mariage a été écartée (lorsque la mère a déclaré l'enfant sans indiquer le nom du mari).

Lorsque ces éléments peuvent être prouvés, l'enfant, le ou le(s) parent(s) peuvent demander un acte de notoriété* auprès du juge du tribunal d'instance du lieu de naissance de l'enfant ou de son domicile (art. 317). Le juge forge sa conviction au vu des éléments fournis et du témoignage de trois témoins (voire d'autres témoignages ou d'autres éléments). Si la possession d'état est reconnue, elle est portée en marge de l'acte de naissance et elle rétroagit au jour de la naissance de l'intéressé, c'est-à-dire que depuis sa naissance l'enfant est considéré comme le fils ou la fille de...

La décision de rejet n'est susceptible d'aucun recours, en revanche l'acte de notoriété peut être contesté pendant 10 ans.

Filiation et accouchement sous X

Toute femme (mariée ou non) peut demander, lors de son accouchement, la préservation du secret de son admission et de son identité par un établissement de santé (art. 326). Cet anonymat va permettre d'occulter son nom dans l'acte de naissance, c'est « l'accouchement sous X ». Par cet anonymat, l'enfant est sans filiation vis-à-vis de la mère qui l'a mis au monde et, passé un certain délai, il pourra être adopté. Si elle le souhaite, la mère peut choisir les prénoms de son enfant, dont le premier servira de nom de famille à l'enfant tant qu'une adoption ne viendra pas modifier cette situation.

Depuis la loi du 23 janvier 2002, la mère qui accouche dans de telles conditions est invitée à laisser, si elle l'accepte :

- des renseignements sur sa santé et celle du père,
- des informations sur les origines de l'enfant et les circonstances de la naissance,
- son identité, sous pli fermé.

Ce n'est pas pour autant qu'un enfant né sous X pourra avoir accès à ses origines. Soit la mère décide de lever le secret de son identité (ce qu'elle peut faire à tout moment), soit son identité ne pourra être communiquée que dans les conditions prévues par la loi (par le Conseil national pour l'accès aux origines personnelles, si et seulement si la mère lève l'anonymat). C'est donc à la mère, et uniquement à elle, de permettre à l'enfant de rechercher ses origines et de lui donner les moyens de faire établir sa filiation.

Quand la science s'en mêle

Aujourd'hui, avec la PMA, un enfant n'est plus forcément le fruit de l'union physique d'un homme et d'une femme. Mais attention, pas question de faire n'importe quoi !

La procréation médicalement assistée (PMA), pour qui ?

La PMA permet aux futurs parents de compenser une stérilité médicalement constatée ou d'éviter la transmission d'une maladie génétique. En dehors de ces deux situations, pas de PMA possible, ce qui signifie pas de procréation scientifique pour convenance personnelle, que l'on soit seul ou en couple de même sexe. L'ouverture du mariage pour tous n'a pas permis l'ouverture de « l'enfant pour tous », et en l'état des textes, seuls les couples hétérosexuels peuvent avoir accès à la PMA, à condition de répondre aux exigences de l'article L 2142-2 du Code de la santé publique.

De nombreux couples de femmes homosexuelles essaient de contourner la loi en faisant appel à des « inséminateurs artisanaux ». Étant donné qu'il est difficile, une fois l'enfant né sans indication d'une paternité, de savoir comment il a été conçu, la mère qui agit de la sorte pense que personne ne pourra faire établir la vérité. Pourtant, rien n'est moins sûr, comme le prouve la jurisprudence : le juge aux affaires familiales de Nantes, dans une décision en date du 27 juillet 2013, a ainsi accordé un droit de visite à « l'inséminateur », qui finalement a refusé l'anonymat et revendiqué sa paternité en reconnaissant l'enfant, et corollaire logique, a revendiqué ses droits sur cet enfant qui est également le sien !

Et l'enfant dans tout ça ?

L'enfant conçu légalement, grâce à ces techniques scientifiques, est considéré être celui du couple marié (et pour l'instant hétérosexuel), que ce soit par don de sperme ou d'ovocyte. Si le mari (père) change d'avis et refuse de reconnaître l'enfant, la filiation sera alors établie judiciairement.

Les dons de sperme ou d'ovocytes sont anonymes. Aucune action en recherche de paternité ou de maternité n'est possible (art. 311-19) dès lors que les dons sont conservés et gérés légalement.

Recourir à une « mère porteuse », possible ou non ?

Certains couples stériles cherchent à confier la maternité de leur enfant à une tierce personne. Que ce soit par procréation (enfant conçu avec les gamètes du couple) ou par gestation (la mère porteuse est la mère génétique), cette maternité pour autrui est interdite en France car elle contrevient aux principes de l'indisponibilité du corps humain et de l'état des personnes désormais inscrit dans notre Code civil. Si une telle solution venait quand même à se concrétiser, elle pourrait être annulée. En effet, « toute convention portant sur la procréation ou la gestation pour le compte d'autrui est nulle » (art. 16-7). Ces dispositions sont incontournables car elles sont d'ordre public (art. 16-9).

Cette interdiction a une incidence directe sur la filiation car les parents ne peuvent faire entrer l'enfant dans leur famille sauf en essayant de contourner la loi (tentative d'adoption, transcription d'un acte d'état civil obtenu dans un pays qui autorise la maternité pour autrui ou encore possession d'état). En l'état de la législation, ces tentatives sont vouées à l'échec et à une sanction pénale.

Avoir recours à une mère porteuse à l'étranger n'est pas non plus la solution, même si les conventions avec des mères porteuses sont légales dans certains États des États-Unis par exemple. En effet, si le père peut faire reconnaître sa paternité, il n'en sera pas de même pour la femme du père, l'acte d'état civil obtenu devant être transcrit.

La Cour de cassation, dans trois arrêts* en date du 6 avril 2011, vient de se prononcer sur l'interdiction de la transcription en France de ces actes d'état civil obtenus à l'étranger, laissant ainsi la filiation établie uniquement au regard du pays qui l'a autorisée !

Quand la justice s'en mêle

Lorsque l'établissement de la filiation pose problème ou provoque des différends, c'est à la justice de trancher. Les actions qui touchent à la filiation, qui ne peuvent concerner que les enfants nés viables (art. 318), sont plaidées devant le tribunal de grande instance. L'assistance d'un avocat est obligatoire. Il faut savoir que toute action liée à l'établissement de la filiation concerne non seulement les parents présumés et les enfants concernés mais également leurs héritiers.

On ne peut renoncer par avance à poursuivre le père ou la mère éventuel(le) d'un enfant.

L'enfant peut vouloir rechercher son père, parfois (c'est plus rare) sa mère. Bien évidemment, un enfant mineur ne peut introduire une action en justice. Si, en théorie, cette action lui appartient (art. 325 et 327), pendant sa minorité, c'est le parent ou le représentant légal qui va l'exercer pour son compte au cours des 10 ans qui suivent sa naissance. Si aucune action en justice n'a été entamée dans le délai légal, l'enfant devenu majeur pourra poursuivre son père ou sa mère supposé(e) dans les 10 ans qui suivent son dix-huitième anniversaire. Pour établir la filiation, il faut :

- vis-à-vis de la mère potentielle, établir, donc prouver que l'enfant est le fruit de l'accouchement,

- vis-à-vis du père potentiel, établir donc prouver la paternité biologique. Pour y parvenir, le recours à l'expertise judiciaire est nécessaire. Cette expertise doit être ordonnée par un tribunal (les tests ADN faits par des laboratoires étrangers ne peuvent donc pas constituer une preuve) mais elle ne peut être imposée et peut donc être refusée. En cas de refus, le juge peut en revanche en tirer toutes conclusions sur l'issue du procès !

Si la filiation est retenue

L'enfant dont la filiation a été retenue pourra notamment porter le nom de son géniteur, obtenir une pension alimentaire (avec son corollaire, sauf exception, d'être tenu ultérieurement d'une obligation alimentaire envers ce père ou cette mère). L'homme dont on pourra prouver les relations intimes avec la mère pendant la période de conception de l'enfant ou la mère dont on pourra prouver l'accouchement sera alors condamné(e) à verser des subsides pour l'éducation et l'entretien de l'enfant.

BON À SAVOIR

Lorsque la recherche en paternité n'est pas possible (inceste absolu) ou pas souhaitée (pour éviter que le père n'ait de droits sur l'enfant), l'enfant – ou sa mère pendant sa minorité – peut introduire une action aux fins de subsides*(art. 342-8), qui est enfermée dans les mêmes délais que ceux pour une recherche de paternité.

Si la filiation est contestée

Parfois, une filiation peut être établie mais ne pas être conforme à la vérité biologique, on parle alors de contestation de la paternité ou de la maternité. Celui qui se prétend le véritable parent doit alors apporter la preuve que le mari ou l'auteur de la reconnaissance n'est pas le père ou que la mère n'a pas accouché de l'enfant (art. 333). Dans d'autres cas, la filiation établie n'est pas conforme à la situation de l'enfant par rapport à la famille à laquelle il est rattaché, on parle alors de contestation de la possession d'état (art. 334).

Toute personne y ayant intérêt, y compris les autres enfants (pour écarter l'enfant de la succession) peut contester la filiation. Si le tribunal fait droit à la demande, la filiation est rétroactivement annulée. Cette décision est lourde de conséquences pour l'enfant :

- Il ne possède plus aucun droit vis-à-vis du parent, lequel n'est donc tenu à aucune obligation d'entretien et d'éducation.
- Il n'a plus aucun droit sur la succession de ce « parent ».

Quant au parent évincé, il est désormais privé de tout droit sur l'enfant : si l'enfant est mineur, le parent débouté perd toute autorité parentale, s'il est majeur, l'enfant ne sera tenu à aucune obligation alimentaire.

La filiation adoptive

Si l'on compare souvent l'adoption d'un enfant à un « parcours du combattant », ce n'est pas sans raison. Que l'on choisisse l'adoption simple ou l'adoption plénière, que l'on adopte en France ou à l'étranger, les démarches et la réglementation ne sont pas les mêmes.

Adoption pour tous... ou presque

Avant la loi sur « le mariage pour tous », l'adoption était un des modes d'établissement de la filiation dans un couple hétérosexuel à condition qu'il soit marié mais était interdite à un couple homosexuel puisqu'il ne pouvait pas être marié. Désormais, qu'il s'agisse d'une adoption en couple ou de l'adoption de l'enfant du conjoint, la loi permet l'adoption dans tout couple, hétérosexuel ou homosexuel, à la condition d'être marié. Concubins et couples pacsés demeurent soumis à l'interdiction d'adopter.

Si l'adoption en couple homosexuel est susceptible de poser de nombreuses interrogations quant aux possibilités d'obtenir les agréments et les consentements nécessaires et quant aux refus des pays ayant des enfants « adoptables », c'est sans doute par l'adoption de l'enfant du conjoint que cette réforme va trouver rapidement à s'appliquer.

L'adoption plénière

L'adoption plénière donne à l'enfant le même statut que la filiation biologique, faisant perdre à l'enfant tout lien avec sa famille biologique. Irrévocable et définitive, elle permettra à l'enfant de porter le nom et d'acquérir la nationalité des parents.

Qui peut adopter ?

L'adoption peut être demandée par un couple non séparé de corps sous deux conditions :

- être marié depuis au moins 2 ans,
- être âgé de plus de 28 ans, sauf s'il s'agit d'adopter l'enfant de son conjoint (art. 343-2).

L'adoption peut aussi être demandée par une personne seule, quelle que soit sa situation familiale et ses tendances sexuelles, à la condition toutefois que l'adoptant soit âgé de plus de 28 ans (art. 343-1). Seul ou en couple, il faut une différence de 15 ans d'âge entre adoptants et adoptés (art. 344), 10 ans si c'est l'enfant de son conjoint. Toutefois, le tribunal peut, s'il y a de justes motifs, prononcer l'adoption lorsque la différence d'âge est inférieure.

Qui peut être adopté ?

Sauf exceptions, seuls les enfants de moins de 15 ans peuvent faire l'objet d'une adoption plénière, sachant que si l'enfant a plus de 13 ans, il doit donner son accord (art. 345).

En dehors de toute filiation avec l'un des conjoints, peuvent être légalement adoptés par le couple :

- un enfant dont le père et la mère ou le conseil de famille ont valablement consenti à l'adoption, et qui a été confié en vue d'une adoption à l'ASE (Aide Sociale à l'Enfance) ou à l'Organisme Autorisé pour l'Adoption. Le consentement à l'adoption peut faire l'objet d'une rétractation* pendant un délai de 2 mois.
- un enfant « pupille de l'État » ou un enfant déclaré judiciairement abandonné.

S'il s'agit de l'enfant d'un conjoint (art. 345-1), peut être adopté par l'autre conjoint :

- un enfant qui n'a de filiation légalement établie qu'à l'égard de ce premier conjoint,
- un enfant qui a fait l'objet d'une adoption plénière par ce premier conjoint et n'a de filiation établie qu'à son égard. Cette disposition a été ajoutée par la loi sur le mariage pour tous mais elle concerne aussi les familles recomposées.
- un enfant dont l'autre parent que le conjoint s'est vu retirer totalement l'autorité parentale,
- un enfant dont l'autre parent que le conjoint est décédé et n'a pas laissé d'ascendants au premier degré ou lorsque ceux-ci se sont manifestement désintéressés de l'enfant.

L'adoption plénière, mode d'emploi

La procédure à suivre pour adopter un pupille de l'État, ou un enfant remis à un organisme autorisé pour l'adoption comporte les étapes suivantes :

- Il faut tout d'abord déposer un dossier en vue d'obtenir l'agrément du président du Conseil régional. Une enquête sociale sera menée auprès de l'entourage du couple, qui fera l'objet d'investigations psychologiques.

- Il faut ensuite déposer une requête auprès du tribunal de grande instance du domicile des adoptants, soit en s'adjoignant un avocat, soit en s'adressant au procureur de la République. C'est au moment de déposer la requête qu'il est possible de demander la modification du prénom de votre enfant si elle est souhaitée.
- Enfin, soit la requête est acceptée, soit elle est refusée, auquel cas, le couple peut faire un recours contre la décision.

Ce n'est qu'une fois la décision devenue définitive que dans les 15 jours, celle-ci sera transcrite à la requête du procureur de la République sur les registres d'état civil du lieu de naissance de l'adopté. C'est l'acte de naissance qui va établir officiellement la filiation.

Et après ?

Lorsque la décision d'adoption a été prise et qu'elle a abouti, elle est irrévocable (art. 359). L'enfant adopté est coupé de sa famille d'origine, pour entrer dans celle de ses nouveaux parents. C'est à eux désormais qu'incombent l'éducation et l'entretien de l'enfant qui, en contrepartie, pourra être tenu d'une obligation alimentaire envers eux, si plus tard ils sont dans le besoin. Les nouveaux parents exercent l'autorité parentale et en assurent la responsabilité. L'enfant va prendre leur nom et portera le prénom fixé dans le jugement d'adoption, si les parents ont souhaité le changer. Il devient leur héritier.

Les liens de sang demeurent, ce qui exclut pour l'adopté la possibilité de se marier avec un membre de sa famille d'origine, notamment pour éviter l'inceste. Cela suppose bien sûr que la famille d'origine puisse être identifiée !

L'adoption simple

Dans le cadre de l'adoption simple, l'adopté conserve les liens avec sa famille biologique. La nouvelle filiation ne se substitue pas à la filiation d'origine, elle s'y ajoute.

Pour qui ?

Pour adopter dans le cadre d'une adoption simple, les conditions sont identiques à celles exigées pour une adoption plénière. L'enfant adopté dans ce cadre peut avoir n'importe quel âge mais comme en matière d'adoption plénière, le consentement est exigé dès lors que l'adopté a plus de 13 ans (art. 360).

Comme pour l'adoption plénière, la loi sur le mariage pour tous permet désormais qu'un enfant adopté (adoption simple ou plénière) une première fois par un adulte seul puisse être adopté une seconde fois par le conjoint du premier adoptant, cette fois dans le cadre d'une adoption simple.

Dans le cadre d'une adoption simple, le prénom de l'enfant sera obligatoirement celui de l'état civil et ne pourra éventuellement être modifié que dans le cadre d'une procédure de changement de prénom. Le nom de famille va mentionner, en l'ajoutant, le nom de l'adoptant. C'est ce nom qui figurera sur les actes d'état civil. Les mariages sont prohibés avec les membres de sa famille d'origine et sont limités dans la famille adoptive. Les nouveaux parents deviennent titulaires de l'autorité parentale et de son corollaire, à savoir la responsabilité vis-à-vis des tiers. L'adoption simple crée une obligation alimentaire identique à celle découlant de l'adoption plénière, c'est-à-dire que l'enfant adopté sera redevable d'aliments si ses parents sont dans le besoin. L'enfant adopté va hériter dans sa famille d'origine et dans sa famille d'adoption, avec cette particularité cependant qu'il n'acquiert pas la qualité d'héritier réservataire à l'égard des ascendants de d'adoptant.

Enfin, l'adoption simple peut être révoquée pour motifs graves (art. 370). Si cette révocation est acceptée, elle produit ses effets à compter de la demande. L'adopté ne peut alors utiliser que son nom d'origine (il perd le droit au nom de l'adoptant), il perd ses droits successoraux et il revient sous l'autorité de ses parents d'origine s'il est encore mineur.

Adopter à l'étranger

Le candidat à l'adoption doit obtenir des autorités françaises un agrément (Cf. *supra*) et s'informer des conditions requises dans le pays d'adoption (simple ou plénière, démarches, frais, transparence de la filière…). Même si, au regard de la loi française, les conditions concernant l'aspirant adoptant sont identiques pour adopter à l'étranger, le dossier peut connaître des difficultés, si le pays de l'adopté refuse par exemple l'adoption à un couple homosexuel. Dans ce cas, il n'est pas possible d'opposer le droit français pour obtenir gain de cause.

Les personnes qui souhaitent adopter à l'étranger peuvent recourir aux services de l'Organisme Autorisé pour l'Adoption (OAA), qui joue un rôle d'intermédiaire, assiste les candidats à l'adoption et assure le suivi des démarches.

Un autre interlocuteur privilégié est l'Agence Française pour l'Adoption (AFA), qui informe et conseille les candidats, et intervient comme intermédiaire. Son siège social est situé à Paris (Cf. annexe « Adresses utiles »).

Enfin, il existe au ministère des Affaires étrangères un département spécialisé qui veille au respect des conventions internationales et sert d'organisme de régulation, de contrôle, de veille et d'expertise judiciaire. Il s'agit du Service de l'Adoption Internationale (SAI), dont les locaux sont situés à Paris (Cf. annexe « Adresses utiles ») et ouverts au public sur rendez vous. Au sein du ministère, il existe un autre département, celui de la légalisation, également situé à Paris.

Première étape : la constitution du dossier

Une fois l'agrément obtenu, la première étape pour quiconque souhaite adopter à l'étranger a lieu en France. Il s'agit de constituer un dossier de demande d'adoption. Les pièces nécessaires varient d'un pays à l'autre mais au minimum, seront demandés :

- les actes d'état civil (actes de naissance, de mariage ou jugement de divorce du ou des adoptants, actes de naissance des enfants s'il y en a),
- l'agrément et les pièces complémentaires comme l'enquête sociale et psychologique,
- le casier judiciaire,
- les attestations de ressources.

Tous ces documents devront être traduits par un traducteur assermenté, c'est-à-dire par un traducteur qui est inscrit sur une liste établie par chaque cour d'appel territorialement compétente (les listes sont affichées dans les mairies ou les commissariats). Ensuite, le candidat à l'adoption doit faire légaliser chaque document par le service de légalisation du ministère des Affaires étrangères (Cf. annexe « Adresses utiles »). Pour certains pays, la légalisation* peut être remplacée par l'« apostille ». Elle s'obtient auprès de la cour d'appel au service de « l'apostille ».

Deuxième étape : le respect des conditions d'adoption du pays de l'adopté

Si le pays d'origine de l'enfant a ratifié la Convention de la Haye :
Les candidats à l'adoption doivent obligatoirement déposer leur dossier soit à l'AFA (Agence Française pour l'Adoption), soit auprès d'un autre organisme habilité. Avant de pouvoir engager la procédure locale d'adoption, le candidat recevra une proposition d'adoption grâce à laquelle il aura connaissance des éléments relatifs à l'enfant. Il donnera alors un accord à « l'apparentement », qui sera transmis par l'AFA. À l'issue de la procédure locale d'adoption où les parents, selon les États, seront ou non présents, sera délivré un certificat de conformité.

Si le pays d'origine de l'enfant n'a pas ratifié la Convention de la Haye :
Si le pays d'origine est cependant lié par une convention avec la France, l'adoptant doit respecter la procédure prévue par le texte (par exemple,

l'obligation de se rendre dans le pays de l'adopté et d'y séjourner un certain laps de temps).

S'il n'existe aucune convention, l'adoptant peut soit prendre directement contact avec les intermédiaires locaux qui seront nécessaires pour la procédure d'adoption (orphelinat, avocats...), soit s'adresser à un organisme agréé, comme l'AFA (ce qui peut être obligatoire dans certain pays).

Cette démarche internationale doit s'accompagner de la transmission de l'agrément au Service de l'Adoption Internationale afin que soit ouvert un dossier qui sera indispensable pour les formalités d'adoption.

BON À SAVOIR

Lorsque la procédure d'adoption aura abouti dans le pays d'origine, l'adoptant devra demander un visa pour l'enfant au consulat français dans ce pays. Ce visa ne sera pas automatiquement délivré, il sera soumis à l'accord du Service de l'Adoption Internationale.

Troisième étape : la régularisation

L'adoption dans le pays d'origine ne suffit pas, l'adoptant va devoir la régulariser sur le sol français.

Lorsqu'il s'agit d'une adoption équivalente à une adoption plénière selon le droit français, elle ne rompt le lien avec la famille d'origine que si le pays admet juridiquement cette rupture dans la décision. En cas de doute, il existe un service spécialisé du parquet qui peut donner un avis préalable. L'adoptant va pouvoir demander au procureur de la République que la décision soit transcrite et à cette occasion, l'enfant se verra attribuer le nom de l'adoptant. Cette transcription tiendra lieu d'acte de naissance et permettra la modification du livret de famille. Elle permet à l'enfant d'acquérir automatiquement la nationalité française.

ATTENTION !

Cette transcription n'est pas automatique. En cas de refus, l'adoptant devra déposer une requête en adoption plénière. L'enfant étant né à l'étranger, la requête devra être faite au parquet de Nantes (Cf. annexe « Adresses utiles »).

Lorsqu'il s'agit d'une adoption équivalente à une adoption simple selon le droit français, l'adoptant devra, avec l'aide d'un avocat, obtenir l'*exequatur** de la décision. Une fois obtenu, il sera transcrit au service central de l'état civil à Nantes (Cf. annexe « Adresses utiles »). À ce stade, il ne sera pas délivré d'acte d'état civil et l'enfant n'apparaîtra pas sur le livret de famille avant qu'il n'ait acquis la nationalité française.

L'adoptant devra ensuite demander la reconnaissance de la nationalité française au tribunal d'instance (dont la compétence territoriale est fixée en fonction de son domicile) pendant la minorité de l'enfant. Si l'enfant a plus de 16 ans, c'est à lui de faire la démarche. À partir du moment où la nationalité française lui est reconnue, l'enfant aura un acte d'état civil et il sera porté sur le livret de famille.

Si l'enfant arrive en France sans qu'une décision de justice n'ait été rendue dans son pays d'origine, l'adoptant devra déposer une requête en adoption dans les mêmes conditions que si l'enfant était né en France. Pendant cette période transitoire (entre la décision ou l'absence de décision et la transcription), l'enfant bénéficie obligatoirement d'un accompagnement par l'ASE, l'AFA ou tout autre organisme autorisé. Cet accompagnement peut être prorogé au-delà de l'adoption pendant quelques années.

Cas particulier : l'adoption de l'enfant de son partenaire

Certains pays étrangers acceptent que le partenaire (même non marié) d'un couple homosexuel ou pas, puisse adopter l'enfant biologique de sa ou son partenaire. C'est le cas de certains États des États-Unis, qui autorisent la conclusion d'une convention de vie commune, dite «*domestic partnership*». Cette convention permet de reconnaître la qualité de « parent » à la fois au parent biologique et à l'adoptant et de permettre le partage de l'autorité parentale. Lorsque dans un couple homosexuel, l'un des partenaires résidant aux États-Unis est français et souhaite obtenir l'*exequatur* de la décision, on pourrait supposer qu'il se heurterait à un refus puisque cette solution n'était pas admise en droit français.

Pourtant, dans un cas où la mère biologique était française, la Cour de cassation a admis que les dispositions de cette convention ne heurtaient pas les principes essentiels du droit français et de ce fait, a ordonné l'*exequatur* de la décision, ce qui a concédé l'autorité parentale à la mère. La situation était particulière, puisque la loi californienne ne contrevenait pas à nos règles nationales sur l'autorité parentale, mais elle peut faire jurisprudence à la condition toutefois qu'elle corresponde à une réalité et qu'elle ne soit pas une façon de contourner le droit français et notamment l'interdiction des « mères porteuses ».

Conséquence de la filiation : l'autorité parentale

Être parent de sang, par la loi ou par décision de justice, c'est avoir des droits bien sûr mais également des devoirs vis-à-vis des enfants dont on a la responsabilité.

L'autorité parentale, définition

Une fois le lien de filiation établi, chaque parent jouit de l'autorité parentale sur ses enfants. Elle débute avec la naissance de l'enfant ou la décision d'adoption devenue définitive.

L'autorité parentale se manifeste par le pouvoir de commandement et de surveillance sur l'enfant et doit être exercée dans l'intérêt de l'enfant. Pour que cette autorité parentale puisse trouver sa place au sein de la famille, l'enfant doit donc respect et obéissance à ses parents. En principe, elle s'exerce sur l'ensemble des enfants de la fratrie, qui doit rester unie, sauf circonstances exceptionnelles (violence de l'un d'entre eux au sein de la fratrie par exemple).

L'autorité parentale, en solo, en duo… ou en trio ?

Que les parents soient mariés ou divorcés, pacsés ou concubins, l'autorité parentale est exercée conjointement par le père et la mère (art. 372). Nul ne peut renoncer à son autorité parentale, mais une décision de justice, dans des circonstances exceptionnelles, peut retirer à l'un ou aux deux parents cette autorité parentale.

Quand l'autorité parentale conjointe est remise en cause

Plusieurs circonstances peuvent permettre de saisir le juge aux affaires familiales afin de remettre en cause l'exercice conjoint de l'autorité parentale :

- lorsque l'un des parents est hors d'état de manifester sa volonté (art. 373), comme lorsqu'il est placé sous sauvegarde de justice*,
- lorsque le comportement de l'un des parents met l'enfant en danger physique (maltraitance ou inceste par exemple) ou psychologique (perversité manipulatrice par exemple),
- lorsque l'un des parents refuse les choix de l'autre, créant ainsi une situation conflictuelle (choix d'une religion par exemple),
- lorsque les parents sont en désaccord sur des points essentiels, comme un traitement médical pour une maladie grave (refus de transfusion sanguine par exemple).

Normalement, lorsque l'un des parents est décédé (art. 371-1), l'autorité parentale est alors dévolue au parent survivant, sauf circonstances exceptionnelles qui sont alors vérifiées par le juge saisi.

Un conjoint ne peut obtenir du juge aux affaires familiales d'exercer seul l'autorité parentale en invoquant deux domiciles éloignés ou encore l'homosexualité de l'autre parent.

Délégation à un tiers

Lorsque l'un des parents ou les deux ne se sentent pas capable d'assumer l'autorité parentale, on distingue deux cas de figure :

- Soit le ou les parents sont conscients de la situation et doivent alors saisir le juge qui prononce une « délégation d'autorité parentale », en la confiant à un membre de la famille, à un tiers digne de confiance voire à un établissement agréé pour l'accueil des enfants ou encore à l'ASE (Service Social à l'Enfance).
- Soit le ou les parents ne sont pas conscients de la situation (parents maltraitants qui refusent de reconnaître leur responsabilité par exemple) et c'est le juge qui l'impose.

La délégation peut être totale ou partielle (en ce cas, l'autorité parentale entre le ou les parents et celui qui est investi judiciairement de la délégation est partagée).

Et à trois, ça donne quoi ?

Au sein d'un couple hétérosexuel, dans une famille recomposée, le beau-père ou la belle-mère d'un enfant ne jouit pas de l'autorité parentale. Il en va de même au sein des couples homosexuels ou hétérosexuels non mariés en ce qui concerne l'enfant de l'autre, puisque dans ces deux situations, l'adoption n'est actuellement pas possible. Les solutions dégagées par la jurisprudence sont donc toujours d'actualité.

Pendant la minorité de l'enfant, le partenaire qui n'est pas le parent biologique de l'enfant mais qui souhaite exercer une partie de l'autorité parentale peut essayer d'obtenir une délégation partage de l'autorité parentale (DPAP), grâce à l'article 377 du Code civil. Cette délégation permet au parent de demander au tribunal de déléguer tout ou partie de l'autorité parentale à un tiers, membre de la famille, ou à un proche digne de confiance.

Depuis 2006, la Cour de cassation (décision en date du 24 février 2006) a admis le principe de la délégation de l'autorité parentale lorsque le parent délégataire vit en union stable et continue « dès lors que les circonstances l'exigent (comme par exemple l'indisponibilité du parent délégataire) et que la mesure est conforme à l'intérêt de l'enfant ».

JURISPRUDENCE

Quand la justice délègue l'autorité parentale hors mariage

Dernièrement, et plus précisément en 2011, divers tribunaux ont admis une délégation de l'autorité parentale dans un couple homosexuel où la mère biologique est titulaire de l'autorité parentale sans avoir recours à ces circonstances déterminantes. Dans une situation où deux femmes, chacune mère d'un enfant, étaient pacsées, le tribunal de grande instance de Bayonne, par une décision en date du 26 octobre 2011, a constaté que le foyer des deux femmes était perçu par leur entourage comme « le foyer parental des deux enfants », qu'il était de « l'intérêt des deux mineures que les deux adultes présents au foyer partagent cette autorité parentale », que « celle-ci était exercée de fait conjointement » et a fait droit à cette délégation de l'autorité parentale sans se référer à des circonstances qui la rendent nécessaires. Il s'agit d'une avancée vers les droits des couples homosexuels sur les enfants de l'autre partenaire mais qu'il convient de relativiser compte tenu de la position de la Cour de cassation et de l'état des textes à ce jour hors mariage.

Domaines concernés

L'autorité parentale conjointe s'exerce sur tout ce qui constitue la vie de l'enfant mineur. Les parents ont le devoir de :

- choisir ensemble la résidence de l'enfant, qui doit se soumettre à ce choix (art. 371-3),
- surveiller les activités de leur enfant, par exemple s'assurer qu'il va bien à l'école, connaître son entourage…
- permettre l'éducation de leur enfant, soit en assurant leur instruction (cours à domicile), soit en la faisant assurer (école, collège), entre 6 et 16 ans,
- décider ensemble de donner ou non une éducation religieuse à leur enfant, et si oui laquelle,
- surveiller la santé de leur enfant et être informés de ses problèmes. La maltraitance et la négligence sont sanctionnées pénalement (ainsi par exemple, ne pas faire vacciner ses enfants des vaccinations obligatoires).
- contribuer financièrement à proportion de leurs ressources et des besoins de l'enfant (art. 371-2). Cette obligation s'entend bien sûr d'une obligation alimentaire (nourrir ses enfants) mais aussi de tout ce qui concerne son éducation, sa culture, ses activités etc.

C'est parce que les parents auront pourvu à leur éducation et à leur entretien que leurs enfants seront tenus à une obligation alimentaire s'ils sont « dans le besoin » (c'est-à-dire un état de nécessité) et qu'ils devront leur verser à leur tour une pension alimentaire (art. 205, 206 et 208).

Les parents sont responsables et sont solidairement tenus des conséquences des fautes commises par leur enfant mineur. Cette solidarité suppose que les parents cohabitent. S'ils sont séparés par une décision de justice, c'est le parent chez qui l'enfant a sa résidence habituelle qui sera seul responsable.

Même si l'autorité parentale s'exerce conjointement par les deux parents, l'un des parents peut effectuer seul un acte s'il s'agit d'un acte usuel*, sachant que la nuance entre acte usuel et acte non usuel est souvent difficile à appréhender. Vis-à-vis des tiers, cet acte est valable sauf si l'autre parent le conteste et prouve que le tiers savait qu'il n'était pas d'accord.

Un parent peut procéder seul à l'inscription de son enfant dans un établissement scolaire. En revanche, le choix entre une éducation dispensée dans le secteur public ou dans le secteur le privé relève d'une décision qui doit être prise en commun. Ou encore, un parent peut décider seul d'acte bénin concernant la santé de l'enfant comme une consultation médicale pour une maladie infantile ou alors en cas d'urgence (accident ou opération) mais pour une intervention chirurgicale ou un traitement médical lourd, comme une chimiothérapie, il faut l'accord des deux parents.

Quand les parents dérapent

Il peut arriver que le détenteur de l'autorité parentale n'ait pas un comportement adéquat vis-à-vis de ses responsabilités parentales.

Lorsque le mineur est en danger (c'est-à-dire que sa santé, sa moralité, les conditions de son éducation sont en cause) et qu'il n'est pas émancipé*, le juge des enfants prend une mesure d'assistance éducative. L'enfant peut alors soit demeurer dans sa famille, soit être placé (cas d'un enfant vivant dans un milieu ou l'un des parents est violent par exemple). Cette mesure a pour objectif de conseiller la famille et surtout de surveiller le développement de l'enfant.

Lorsque l'un des parents, voire les deux, a un comportement incompatible avec l'éducation et l'entretien d'un enfant (comme par exemple le défaut de soins, la privation de nourriture, l'abandon, les violences, qu'elles soient physiques ou morales), le tribunal va être amené à prendre une mesure de protection pour l'enfant particulièrement sévère pour les parents, puisqu'il va prononcer le retrait (la déchéance) de l'autorité parentale. Cette déchéance de l'autorité parentale a une incidence immédiate et délie l'enfant devenu majeur de son obligation alimentaire. C'est logique : puisque l'enfant n'a pas eu un parent « digne de ce nom » qui l'a amené jusqu'à l'âge adulte, il n'a donc plus d'obligation réciproque de lui porter secours.

En cas de désaccord

Lorsqu'il existe un désaccord entre les parents sur l'un des aspects de l'autorité parentale, voire sur la faculté contributive, c'est le juge aux affaires familiales qui va se substituer aux parents. Celui qui y a intérêt (c'est-à-dire celui qui veut obtenir quelque chose ou au contraire qui ne veut pas que puisse se faire quelque chose) va saisir le juge aux affaires familiales territorialement compétent pour trouver une solution, la compétence territoriale étant liée au lieu de résidence des enfants. Le juge peut être saisi par un des deux parents, qu'ils vivent en couple, soit en instance de séparation ou soit déjà séparés. Quelle que soit la décision, celui qui n'en est pas satisfait peut la contester et la soumettre aux juges de la cour d'appel.

Avant de rendre une décision, le juge peut suggérer aux parents de procéder à une médiation familiale, qui suspendra la procédure pendant toute la durée de la médiation, soit entre 3 et 6 mois. Si les deux parents acceptent la suggestion, ils vont expliquer leur différend à un médiateur*, qui va les aider à confronter leurs points de vue au cours de plusieurs entretiens et essayer de les faire parvenir à un accord.

- Si les parents trouvent un accord, il sera consigné dans un procès-verbal et sera alors soumis au juge qui le plus souvent l'homologue*.
- Si les parties ne parviennent pas à trouver une solution, c'est le juge qui tranchera, parfois après avoir ordonné une mesure d'enquête, notamment une enquête sociale.

Le coût d'une médiation est souvent partagé par moitié mais il fait aussi partie des frais de justice qui peuvent être pris en charge par l'aide juridictionnelle.

Parents séparés, quelles conséquences ?

La séparation d'un couple n'est pas sans conséquences sur l'éducation et l'entretien de ses enfants. Lieu de résidence, modalités de garde, pension alimentaire, sont autant de questions sur lesquels le couple aura à se mettre d'accord… ou à se déchirer ! Objectif : permettre de garantir la continuité et l'effectivité du maintien des liens de l'enfant à l'égard du parent avec lequel il ne cohabite pas.

C'est le juge aux affaires familiales, saisi par la partie la plus diligente, qui va prendre les mesures nécessaires. Si les parents ont été mariés, les mesures prendront place dans le cadre d'une procédure de divorce. Si les parents ont été pacsés, ont vécu en concubinage ou n'ont jamais vécu ensemble, les mesures seront prises également par le juge aux affaires familiales mais dans le cadre d'une simple demande déposée sous forme de requête.

Si la séparation ne modifie pas l'attribution de l'autorité parentale qui, sauf exceptions, demeure dévolue aux deux parents, elle va modifier en revanche le lieu de résidence, la périodicité des relations physiques et la contribution à l'entretien et à l'éducation des enfants.

Chez papa, chez maman ou un peu les deux ?

L'une des premières questions, sinon la première, qui va se poser en cas de séparation, est celle du lieu de résidence des enfants.

C'est le juge qui décide !

Le juge aux affaires familiales, au regard des éléments que les parents lui auront apportés ou en entérinant la décision du couple s'il parvient à se mettre d'accord au moment de la séparation, est celui qui décidera du futur lieu de résidence du ou des enfants, sachant que sauf circonstances exceptionnelles, une fratrie ne doit pas être séparée. L'enfant devra se conformer à ce choix mais il peut être entendu par le juge avant que celui-ci ne prenne sa décision, s'il en fait la demande, ou si l'un des parents considère que son audition est nécessaire, à la condition toutefois qu'il soit « capable de discernement ». Quel que soit le désir des parents, le juge peut prendre en compte l'intérêt de l'enfant.

BON À SAVOIR

Il n'existe plus d'âge minimum pour être entendu, cela va dépendre de la maturité de l'enfant.

Résidence, droit de visite et d'hébergement

Sauf circonstances exceptionnelles et dramatiques (maltraitance, violence, inceste…), un parent ne peut être privé du droit de voir son enfant. De manière classique, il est prévu que l'enfant résidera chez l'un de ses parents, avec un droit de visite et d'hébergement pour l'autre. Ce droit de visite et d'hébergement fixe les week-ends et le sort des petites et des grandes vacances scolaires.

D'autres modalités sont envisageables comme la résidence alternée, qui permet à l'enfant de résider alternativement chez son père puis chez sa mère, en général pour une même période, 15 jours chez l'un, 15 jours chez l'autre par exemple. La décision envisagera également le sort des petites et grandes vacances scolaires.

Parfois, après une longue séparation, ou lorsque les rapports sont trop conflictuels, l'autre parent est autorisé à voir l'enfant dans un cadre neutre comme un lieu d'accueil parents/enfants, et en présence de tiers (un grand-parent par exemple).

BON À SAVOIR

La résidence des enfants et le droit de visite et d'hébergement s'exercent à l'adresse de chacun des parents. Donc, si l'un des parents envisage de déménager, il est tenu d'en informer l'autre.

(Trop) grandes vacances

Chaque parent est libre de choisir son lieu de vacances. Donc si une mère décide de partir à Bali, le père ne peut l'empêcher d'y emmener ses petites têtes blondes. Si en revanche, parce qu'un parent souhaite retourner dans son pays d'origine avec son enfant, l'autre parent a des craintes quant au retour de l'enfant, il pourra demander au juge aux affaires familiales une interdiction de sortie de l'enfant du territoire français (Cf. *infra* « L'enlèvement d'enfant par un parent »).

L'un vit à Lille, l'autre à Marseille

C'est le parent qui est titulaire du droit de visite et d'hébergement qui en principe doit aller chercher les enfants et les ramener à leur lieu de résidence, mais les parents ou le juge peuvent en disposer autrement. Lorsque les résidences de chacun des parents ne sont pas dans la même ville, le juge peut ainsi prévoir que le voyage en train pour envoyer les enfants chez le père, se fera en alternance par le père et la mère, c'est-à-dire qu'un week-end, ce sera la mère qui les amènera au domicile ou sur le quai de la gare du domicile du père, et que l'autre week-end, le père ira les chercher au domicile de la mère ou sur le quai de gare de son domicile. Puisque les déplacements ont un coût, le juge aux affaires familiales, à la demande du père ou de la mère, peut mettre le ou les voyages à la charge des deux ou au contraire d'un seul parent.

Quid de l'autorité parentale ?

Sauf cas très exceptionnel commandé par l'intérêt de l'enfant, comme par exemple une absence totale d'investissement de l'un des parents à l'égard des enfants (comme un parent qui n'exercerait pas ou plus son droit de visite et d'hébergement), la séparation des résidences n'a en principe aucune incidence sur l'exercice de l'autorité parentale qui reste conjointe.

En pratique, celui chez qui la résidence des enfants est fixée prend les décisions relatives aux actes usuels mais doit informer l'autre parent. Pour les autres décisions, les parents doivent se concerter. En cas de désaccord, le juge sera saisi, ordonnera une médiation ou/et tranchera « dans l'intérêt de l'enfant ».

Papi, mamie, tonton, tatie… et les autres !

Le parent chez qui l'enfant a sa résidence ne doit pas faire obstacle aux liens avec les ascendants des deux côtés, ni avec ceux des membres de la famille. Seul l'intérêt de l'enfant peut faire obstacle à l'exercice de ce droit aux relations de l'enfant avec ses ascendants. La formulation du texte souligne le caractère naturel de ce droit, présumé conforme à l'intérêt de l'enfant. Si donc un ascendant considère qu'il est privé du droit de voir ses petits-enfants ou ses arrière-petits-enfants, il pourra légitimement demander en justice un droit de visite et d'hébergement.

D'autres personnes, qui ne sont pas membres de la famille au sens strict, peuvent bénéficier de relations après une séparation. C'est le cas par exemple du deuxième mari de la mère d'un enfant né d'un premier lit, l'enfant et son beau-père ayant vécu sous le même toit pendant un certain temps. L'objectif est alors de ne pas priver l'enfant des personnes qui lui ont été proches ou très proches.

L'article 371-4 permettait déjà, dans le cadre d'une famille hétérosexuelle recomposée, voire d'une famille homosexuelle, à l'autre « parent momentané » d'obtenir un droit de visite et d'hébergement. La loi sur « le mariage pour tous » a modifié cet article, instaurant un début de reconnaissance du « parent social » qu'il soit hétérosexuel ou homosexuel. L'article 371-4, alinéa 2, permet désormais au juge aux affaires familiales de fixer les modalités des relations entre un enfant et un tiers, « en particulier lorsque ce tiers a résidé de manière stable avec lui et l'un de ses parents, a pourvu à son éducation, à son entretien ou à son installation, et a noué avec lui des liens affectifs durables ». L'autre parent « momentané » va donc pouvoir officiellement revendiquer un droit de visite et d'hébergement sur un enfant dont il se sera occupé.

Parlons gros sous

Après la question de la résidence de l'enfant se pose rapidement celle de son entretien. En cas de séparation, qui paie quoi ?

Tout le monde paie !

En principe, lorsque la résidence est fixée chez un des parents, le parent chez qui l'enfant n'a pas sa résidence habituelle doit participer aux frais. Seule une situation financière particulièrement difficile peut l'en dispenser. Les parents devront déterminer la contribution du parent chez qui l'enfant ne réside pas habituellement. À défaut d'accord, c'est le juge qui fixera le montant de cette contribution. Même si les parents sont d'accord sur le montant, il faut, ne serait-ce que pour pouvoir contraindre le débiteur et pour des raisons fiscales, que le montant soit fixé dans une décision de justice. On parle alors de pension alimentaire*.

S'il y a résidence alternée égalitaire (même durée semaine/quinzaine, éventuellement mois) aucun des parents n'aura à verser une contribution, chacun assumant sa période. Cette solution peut toutefois être remise en question selon les revenus de chacun des parents. S'il existe une trop grande disparité ou si l'un des parents ne peut faire face aux frais d'éducation, le juge peut fixer une participation contributive à celui qui a des revenus plus importants.

La pension alimentaire

Pour fixer la pension alimentaire, les juges tiennent compte notamment (art. 373-2-11) :

- de la faculté financière de chacun des parents,
- du train de vie avant la séparation,
- du nombre d'enfants,
- des activités extra scolaires.

Le ministère de la Justice, sur son site `www.justice.gouv.fr`, publie un barème indicatif qui tient compte des revenus du débiteur, déduction faite du minimum vital et qui fixe un pourcentage.

BON À SAVOIR

Si l'un des parents vit avec une autre personne, les ressources de cette personne seront prises en compte, tout comme sera prise en compte l'arrivée d'un nouvel enfant.

La pension alimentaire est due pendant toute la minorité de l'enfant mais aussi après sa majorité, tant qu'il fait des études avec succès (il doit être en mesure de le prouver), s'il n'a pas trouvé d'emploi et s'il ne peut subvenir à ses besoins, même s'il est marié ou vit en concubinage.

ATTENTION !

Pour que la pension alimentaire soit due après la majorité, il faut que cela soit prévu dans la décision de justice.

Conséquences fiscales

La séparation des parents entraîne des déclarations séparées, les enfants ayant une incidence sur les revenus et le barème d'imposition de chaque parent.

Tout d'abord, le parent chez qui les enfants ont leur résidence va bénéficier du quotient familial*, mais en contrepartie, le parent bénéficiaire de la pension alimentaire, pour le compte de son ou de ses enfants, devra l'indiquer au titre des revenus car son montant sera pris en compte dans son revenu imposable*.

Pour le parent débiteur d'aliments, la pension alimentaire versée viendra en déduction de son revenu imposable (lorsque l'enfant majeur poursuit des études ou répond aux conditions pour continuer de la percevoir, le montant de déduction est plafonné).

Ce principe de vases communicants (imputation /déduction) ne peut jouer que s'il existe une décision de justice (décision judiciaire ou médiation homologuée par le juge). Un simple accord entre les parents, même écrit et signé, ne peut permettre de bénéficier de ces dispositions.

Lorsque la résidence est alternée, si les enfants sont réputés être à charge égale, chaque parent pourra bénéficier du quotient familial par moitié mais il peut y avoir un accord attribuant à l'un des parents le quotient familial dans sa totalité.

Si le débiteur ne paie pas…

Qu'une décision de justice condamne un ou des ascendants, un conjoint, un ou plusieurs des descendants est une chose, mais se faire payer en est une autre ! Parfois, le débiteur ne peut pas ou ne veut pas payer. Dans cette situation, le créancier d'aliments (celui à qui ont doit de l'argent) dispose, pour se faire payer, de toute une batterie de voies d'exécution, à l'instar de n'importe quel créancier. Mais il dispose en plus d'autres moyens spécifiques au paiement d'une pension alimentaire, qui facilitent le règlement.

La procédure de paiement direct

Pour faciliter le paiement de la pension alimentaire, dont le caractère indispensable est juridiquement acquis, le parent créancier dispose d'une procédure particulière que l'on appelle la procédure de paiement direct. Elle permet au créancier de se faire payer non par le débiteur directement mais par un tiers, des sommes qui lui sont dues, dès lors qu'elles peuvent être considérées comme une créance liquide* et exigible. Ce tiers à qui il va être demandé le paiement direct doit être lui-même débiteur de sommes liquides et exigibles vis-à-vis du débiteur. Il peut s'agir de l'employeur du débiteur (c'est le cas le plus fréquent) mais aussi de son locataire ou du tiers qui perçoit les loyers pour son compte, comme une agence immobilière, ou encore de Pôle Emploi….

Pour mettre en place cette procédure, il suffit qu'une échéance ait été totalement ou partiellement impayée et que le parent créancier soit en mesure de prouver qu'il est bénéficiaire d'une décision de justice exécutoire* ou d'une convention homologuée par le juge. Il faut ensuite que cette décision soit portée à la connaissance du débiteur, en général par un acte d'huissier. Cet huissier, dont le bureau se trouve dans le ressort du domicile du débiteur, va notifier le paiement direct au tiers concerné et en aviser le débiteur. Le créancier pourra ainsi récupérer jusqu'à 6 mois d'arriérés et surtout, il sera assuré du paiement mensuel de la pension alimentaire.

Cette procédure peut prendre fin dans trois hypothèses :

- si le créancier y renonce,
- si la pension alimentaire cesse d'être due (par exemple une décision de cour d'appel qui la supprime),
- si le tiers ne doit plus d'argent au débiteur (employeur qui licencie par exemple).

Le recouvrement public de la créance alimentaire

Si le parent créancier parvient à prouver que les voies d'exécution classiques (par exemple une saisie) et que la procédure de paiement directe n'ont pas abouti, il peut saisir par écrit le procureur de la République auprès du tribunal de grande instance le plus proche de son domicile. S'il fait droit à sa demande, le comptable du Trésor du domicile du débiteur va recouvrer les pensions alimentaires comme des impôts impayés et transmettre les paiements au créancier.

BON À SAVOIR

La décision de mise en recouvrement peut être contestée par le débiteur de la pension alimentaire devant le tribunal de grande instance.

Cette procédure prendra fin dans quatre hypothèses :

- si le débiteur décède,
- si le comptable du Trésor constate que le recouvrement de la créance n'est pas possible,
- si le créancier renonce à la procédure,
- si le débiteur a réglé l'éventuel arriéré plus 12 mois consécutifs de pension alimentaire.

L'intervention des caisses d'allocations familiales (CAF)

Sous certaines conditions, le parent créancier peut aussi saisir la CAF. Pour cela, il doit non seulement avoir une créance liquide mais aussi vivre seul (sans être remarié ou en concubinage), les enfants devant être considérés à la charge du créancier par la CAF.

L'intervention de la CAF concerne les créances des parents pour l'entretien de leurs enfants mineurs. La Caisse fait une avance au parent créancier, qui peut demander à la CAF dont il dépend, que lui soit octroyé, à titre provisoire, une « allocation de soutien familial », lorsque la pension alimentaire n'est pas payée depuis 2 mois ou lorsque le parent créancier a demandé le recouvrement public.

Ayant fait l'avance des fonds, la CAF sera subrogée dans les droits du parent créancier, elle va donc pouvoir diligenter la procédure contre le parent défaillant, non seulement pour le montant dont elle a fait l'avance par le biais de « l'allocation de soutien familial » mais aussi pour la différence s'il en existe une. La CAF se remboursera sur le parent débiteur mais de plus, elle reçoit à titre de rémunération de sa prestation, un pourcentage sur les montants encaissés et le remboursement des frais d'huissier ou à défaut elle perçoit un pourcentage supplémentaire.

Et l'Europe dans tout ça ?

Depuis le 18 juin 2001, le règlement CE n° 4/2009 concernant les obligations alimentaires au sein des pays européens est entré en vigueur. C'est à partir de ses dispositions que sera déterminé le juge compétent pour statuer sur l'obligation alimentaire, lorsque l'un des partenaires ne réside pas sur le territoire français. Mais surtout, les décisions rendues sur le plan national seront désormais exécutoires sans qu'il soit nécessaire de recourir à l'*exequatur* et une coopération sera mise en place pour faciliter l'exécution des décisions européennes.

L'enlèvement d'enfant par un parent

Il peut arriver qu'un parent séparé, parce qu'il n'a pas reçu la garde de son enfant ou parce qu'il souhaite l'emmener dans son pays d'origine par exemple, en arrive à une solution extrême : enlever son enfant. Quelles sont les conséquences d'un tel acte ?

Que dit la loi ?

Pour lutter juridiquement et judiciairement contre les enlèvements d'enfants, un certain nombre de pays ont ratifié la Convention de la Haye du 25 octobre 1980, qui tente de régler les aspects civils de l'enlèvement international d'enfants. Cette convention s'applique à tous les enfants âgés de moins de 16 ans dont la résidence habituelle est fixée dans l'un des États signataires. Le règlement 2201/2003 du Conseil du 27 novembre 2003, dénommé règlement « Bruxelles II bis », est venu renforcer l'efficacité des règles fixées par la Convention de la Haye.

La coopération

Que les parents soient séparés ou qu'ils soient encore dans les liens du mariage, le parent qui porte atteinte au droit de garde de l'autre parent se rend coupable d'un « déplacement » ou « non retour illicite » d'un enfant. La Convention de la Haye du 25 octobre 1980 prévoit un mécanisme de coopération entre États, qui a pour vocation de prendre toutes les mesures appropriées pour récupérer l'enfant, notamment par le truchement d'une autorité centrale. En France, il s'agit du Bureau de l'entraide civile et commerciale internationale (D3), direction des affaires civiles et du Sceau (Cf. annexe « Adresses utiles »).

Si l'enfant est déplacé ou enlevé, le parent à qui il devait être restitué va saisir le Bureau de l'entraide civile et commerciale internationale, qui lui-même va alors saisir les autorités judiciaires ou administratives, afin que puisse être ordonné le retour de l'enfant. Lorsque le délai entre l'enlèvement de l'enfant et la demande de restitution de l'enfant est inférieur à un an, l'autorité saisie est tenue d'ordonner le retour de l'enfant, on parle d'obligation au retour immédiat. Même si le délai d'un an est dépassé, ce retour immédiat peut être demandé.

Le droit du parent spolié de son enfant peut cependant être remis en cause dans différents cas de figure :

- s'il est établi que l'enfant s'est intégré dans son nouveau milieu et que le retour à la situation initiale lui serait préjudiciable,
- si le parent qui avait la garde de l'enfant n'exerçait pas effectivement ce droit,
- si le parent qui avait la garde de l'enfant a acquiescé postérieurement à la situation,
- s'il existe un danger psychique ou physique pour l'enfant,
- si l'enfant qui a atteint une maturité ou un âge suffisant refuse le retour (il faut alors qu'il soit entendu).

Toute décision ordonnant le retour d'un enfant est exécutoire de plein droit dans l'ensemble des autres États qui ont ratifié la Convention.

Mesures préventives

Depuis la loi n° 2010-769 du 9 juillet 2010, le juge aux affaires familiales peut, à la demande de l'un des parents, restreindre le droit d'un parent à sortir son enfant du territoire (art. 373-2-6), si le parent craint pour l'enlèvement de son enfant notamment. Il s'agit d'une restriction importante au droit à la liberté de déplacement d'un parent avec son enfant. Partant, bien que le texte ne le précise pas, pour qu'une telle demande puisse aboutir, il faut qu'il existe un risque avéré d'enlèvement d'enfant vers un autre État. Cette interdiction se concrétise notamment par « l'inscription sur le passeport des parents de l'interdiction de sortie de l'enfant du territoire français sans l'autorisation des deux parents » (art. 373-2-6). Elle rend difficile un départ en avion mais par route, par mer ou en train, les contrôles sont beaucoup plus aléatoires !

BON À SAVOIR

L'innovation de la réforme de 2010 est de prévoir que cette décision sera inscrite au Fichier des Personnes Recherchées (FPR), pour la durée fixée dans la décision, et à défaut jusqu'à la majorité de l'enfant.

Le texte ne fait aucune distinction entre les parents ressortissants de l'Union européenne et les autres. Toutefois, on constate que pour l'instant, les tribunaux sont plus réticents à accorder cette restriction lorsque les parents ou l'un des parents est originaire d'un État européen.

Chapitre 8

L'état civil : le nom et le prénom

Dans ce chapitre :

- L'acquisition du nom dans les rapports parents/enfants biologiques
- L'acquisition du nom par la filiation adoptive
- L'acquisition du prénom
- La modification du nom ou du prénom

Le nom comme le prénom servent à individualiser le citoyen. Le nom rattache l'individu à sa famille, ses origines, tandis que le prénom est librement choisi par les parents… dans la limite du raisonnable !

N. B. : Les articles font référence au Code civil dans ce chapitre, sauf mention contraire.

Le nom de l'enfant « biologique »

Pendant des siècles, lorsqu'un enfant naissait, il prenait systématiquement le nom du mari de sa mère. Naître de « père inconnu » était souvent synonyme d'exclusion. Le nom était l'expression de la morale puisqu'un père adultérin ne pouvait pas reconnaître ses enfants ni leur donner son nom ! Aujourd'hui, ce n'est plus si simple…

Au choix des parents

Lorsque la filiation d'un enfant est établie à l'égard de ses deux parents, au plus tard le jour de la déclaration de sa naissance ou par la suite mais simultanément, ces derniers choisissent le nom de famille qui lui est dévolu (art. 311-21). De nos jours, il est possible de donner à un enfant :

- soit le nom de son père,
- soit le nom de sa mère,

- soit leurs deux noms accolés dans l'ordre choisi par eux, dans la limite d'un nom de famille pour chacun d'eux.

Donner un nom à son enfant est un acte volontaire, qui se traduit par une déclaration conjointe à l'officier de l'état civil, mentionnant le choix du nom de l'enfant. Ce dernier prend alors le nom de celui de ses parents à l'égard duquel sa filiation est établie en premier lieu et le nom de l'autre parent si sa filiation est établie simultanément à l'égard de l'un et de l'autre.

Si l'un des parents ou les deux parents porte(nt) un double nom de famille, ils ont la possibilité, par une déclaration écrite conjointe, de ne transmettre qu'un seul nom à leurs enfants.

Si les parents ne sont pas d'accord entre eux, la loi prévoit qu'ils doivent le signaler à l'officier de l'état civil, au plus tard au jour de la déclaration de naissance ou après la naissance, lors de l'établissement simultané de la filiation. L'officier d'état civil prendra acte et il donnera à l'enfant les deux noms, dans la limite du premier nom de famille pour chacun des parents s'il est composé et accolés selon l'ordre alphabétique.

Si l'enfant naît à l'étranger et si au moins un des parents est Français, les parents qui n'ont pas usé de la faculté de choix du nom dans les conditions du précédent alinéa peuvent effectuer une telle déclaration lors de la demande de transcription de l'acte, au plus tard dans les 3 ans après la naissance de l'enfant.

Quel que soit le nom choisi par les parents ou le nom déterminé par l'officier d'état civil selon les règles légales, tous les enfants d'un couple qui naîtront auront le même nom de famille.

Reconnaissance tardive

Si la filiation n'est établie qu'à l'égard d'un de ses parents mais que le second parent le reconnaît, l'enfant prendra le nom du parent avec lequel la filiation est établie (art. 311-23).

Si pendant sa minorité, le second lien de filiation est établi, les parents de l'enfant pourront choisir, par déclaration conjointe devant l'officier de l'état civil :

- soit de lui substituer le nom de famille du parent à l'égard duquel la filiation a été établie en second lieu,
- soit d'accoler leurs deux noms, dans l'ordre choisi, dans la limite d'un nom de famille pour chacun d'eux.

Si l'enfant a plus de 13 ans, son consentement personnel est nécessaire.

Quand la justice s'en mêle

Lorsque la filiation est établie ou annulée par décision de justice, cette décision se prononce également sur le nom que l'enfant va porter (art. 331).

- Lorsque la filiation est établie par une décision de justice, peu importe que l'enfant ait été auparavant dépourvu de toute filiation, ou qu'il ait déjà une filiation établie. Si l'enfant est majeur, il devra consentir au changement de nom.
- Lorsqu'une décision annule la filiation, elle annule également le nom. Si l'enfant est majeur (art. 61-3, alinéa 2), il a une alternative : soit il consent au changement de nom, soit il peut demander de conserver son nom.

Le nom de l'enfant adopté

En principe, l'adoption plénière substitue le nom de l'adoptant à celui de l'adopté (art. 357), tandis que l'adoption simple confère le nom de l'adoptant à l'adopté en l'ajoutant au nom de ce dernier, sous réserve qu'il y consente, s'il est majeur (art. 363).

Jusqu'ici, cela semble simple mais cela peut vite devenir plus compliqué... En effet, depuis la réforme de la loi sur le mariage pour tous, le nom de l'adopté est devenu un panachage de combinaisons d'autant plus complexe que le nom du ou des adoptants est simple ou composé. Mais que les futurs parents se rassurent : même s'ils envisagent d'adopter dix enfants, et s'ils ont de surcroît un ou des enfant(s) « biologique (s)», ils n'auront à choisir qu'une bonne fois pour toutes !

Le casse-tête du patronyme en cas d'adoption plénière

Selon l'article 357 :

« En cas d'adoption de l'enfant du conjoint ou d'adoption d'un enfant par deux époux, l'adoptant et son conjoint ou les adoptants choisissent, par déclaration conjointe, le nom de famille dévolu à l'enfant : soit le nom de l'un d'eux, soit leurs deux noms accolés dans l'ordre choisi par eux, dans la limite d'un nom de famille pour chacun d'eux.

Cette faculté de choix ne peut être exercée qu'une seule fois.

En l'absence de déclaration conjointe mentionnant le choix de nom de l'enfant, celui-ci prend le nom de l'adoptant et de son conjoint ou de chacun des deux adoptants, dans la limite du premier nom de famille pour chacun d'eux, accolés selon l'ordre alphabétique.

(...) Lorsque les adoptants ou l'un d'entre eux portent un double nom de famille, ils peuvent, par une déclaration écrite conjointe, ne transmettre qu'un seul nom à l'adopté ».

Le casse-tête du patronyme en cas d'adoption simple

Selon l'article 363 :

« Lorsque l'adopté et l'adoptant, ou l'un d'eux, portent un double nom de famille, le nom conféré à l'adopté résulte de l'adjonction du nom de l'adoptant à son propre nom, dans la limite d'un seul nom pour chacun d'eux. Le choix du nom adjoint ainsi que l'ordre des deux noms appartient à l'adoptant, qui doit recueillir le consentement personnel de l'adopté âgé de plus de 13 ans. En cas de désaccord ou à défaut de choix, le nom conféré à l'adopté résulte de l'adjonction en seconde position du premier nom de l'adoptant au premier nom de l'adopté.

En cas d'adoption par deux époux, le nom ajouté à celui de l'adopté est, à la demande des adoptants, celui de l'un d'eux, dans la limite d'un nom. Si l'adopté porte un double nom de famille, le choix du nom conservé et l'ordre des noms adjoints appartient aux adoptants, qui doivent recueillir le consentement personnel de l'adopté âgé de plus de 13 ans. En cas de désaccord ou à défaut de choix, le nom conféré à l'adopté résulte de l'adjonction en seconde position du premier nom des adoptants selon l'ordre alphabétique, au premier nom de l'adopté.

Le tribunal peut, toutefois, à la demande de l'adoptant, décider que l'adopté ne portera que le nom de l'adoptant ou, en cas d'adoption de l'enfant du conjoint, que l'adopté conservera son nom d'origine. En cas d'adoption par deux époux, le nom de famille substitué à celui de l'adopté peut, au choix des adoptants, être soit celui de l'un d'eux, soit leurs deux noms accolés dans l'ordre choisi par eux et dans la limite d'un seul nom pour chacun d'eux. Cette demande peut également être formée postérieurement à l'adoption. Si l'adopté est âgé de plus de 13 ans, son consentement personnel à cette substitution du nom de famille est nécessaire. »

Un avocat spécialisé, un notaire ou un officier d'état civil seront à même de répondre aux futurs parents sur toutes les questions complexes concernant le patronyme qu'ils peuvent, ou non, donner à leur enfant.

De nombreuses combinaisons sont envisageables. Vous trouverez des exemples concrets dans la circulaire du 29 mai 2013 (NOR JUSC 13122445 C).

Le choix du prénom

Les parents peuvent librement choisir le prénom de leurs enfants (art. 57, alinéa 2). Ce choix peut se faire soit par déclaration conjointe, soit par celui des parents qui déclare la naissance. En cas de désaccord entre les parents, c'est au juge aux affaires familiales que le différend sera soumis.

Si l'officier d'état civil qui reçoit la déclaration considère que l'intérêt de l'enfant ou les droits de tiers peuvent être remis en cause par le choix du prénom, il doit en avertir le procureur de la République qui peut saisir le juge aux affaires familiales. Ce dernier, s'il considère que les conditions sont remplies, peut prononcer la suppression du prénom. Mais cette suppression est très rare, encore faut-il que le prénom soit trop complexe, ou ait une connotation ridicule ou péjorative. Ainsi en a t-il été décidé pour le « prénom » Titeuf.

Dans le cas d'un enfant adopté, en principe, l'enfant est doté d'un prénom qui sera le sien après l'adoption. Si les parents adoptifs souhaitent changer son prénom, ils devront le préciser dans la demande d'adoption et le tribunal tranchera, sachant que si l'enfant a plus de 13 ans, il doit consentir au changement de prénom.

Je veux changer de nom/prénom

Lorsque l'on porte un nom ou un prénom trop dur à porter (parce qu'il a une signification ridicule par exemple), la loi prévoit que l'on puisse en changer. Mais c'est plus simple à dire qu'à faire !

Le changement de nom

En principe, le nom que porte un individu est un attribut qui le suit sans modification toute la vie. Mais ce principe comporte des aménagements.

Dans quelles circonstances ?

Dès sa majorité, un individu peut demander à changer de nom (art. 61) :

- s'il considère que son nom est difficile à porter en raison de sa consonance ridicule ou péjorative, ou de sa consonance étrangère,

- s'il souhaite pouvoir porter un nom éteint ou menacé d'extinction,
- s'il souhaite consacrer un usage constant et continu d'un nom qui n'est pas le sien mais sous lequel tout le monde le connaît (c'est le cas notamment d'un pseudonyme),
- s'il souhaite porter le nom d'un illustre ancêtre, à condition que ce nom ait été en usage dans sa famille.

Au moment de sa demande de naturalisation française ou dans l'année qui en suit l'acquisition, une personne peut aussi demander à franciser son nom. Il ne s'agit alors pas d'un véritable changement, on adapte simplement le nom à la consonance française. Ainsi par exemple, le nom de Blanco pourra devenir Blanc.

Pour qui ?

Si l'individu qui souhaite changer de nom est marié et/ou a des enfants, sa demande concerne bien évidemment son conjoint et ses enfants s'ils portent son nom. Lorsqu'il y a des enfants mineurs, le consentement de l'autre parent en cas d'exercice conjoint de l'autorité parentale ou, à défaut et dans les autres cas, l'autorisation du juge des tutelles est indispensable. Si les enfants mineurs ont plus de 13 ans, ils doivent donner leur consentement personnel. Si cette demande touche plusieurs personnes majeures, chacune d'elles doit souscrire une demande séparée.

Changement de nom, mode d'emploi

Il faut adresser un dossier de demande de changement de nom soit au Garde des Sceaux, ministre de la Justice, soit au procureur de la République du tribunal de grande instance de son domicile. Ce dossier doit comporter notamment une requête signée qui explicite les raisons de l'abandon du nom d'origine et les raisons du choix du nom demandé. Il doit être précédé d'un avis publié au Journal officiel et dans un journal d'annonces locales.

Et après ?

Si la demande est acceptée, un décret, signé par le Premier ministre et le Garde des Sceaux, portant changement de nom, sera publié au Journal officiel. Un exemplaire de ce décret sera remis à l'individu. Ce dernier devra alors s'adresser au procureur de la République de son domicile ou de son lieu de naissance afin de demander la rectification des actes d'état civil. Ce n'est qu'une fois les actes de naissance mis à jour qu'il lui sera possible de modifier ses titres d'identité (carte d'identité, passeport, permis de conduire…).

Si la demande de changement de nom est refusée, le refus doit être motivé et être notifié. En cas de refus, l'individu dispose d'abord d'un recours gracieux qui peut être adressé au Garde des Sceaux. Mais la décision de rejet peut être contestée devant le tribunal administratif de Paris par la voie d'un recours pour excès de pouvoir, dans un délai de 2 mois à compter de sa notification.

Le changement de prénom

N'importe qui peut demander à changer de prénom, s'il peut justifier d'un « intérêt légitime ». L'adjonction ou la suppression de prénoms est également envisageable. La demande est soumise au juge aux affaires familiales du tribunal de grande instance du lieu de résidence du demandeur. Lorsqu'il y a un élément d'extranéité (Français né à l'étranger ou étranger), la demande peut être portée éventuellement auprès du tribunal de grande instance de Nantes.

Contrairement à la requête en changement de nom, la demande de changement de prénom doit obligatoirement être déposée par un avocat. Le tribunal saisi rend une décision qui est transmise immédiatement par le procureur de la République à l'officier d'état civil qui détient l'acte de naissance de l'intéressé. Une fois obtenu, le changement de prénom est mentionné sur les registres de l'état civil et sur les papiers d'identité.

Chapitre 9

La rupture du lien conjugal

Dans ce chapitre :

- La séparation de corps
- Les différents types de divorces et la procédure de divorce
- Les mesures urgentes et les mesures provisoires
- Les conséquences juridiques, fiscales et sociales du divorce

Il existe différentes possibilités de mettre fin à la situation conjugale et les conséquences de la rupture sur les conjoints, les enfants et l'ensemble des membres composant la famille diffèrent selon le mode de rupture choisi.

N. B. : Les articles font référence au Code civil dans ce chapitre, sauf mention contraire.

Un peu d'histoire

Sous l'Ancien Régime, le lien du mariage était un lien sacré que seule la mort pouvait rompre. C'est la Révolution qui, par une loi du 20 septembre 1792, en introduisant le mariage civil, a permis son corollaire, le divorce. À l'époque, on pouvait divorcer pour faute, par consentement mutuel ou pour incompatibilité d'humeur.

Le Code civil de 1804 consacre la possibilité de divorcer mais supprime le divorce pour incompatibilité d'humeur et restreint les possibilités de divorce par consentement mutuel.

En 1816, la Restauration abolit le divorce mais permet néanmoins une forme de séparation légale en instituant la séparation de corps.

En 1884, la IIIe République rétablit le divorce (c'est la loi Naquet), qui reste néanmoins considéré à l'époque comme un fait exceptionnel. Cette loi ne permet que le divorce pour faute, ce qui rend la procédure difficile et conflictuelle. Ce régime perdurera un peu plus de 100 ans.

Un important courant de réforme parvient à faire admettre que le divorce doit pouvoir être prononcé dès lors que les époux ne s'entendent plus. L'objectif recherché est de dédramatiser et de « pacifier » le divorce. Pour cela, il faut responsabiliser les époux et leur donner la possibilité de pouvoir organiser leur divorce. Il ne faut plus une procédure unique, il faut pouvoir adopter le divorce à sa situation, c'est-à-dire permettre un divorce d'accord, un divorce sanction ou un divorce qui ne fait que constater la faillite d'une union.

Ce sera l'esprit de la loi du 11 juillet 1975, qui réintroduit le divorce par consentement mutuel et instaure plusieurs autres possibilités. Mais cette loi envisage également les conséquences financières liées au divorce en créant « la prestation compensatoire », chargée de compenser les disparités de train de vie que peut engendrer le divorce (ce qui était d'autant plus logique qu'à l'époque les femmes au foyer étaient la règle, et les femmes actives beaucoup moins nombreuses). Pour éviter tout risque de contentieux, cette prestation compensatoire devait alors être fixée par le juge de manière forfaitaire et non révisable (dans le cadre d'un divorce par consentement mutuel, le juge entérinait l'accord des parties sauf déséquilibre flagrant). Mais ce principe s'est heurté à la réalité économique (maintenir une prestation compensatoire dans une société où le chômage explose peut être particulièrement rigoureux pour un époux) et sociologique (les époux même mariés revendiquent toujours plus de libertés, notamment la liberté de sortir du mariage facilement) et l'idée de devoir une prestation compensatoire toute sa vie était plutôt mal perçue.

La loi du 30 juin 2000 réforme le droit de la prestation compensatoire : elle protège le conjoint créancier mais elle limite le paiement dans le temps.

La loi du 26 mai 2004, entrée en vigueur au 1er janvier 2005, va plus loin et réforme le droit du divorce dans son ensemble. C'est ce texte qui est aujourd'hui encore appliqué.

La séparation de corps*

La séparation de corps, contrairement à la séparation de fait qui constate une absence de vie commune sans aucun effet juridique, est une décision de justice qui autorise les époux à résider séparément sans mettre fin au mariage mais entraîne la séparation des biens entre époux. Elle présente un intérêt pour ceux qui par convictions religieuses sont hostiles au divorce ou pour ceux qui souhaitent organiser leur séparation sans mettre fin à la protection offerte par le mariage.

Elle nécessite l'intervention d'un avocat, qui va représenter son ou ses clients devant le juge aux affaires familiales qui siège au tribunal de grande instance.

On peut demander une séparation de corps pour les mêmes raisons et selon les mêmes procédures que celles autorisées dans les divorces (Cf. *infra*). La demande pourra donc être consensuelle (par consentement mutuel ou par acceptation du principe de la rupture du mariage) ou contentieuse (pour faute ou pour altération définitive du lien conjugal).

La séparation de corps, mode d'emploi

Le juge aux affaires familiales peut être saisi soit par les deux époux conjointement (on parle alors de séparation de corps par consentement mutuel), soit par l'un des époux dans le cadre d'une procédure d'acceptation du principe de la séparation, d'une procédure pour faute ou encore pour altération du lien conjugal. La séparation de corps présente donc de parfaites similitudes avec le divorce (art. 297 et 297-1). Elle peut intervenir dans le cadre des mêmes procédures et peut être soumise selon les mêmes conditions.

La demande en séparation de corps peut également être soumise au juge dans le cadre d'une procédure en divorce demandée par l'un des époux. On parle alors d'une demande reconventionnelle*, qui a pour objectif que le divorce ne soit pas prononcé tout en permettant de concrétiser une séparation judiciaire* par la séparation de corps.

2 ans après que la séparation de corps est devenue définitive, l'un des époux peut demander la conversion en divorce.

Conséquences de la séparation de corps

En cas de séparation de corps, comme son nom l'indique, le devoir de cohabitation n'existe plus (art. 299) mais le lien matrimonial subsiste. L'attribution du domicile conjugal à l'un des deux conjoints est réglée soit par les époux (dans le cadre d'un consentement mutuel), soit par le juge aux affaires familiales.

Bien que séparés dans leur résidence, les conjoints séparés de corps demeurent tenus au devoir de fidélité. Ils ne peuvent de fait ni se marier, ni se pacser, ni vivre en concubinage, car cela remettrait en cause le devoir de fidélité.

En principe, puisque le lien conjugal subsiste, chacun des époux conserve l'usage du nom de l'autre. Toutefois, si l'intérêt des époux le commande, cette possibilité peut être remise en cause par la décision de séparation de corps (art. 300). Les droits et les devoirs de chaque parent sur les enfants, les conditions de leur résidence, le droit de visite et d'hébergement, les obligations financières sont fixées selon les mêmes critères que dans le cadre d'un divorce (Cf. *infra*).

La séparation de corps entraîne l'obligation pour les époux de se soumettre au régime de la séparation des biens (art. 302).

La séparation de corps ne remet pas en cause la qualité d'héritier de chacun des époux (art. 301 et 732). Si l'un des époux séparés de corps décède, l'autre conserve les droits que la loi accorde au conjoint survivant. La disposition prévoyant que le conjoint séparé de corps par une décision définitive ne pouvait prétendre succéder à son époux a été abrogée par la loi n° 2004-439 du 26 mai 2004, depuis laquelle l'article 732 du Code civil précise qu'« est conjoint successible le conjoint survivant non divorcé ».

Aucune disposition n'empêche les époux, dans le cadre d'une séparation de corps par consentement mutuel, d'inclure dans leur convention une renonciation à leurs droits successoraux. Le juge, en examinant la convention, s'attachera à vérifier si cette renonciation à un droit est bien réelle et non imposée par l'autre conjoint.

Parlons gros sous

Naturellement, une séparation de corps n'est pas sans conséquences sur le plan financier...

Le partage du patrimoine

Quel que soit le régime matrimonial* initial, la séparation de corps entraîne la séparation de biens (art. 302) et donc le partage du patrimoine des époux. Toutefois, les modalités du partage vont dépendre du régime matrimonial des époux :

- Lorsque les époux sont mariés sous un régime communautaire, la séparation de corps entraîne sa dissolution et sa liquidation (art. 1441).
- Lorsque les époux sont mariés sous un régime de séparation de biens, la situation ne va pas beaucoup évoluer. L'ancien régime va perdurer jusqu'à la dissolution du mariage par décès ou par divorce. Lorsque la séparation de corps a été prononcée, il peut y avoir de manière anticipée une liquidation de la séparation de biens. On doit alors envisager le partage des biens indivis éventuels entre les époux séparés de biens.
- Lorsque les époux sont mariés sous un régime de la participation aux acquêts*, le régime matrimonial est réputé dissous du jour de la demande (art. 1572, alinéa 1). La créance de participation doit alors être liquidée et un régime de séparation de biens sera mis en place.

Le sort des donations et des avantages matrimoniaux consentis au cours du mariage est identique à celui fixé dans le cadre d'une procédure de divorce.

Le devoir de secours

Contrairement au divorce, la séparation de corps laisse persister le devoir de secours*. L'époux « dans le besoin » va donc pouvoir demander une pension alimentaire à son conjoint, qui est toujours tenu de le secourir puisque le lien matrimonial n'est pas dissout.

En principe, les torts de chacun des époux n'ont aucune incidence sur l'obligation sauf à démontrer un manquement grave aux obligations du créancier d'aliments.

L'un des époux peut être condamné au cours de la procédure au versement d'une pension alimentaire non seulement pour ses enfants mais également pour son conjoint (art. 303) (ou l'accepter spontanément dans le cadre d'un consentement mutuel). À défaut d'accord, c'est le juge qui va déterminer le montant de la pension alimentaire en tenant compte des ressources de l'époux demandeur et de celles de l'époux qui sera tenu au paiement. Si les ressources de chacun des conjoints sont quasiment identiques, aucune pension alimentaire ne pourra être due.

La pension alimentaire est versée sous forme de rente. Exceptionnellement et de façon temporaire, elle peut être versée sous forme de capital (art. 303, alinéa 3). Elle peut être indexée puisque « le juge peut, même d'office, et selon les circonstances de l'espèce, assortir la pension alimentaire d'une clause de variation permise par les lois en vigueur » (art. 208, alinéa 2). Si les ressources de l'époux débiteur augmentent ou au contraire diminuent, la pension peut subir le même sort. Ainsi par exemple le chômage de l'époux débiteur ou au contraire une promotion de l'époux créancier.

Les dommages et intérêts

Parfois, le fondement de la séparation de corps (par exemple aux torts exclusifs de l'un des conjoints) ou les conséquences de la séparation permettent à l'époux qui s'estime victime ou lésé de solliciter des dommages et intérêts. Pour parvenir à obtenir du tribunal une condamnation, l'époux demandeur devra alors justifier :

- d'un préjudice particulier lié à la procédure de séparation de corps et des conséquences d'une particulière gravité de cette procédure (art. 266),
- de préjudices matériels et moraux annexes à la séparation de corps, sur le fondement de l'article 1382 du Code civil.

Protection sociale et statut fiscal

Dans la mesure où le lien du mariage n'est pas dissous, chaque conjoint conserve ses droits à la protection sociale, soit en qualité d'assuré, soit en qualité d'ayant droit, y compris les droits spécifiques auxquels peut prétendre un conjoint marié (capital décès, allocations chômage, pré-retraite, rente en cas d'accident mortel du travail ou retraite de réversion).

Sur le plan fiscal, il n'existe plus de foyer fiscal en cas de séparation de corps. Chaque époux devra donc remplir une déclaration à compter du 1er janvier de l'année au cours de laquelle les époux ont été autorisés à avoir des résidences séparées (art. 6, 4b et 6,6 du Code général des impôts) et sera redevable de ses impôts. Si la séparation de corps est prononcée par consentement mutuel, ce sera à la date de la décision, sauf indication contraire dans la convention. Si la procédure est contentieuse, ce sera à compter de l'ordonnance de non conciliation.*

Quand la séparation prend fin

La séparation de corps peut prendre fin dans deux hypothèses.

Si on se réconcilie

La réconciliation des époux met fin à la séparation de corps à la condition qu'il y ait volonté de reprise de la vie commune, un simple rapprochement n'étant pas suffisant. Un acte notarié ou une déclaration par devant un officier d'état civil est nécessaire pour acter la fin de la séparation.

S'il y a une demande de conversion en divorce

À la demande de l'un des époux, et si la séparation de corps a été prononcée sur demande conjointe (art. 307), la séparation de corps peut être convertie en divorce. Au moment de la conversion, le juge saisi ne statue que sur les conséquences du divorce (prestation compensatoire, nom des conjoints…) qui se substituent alors à celles de la séparation de corps. Le devoir de fidélité disparaît ainsi que le devoir de secours. La pension alimentaire à l'encontre du conjoint sera donc supprimée. Elle peut cependant être remplacée par une prestation compensatoire si la situation le permet.

BON À SAVOIR

La conversion est de droit si l'un des époux la demande 3 ans après que la décision de séparation de corps est définitive (c'est-à-dire quand toutes les voies de recours ont été épuisées).

Les cas de divorce*

Depuis la réforme de 1975, il n'est plus nécessaire de devoir prouver la faute de son conjoint pour divorcer. Désormais coexistent quatre cas de divorces, qui peuvent être amiables ou contentieux.

Le divorce par consentement mutuel (article 230)

Cette procédure ne peut se concevoir que si les époux se mettent d'accord sur le principe du divorce mais aussi sur l'intégralité des effets du divorce (effets personnels, pécuniaires) et sur les conséquences du divorce pour les enfants (résidence, modalités de l'exercice de l'autorité parentale...). Examinons les différentes étapes que comporte la procédure.

La convention

À l'aide d'un seul avocat ou de deux avocats (l'un qui représentera les intérêts du mari et l'autre de la femme), le couple va saisir le juge aux affaires familiales par voie de requête, en y joignant une convention qui fixera les conséquences du divorce et un état liquidatif du régime matrimonial.

La convention devra notamment :

- fixer une éventuelle prestation compensatoire,
- statuer sur l'usage du nom pour la femme,
- fixer la résidence des enfants, et le droit de visite et d'hébergement de l'autre parent,
- prévoir la pension alimentaire pour les enfants,

...bref prévoir toutes les conséquences du divorce tant pour les conjoints que pour les enfants !

La liquidation

La liquidation doit être prévue avant le prononcé du divorce. L'état liquidatif, qui doit être joint à la requête et à la convention, porte sur l'ensemble des biens communs* ou indivis et vise principalement les immeubles (il sera alors établi par un notaire avec la collaboration et l'accord du ou des avocats). S'il n'y a que des biens mobiliers (dont éventuellement des actions ou des obligations), l'état liquidatif sera établi par le ou les avocats et se contentera de préciser soit la valeur globale, soit celle de chaque élément et que ceux-ci ont fait l'objet d'un partage.

L'audience

Depuis la loi du 26 mai 2004, les époux ne sont convoqués qu'une seule fois devant le juge aux affaires familiales. C'est au cours de cette audience que la convention qui fixe les effets du divorce et l'état liquidatif doit être homologuée par le juge aux affaires familiales. Ce dernier doit s'assurer d'abord que le consentement des époux a été donné en toute liberté, qu'il est réel et éclairé et ensuite que les effets du divorce sont équitables ou au contraire que l'un des époux est lésé.

Le juge ne peut s'immiscer dans les raisons du divorce, qui ne sont jamais précisées dans ce type de procédure.

Si le juge considère que la convention règle les effets du divorce de manière équitable, il prononcera le divorce lors de cette audience unique. Si au contraire il considère que l'intérêt des enfants n'est pas préservé ou que l'un des conjoints est défavorisé, il refusera d'homologuer la convention (art. 232) et ajournera alors sa décision.

Et après...

On pourrait croire qu'après cette audience unique, tout est réglé. C'est souvent le cas… mais pas toujours.

Si le juge ajourne sa décision, les époux, avec l'aide de leur(s) avocat(s), doivent reformuler une demande tenant compte de ses observations dans un délai de 6 mois. Dans cette hypothèse, les époux seront invités à prendre des mesures provisoires (art. 250-2). S'ils ne parviennent pas à s'accorder sur ces mesures provisoires (logement, enfant, pension alimentaire), le juge ne peut se substituer à eux, tout au plus pourra-t-il supprimer ou modifier des mesures qui lui sembleraient non conformes à l'intérêt des enfants (résidence, droit de visite et d'hébergement notamment). Au cours de cette période, les époux devront donc composer...

Si l'un des époux n'est pas satisfait de la décision prononcée par le juge, il dispose d'un recours, le pourvoi* en cassation, dans le délai de 15 jours à compter de la date de la décision ; il devra alors faire valoir un moyen de droit. En revanche, lorsque le juge aux affaires familiales rend une décision qui ajourne ou qui refuse le divorce, celle-ci est susceptible d'appel.

Si les époux décident de ne choisir qu'un avocat, et si finalement la procédure de divorce par consentement mutuel n'aboutit pas, aucun des époux ne pourra conserver l'avocat commun comme conseil. Ils seront obligés, lors d'une nouvelle procédure de divorce, de faire le choix chacun d'un autre avocat.

Si l'un des époux souhaite revenir sur ce qui a été décidé, il peut demander au juge des affaires familiales des modifications sur tout ce qui concerne les enfants (résidence, droit de visite et d'hébergement…). En revanche, seule une nouvelle convention peut modifier la convention initiale (art. 279).

Pour pouvoir revenir sur la prestation compensatoire en cas de changement important de ressources, il faut l'avoir envisagé au moment de la convention initiale.

Le divorce accepté (art. 233)

Le divorce peut être prononcé en cas d'acceptation du principe de la rupture du mariage. Cela signifie que les époux sont d'accord sur le principe de divorcer amiablement… mais sur pas grand-chose d'autre ! Aucune solution amiable n'ayant été trouvée par les époux sur les conséquences du divorce, c'est le juge aux affaires familiales qui va devoir les régler. Voyons comment cela se passe concrètement.

La déclaration d'acceptation

La déclaration d'acceptation pourra intervenir à différents moments au cours de la procédure :

- au jour de l'ordonnance de non conciliation, auquel cas, l'époux défendeur devra être assisté obligatoirement d'un avocat qui concrétisera pour lui son acceptation,
- à défaut, la situation pourra être régularisée plus tard dans la procédure, notamment lors de l'échange des conclusions auxquelles sera joint l'acte d'acceptation.

ATTENTION !

Lorsque l'époux a accepté le principe de la rupture, il ne peut plus revenir sur sa décision (art. 233).

L'audience

À la suite de la requête qu'aura déposée l'un ou l'autre des époux, chaque époux sera convoqué par le juge aux affaires familiales (JAF) à une audience, dénommée « audience de non conciliation* ». Puisque les époux ne sont pas d'accord sur les conséquences de la séparation, le JAF va leur imposer, à l'issue de cette audience, des mesures provisoires, les concernant eux et leurs enfants.

BON À SAVOIR

La décision rendue, qui règle momentanément la situation, s'appelle une ordonnance. Elle peut être remise en cause par la voie de l'appel.

L'assignation*

La procédure de divorce continue alors sur un plan purement contentieux par une assignation établie par l'avocat de la partie la plus diligente et délivrée à l'autre conjoint par un huissier. Au cours de la procédure, chacun des époux fera valoir sa position, présentera les demandes concernant les conséquences du divorce et apportera ses éléments devant le juge aux affaires familiales par l'intermédiaire de son avocat.

La décision

Le juge aux affaires familiales, s'il acquiert la conviction que chacun des époux a donné librement son accord au principe du divorce, prononcera le divorce. Par la même décision, il réglera toutes les conséquences du divorce (art. 243) qui s'imposeront alors aux deux époux, sauf bien sûr à remettre la décision en cause par la voie des recours (appel et éventuellement pourvoi en cassation).

Le divorce pour altération définitive du lien conjugal (art. 237 et 238)

Dans le cas d'un divorce pour altération définitive du lien conjugal, on parle de divorce subi car même si l'un des conjoints ne souhaite pas divorcer, il va être obligé de subir le choix de l'autre sans pouvoir s'y opposer.

L'époux qui peut justifier d'une cessation de communauté de vie d'une durée de 2 ans au jour de l'assignation obtiendra le divorce, sans avoir à en indiquer le motif, même si son conjoint ne souhaite pas divorcer. La durée s'apprécie depuis la séparation de fait, qui peut être prouvée par divers moyens, comme des témoignages ou la preuve de domiciles distincts ou par une situation de droit, à compter de l'ordonnance de non conciliation.

Il ne faut pas que pendant ce délai de 2 ans il y ait eu reprise de vie commune même temporaire ! L'époux qui considère qu'il y a eu reprise de la vie commune et l'invoque pour essayer de faire échec à la procédure devra toutefois prouver que la reprise de la vie commune est suffisante pour remettre en cause la durée de la séparation.

La demande de divorce peut émaner de l'époux quitté mais aussi de l'époux parti, qui peut invoquer « sa propre turpitude » !

Le divorce pour faute (art. 242 à 246)

Le divorce pour faute est également un divorce subi car il est à l'initiative de l'un des conjoints. Avant la réforme de 1975, il était le seul cas de divorce envisagé. Il fallait alors prouver la faute de son conjoint (souvent par témoignage ou bien grâce au fameux constat d'adultère établi par l'huissier après six heures du matin !). De nos jours encore, les fautes invoquées doivent être prouvées et pertinentes.

Quelles conditions ?

Pour que la demande puisse aboutir, il faut que la faute qui consiste en une violation de l'obligation issue du mariage soit grave ou qu'elle se soit renouvelée dans le temps. Il faut bien évidemment que les faits invoqués soient imputables à l'autre conjoint et qu'ils rendent « intolérable le maintien de la vie commune ». Sont considérés comme tels par exemple la défaillance et le désintérêt à l'égard des enfants, les violences ou injures, la jalousie maladive…

Mais attention, même si l'on ne supporte plus de vivre sous le même toit que son conjoint, mieux vaut éviter de se mettre dans son tort, en abandonnant le domicile conjugal ! Le premier réflexe à adopter pour l'époux qui prend son conjoint en faute est de déposer une main courante*. Il doit ne pas oublier de demander le document pour que son avocat puisse en avoir un exemplaire. S'il est victime de violences, il devra apporter un certificat médical pour qu'il soit joint au dossier. Parfois, des témoignages sur la situation qui a poussé l'époux à quitter le domicile conjugal suffisent.

Faute ou pas faute ?

Le ou les griefs de chacun des époux sont examinés au cours de la procédure de divorce par le juge aux affaires familiales, qui apprécie le caractère fautif ou non de la situation et qui forge sa conviction au vu des éléments fournis par chacun des conjoints, et notamment des éléments de preuve (témoignages, constats d'huissier, rapport de détectives…) qui ont été obtenus sans fraude, ni violence.

Les enregistrements de conversations téléphoniques, considérés comme un moyen de preuve déloyal, ne sont pas admis comme éléments de preuve, au contraire des SMS, qui ont été admis pour apporter la preuve d'un comportement déloyal.

Si l'époux demandeur prouve les fautes alléguées sans que son conjoint puisse s'y opposer, le divorce sera alors rendu aux torts exclusifs du défendeur mais si chacun des époux a eu un comportement fautif, le divorce sera prononcé aux torts partagés.

Retour de flamme

Parfois, au cours de la procédure, l'époux qui a lancé cette procédure souhaite faire marche arrière. Il faut savoir que la réconciliation, qui se manifeste par la reprise de la vie commune dans le but de recréer la vie conjugale, provoque juridiquement aussi le pardon mais aussi l'absolution. De fait, les griefs invoqués avant la procédure de divorce seront considérés comme pardonnés (art. 244), c'est-à-dire qu'ils ne pourront plus être invoqués dans une nouvelle procédure de divorce.

Ça reste entre nous !

BON À SAVOIR

Parfois, pour éviter que les causes du divorce ne soient précisées dans la décision, les époux peuvent convenir que le divorce sera prononcé « sans énonciation des torts » (art. 246). Cette demande a notamment pour objectif que les enfants ou des tiers qui seront informés de la décision ne puissent avoir connaissance des faits à l'origine de la procédure (un double adultère par exemple), ni de ceux qui auraient pu être énoncés dans la décision.

Divorce, mode d'emploi

Quel que soit le cas de divorce envisagé, la première chose à faire lorsque l'on souhaite divorcer est de faire appel à un avocat. Sauf en matière de divorce par consentement mutuel (qui supprime la phase contentieuse), les autres procédures de divorce supposent :

- une phase gracieuse (qui commence par une requête),
- une phase contentieuse (qui suppose une assignation).

La phase gracieuse : la requête en divorce

Sauf pour les divorces par consentement mutuel où la requête est déposée au nom des deux époux, la requête est déposée par l'avocat de l'époux demandeur auprès du juge aux affaires familiales.

La convocation et l'audience

Au moins 15 jours avant l'audience, le greffe va convoquer les deux époux à l'audience de non conciliation, en leur indiquant la date à laquelle ils devront se présenter devant le juge aux affaires familiales. À ce stade de la procédure (sauf si l'époux convoqué souhaite acquiescer au principe de la rupture du mariage), l'assistance d'un avocat n'est pas indispensable, comme le précise la convocation. Toutefois, elle est fortement recommandée car c'est au cours de cette audience qu'interviennent les mesures provisoires concernant les époux et les enfants.

Dans le cadre d'un divorce par consentement mutuel, c'est au cours de cette audience que sera rendue la décision prononçant le divorce.

Dans toutes les autres procédures, le juge aux affaires familiales va rendre une ordonnance de non conciliation.

Lors de l'audience de non conciliation, le juge aux affaires familiales peut envisager l'utilisation de la médiation (art. 255).

L'ordonnance de non conciliation

L'ordonnance de non conciliation, qui peut éventuellement constater l'acceptation de la rupture du mariage, fixe les mesures provisoires qui concernent :

- la résidence des enfants,
- le droit de visite et d'hébergement de l'autre parent,
- le montant de la pension alimentaire pour chaque enfant et éventuellement pour l'autre conjoint qui serait dans le besoin.

C'est aussi à cette occasion que la résidence séparée des époux est stigmatisée et que la jouissance du domicile conjugal est attribuée à l'un des époux à titre gratuit ou onéreux.

Si rien n'est précisé, cette jouissance est à titre onéreux.

Il est possible d'interjeter appel de l'ordonnance dans les 15 jours de sa notification*, sauf dans le cadre d'un divorce par consentement mutuel, où le seul recours possible contre le jugement est un pourvoi en cassation. En revanche, la décision qui statue sur la médiation n'est pas susceptible de recours.

La phase contentieuse, l'instance en divorce

Chaque époux peut prendre l'initiative, après l'ordonnance de non conciliation, d'introduire la demande en divorce (art. 257-1). Pour être recevable, elle doit présenter pour l'audience de jugement un projet de règlement des effets du divorce (art. 257-2)

C'est à ce stade que le demandeur choisit le type de divorce :

- divorce « demandé » et dont le conjoint accepte le principe mais pas les conséquences,
- divorce « subi » pour altération définitive du lien conjugal ou pour faute.

Ce choix est définitif, sauf passerelles.

L'époux demandeur, par l'intermédiaire de son avocat, va pouvoir faire valoir ses arguments, faire la preuve des causes du divorce, produire les pièces nécessaires pour justifier de son argumentation et de ses demandes.

L'époux défendeur va obligatoirement devoir prendre un avocat lui aussi (on dit « constituer avocat »), faute de quoi, il ne pourra pas s'opposer aux demandes et la décision sera rendue à son encontre par défaut. Il va aussi pouvoir faire une ou des demandes reconventionnelles, comme par exemple :

- soutenir et prouver que les fautes alléguées n'existent pas,
- demander que soit prononcée une séparation de corps et non un divorce,
- demander une prestation compensatoire plus importante que celle proposée ou encore l'attribution de la résidence des enfants ou un droit de visite plus important que celui proposé.

Et après ?

À l'issue de cette procédure, le juge rendra une décision qui établira la rupture du lien conjugal, prononcera le divorce et les conséquences du divorce. Si le demandeur n'est pas satisfait de la décision rendue, il pourra interjeter appel dans le mois qui suit la signification. Si la cour d'appel ne lui donne pas satisfaction ou si c'est son conjoint qui n'est plus d'accord, et que le demandeur peut invoquer un moyen de droit, il pourra faire un pourvoi en cassation.

Ce n'est que lorsque le divorce est définitif (c'est-à-dire que l'on ne peut plus faire de recours) que la décision de divorce sera transcrite sur les actes d'état civil de chacun des ex-conjoints, qui seront alors libres de se remarier ou se pacser.

Vers un divorce plus favorable

Dans un esprit de conciliation, la loi autorise au cours de l'instance, par le biais de « passerelles », que les époux glissent vers un divorce plus favorable. Ainsi par exemple, pour éviter la persistance d'un conflit, les époux pourront transformer la demande de divorce pour faute en divorce accepté, voire en divorce par consentement mutuel s'ils sont désormais d'accord sur le principe du divorce et sur l'ensemble de ses conséquences.

En attendant le divorce...

Parce qu'un divorce, ça prend du temps, il est possible de demander la mise en place de mesures d'urgence ou de mesures provisoires, applicables en attendant que le divorce soit prononcé.

Les mesures urgentes

Pour éviter de laisser la situation s'envenimer entre le dépôt de la requête et l'audience de non conciliation, un époux peut demander au juge aux affaires familiales, à condition de justifier de l'urgence, sans que son conjoint soit entendu (art. 257) :

- l'autorisation de résider séparément, éventuellement avec ses enfants mineurs et de s'attribuer le domicile conjugal.
- la possibilité de procéder à des mesures conservatoires sur les biens communs (scellés ou hypothèque provisoire par exemple),
- l'obligation pour son conjoint de lui verser une pension alimentaire.

Cette procédure exceptionnelle, qui suppose des conditions de danger pour l'époux et/ou ses enfants, permet de pallier les lenteurs de la procédure (entre 1 et 3 mois selon les tribunaux, entre le dépôt de la requête et l'audience de non conciliation) et d'obtenir une décision immédiate qui n'est susceptible d'aucun recours.

Les mesures provisoires

Pour permettre aux époux d'organiser la situation au cours de l'instance, le juge aux affaires familiales, au moment de l'audience de non conciliation, va être amené à prendre certaines mesures provisoires pour réglementer la vie des époux et des enfants pendant la procédure. Elles seront valables pendant toute la procédure (jusqu'au moment où la décision sera définitive) mais pas au-delà de 30 mois si aucun des époux ne prend l'initiative d'assigner.

Les époux et les biens (art. 255)

Certaines des mesures provisoires concernent les époux et les biens. Pas question en effet de laisser le hasard ou/et l'épreuve de force organiser la vie du couple en attendant le divorce, c'est le juge aux affaires familiales (JAF) qui va s'y coller ! Après l'audience de non conciliation, il rend une ordonnance dans laquelle il règle :

- les modalités de la résidence séparée,
- la remise des vêtements et objets personnels,
- la jouissance du logement conjugal et des meubles le garnissant, en attribuant à l'un des deux époux la possibilité d'y résider,
- éventuellement le partage de la jouissance d'une résidence secondaire,

- le montant de la pension alimentaire mensuelle en faveur de l'époux qui ne peut faire face aux charges de la vie courante pendant l'instance en divorce,
- la question de savoir quel époux devra assurer de manière provisoire tout ou partie des dettes ou bien déterminer la part de chacun. La prise en charge des dettes fixée par le JAF est inopposable aux tiers et chaque époux est solidairement tenu aux dettes que le ménage a contractées.

Concernant la question du logement conjugal :

- Si le logement est loué, l'époux qui n'en a pas reçu la jouissance reste quand même tenu du paiement vis-à-vis du propriétaire, jusqu'à ce que la décision soit définitive, voire jusqu'à la fin du bail s'il prévoit une solidarité conventionnelle entre les époux !
- Si les époux sont propriétaires du logement conjugal, la jouissance peut être attribuée à l'un des époux soit sans contrepartie financière, soit avec.
- Si nécessaire, le JAF désignera un professionnel qualifié en vue de dresser un inventaire estimatif pour liquider les intérêts patrimoniaux et autorisera des mesures conservatoires (comme une saisie) pour éviter la disparition d'un patrimoine commun. Éventuellement, si l'un des époux manque de ressources suffisantes, le JAF peut enfin allouer une provision pour frais d'instance ou à valoir sur ses droits futurs sur la liquidation du régime matrimonial.

Les enfants (art. 256)

Si les époux ne parviennent pas à se mettre d'accord, le JAF va statuer sur :

- l'exercice de l'autorité parentale qui est, sauf circonstances exceptionnelles, exercée par les deux parents malgré la séparation,
- la résidence des enfants et le droit de visite et d'hébergement à l'autre conjoint, selon des modalités imposées ou au contraire convenues entre les parents ; le juge peut aussi fixer une résidence alternée,
- la contribution mensuelle que l'époux devra verser pour l'entretien et l'éducation des enfants sous forme de pension alimentaire.

Modifications

Toutes les mesures édictées par l'ordonnance de non conciliation peuvent, au cours de la procédure et même ultérieurement, lorsque la décision de divorce est définitive, être modifiées par le juge aux affaires familiales à la demande de l'un des époux, par l'intermédiaire de son avocat ou pas, si des éléments nouveaux viennent modifier profondément la situation. Pour cela, il faut par exemple que le parent débiteur dispose de revenus plus importants ou le parent créancier de revenus moins importants…

et réciproquement ! C'est possible également si un enfant exprime sa volonté d'aller vivre chez l'autre parent ou que l'un des parents constate un problème de comportement (agressif, sexuel) chez l'autre parent.

Un cadre supérieur, qui gagne 6 000 € net par mois au moment de la procédure, se trouve condamné à une pension alimentaire de 900 € par enfant, soit 2 700 € pour ses trois enfants. S'il se retrouve au chômage et que cette situation perdure, il pourra demander la diminution de la pension.

La mutation d'un conjoint dans une autre ville est aussi considérée comme un élément nouveau car elle va forcément modifier le droit de visite et d'hébergement de l'autre parent.

La décision de divorce

Lors de l'ordonnance de non conciliation, le juge aux affaires familiales a pris des mesures provisoires sur certaines conséquences de la situation transitoire née de la séparation, comme par exemple la pension alimentaire pour les enfants ou l'attribution de la jouissance du domicile conjugal. Ces mesures pourront être reconduites mais elles pourront aussi être modifiées au moment du prononcé du divorce.

En ce qui concerne les enfants

Souvent, la décision qui prononce le divorce entérine la situation née de l'ordonnance de non conciliation, mais ce n'est pas automatique. L'époux qui souhaite une modification doit apporter au juge des éléments pour lui permettre de modifier la résidence ou le droit de visite et d'hébergement ou bien encore le montant de la pension alimentaire.

En ce qui concerne les mesures financières

Puisque le devoir de secours disparaît, la pension alimentaire fixée par l'ordonnance de non conciliation au bénéfice du conjoint qui en a besoin va disparaître au moment de la décision qui prononce le divorce. Si le juge s'est prononcé sur le sort des dettes communes, en imputant le remboursement à l'un des conjoints, il peut maintenir les modalités de remboursement ou au contraire les modifier.

Lorsque des époux sont solidaires vis-à-vis d'un créancier, celui-ci peut toujours poursuivre l'époux le plus solvable, même si une décision de justice prévoit d'autres modalités de remboursement. L'ordonnance de non conciliation puis la décision de divorce n'a d'effet qu'entre les parties (*inter pares*) et non envers les tiers (*erga omnes*).

En ce qui concerne le logement

Les mesures prises au moment de la décision de divorce concernant le logement sont différentes selon que le logement est une location ou une propriété des époux.

Si le logement est loué

Le plus souvent, dans la décision de divorce, le juge confirme* l'attribution du bail (en général à celui avec qui l'enfant va résider) qu'il a faite au moment de l'ordonnance de non conciliation. L'époux qui demeure dans le logement est redevable des loyers. S'il n'y a pas d'enfants, le juge va statuer en prenant en compte d'autres éléments (comme par exemple la situation financière ou l'antériorité d'un des conjoints dans le logement).

La solidarité vis-à-vis du propriétaire de l'époux qui ne réside plus au domicile conjugal peut cesser rapidement dans le cadre d'un divorce par consentement mutuel (sauf solidarité conventionnelle qui la poursuit jusqu'à la fin du bail) mais peut mettre plusieurs années dans le cadre d'un divorce contentieux (jugement, appel, éventuellement pourvoi en cassation et décision de la cour d'appel de renvoi, certains divorces durent 10 ans !).

Si le logement est un bien commun ou indivis aux époux

Lors de l'ordonnance de non conciliation, le juge va attribuer la jouissance du logement au parent chez qui est fixée la résidence des enfants, avec ou sans contrepartie financière. Lors de la décision de justice qui prononce le divorce, en général, l'époux chez qui les enfants résident est confirmé dans la jouissance du logement mais des modifications vont intervenir sur le plan financier puisque la valeur du bien va être partagée entre les époux. À défaut d'accord, c'est le juge qui va en attribuer la jouissance et préciser les conséquences financières de cette situation. Il peut au choix :

- accorder le logement au parent qui vit avec les enfants au titre de la prestation compensatoire. Ce dernier en aura alors l'usufruit, l'usage ou un droit d'habitation,
- accorder le logement au parent qui vit avec les enfants au titre de la contribution de son conjoint à l'entretien de l'enfant,
- maintenir le bien dans l'indivision pendant une certaine durée (cela peut notamment éviter de vendre le logement familial dans la précipitation, permettre de rembourser les crédits avant le partage, etc.).

Si le logement est un bien propre* de l'un des époux

Si le logement est un bien propre de l'un des époux, l'autre, qu'il ait ou non la garde des enfants, peut en demander la jouissance au moment de l'ordonnance de non conciliation à titre provisoire, puis lors de la décision de divorce, sous la forme d'une prestation compensatoire ou en contrepartie de la contribution de son conjoint à l'entretien de l'enfant. Cette jouissance suppose alors une indemnité d'occupation, souvent fixée par référence à un loyer. Sous certaines conditions (art. 285-1), il peut obtenir du juge que l'ex-conjoint propriétaire lui accorde un bail s'il exerce seul ou en commun l'autorité parentale, que les enfants résident habituellement dans ce logement et que leur intérêt commande d'y rester. Le juge fixe la durée du bail et peut le renouveler jusqu'à la majorité du plus jeune des enfants. Il peut résilier le bail si des circonstances nouvelles le justifient.

Conséquences du divorce

Un divorce n'a pas seulement des répercussions sur la vie et la composition de la famille, il a aussi des conséquences juridiques, fiscales et sociales.

Conséquences immédiates

Dès qu'un divorce devient définitif, il a des conséquences immédiates (N.B. : les conséquences du divorce sur l'éducation et l'entretien des enfants sont traitées dans le chapitre 7 concernant la filiation).

On tire un trait sur le mariage

Première conséquence immédiate, tous les effets du mariage disparaissent. Concrètement, cela signifie que chaque ex-époux :

- peut se remarier ou se pacser,
- n'a plus d'obligation d'assistance, de fidélité, ou de communauté de vie envers son ex-époux,
- n'est plus tenu au devoir de secours, qui peut cependant être substitué par l'obligation de verser une prestation compensatoire,
- perd sa qualité d'héritier (art. 271).

Français ou pas Français ?

Puisque le mariage n'exerce de plein droit aucun effet sur la nationalité, il faut avoir été marié un certain temps pour obtenir la nationalité française (art. 21-2 du Code de la nationalité), à savoir :

- 4 ans, à condition qu'à la date de cette déclaration (visant à obtenir la nationalité française), la communauté de vie tant affective que matérielle n'ait pas cessé entre les époux depuis le mariage et que le conjoint français ait conservé sa nationalité,

- 5 ans lorsque l'étranger, au moment de la déclaration (visant à obtenir la nationalité française), ne justifie pas avoir résidé de manière ininterrompue et régulière pendant au moins 3 ans en France à compter du mariage ou n'est pas en mesure d'apporter la preuve que son conjoint français a été inscrit pendant la durée de leur communauté de vie à l'étranger au registre des Français établis hors de France. En outre, le mariage célébré à l'étranger doit avoir fait l'objet d'une transcription préalable sur les registres de l'état civil français.

Si la date à laquelle la décision de divorce est définitive ne permet pas au conjoint de justifier de la durée légale, il ne pourra donc pas acquérir la nationalité française.

L'époux étranger devra aussi justifier, selon sa condition, d'une connaissance suffisante de la langue française, le niveau et les modalités d'évaluation étant fixés par décret en Conseil d'État.

La prestation compensatoire (art. 270)

Parfois (dans un peu plus de 10 % des procédures), la rupture du lien conjugal va avoir des répercutions dramatiques sur le train de vie de l'un des conjoints. Pour éviter ou plutôt pour essayer de compenser cette disparité, la loi du 11 juillet 1975 a instauré une prestation compensatoire, dont l'objet est « de compenser la disparité créée dans les conditions de vie respectives des époux ». Cependant, les difficultés engendrées par la situation prévue par le texte de 1975 (Cf. *supra* paragraphe « Un peu d'histoire », au tout début de ce chapitre) ont amené le législateur, lors de la réforme du 26 mai 2004, à en modifier la consistance et les modalités.

Qui décide ?

Dans le cadre d'un divorce par consentement mutuel, ce sont les époux qui vont fixer le montant de la prestation compensatoire et convenir des modalités de paiement. Ils peuvent librement décider de la forme, de la durée et opter pour une rente en dehors des cas fixés par l'article 275 du Code civil. Cette faculté est toutefois soumise à l'appréciation et au contrôle du magistrat qui peut demander aux parties de revoir telle ou telle disposition.

Dans toutes les autres procédures, ce sera le JAF qui déterminera le montant de cette prestation, en fixant équitablement les droits et les obligations de chacun. Très exceptionnellement, dans les autres procédures, s'il existe un terrain d'entente sur ce point, les époux peuvent librement déterminer la prestation compensatoire, dans le cadre d'une convention (sous réserve de la position du JAF).

La prestation compensatoire est due que l'époux bénéficiaire soit à l'origine du divorce ou en défense, qu'il soit fautif ou pas. Le juge peut toutefois la refuser si le divorce est prononcé aux torts exclusifs de l'époux qui la demande ou bien s'il considère que les critères d'attribution fixés par l'article 271 du Code civil ne sont pas remplis.

Le juge doit constater qu'il existe une disparité dans les conditions de vie qui a pour origine la rupture du lien conjugal. Cette disparité s'apprécie au moment du prononcé du divorce mais si le juge doit examiner la situation à cette date, il doit également envisager son évolution prévisible. Pour permettre au JAF de statuer, chacun des époux doit fournir « une déclaration sur l'honneur », par laquelle il certifie l'exactitude de ses ressources, de ses revenus, de son patrimoine et de ses conditions de vie. Ce document n'est pas exhaustif et le juge peut demander d'autres pièces justificatives. Cette déclaration doit bien sûr être faite de bonne foi. Si elle présente un caractère mensonger, cela peut justifier la révision de la décision qui a fixé la prestation compensatoire.

Montant de la prestation compensatoire

La difficulté d'évaluation de la prestation compensatoire vient du fait qu'il n'existe pas de barème et que le juge doit arbitrer entre les besoins du créancier* et les ressources du débiteur*. Pour autant, le juge ne fixe pas la prestation compensatoire au hasard, il doit tenir compte d'un certain nombre d'éléments pour procéder à cette évaluation (art. 271) et notamment :

- la durée du mariage. La contrepartie financière sera plus importante si le mariage a duré 20 ans que 10. Attention, on parle bien de la durée de la vie conjugale, ce qui ne comprend pas la durée de la vie commune avant le mariage !
- l'âge et la santé des époux,
- les qualifications et situations professionnelles,
- les conséquences des choix professionnels. Ainsi, une femme peut soutenir avoir sacrifié le déroulement de sa carrière au bénéfice de celle de son mari et/ou de sa famille (éducation des enfants),
- les droits existants et prévisibles (évolution de la carrière professionnelle, retraite…),
- les revenus (salaires mais aussi honoraires, droits d'auteur mais pas les rentes d'invalidité) et les charges de chaque époux (courantes mais aussi taux d'endettement),
- le patrimoine estimé ou prévisible après la liquidation du régime matrimonial.

En revanche, le JAF ne peut prendre en considération de simples espérances successorales car elles ne sont pas considérées comme un droit prévisible.

Versement de la prestation compensatoire

En matière de prestation compensatoire, le versement d'un capital est la règle (art. 274). Ce capital peut prendre diverses formes :

- des liquidités,
- l'attribution d'un bien propre,
- l'abandon de sa part d'un bien commun (la part qui revient à l'époux créancier sur le logement commun par exemple),
- un droit d'usufruit,
- un droit d'habitation, jouissance gratuite d'un bien immobilier par exemple.

Si la consistance des biens de l'époux débiteur ne permet pas un versement unique, le juge peut cependant prévoir un règlement fractionné mais dans la limite de huit années (art. 275). Les versements pourront être mensuels, trimestriels voir semestriels. Rien n'empêche le JAF (ou les parties par accord) de prévoir une prestation compensatoire « panachée », pour partie en capital, pour partie sous forme de rente.

La prestation compensatoire peut être versée sous forme de rente viagère, c'est-à-dire tout au long de la vie du conjoint créancier, mais ce doit être exceptionnel (art. 276). Cette mesure ordonnée par le JAF ne se justifie que si l'âge ou l'état de santé de l'époux créancier ne lui permet pas de subvenir à ses besoins.

Régime fiscal

Le régime fiscal lié à l'imposition sur le revenu de la prestation compensatoire dépend de sa forme (capital ou rente) et des modalités de règlement. Le conjoint débiteur a le droit à une réduction d'impôt égale à 25 % des sommes versées pour un montant plafonné à 30 500 € (art. 199 octodecies du Code général des impôts), si :

- il est domicilié en France, au sens de l'article 4 B du CGI,
- il verse la prestation compensatoire sous forme de capital en une seule fois ou de façon échelonnée dans un délai au plus égal à 12 mois à compter de la date à laquelle le jugement est passé en force de chose jugée.

Depuis le 1er janvier 2005, cette réduction s'applique aux prestations versées sous forme d'attribution de biens en propriété ou d'attribution d'un droit temporaire ou viager d'usage, d'habitation ou d'usufruit.

Les prestations versées sous forme de rente sont déductibles du revenu global du débiteur au titre des pensions alimentaires et imposables au nom du bénéficiaire à ce même titre. Les prestations compensatoires versées sous forme de capital sont aussi soumises à un droit d'enregistrement fixe, à un droit de partage de 2,5 % ou bien à une taxe de publicité foncière selon la nature des biens qui la composent.

Un inspecteur des impôts ou un avocat fiscaliste sera à même de pouvoir répondre aux interrogations sur la fiscalité des prestations compensatoires.

Paiement garanti !

Pour prévenir les risques d'une inexécution totale ou partielle par l'époux débiteur de ses obligations de paiement, l'article 277 du Code civil prévoit que : « Indépendamment de l'hypothèque légale ou judiciaire, le juge peut imposer à l'époux débiteur de constituer un gage, de donner caution* ou de souscrire un contrat garantissant le paiement de la rente ou du capital ». Ces mesures peuvent être demandées au cours de la procédure et doivent donc être prévues avec la décision qui fixe la prestation compensatoire, afin d'être mises en place au moment du jugement de divorce.

Au secours, je ne peux plus payer !

Il peut arriver que le débiteur se retrouve dans l'impossibilité de payer la prestation compensatoire qui a été fixée. On distingue alors deux cas de figure :

- **Si la prestation compensatoire est fixée sous forme de capital,** il n'y a rien à faire pour en diminuer le montant lorsqu'il est imposé par le juge, du fait de son caractère forfaitaire (art. 270). Si en revanche elle est prévue par une convention qui envisage sa modification, chacun des époux pourra saisir le juge aux affaires familiales pour que la prestation compensatoire soit révisée (hausse ou baisse) s'ils peuvent justifier d'un « changement important dans les ressources et les besoins de l'une ou l'autre des parties » (art. 279, alinéa 3). Si rien n'est prévu, on revient au droit commun et seules les modalités de paiement peuvent faire l'objet d'une révision. En cas de difficultés financières, tout ce que peut espérer l'époux débiteur, c'est un rééchelonnement sur plus de 8 ans des versements périodiques par exemple.
- **Si la prestation compensatoire est fixée sous forme de rente viagère,** l'époux débiteur pourra demander la révision de la rente en cas de changement important dans les ressources ou les besoins des parties

(art. 276-4). Il devra justifier d'une diminution importante de ses ressources (changement d'emploi, chômage) ou d'une augmentation notable de ses charges financières (l'arrivée d'un nouvel enfant) ou au contraire d'une augmentation des ressources du conjoint créancier (remariage ou vie en couple).

BON À SAVOIR

La rente peut aussi être simplement suspendue sur demande du débiteur lorsqu'il se trouve momentanément dans une passe extrêmement difficile sur le plan économique. Dans certaines situations catastrophiques, le juge peut même supprimer la rente.

En cas de décès

Lorsque l'époux débiteur décède, l'obligation au paiement est transmise aux héritiers (art. 280 à 282), qui ne sont cependant tenus que dans la limite de l'actif successoral, donc pas sur leurs deniers personnels.

ATTENTION !

En principe, le décès rend l'intégralité de la prestation compensatoire immédiatement exigible. Si l'ensemble des héritiers décide d'une autre modalité (maintien d'une rente par exemple), ils s'engagent personnellement sur leurs propres biens par une décision unanime qui doit être constatée par acte notarié.

Les dommages et intérêts

Deux situations (art. 266) peuvent permettre au conjoint de demander des dommages et intérêts spécifiquement liés au divorce :

- lorsque l'époux défendeur à un divorce obtenu par son conjoint pour altération définitive du lien conjugal n'a formulé aucune demande reconventionnelle,
- lorsque l'un des deux époux obtient un divorce aux torts exclusifs.

L'époux qui souhaite obtenir des dommages et intérêts devra alors prouver que le préjudice résulte de la dissolution du mariage et qu'il subit des conséquences d'une particulière gravité. Pour obtenir ces dommages et intérêts, il lui faudra démontrer :

- en quoi le préjudice à indemniser résulte de la dissolution du mariage,
- en quoi il n'est pas déjà indemnisé par la prestation compensatoire.

EXEMPLE !

Ainsi par exemple, dans le cas d'une épouse abandonnée par son mari qui a disparu pendant plus de 10 ans, retrouvé par hasard et dont elle divorce, l'abandon et ses conséquences peuvent être considérés comme un préjudice distinct de la disparité de revenus compensée par la prestation compensatoire.

On peut aussi se référer à l'article 1382 du Code civil, selon lequel « tout fait quelconque de l'homme, qui cause à autrui un dommage, oblige celui par la faute duquel il est arrivé à le réparer ». Mais encore faut-il que la ou les fautes reprochées soient distinctes de celle(s) à l'origine du divorce…

Les donations* et avantages matrimoniaux*

Lorsque le divorce est définitif, les donations consenties avant le 1er janvier 2005 restent librement révocables, sauf si elles sont maintenues de façon expresse dans la convention de divorce (ancien art. 1096, alinéa 1). Consenties après le 1er janvier 2005, les donations qui n'ont pas encore produit leurs effets sont révoquées de plein droit (par le biais du divorce), les autres (celles qui ont produit leurs effets avant cette date) sont maintenues.

Les avantages matrimoniaux qui ont produit effet au cours du mariage sont maintenus en dépit de la décision de divorce (art. 265, alinéa 1). Pour ceux qui n'ont pas commencé à produire effet au moment du divorce, ils sont révoqués de plein droit par le divorce.

La liquidation du régime matrimonial : chacun sa part

On pourrait penser que seuls les époux mariés sous un régime de communauté doivent procéder à la liquidation de leur régime matrimonial, mais ce n'est pas le cas. En effet, les époux mariés sous le régime de la séparation de biens peuvent avoir acquis un bien ensemble ou engagé des dépenses qui ont valorisé le patrimoine de l'autre.

Qui décide ?

Dans les divorces par consentement mutuel, ce sont les époux (éventuellement aidés d'un notaire s'il y a des biens immobiliers) qui règlent la liquidation du régime matrimonial, puisqu'elle est une condition de la recevabilité de la requête. En effet, la liquidation du régime matrimonial doit être résolue pour que le divorce puisse être prononcé. Pour les autres procédures, depuis le 1er janvier 2010, le juge encourage les époux à trouver un accord puisqu'il leur demande dans l'ordonnance de non conciliation de présenter un projet. À défaut d'accord, c'est le JAF saisi par l'ex-époux le plus diligent qui tranchera le différent et ordonnera la liquidation et le partage des intérêts patrimoniaux des époux.

Quand ?

Dans le cadre d'un divorce par consentement mutuel, on considère que le régime matrimonial est dissous au jour du prononcé de la décision.

Pour les autres divorces, la dissolution produit ses effets en principe au jour de l'ordonnance de non conciliation (art. 262-1, alinéa 1). Cette date peut cependant être avancée par accord des époux. À la demande de l'un des époux, le tribunal peut faire remonter les effets à la date où les époux ont cessé de cohabiter ou de collaborer (art. 262-1). Si ces deux dates ne coïncident pas, le tribunal retiendra la plus tardive. Quel que soit le type de divorce, la dissolution n'est opposable aux tiers qu'au jour de la transcription du divorce sur les actes d'état civil (art. 262).

Les époux se tourneront vers leur avocat en l'absence de biens immobiliers, vers un notaire dans le cas contraire.

Le partage des biens donne lieu au paiement d'un droit de partage à un taux révisable, calculé selon le « régime de faveur ». Régime de faveur, certes mais 2,5 % de la valeur quand même depuis le 1er janvier 2012 (art. 748 du Code général des impôts) !

Si l'un des époux bénéficie de l'aide juridictionnelle, le partage est exonéré de droits !

Quid du foyer fiscal ?

La date qui est prise en compte par l'administration fiscale pour concrétiser la rupture du lien conjugal est celle à partir de laquelle le couple est autorisé à vivre séparément (art. 6, 4-b du Code général des impôts). Elle coïncide en général avec la date de l'ordonnance de non conciliation mais ce n'est pas une obligation. L'année de la séparation, les époux feront trois déclarations :

- une déclaration commune jusqu'à la date de la séparation,
- une déclaration au nom de chacun des époux.

Les plafonds annuels des avantages fiscaux sont à prendre en considération pour chacune des déclarations.

Dès lors que les époux ne sont plus soumis à une imposition commune, la solidarité fiscale cesse pour l'avenir mais pas pour les dettes fiscales antérieures ! Pour la partie d'imposition commune, rien ne les empêche de demander une décharge de responsabilité solidaire si par exemple l'un d'eux peut prouver une disproportion marquée entre le montant de la dette fiscale et sa situation. Lorsqu'elle est accordée, c'est souvent partiellement par rapport au montant de l'impôt exigible.

En ce qui concerne l'ISF (mais aussi la taxe d'habitation), la solidarité cesse à compter du 1er janvier qui suit la date de l'autorisation de résider séparément. Dans les mêmes conditions que pour l'impôt sur le revenu, il est possible de demander une décharge qui est calculée par rapport au montant dû sur le patrimoine commun et sur le patrimoine propre.

Tant que les formalités de transcription du divorce n'ont pas été faites, il semble que l'administration fiscale se réserve la possibilité de taxer seulement l'un des époux sur les revenus des biens indivis.

Sécu et retraite

Naturellement, le divorce a aussi une incidence sur les prestations sociales et sur le droit à une pension de réversion.

Prestations sociales

Si l'un des époux ne bénéficie de la couverture sociale qu'en qualité d'ayant droit, son conjoint seul étant titulaire des droits, cette situation pourra être remise en cause à partir de la transcription du divorce sur les registres de l'état civil.

Pour que les prestations ne cessent pas brutalement, le Code de la sécurité sociale (art. L 161-15, alinéa 2) prévoit que le conjoint divorcé peut bénéficier de cette situation d'ayant droit pendant encore 12 mois ou jusqu'à ce que leur dernier enfant ait 3 ans. À l'expiration de ce délai, si le conjoint n'a pas de droits propres, il pourra demander le bénéfice de la CMU (Couverture Médicale Universelle).

Si le conjoint peut justifier d'avoir eu ou bien d'avoir trois enfants à charge, lui et les membres de sa famille à charge pourront bénéficier des prestations de la Sécurité sociale sans limitation de durée (art. L 161-15, alinéa 3).

Pension de réversion

Le conjoint divorcé est assimilé au conjoint survivant, que ce soit pour une pension servie par le régime de base ou par un régime complémentaire (Arrco ou Agirc), il peut donc prétendre à une pension de réversion.

Dans le régime de base, si le conjoint décédé s'est remarié ou s'il a été marié avant le divorce, le conjoint survivant devra partager. Dans cette situation, la pension de réversion est partagée au prorata des années de mariage et en fonction du nombre de conjoints pouvant y prétendre ! En revanche, dans le régime complémentaire (Arrco ou Agirc), si le bénéficiaire se remarie, il perd ses droits. Pour les autres régimes (fonctionnaires, professions libérales, commerçants...), la pension de réversion existe mais les critères d'attribution ou de suppression peuvent être différents. Ainsi dans les régimes des fonctionnaires, le remariage fait perdre la pension de réversion de base.

La rupture du lien conjugal et le droit étranger

Depuis le règlement 2001/2003 du Conseil, dit règlement « Bruxelles II bis », les juridictions françaises sont compétentes pour rendre une décision judiciaire concernant la rupture du lien conjugal (divorce, séparation de corps ou annulation d'un mariage) dès lors que la demande comporte des éléments d'extranéité. Cette convention s'applique pour tous les États européens sauf le Danemark.

Divorce à la française

Les époux peuvent choisir les juridictions françaises lorsqu'ils se trouvent dans l'une des situations suivantes :

- la France est la résidence habituelle des époux,
- la France est la dernière résidence habituelle des époux et que l'un d'eux y réside encore,
- la France est la résidence habituelle du défendeur, depuis au moins 1 an au jour de l'introduction de la demande,
- la France est la résidence habituelle de l'un ou l'autre des époux, en cas de demande conjointe,
- le demandeur a sa résidence habituelle depuis au moins 6 mois au jour de l'introduction de la demande et qu'il est ressortissant français,
- les deux époux sont Français.

Bien évidemment, ces dispositions sont identiques pour l'ensemble des pays européens sauf pour le Danemark.

Les déplacements et la séparation des couples provoquent parfois la saisine de deux tribunaux, l'un en France, et l'autre dans un autre État. On parle alors de litispendance*. Le tribunal qui a été saisi le second doit attendre que la compétence du premier tribunal soit reconnue et se dessaisir de l'affaire pour qu'elle soit jugée par le premier tribunal saisi.

Divorce à l'étranger

Lorsque la juridiction est saisie en application du règlement Bruxelles II bis, une décision de divorce rendue à l'étranger est reconnue de plein droit dans les autres pays membres. Cela signifie que les actes d'état civil vont être modifiés au regard de cette décision devenue définitive, sans aucune procédure supplémentaire en France.

La valeur de cette décision au regard de l'état civil peut toutefois être remise en cause si elle est manifestement contraire à l'ordre public. Le défendeur peut également la remettre en cause, s'il est défaillant, c'est-à-dire qu'il n'a pas fait valoir ses arguments devant la juridiction saisie, dans la mesure où l'acte introductif d'instance ne lui a pas été signifié en temps utile pour lui permettre d'assurer sa défense. Enfin, cette décision peut être remise en cause si elle est inconciliable avec une autre décision déjà rendue entre les parties.

Lorsque la décision est rendue dans un État tiers, les effets extrapatrimoniaux (nom, résidence des enfants par exemple) seront, sauf exceptions, reconnus de plein droit ; en revanche, les effets patrimoniaux (prestation compensatoire, liquidation du régime matrimonial par exemple) ne pourront être reconnus qu'après une procédure d'*exequatur*.

Lorsqu'un État ne reconnaît comme rupture du lien conjugal que la répudiation, cette décision peut être considérée comme une rupture du lien conjugal si les deux conjoints sont étrangers. Si l'un des époux est domicilié en France ou si l'un ou les deux époux sont de nationalité française, la jurisprudence considère que celle-ci est contraire à l'ordre public français. Seul le consentement de l'épouse à la répudiation (soit qu'elle acquiesce, soit qu'elle se prévaut de la décision en France) permettrait de produire des effets à la décision (la jurisprudence française considère que la seule participation à la procédure ou l'acceptation d'une somme d'argent n'exprime pas le consentement à cette répudiation).

Chapitre 10

Le patrimoine de la famille

Dans ce chapitre :

- Les régimes matrimoniaux des époux
- La transmission du patrimoine : les donations et les successions

Lorsqu'on se marie, on partage tout ? Ce qui est à l'un est à l'autre ? Eh bien non, ce n'est pas si simple. Le régime matrimonial choisi par les époux permet de déterminer précisément ce qui appartient à qui… ce qui n'a pas beaucoup d'importance quand tout va bien mais qui s'avère crucial en cas de séparation, de divorce… ou de faillite ! Et parce qu'il est toujours préférable d'être prévoyant, les donations et les successions permettent aussi de penser à l'avenir de ceux qui nous sont proches.

N. B. : Les articles cités dans ce chapitre font référence au Code civil, sauf mention contraire.

Les régimes matrimoniaux

À quoi servent les régimes matrimoniaux, quels sont-ils, qu'est-ce qui les différencie ? On va tout vous dire.

Régime matrimonial, mode d'emploi

Le régime matrimonial sert à gouverner les relations financières et patrimoniales entre les époux et à fixer leurs droits et leurs obligations vis-à-vis des tiers avec qui ils contractent. Il va établir :

- des règles de propriété, afin de protéger les droits des créanciers et le patrimoine de chaque époux après la dissolution du régime matrimonial, qui peut intervenir par le décès, le divorce ou la séparation de corps,

- des règles de gestion et d'administration des biens car il est nécessaire de savoir qui a le pouvoir de disposer ou d'administrer.

Les époux décident librement du choix du régime matrimonial (art. 1387), dont l'officier d'État civil doit être informé au jour de la célébration du mariage. Si aucun contrat n'a été conclu au jour du mariage, l'officier d'état civil mentionnera que les époux seront soumis au régime légal de la communauté réduite aux acquêts. Si les époux ont conclu un contrat par devant notaire, il doit être publié, sinon les époux sont réputés être mariés sous le régime de la communauté réduite aux acquêts (art. 1394 alinéa 1). Pour qu'il soit publié, il faut que le notaire délivre un certificat qui indique qu'un contrat a été conclu et la date de sa conclusion. Ce certificat sera remis à l'officier d'état civil qui mentionnera l'existence de ce contrat sur l'acte de mariage.

Pour les couples mariés avant la réforme du 13 juillet 1965, le régime matrimonial « par défaut » est celui de la communauté de biens meubles et acquêts, dans lequel la communauté est composée non seulement des biens acquis par le mariage mais également de tous les biens meubles que possédaient les époux avant de se marier.

Changer de régime, c'est possible ?

Depuis la loi du 13 juillet 1965, il est possible de changer de régime matrimonial au cours du mariage. La dernière réforme (loi du 23 juin 2006 entrée en vigueur le 1er janvier 2007) permet désormais une mutabilité contrôlée du régime matrimonial (art. 1396 alinéa 3). L'article 1397 du Code civil détaille les conditions à remplir pour pouvoir changer (totalement ou partiellement) de régime matrimonial :

- Les époux doivent tous les deux donner leur consentement.
- Il faut que le régime précédent ait été appliqué au moins 2 ans.
- Le changement ne doit pas être guidé par une volonté frauduleuse de flouer les créanciers.
- Le changement doit intervenir dans l'intérêt de la famille.

L'acte notarié doit faire l'objet d'une publicité dans un journal habilité à recevoir les annonces légales. Cette annonce est destinée aux créanciers (elle fait courir un délai de 3 mois qui permet aux créanciers de s'opposer au changement).

Désormais, le changement de régime matrimonial n'est plus soumis à une homologation systématique par le tribunal. Cependant, en présence d'enfants mineurs communs ou simplement de l'un des époux ou en cas d'opposition, l'acte notarié doit être soumis à l'homologation du tribunal de grande instance du domicile des époux. Lorsque la décision sera définitive (après le délai de recours ou à l'issue des procédures de recours), cette modification sera consignée sur l'acte de mariage.

Même si les conditions peuvent être remplies sans problème, un changement de régime matrimonial ne doit pas être décidé à la légère. Tout d'abord parce qu'il a un coût mais également parce qu'il peut avoir des incidences fiscales importantes (perception de droits sur la liquidation d'une communauté avant de pouvoir changer le régime en séparation de biens par exemple).

Présentation des différents régimes matrimoniaux

Outre le régime de la communauté réduite aux acquêts, qui sera celui des époux qui décident de ne rien prévoir, il existe quatre régimes conventionnels auxquels les époux peuvent décider d'adhérer :

- le régime de la « participation aux acquêts »,
- le régime de « la séparation de biens »,
- le régime de la « communauté de meubles et acquêts »,
- le régime de la « communauté universelle ».

Les régimes matrimoniaux volontaires entraînent une modification de la communauté légale. Ces régimes dépendent de la volonté des époux, sous le contrôle du notaire qui rédigera le contrat et qui veillera à ce qu'aucune clause ne soit contraire :

- à l'ordre public,
- aux bonnes mœurs,
- aux droits et devoirs résultants du mariage (art. 1388),
- aux règles de l'autorité parentale,
- à l'administration légale et à la tutelle,
- à l'ordre légal des successions (art. 1389).

Le régime légal de la communauté réduite aux acquêts

Le principal avantage de ce régime est que l'enrichissement de l'un des conjoints profite à l'autre. Mais la communauté présente un risque au regard de la consistance des biens pouvant servir à la garantie des créanciers. Bien qu'il puisse exister des biens propres, la propriété des biens découlant de ce régime est avant tout constituée des biens acquis au cours du mariage, ce qui permet au créancier de l'un des époux de poursuivre l'ensemble des biens communs*, même si l'autre conjoint n'a aucune responsabilité dans la dette.

Patrimoine des époux

Le patrimoine des époux mariés sous le régime de la communauté réduite aux acquêts se compose (art. 1401) :

- des acquêts, c'est-à-dire des biens créés ou acquis pendant le mariage (à l'exclusion de ceux acquis par héritage ou donation). Ils peuvent provenir de l'industrie personnelle de chaque époux (gains, salaires, mais aussi par exemple une indemnité reçue après un licenciement ou au moment de la retraite) comme des fruits et des revenus « perçus et non consommés » (art. 1401) de leurs biens propres (ainsi par exemple les loyers d'un appartement appartenant en propre à l'un des conjoints).

  BON À SAVOIR

  Percevoir et disposer librement de ses gains et salaires pendant le mariage, c'est tout à fait possible, à la condition toutefois d'avoir contribué aux charges du mariage.

- de biens propres, qui sont exclus du patrimoine commun, à savoir :
  - les biens acquis financièrement avant le mariage ou encore ceux possédés avant le mariage,
  - les biens acquis pendant le mariage mais gratuitement (par succession, donation ou legs personnel),
  - les biens qui par nature ne peuvent être considérés comme communs (comme par exemple les vêtements ou bien une rente versée pour une incapacité permanente partielle).

BON À SAVOIR

Certains biens, achetés pendant le mariage, peuvent être considérés comme des biens propres. Il s'agit des biens accessoires d'un bien propre (par exemple une maison construite sur un terrain appartenant en propre à un époux), d'un bien reçu en échange d'un bien propre, de l'utilisation du produit de la vente d'un bien propre pour acquérir un autre bien propre (sous certaines conditions).

- de biens mixtes qui entrent pour partie dans la communauté. On fait la distinction entre la propriété du titre et celle de la « finance » : le titre appartient en propre à l'époux qui exerce la profession, tandis que la finance qui correspond à la valeur patrimoniale de la chose est commune. Ainsi par exemple, pour une officine de pharmacie, le titulaire du diplôme a le titre (c'est un bien propre) mais la valeur de l'officine entre dans la communauté (c'est un bien commun).

Dans ce régime matrimonial, un bien, à défaut de preuve contraire, est toujours présumé commun (art. 1402 alinéa 1). Cette présomption du caractère commun d'un bien tombe quand le bien porte en lui-même la marque de son origine (par exemple un tableau dédicacé) ou quand la propriété personnelle d'un époux n'est pas contestée. C'est à celui qui prétend que tel ou tel bien est propre de le prouver.

Biens communs, dettes communes ?

Le pouvoir de gérer les biens communs appartient à chacun des époux, chacun engage donc la communauté. Les dettes nées pendant ce régime du fait d'un époux doivent en principe être réglées sur le patrimoine commun, qui devient ainsi le gage des créanciers du couple. Mais cette solidarité (qui naît de la cogestion des biens, sinon on parle de dette conjointe) n'est pas absolue :

- En sont exclues les dettes dont les époux sont tenus au jour de la célébration du mariage, même si elles peuvent avoir une incidence sur les biens de la communauté puisque les revenus propres de l'époux débiteur peuvent être saisis et que les biens mobiliers se confondent avec ceux de la communauté.
- Cette solidarité peut être contestée lorsqu'il y a eu fraude de l'époux débiteur et mauvaise foi du créancier (art. 1413).
- Elle peut aussi être remise en cause par l'époux qui se prétend victime d'une faute de gestion de la part de son conjoint (art. 1421), ou d'un dépassement de pouvoir (art. 1427, alinéa 1).
- En matière d'emprunt et de cautionnement*, chacun des époux ne peut engager que ses biens propres et ses revenus, sauf si ceux-ci ont été contractés avec le consentement exprès de l'autre conjoint (c'est la raison de la double signature !).

BON À SAVOIR

Si un époux donne son consentement, les biens communs deviennent le gage du prêteur, en revanche ses biens propres ne sont pas engagés (art. 1415).

Gestion des biens communs

Dans le régime de la communauté légale, les biens communs sont gérés sous la forme de :

- la gestion concurrente : « Chacun des époux a le pouvoir d'administrer seul les biens communs et d'en disposer, sauf à répondre des fautes qu'il aurait commises dans sa gestion. » (art. 1421, alinéa 1). Pour que l'acte puisse être opposable, il faut qu'il ait été « accompli sans fraude » ;
- la gestion exclusive : Lorsque l'époux exerce une profession séparée, il a « seul le pouvoir d'accomplir les actes d'administration et de disposition nécessaires à celle-ci » (art. 1421, alinéa 2), sauf s'il s'agit de l'exploitation d'un fonds de commerce dépendant de la communauté, auquel cas ce pouvoir lui est refusé (art. 4214) ;
- la gestion conjointe ou cogestion : Chaque époux doit alors consentir expressément ou tacitement à l'acte de gestion.

ATTENTION !

Pas question de disposer seul des biens de la communauté (art. 1421), ni de les donner en garantie de la dette d'un tiers (art. 1422). Ainsi par exemple, le mari ne peut donner en garantie au banquier qui souhaite lui prêter de l'argent la maison de campagne acquise pendant le mariage !

Si l'un des époux se trouve de manière durable hors d'état de manifester sa volonté ou si la gestion démontre une inaptitude ou une fraude, l'article 1426 du Code civil prévoit que l'on peut alors lui retirer ses pouvoirs et transférer ses pouvoirs à l'autre époux. Cette possibilité ne peut être ordonnée que par un tribunal et n'est opposable aux tiers que si la décision a fait l'objet d'une publicité. Le retrait de pouvoir porte sur les actes classiques concernant les biens communs. S'il s'agit d'actes soumis à cogestion, le juge autorise l'époux à accomplir seul l'acte soumis à cogestion. Il peut l'autoriser à passer un seul acte ou plusieurs actes (retrait de pouvoir global ou partiel).

Gestion des biens propres

En principe, chaque époux administre, dispose et jouit librement de ses biens propres (art. 1428). Chaque époux peut cependant confier à l'autre la gestion de ses biens propres par un mandat exprès (art. 1421) en cas (art. 1429) :

- d'empêchement durable d'un époux de manifester sa volonté,
- de mise en péril d'un intérêt de la famille, quand l'un des époux laisse dépérir ses biens propres ou détourne les revenus de ses biens propres.

Ici, l'époux défaillant est seulement dessaisi de ses pouvoirs d'administration et de jouissance des biens en question mais lui seul conserve le pouvoir d'en disposer (art. 1432). Celui qui bénéficie du transfert des pouvoirs d'administration et jouissance représente son conjoint (sauf désignation d'un administrateur *ad hoc*) et doit donc agir dans l'intérêt de la communauté. De même, l'époux qui prend en main la gestion, sans opposition de la part de son conjoint à qui appartient le bien propre, est censé avoir un mandat tacite. Ce mandat est limité à la gestion (actes d'administration* et de jouissance), il exclut les actes de disposition*.

En revanche, le conjoint ne peut intervenir dans la gestion des biens propres de l'autre si celui-ci s'y est expressément opposé. Dans cette hypothèse, les actes seront inopposables au conjoint propriétaire.

BON À SAVOIR

Cela ne veut pas dire pour autant que le tiers qui sera bénéficiaire de cette gestion n'aura aucun droit, au contraire, il sera protégé par l'article 222 du Code civil s'il s'agit de la disposition de biens meubles ou d'hypothèses dans lesquelles le mandat apparent trouvera à jouer.

Si l'un des époux intervient dans la gestion des biens de l'autre mais que le conjoint ne le sait pas, on applique les règles relatives à la gestion d'affaires, c'est-à-dire que le conjoint n'est engagé que si la gestion a été utile.

Le régime volontaire de communauté conventionnelle

Les époux peuvent conventionnellement modifier les modalités de la communauté grâce à différentes clauses.

La clause de communauté des meubles et acquêts (article. 1428)

Les époux peuvent décider d'augmenter la masse commune des biens mobiliers en incluant tous les biens mobiliers, quels que soit le mode d'acquisition (donation par exemple, sauf si le donataire a pris soin de l'exclure dans la libéralité) et la date (on ne fait plus la distinction entre les meubles acquis avant ou après le mariage). En revanche, le sort des immeubles est identique à celui prévu dans le cadre de la communauté légale.

ATTENTION !

Le passif concerne les dettes qui existaient sous le régime légal mais également une fraction de celles qui incombaient aux époux avant le mariage ou qui se trouvent dans les successions et les libéralités reçues pendant le mariage.

La clause de la communauté universelle (art. 1526)

La clause de la communauté universelle intègre tous les biens meubles ou immeubles présents dans le patrimoine au moment de sa conclusion mais également ceux à venir pendant le mariage. Elle s'accompagne souvent d'une clause d'attribution intégrale de la communauté au profit du conjoint survivant. En contrepartie, la communauté universelle supporte toutes les dettes qui grèvent le patrimoine au moment de sa conclusion mais également celles à venir pendant le mariage.

La clause de l'entrée en communauté

La clause de l'entrée en communauté permet aux époux de faire entrer dans la communauté un bien qui normalement constituerait un bien propre. Cette entrée en communauté peut porter sur l'entière propriété, sur le seul usufruit ou sur sa valeur.

Les clauses relatives à la gestion des biens

Les clauses relatives à la gestion des biens envisagent la cogestion de tous les biens ou de certains d'entre eux seulement ou au contraire, elles visent à se réserver des pouvoirs exclusifs sur des biens communs.

Ces clauses, qui visent à étendre ou à restreindre les pouvoirs de gestion des époux, ne peuvent remettre en cause le régime primaire de la communauté légale ou écarter ses règles de gestion. Elles ne peuvent permettre de donner à un époux un mandat irrévocable de gestion.

Les clauses relatives à la liquidation et au partage

Trois clauses sont relatives à la liquidation et au partage :

- La clause de prélèvement moyennant une indemnité permet de percevoir un bien au moment de la liquidation, le plus souvent au moment du décès, et de prélever ce bien déterminé sans attendre le règlement global du partage de la communauté. Cet avantage suppose que le bénéficiaire doive dédommager la communauté (et donc les autres bénéficiaires) au moment du partage global.
- La clause de préciput permet au conjoint survivant de prélever, sur la communauté, un ou plusieurs biens communs, (art. 1515). Pour qu'elle puisse jouer, il faut que la liquidation de la communauté et le règlement des récompenses soient effectués. Il faut donc que le montant et la composition de l'actif permettent cette attribution. Si ce n'est pas possible, soit le montant envisagé est réduit, soit la clause est caduque.
- La stipulation de parts inégales permet à un époux de recevoir une part plus importante (par exemple 2/3 des immeubles et la moitié des meubles au lieu de la moitié des immeubles).

Les époux peuvent prévoir des modes de partage et de liquidation selon la cause de dissolution (décès, séparation de corps ou divorce).

Le régime volontaire de la séparation de biens

Le régime volontaire de la séparation de biens est le principal régime matrimonial sous contrat. C'est le régime inverse de celui de la communauté. Chaque époux est en principe propriétaire de ses biens, quels que soient le mode et la date d'acquisition des biens et leur origine. Et surtout, dans ce régime, l'enrichissement de l'un des époux ne va absolument pas profiter à l'autre !

Pour qui ?

Il est très souvent utilisé dès que l'un des époux exerce une activité susceptible de mettre en péril le patrimoine familial (en général une activité commerciale ou libérale) ou lorsqu'un des époux possède une fortune beaucoup plus importante que son conjoint. Il peut aussi être utile lorsqu'il existe des enfants d'un premier mariage.

Qui possède quoi ?

Si la propriété des immeubles ne pose pas de problèmes particuliers, celle des meubles est souvent plus délicate. Pour pouvoir prouver la propriété d'un bien, mieux vaut pouvoir fournir la facture, l'origine des fonds qui en ont permis l'acquisition…

La séparation de biens n'est pas exclusive de la propriété d'un ou de plusieurs biens en commun si l'acquisition est faite en indivision. Si l'acte ne précise pas les modalités en cas de partage, le bien commun sera réputé appartenir pour moitié à chacun des époux.

Qui est redevable des dettes ?

Chaque époux étant l'unique propriétaire de ses biens, il est l'unique redevable de ses dettes, et les créanciers ne peuvent poursuivre le paiement de leurs créances que sur le patrimoine du débiteur. Seules sont solidaires les dettes ménagères, les dettes nées d'un bien indivis et les dettes souscrites par les deux époux.

Le régime volontaire de la séparation de biens avec société d'acquêts

Les époux qui souhaitent choisir ce régime doivent se constituer un patrimoine commun, « les acquêts », en marge des patrimoines personnels de chaque époux. Le contrat de mariage doit alors énumérer de façon précise les biens qui entrent dans la communauté. Ce régime permet notamment d'atténuer la rigueur du régime de la séparation de biens pour celui qui a peu ou pas de revenus et de protéger son conjoint. Par ce régime « hybride », le patrimoine personnel de chacun des époux est assujetti au régime de la séparation de biens et les biens communs suivent les dispositions du régime légal.

Le régime volontaire de la participation aux acquêts

Pendant le mariage, le régime volontaire de la participation aux acquêts fonctionne comme un régime de séparation de biens, mais au moment de la dissolution, chacun a le droit de participer pour moitié en valeur aux acquêts nets constatés dans le patrimoine de l'autre (art. 1569, alinéa 1). Les biens sont estimés à l'origine du mariage et au moment du partage.

Donation et pacte successoral

La donation est une libéralité par laquelle une personne dispose de son vivant, à titre gratuit, de tout ou partie de ses biens ou de ses droits au profit d'une autre personne (art. 893). Mais en fait, on devrait plutôt parler de donations (au pluriel) car il existe plusieurs modalités à cette libéralité.

De la libre disposition du patrimoine... ou pas !

Rien ne devrait s'opposer à ce que l'on puisse transmettre une partie, voire la totalité de son patrimoine par une donation, un legs ou un testament à un membre de sa famille ou à un tiers. Pourtant, cette libéralité intégrale n'est possible que lorsqu'il n'existe aucun membre de la famille (proche ou éloignée, comprenant les collatéraux jusqu'au 6e degré) ayant vocation à hériter. Dans le cas contraire, les règles successorales doivent être respectées, ce qui limite le droit de disposer de son patrimoine.

D'ailleurs, toute transgression peut se voir sanctionnée. Dès lors que les héritiers estiment que la donation, le testament ou le legs est fait en violation de leurs droits, ils peuvent saisir le tribunal de grande instance avec le concours d'un avocat pour que cette libéralité soit remise en cause (art. 912-2). Les situations peuvent être multiples et se compliquer avec les familles recomposées.

Le rôle du notaire est déterminant, non seulement pour organiser la succession, mais aussi pour concrétiser une libéralité ou exécuter une succession.

La donation

La donation est un contrat qui doit en principe être passé par devant notaire et par lequel le donateur (c'est celui qui donne gratuitement et sans pouvoir exiger de contrepartie) transfère la propriété d'un bien à une personne appelée donataire (c'est celui qui reçoit et qui doit l'accepter). Lorsque le donataire a accepté, le bien n'appartient plus au donateur (art. 893, alinéa 1), on dit qu'elle est irrévocable (art. 874).

Quoi ?

Toutes les catégories de biens (immobiliers ou mobiliers) peuvent faire l'objet d'une donation, ainsi des maisons, des appartements, des terrains, des meubles, mais également de l'argent, des actions, des tableaux…

Quand ?

La donation peut être faite « entre vifs », auquel cas elle a normalement un effet immédiat, mais le donateur peut vouloir jouir encore de son bien et prévoir la donation par testament* (art. 893, alinéa 2).

Pour qui ?

La donation peut être faite à un héritier (enfants, petits-enfants, conjoint, membre de la famille) mais également à une tierce personne n'ayant aucun droit sur la succession, à la condition une fois encore de respecter les droits des héritiers.

De fait, le donateur ne peut privilégier un héritier au profit d'un autre qu'en respectant les règles successorales.

Lorsque la donation entre vifs dépasse le montant de la quotité disponible, le surplus donne lieu à une indemnité, déterminée judiciairement, qui doit être alors partagée entre les héritiers (art. 921).

Lorsqu'elle est faite à un héritier, la donation peut être faite en avancement de sa part successorale et dans ce cas, elle s'impute sur sa part d'héritage (art. 919-1). En procédant de la sorte, le donateur n'avantage pas spécialement un héritier par rapport aux autres puisque les biens reçus s'imputeront sur sa part d'héritage, ce qui permet de rétablir l'égalité entre tous les héritiers.

Si le donateur souhaite avantager l'un de ses héritiers, la donation se fait alors « hors part successorale ». Dans ce cas, elle ne s'impute pas sur la part successorale mais s'y ajoute (art. 919).

En cas de famille recomposée, lorsque l'époux donateur a des descendants (enfants, petits-enfants, voir arrière-petits-enfants), que ceux-ci soient issus du mariage en vigueur au moment de la donation ou d'une précédente union (mariage, concubinage, PACS, relation), il ne peut pas donner tout son patrimoine à son conjoint (non divorcé) ; il ne peut disposer que de la quotité disponible.

Lorsque la donation est faite à une tierce personne, le donateur peut donner tout son patrimoine s'il n'a pas d'héritier(s) réservataire(s)*, sinon, il ne pourra disposer que de la quotité disponible, qui variera en fonction du nombre d'enfants.

La donation a un coût (frais de notaire, fiscalité), mieux vaut se renseigner avant pour éviter les mauvaises surprises !

Le don manuel

Lorsqu'une personne souhaite donner « de la main à la main » des objets, une somme d'argent (en espèces ou éventuellement sous forme de chèque) ou des valeurs mobilières comme des actions ou des obligations par exemple, aucun écrit n'est obligatoire, la transmission est libre, sans formalités particulières. Ce don manuel ne peut jamais porter sur des biens immobiliers.

Combien ?

Dès que leur valeur est supérieur à 15 000 €, les simples présents d'usage (par exemple, un cadeau d'anniversaire) sont soumis au régime légal des donations et comme telles doivent être déclarés à l'administration fiscale. La déclaration qui sera enregistrée (elle aura ainsi date certaine) devra être faite au centre des impôts du lieu de résidence du donateur ou du donataire (art. 635 A du Code général des Impôts). La date d'enregistrement de l'acte permettra notamment de faire courir le délai de 10 ans pour bénéficier à nouveau des abattements fiscaux.

Avantages fiscaux

Si on fait un don d'une somme d'argent à ses enfants, ses petits petits-enfants voire ses arrière-petits-enfants ou encore à ses neveux ou nièces, sauf s'il est symbolique (quelques centaines d'euros), le don doit être déclaré ou enregistré par le donataire (ou son notaire) à la recette des impôts dont dépend son domicile, dans un délai d'1 mois à compter de la date du don. Cet enregistrement est d'autant plus obligatoire que ces dons sont exonérés de droits de mutation à titre gratuit dans la limite de 31 865 € et à la condition que le donateur ait moins de 80 ans.

Depuis le 31 juillet 2011, cette forme de donation à titre gratuit peut être renouvelable tous les 10 ans à compter de la date d'enregistrement ou de déclaration du premier don exonéré (art. 779, 790 B et 790 D du Code général des Impôts).

Comme toute disposition liée au droit d'enregistrement et à des avantages fiscaux, ceux-ci sont susceptibles d'être remis en cause par une disposition légale, il vaut donc mieux se renseigner avant !

La donation-partage

Toute personne peut faire entre ses héritiers présomptifs* la distribution et le partage de ses biens et de ses droits (art. 1075). La donation-partage suppose que le donateur ait au moins deux héritiers présomptifs.

Pour qui ?

La donation-partage peut concerner des héritiers de la même génération, des descendants de degrés différents (enfant du donateur et petits-enfants par exemple) ou des collatéraux lorsque le donateur n'a pas d'enfants.
La donation-partage peut s'effectuer avec le conjoint du donateur soit au profit de leurs enfants communs, soit au profit d'enfants qui ne sont pas communs mais en tout état de cause, elle suppose que tous les enfants soient concernés et que le partage se fasse à parts égales.

Pour être valable, la donation-partage doit être faite obligatoirement par acte notarié*, sinon elle sera remise en cause.

Quoi ?

De même que le donateur n'est pas obligé de partager l'ensemble de ses biens, cette donation peut porter uniquement sur la nue propriété* ; en ce cas, il conserve l'usufruit des biens donnés. En revanche, le donateur ne peut pas donner une chose qu'il va recevoir ou acquérir postérieurement (art. 1076). Pour pouvoir faire l'objet d'une donation, les biens doivent en effet être présents dans le patrimoine du donateur.

De la donation à la succession

Au décès du donateur, si la donation-partage a été équitable, les biens ne sont pas réévalués lors d'ouverture de la succession. Encore faut-il :

- que le donateur n'ait pas eu d'enfant postérieurement (que la filiation soit « biologique » ou adoptive),
- qu'un enfant n'ait pas été délibérément oublié,
- qu'un enfant n'ait pas refusé la donation-partage.

La donation entre époux

Les époux peuvent dans leur contrat de mariage se faire réciproquement ou l'un des deux à l'autre, une donation (art. 1091). Contrairement aux donations envers les héritiers présomptifs, cette donation peut se faire sur les biens existants mais également sur les biens à venir (art. 1093). Lorsqu'elle est faite au cours du mariage, on parle de « donation au dernier vivant ».

S'il n'existe ni descendant, ni ascendant, l'époux peut donner à son conjoint tous ses biens en pleine propriété. En revanche, en présence d'ascendants ou de descendants, l'époux est limité dans son droit de disposer en faveur de l'autre par les règles relatives aux droits des héritiers sur une succession.

BON À SAVOIR

En présence d'enfants du couple ou de l'époux donateur, l'époux survivant ne pourra vendre des immeubles (sauf ceux lui appartenant en propre) qu'avec le consentement et le concours des enfants, en raison des droits réservataires de ceux-ci.

La donation assortie d'une obligation de transmettre un bien

Pour pouvoir faire l'objet d'une donation assortie d'une obligation de transmettre un bien, le bien doit être clairement identifiable à la date de la transmission et se retrouver tel quel au décès du donataire.

La donation graduelle (art. 1048)

Dans le cadre d'une donation graduelle, le premier donataire n'est que le transitaire. Il a pour obligation de conserver les biens transmis et de les transmettre, à son décès, à un second bénéficiaire qui doit être désigné dans l'acte de donation. Les droits du second bénéficiaire, qui lui, va pouvoir jouir ou aliéner le bien (art. 1050), s'ouvrent à la mort du donataire.

Un grand-père veut faire donation d'une commode de prix à sa petite-fille, qui est trop jeune au moment de la donation pour en disposer. Il va faire une donation à son fils (père de sa petite-fille), qui ne pourra pas la vendre et devra la transmettre à sa fille au décès du donataire. La petite-fille aura alors le droit d'en disposer (c'est-à-dire de la vendre), ce que ne pouvait faire son père.

La donation résiduelle (art. 1057)

La donation résiduelle prévoit qu'une personne sera appelée à recueillir ce qui restera du don ou legs fait à un premier bénéficiaire, à la mort de celui-ci. Le donateur n'oblige pas le premier bénéficiaire à conserver les biens reçus (comme dans la donation graduelle), mais seulement à transmettre les biens qui subsistent. Cela permet au premier bénéficiaire de disposer des biens et notamment de les vendre. Le premier bénéficiaire n'est cependant pas tout à fait libre de disposer de ces biens puisqu'il ne peut les transmettre par testament, ni en faire donation sauf s'il est héritier réservataire.

Peut-on faire marche arrière ?

Donner, c'est donner, reprendre c'est voler ! Cette sentence trouve écho dans la donation… mais souffre exceptions ! À l'exception des donations entre époux, une donation, en principe, est irrévocable (art. 894), sauf si :

- Le donataire ne respecte pas les charges et les conditions prévues dans la donation (art. 953). À la condition que ces clauses ne soient ni impossibles, ni illicites, ni immorales, le donateur pourra récupérer les biens en quelque main qu'il se trouve.

  Le droit de suite permet au donateur de récupérer les biens entre les mains d'un tiers, même de bonne foi, qui les aurait acquis.

- Le donataire est ingrat envers le donateur (art. 955). Le Code civil a prévu trois cas exclusifs d'ingratitude :

  - l'homicide (ou la tentative d'homicide) sur la personne du donateur par le donataire,
  - la commission par le donataire, sur le donateur, de délits, sévices ou injures graves,

- le refus d'aliments (c'est-à-dire si le donataire ne subvient pas comme il le devrait aux besoins du donateur).

Dans ce cas, il n'existe pas de droit de suite mais le donateur a la possibilité de se retourner contre le donataire pour obtenir une indemnité compensatrice en fonction du préjudice subi.

- Le donateur a un ou des enfant(s) (art. 960) tandis qu'au moment de la donation, il était sans descendance, à la condition toutefois que l'acte de donation envisage cette hypothèse.

En ce qui concerne les deux premiers cas de révocation (inexécution des charges et obligations et ingratitude), la révocation ne peut être prononcée que par le tribunal (art. 956). En principe, la demande ne doit être effectuée que par le donateur lui-même mais ses héritiers peuvent agir en cas de décès du donateur au cours du délai d'un an imparti ou si l'acte ingrat a consisté dans le meurtre du donateur par le donataire. Cette action judiciaire ne peut viser que le donataire lui-même (et non ses héritiers). Dans le cas de la survenance d'un enfant, la révocation s'effectue alors de plein droit.

Le pacte successoral

Certains dons ou certains legs peuvent porter atteinte à la réserve héréditaire d'un héritier réservataire. Si un héritier réservataire estime avoir été lésé, il dispose d'une action en réduction*, qui doit être portée devant le tribunal de grande instance, afin de se faire rétablir dans ses droits.

Tant que la succession n'est pas ouverte, il est possible de renoncer à cette action en réduction, c'est l'objet du « pacte successoral » (art. 929). La renonciation ne porte pas sur la succession mais sur le fait de revendiquer un droit dont on a été privé par le legs ou la donation. Le bénéficiaire de la renonciation conserve donc le ou les biens qu'il a reçus directement par donation du défunt.

La renonciation est établie par un acte notarié spécifique, reçu par deux notaires (art. 930) et doit préciser les conséquences de la renonciation pour le renonçant.

Si finalement l'héritier réservataire veut changer d'avis, il peut demander, avec le concours de son avocat, la révocation de cette renonciation, seulement si (art. 930-3) :

- les délais pour introduire l'action en justice sont respectés,
- celui dont il a vocation à hériter ne remplit pas ses obligations alimentaires envers lui,
- au jour de l'ouverture de la succession, il est dans un état de besoin qui disparaîtrait s'il n'avait pas renoncé à ses droits réservataires,

- le bénéficiaire de la renonciation s'est rendu coupable d'un crime ou d'un délit envers lui.

La succession

À qui vont les biens d'une personne après sa mort ? À ses enfants, à celui qu'elle avait désigné comme son héritier ? Encore faut-il dans ce cas avoir pensé à rédiger un testament ! En fait, la succession répond à des règles strictes établies par la loi et en la matière, on est loin de pouvoir toujours faire ce que l'on veut.

La famille d'abord !

Testament ou pas, la succession concerne d'abord la famille du défunt, conçue comme la représentation des liens de parenté et des liens du mariage. Peu de chance donc que l'amie d'enfance d'un défunt hérite de tous ses biens, s'il n'est pas orphelin, sans descendants, ni famille… même si c'est la volonté du défunt.

Lorsque l'héritage concerne l'enfant, la loi ne fait plus de distinction de dénomination (ce sont tous des enfants) quels que soit l'origine de la filiation et le nombre de mariages, de PACS, d'aventures sans lendemain ou de concubinages, à la condition bien sûr que la filiation soit légalement établie. La seule différence qui subsiste concerne l'adoption simple qui laisse à l'adopté vocation à succéder dans sa famille d'origine et dans sa famille adoptive.

Depuis la loi 0011135 du 3 décembre 2001, le droit d'hériter appartient aussi au conjoint successible, c'est-à-dire non divorcé (art. 732). En l'absence de descendants ou d'ascendants, l'épouse non divorcée est considérée comme un héritier réservataire.

Pour pouvoir hériter, il faut être vivant, c'est-à-dire « exister à l'instant de l'ouverture de la succession » ou être conçu à la date du décès et naître viable (art. 725).

Procédons par ordre…

En l'absence de conjoint successible, il existe une hiérarchie au sein des héritiers, on dit qu'ils sont classés par ordre (il en existe quatre), chaque ordre étant lui-même divisé en fonction du degré de parenté avec le défunt.

Avec lien de sang

Par le lien de sang, les héritiers ne peuvent prétendre à bénéficier d'une succession que dans l'un des quatre ordres visés à l'article 734 du Code civil et jusqu'au 6e degré.

- Le premier ordre de succession concerne les enfants du défunt et leurs descendants. C'est par le jeu de la représentation* que les enfants ou les petits-enfants vont hériter en lieu et place de leur parent ou grand-parent décédé avant le défunt.
- Le second ordre de succession concerne les père et mère, les frères et sœurs et les descendants de ces derniers par le jeu de la représentation. Pour les frères et sœurs, on parle de collatéraux privilégiés. La famille recomposée a fait son apparition légale en matière de succession puisque désormais, la notion de « frères et sœurs », regroupe l'ensemble des enfants du défunt (c'est-à-dire également les demi-frères ou sœurs).
- Le troisième ordre de succession concerne les ascendants autres que les père et mère, c'est-à-dire les grands-parents voire les arrière-grands-parents.
- Le quatrième ordre de succession concerne les collatéraux autres que les frères et sœurs, on parle de collatéraux ordinaires, c'est-à-dire les tantes ou les oncles et par la voie de la représentation, leurs enfants.

Sans lien de sang

Dans la mesure où le conjoint marié au moment du décès n'a pas de lien de sang avec le défunt, il ne fait pas partie d'un ordre successoral. En revanche, il a désormais vocation à hériter puisque chaque conjoint peut hériter de l'autre.

Lorsque le conjoint vient en « concurrence » avec les enfants d'un lit précédent, ces derniers peuvent demander au tribunal de faire jouer leur droit de retranchement, ce qui va leur permettre de récupérer leur part qui excède la quotité disponible spéciale entre époux (art. 1527).

Famille, je vous hais

Quelles que soient les relations que l'on entretient avec sa famille, on n'a pas le droit de la déshériter ! En présence de la famille, les tiers (amis, associations, fondations…) ne pourront hériter que de la partie qui n'est pas consacrée aux héritiers du défunt, que ce soit directement ou par ordre de succession.

Pour éviter que des personnes peu scrupuleuses ne profitent de leur proximité professionnelle pour favoriser des « dons » au détriment des proches ou de ceux qui peuvent hériter, l'article 909 du Code civil exclut du bénéfice d'un legs certaines personnes ayant été en contact professionnel avec le testateur*. Ainsi un « médecin ou un pharmacien ou encore un auxiliaire médical qui ont prodigué des soins à une personne pendant la maladie dont elle meurt » ne peuvent hériter de leurs patients. De même, un mandataire judiciaire à la protection judiciaire ne peut hériter de celui dont il assure la protection.

La quotité disponible

La part que l'on peut léguer librement dépend de la quotité disponible, c'est-à-dire la part de l'héritage qui n'est pas comprise dans la réserve héréditaire, laquelle n'est pas fixe mais varie en fonction du nombre d'héritiers réservataires.

Si le défunt a des enfants

Les enfants ont au moins droit à la réserve héréditaire, qui concerne :

- la moitié des biens si le testateur laisse un enfant à son décès (la quotité disponible sera donc de la moitié),
- les 2/3 des biens si le testateur laisse deux enfants à son décès (la quotité disponible sera donc d'un tiers),
- les 3/4 des biens si le testateur laisse trois enfants ou plus à son décès (la quotité disponible sera donc d'un quart).

Si le défunt n'a ni descendants, ni conjoint

Ce sont les parents du défunt qui ont droit à la réserve héréditaire, qui concerne :

- 1/4 des biens pour le père et 1/4 pour la mère, si les deux parents sont toujours vivants (la quotité disponible sera donc de la moitié),
- 1/4 des biens pour le parent survivant, si seulement l'un des parents est vivant (la quotité disponible sera donc des trois quarts).

Si le défunt ne laisse ni ascendants, ni descendants mais un conjoint

Le conjoint non divorcé devient héritier réservataire, la réserve héréditaire représentant alors le quart des biens du défunt (la quotité disponible sera donc des trois quarts).

Si le défunt laisse des descendants (enfants ou petits-enfants) et un conjoint non divorcé

Le conjoint survivant n'est plus héritier réservataire mais n'est pas pour autant évincé de la succession puisqu'il dispose d'une quotité disponible spéciale. À condition toutefois que le défunt ait manifesté sa volonté de transmettre des biens à son conjoint survivant par testament ou bien au moyen d'une donation entre époux.

Le conjoint survivant a le choix entre :

- la pleine propriété de la quotité disponible,
- la totalité des biens du défunt en usufruit.

Lorsque le conjoint survivant recueille la totalité ou les trois quarts des biens, les ascendants du défunt, autres que les père et mère, qui sont dans le besoin, peuvent réclamer une créance d'aliments contre la succession (art. 758).

Le testament

Lorsque l'on souhaite léguer un bien précis à une personne précise, il faut faire un testament, qui peut être (art. 969) :

- écrit (on parle de testament olographe),
- verbal, à la condition d'être reçu verbalement par deux notaires en présence de deux témoins (on parle de testament fait par acte public car les notaires vont transcrire les volontés du testateur),
- remis à un notaire devant deux témoins et cacheté (on parle de testament dans la forme mythique).

Un testament sous conditions

Faire un testament suppose que l'on soit sain d'esprit et juridiquement capable (majeur ou mineur émancipé). Si le majeur fait l'objet d'une tutelle, il doit obtenir l'autorisation du juge des tutelles ou du conseil de famille, s'il est sous curatelle, il doit être assisté de son curateur.

Le testament peut prévoir la transmission de biens mobiliers ou immobiliers, bien sûr, mais on peut également donner à ses héritiers les consignes pour son enterrement (loi du 15 novembre 1887 sur la liberté des funérailles).

C'est écrit, c'est pour la vie ?

Il faut savoir qu'un testament n'est jamais définitif. Il peut être modifié, annulé ou révoqué dans son intégralité à tout moment et jusqu'à sa mort par le testateur (art. 1035). Il peut aussi être remis en cause par les héritiers, qui saisiront le tribunal de grande instance, lequel pourra ordonner l'annulation ou la révocation du testament.

- Lorsqu'un ou plusieurs héritiers demandent l'annulation du testament, les conditions de validité du testament seront remises en cause. Cette annulation sera envisageable :
  - si les formes requises par la loi n'ont pas été respectées,
  - s'il peut être démontré qu'au moment où le testateur a fait connaître ses dernières volontés, il n'était pas sain d'esprit,
  - si le bénéficiaire du legs n'avait pas le droit de le recevoir.
- Lorsqu'un héritier demande la révocation du testament, c'est le comportement du légataire après le décès du testateur qui va être sanctionné (art. 1046).

Les héritiers obtiendront gain de cause si le légataire* n'exécute pas les conditions imposées par le testateur (ainsi par exemple, dans le cas du legs d'une maison, à charge pour le légataire d'y loger un proche du testateur jusqu'à la fin de ses études) ou en cas d'ingratitude du légataire à l'égard du testateur (injure grave à la mémoire du défunt).

BON À SAVOIR

La demande intentée sur le fondement d'une injure grave envers la mémoire du testateur doit l'être dans l'année à compter du jour du délit (art. 1047).

Fils indigne !

Si les héritiers pensent que l'un d'eux est indigne d'hériter, ils pourront demander, dès l'ouverture de la succession, au tribunal de grande instance que cette personne soit écartée de la succession. Cette déclaration d'indignité peut :

- soit être obligatoirement prononcée par le tribunal (art. 726), ainsi par exemple si le légataire est passible d'une condamnation pour crime envers le testateur,
- soit être facultative et laissée à l'appréciation du tribunal (art. 727), ainsi par exemple si le légataire a porté un témoignage mensonger contre le défunt dans une procédure criminelle.

Cette exclusion pour indignité ne concerne que l'héritier qui s'en est rendu coupable. Si cet héritier exclus est décédé au moment de la succession, ses propres héritiers peuvent en revanche percevoir la part qui lui aurait été attribuée dans la succession (art. 729).

La part du fisc

Rien n'est gratuit ! En cas de succession, le fisc demande sa part.

La déclaration de la succession

Dans les 6 mois qui suivent le décès, les héritiers tenus de régler des droits de succession doivent déclarer la succession auprès du Trésor Public. À défaut, ils risquent des pénalités (art. 800 du Code général des Impôts). Même si elle n'est pas obligatoire en l'absence de droits à régler, la déclaration est fortement conseillée, quel que soit le montant, pour pouvoir s'expliquer sur la valeur d'un bien en cas de contestation par l'administration fiscale ou encore pour obtenir un certificat de non-exigibilité des droits de succession, qui est nécessaire pour obtenir le déblocage du capital d'une assurance-vie* ou décès.

Les délais sont différents si le défunt est à l'étranger, domicilié dans un département d'Outre Mer ou si certains biens sont situés en Corse.

Les droits de succession

Pour les enfants, conjoint non divorcé ou partenaire de PACS, en dessous d'un seuil d'actif net* successoral (dont le montant est déterminé par la loi de finances*), il n'y a pas de droits à acquitter. Cette exonération fiscale n'est cependant possible qu'à la condition que les héritiers n'aient pas bénéficié antérieurement, de la part du défunt, d'une donation ou d'un don manuel non enregistré ou non déclaré.

Pour les autres héritiers, le montant de la succession exonérée dépend de leur qualité (collatéraux privilégiés, collatéraux non privilégiés, tiers…).

Succession, l'accepter ou la refuser ?

En principe, hériter suppose que la succession dégage un solde positif entre les avoirs et les dettes éventuelles. Mais dans certaines circonstances, le passif connu (ou à venir) est supérieur aux avoirs, et dans ces conditions, celui qui accepte la succession devra régler les dettes, y compris sur ses deniers personnels. C'est pourquoi, la loi prévoit que toute personne qui se voit proposer une succession ait le choix, dans le délai qui lui est imparti, entre :

- accepter la succession purement et simplement,
- accepter la succession à concurrence de l'actif net,
- renoncer à la succession.

On peut réfléchir...

Avant de déclarer qu'ils acceptent ou refusent la succession, les héritiers peuvent avoir intérêt à faire établir un inventaire ou à faire certains actes purement conservatoires (paiement de dettes urgentes par exemple), des actes de surveillance ou des actes d'administration provisoire (vente de biens dont la réalisation ne peut attendre).

Puisqu'il s'agit alors de gérer dans l'urgence le patrimoine, on ne pourra déduire de ces actes que les héritiers ont tacitement accepté la succession.

... Mais pas trop longtemps quand même !

On ne peut contraindre un héritier à faire son choix avant l'expiration d'un délai de 4 mois à compter de l'ouverture de la succession (art. 771, alinéa 1). Mais passé ce délai, un créancier de la succession, un cohéritier, un héritier de rang subséquent ou l'État peut sommer l'héritier par acte extra judiciaire* de prendre parti (art. 771, alinéa 2). Dans les 2 mois qui suivent la sommation, l'héritier devra « prendre parti ou solliciter un délai supplémentaire ». À défaut d'avoir pris parti à l'expiration du délai de 2 mois ou d'avoir saisi le juge pour obtenir un délai supplémentaire ou à l'expiration du délai supplémentaire accordé par le juge, « l'héritier est réputé acceptant pur et simple » (art. 772, alinéa 2).

Si aucune sommation n'a été faite au « futur héritier », cette faculté d'option peut être exercée jusqu'à sa prescription, qui est de 10 ans à compter de l'ouverture de la succession. L'héritier qui n'a pas pris parti dans ce délai est réputé renonçant (art. 780).

J'accepte !

Si l'héritier fait le choix d'accepter purement et simplement la succession, il peut le faire :

- par un écrit, dans lequel l'acceptant prend la qualité d'héritier (on dit alors qu'elle est expresse),
- par un acte qui suppose l'intention d'accepter (elle est alors tacite).

Un notaire pourra conseiller le futur acceptant sur ce qu'il peut faire ou ne pas faire mais aussi sur ce qu'il doit faire.

Accepter « purement et simplement » une succession permet de disposer librement des biens successoraux. La contrepartie, c'est le risque que l'héritier ait alors à répondre personnellement (donc sur son patrimoine) de toutes les dettes du défunt et de toutes les charges de la succession. Il est donc important de mesurer le risque. En effet l'héritier ne peut plus renoncer à la succession ni l'accepter à concurrence de l'actif net, sauf s'il parvient à démontrer que cette dette successorale, qu'il avait des motifs légitimes d'ignorer au moment où il a accepté la succession, porte gravement atteinte à son patrimoine personnel (art. 786, alinéa 1).

J'accepte… mais

L'héritier peut faire le choix d'accepter la succession à concurrence de l'actif net (ancienne acceptation « sous bénéfice d'inventaire »). En faisant ce choix, il ne sera tenu des dettes successorales qu'à concurrence de la valeur des biens recueillis dans la succession. En principe donc, son patrimoine ne peut être le gage des créanciers du défunt (sauf si le créancier parvient à démontrer au tribunal que la vente d'un bien dépendant de la succession n'est pas réalisée au prix réel).

Cette acceptation, qui sera enregistrée puis publiée, se concrétise par une déclaration au greffe du tribunal de grande instance du dernier domicile du défunt. Elle s'accompagne, au plus tard dans les 2 mois, d'un inventaire établi par un commissaire-priseur, un huissier ou un notaire et qui sera lui aussi enregistré puis publié.

Ce délai de 2 mois peut être prolongé judiciairement s'il existe des motifs sérieux et légitimes qui retardent le dépôt de l'inventaire (art. 790).

Formaliser cet inventaire dans le délai légal ou prorogé par le juge est impératif car à défaut, l'héritier serait réputé accepter purement et simplement la succession, avec le risque d'engager son patrimoine personnel (art. 790, alinéa 4).

L'héritier doit régler le passif de la succession, payer les créanciers (qui doivent se faire connaître dans un délai de 15 mois à compter du jour où la déclaration d'acceptation à concurrence de l'actif net a été publiée, faute de quoi, ils perdent leurs droits). Il doit aussi administrer les biens qu'il recueille dans la succession.

Une fois les biens « recueillis », l'héritier devra faire une déclaration au greffe du tribunal (qui sera publiée), en indiquant s'il veut vendre ou conserver les biens de la succession (art. 796).

- Si l'héritier décide de conserver un bien, il devra payer les créanciers qui se sont déclarés.
- Si l'héritier décide de vendre un bien, il devra redistribuer (à due concurrence) le prix de la vente aux créanciers déclarés.

À l'issue des opérations (règlement intégral du passif, conservation ou aliénation de l'actif), l'héritier devra déposer un compte de clôture au greffe du tribunal, ce qui marquera la fin de la procédure.

Je refuse !

Cette renonciation se matérialise par une déclaration de renonciation au greffe du tribunal de grande instance du lieu d'ouverture de la succession (art. 804). L'héritier qui renonce à la succession ne sera tenu ni au paiement des dettes ni aux charges de la succession. Malgré cette renonciation, il peut être tenu « à proportion de ses moyens » au paiement des frais funéraires, si le défunt est un ascendant ou un descendant (art. 806).

Tant que la prescription du droit d'accepter n'est pas acquise, l'héritier peut revenir sur sa renonciation, à la condition qu'entretemps, un autre héritier n'ait pas accepté la succession ou qu'elle n'ait pas été déclarée « vacante » et donc acquise à l'État (art. 807).

Le régime de l'indivision

Lorsqu'il y a plusieurs héritiers, la succession se trouve placée sous le régime de l'indivision, c'est-à-dire que les biens composant la succession appartiennent à l'ensemble des héritiers (les indivisaires).

L'indivision peut être temporaire, le temps de régler la succession et de procéder au partage ou elle peut au contraire s'éterniser en cas de conflit au sein de l'indivision qui bloque la possibilité de vendre le ou les biens.

L'indivision peut aussi perdurer pour protéger des intérêts, celui des enfants par exemple, en maintenant l'indivision par période de 5 ans (art. 822 et 823) mais aussi pour favoriser la pérennité d'une activité agricole, commerciale, industrielle, artisanale ou libérale (art. 819, qui prévoit un sursis au partage de 2 ans).

Avant tout partage amiable ou judiciaire, le conjoint survivant ou tout héritier copropriétaire peut demander l'attribution préférentielle de certains biens à usage professionnel ou rural (art. 831-2), lorsqu'ils servent effectivement à l'exercice de sa profession.

Quelle que soit sa durée, il peut être nécessaire pour les indivisaires de gérer cette indivision :

- soit directement, à la condition que le ou les indivisaires représentent au moins les 2/3 des droits, que les autres co-indivisaires aient été informés et qu'il ne s'agisse pas de la vente d'un bien immobilier qui requiert l'accord de tous les indivisaires,
- soit, avec l'autorisation du juge saisi, par un indivisaire, qui sera autorisé à faire un acte.

Lorsque l'un des co-indivisaires souhaite vendre, nul n'est censé rester dans l'indivision (art. 815-5-1). Sur le papier c'est clair, dans la pratique c'est beaucoup plus compliqué ! Dès lors que les co-indivisaires qui réunissent au moins deux tiers des droits indivis sont d'accord, on peut vendre ; si ce consensus n'est pas obtenu, seule une décision du tribunal permettra de sortir de l'indivision.

Cette procédure complexe est longue et coûteuse, mieux vaut donc essayer de convaincre les autres co-indivisaires d'accepter la vente.

Le partage de l'indivision

Le partage de l'indivision peut prendre deux formes : amiable ou judiciaire.

Dans le cas du partage amiable, les héritiers vont s'entendre sur la répartition des biens et les modalités de cette répartition. Ainsi par exemple, un indivisaire* peut racheter la part des autres.

S'il y a des biens immobiliers, l'intervention d'un notaire est obligatoire.

Le partage amiable peut porter soit sur la totalité des biens, soit sur une partie seulement du patrimoine. S'il est partiel, le partage du surplus sera alors soumis au tribunal. Le partage amiable peut être annulé :

- pour cause de violence ou de dol ou, dans certains cas, pour cause d'erreur (art. 887),
- si un des cohéritiers a été oublié, sauf s'il consent à recevoir sa part en nature ou en valeur, sans demander l'annulation du partage déjà intervenu (art. 887-1).

Lorsque l'un des indivisaires refuse de consentir au partage amiable ou s'il s'élève des contestations sur la manière d'y procéder ou de le terminer ou lorsque le partage amiable n'a pas été autorisé ou approuvé, le partage devra être fait en justice (art. 840). Lorsque le tribunal est saisi, les co-partageants peuvent, à tout moment avant que la décision ne devienne définitive, abandonner la procédure judiciaire pour se diriger vers un partage à l'amiable, à la condition que celui-ci puisse intervenir dans de telles conditions (art. 842).

Pour faire valoir leurs droits, les créanciers d'un indivisaire vont pouvoir provoquer le partage au nom de leur débiteur ou intervenir dans le partage provoqué par lui (art. 815-17, alinéa 1).

Il ne suffit pas d'être d'accord pour partager, encore faut-il savoir comment faire la répartition. Chaque indivisaire, au moment du partage, doit recevoir des biens pour une valeur égale à celle de ses droits dans l'indivision (art. 826, alinéa 2). Dans la formation et la composition des lots, les co-indivisaires ou le tribunal doivent s'efforcer d'éviter de diviser les unités économiques et autres ensembles de biens dont le fractionnement entraînerait la dépréciation (art. 830). Si les lots sont de valeur inégale, l'attributaire devra payer une soulte en compensation pour rétablir l'égalité de valeur. Parfois, la composition de lots est impossible, le seul recours possible est alors la vente judiciaire des biens (la licitation) et le partage entre les indivisaires se fait en répartissant le produit de la vente.

Si l'un des co-indivisaires s'estime lésé et qu'il établit avoir subi une lésion de plus du quart de la valeur du bien, le complément de sa part lui est fourni, selon son choix, soit en numéraire, soit en nature. Pour apprécier s'il y a eu lésion, on estime les objets suivant leur valeur à l'époque du partage (art. 889).

Vacance et déshérence

Trois situations permettent de déclarer une succession vacante (art. 809) :

- lorsqu'il ne se présente personne pour réclamer la succession et qu'il n'y a pas d'héritier connu,
- lorsque tous les héritiers connus ont renoncé à la succession,
- lorsque, après l'expiration d'un délai de 6 mois depuis l'ouverture de la succession, les héritiers connus n'ont pas opté, de manière tacite ou expresse pour l'acceptation ou le refus de la succession.

Mieux vaut donc veiller à réagir dans les délais pour ne pas laisser passer un héritage ! Dans cette situation, un curateur est désigné, avec pour mission de réaliser la succession. S'il se dégage un actif net, il est consigné. Si entre-temps, un héritier a été trouvé et qu'il est dans le délai pour réclamer la succession, il pourra exercer ses droits sur le produit dégagé (art. 810-10).

Lorsque l'État constate que le défunt n'avais aucun héritier ou que la succession est abandonnée (art. 811), il va demander au tribunal l'envoi en possession afin de pouvoir en disposer (le vendre par exemple). On parle alors de déshérence. Cette déshérence peut cependant prendre fin si un héritier accepte la succession (art. 811-2).

Chapitre 11

La protection des mineurs émancipés et des majeurs

Dans ce chapitre :

- La protection des mineurs émancipés et des majeurs : pour qui, pourquoi, comment ?
- Les mesures d'accompagnement
- Les mesures judiciaires de protection

Normalement, lorsque l'on est majeur ou mineur émancipé, on est libre de mener sa vie comme on l'entend. Malheureusement, l'altération des facultés mentales ou corporelles de certaines personnes oblige parfois la justice à restreindre leur champ d'actions, avant tout pour leur propre bien et pour leur sécurité. Les mesures d'accompagnement et les mesures judiciaires de protection prévues par la législation sont là pour protéger ces personnes vulnérables. La loi n° 2007-308 du 5 mars 2007, aujourd'hui codifiée, organise notamment la protection judicaire des mineurs émancipés* et des majeurs.

N. B. : Les articles font référence au Code civil dans ce chapitre, sauf mention contraire. Compte tenu de la diversité des situations qui naissent de l'incapacité du mineur ou du majeur, ce chapitre indique les situations les plus courantes dans leur globalité.

Modalités de la protection

Les modalités de la protection judicaire des mineurs émancipés et des majeurs sont détaillées dans le Code civil.

Qui est concerné ?

Sont concernées les personnes mentalement ou physiquement vulnérables à l'encontre desquelles on peut prouver médicalement une altération des facultés mentales ou corporelles (art. 425). Cette altération doit obligatoirement être constatée par un médecin spécialiste qui va délivrer un certificat circonstancié.

N'importe quel spécialiste ne peut délivrer un certificat, il faut que ce dernier soit inscrit sur une liste établie chaque année par le procureur de la République après avis du préfet (art. 431). Cette liste de médecins est disponible auprès du greffe du tribunal d'instance.

Selon le degré de gravité de l'altération des facultés personnelles du majeur ou du mineur émancipé, les mesures seront prises en tenant compte du principe de proportionnalité et d'individualisation posé par l'alinéa 2 de l'article 428 du Code civil.

Qui peut assister* ou représenter* la personne protégée ?

Toute personne désignée par le juge des tutelles (ou le procureur de la République dans le cadre d'une sauvegarde de justice) peut assister ou représenter une personne protégée. Quelle que soit la mesure de protection décidée, ce peut être un « mandataire spécial », qui ne représente alors la personne protégée que pour les actes pour lesquels il a été désigné, un curateur ou bien encore un tuteur.

Même sous l'empire d'un trouble mental et sous un régime de protection, la personne protégée demeure responsable de ses actes sur le plan civil (art. 414-3) et doit réparation du dommage qu'elle cause. Le majeur sous mesure de protection devra donc être assuré par une assurance de responsabilité civile qui sera souscrite par le curateur ou le tuteur.

Combien ça coûte?

Lorsque c'est un proche qui assure les charges tutélaires, en principe la protection est gratuite (art. 419, alinéa 1) mais s'il y a des biens à gérer, une indemnité à la charge de la personne protégée peut être allouée au tuteur.

Lorsque c'est un mandataire judiciaire à la protection des majeurs à titre individuel (MJPM) qui assure ces mêmes charges, il est prévu une rémunération, dont le tarif mensuel est fixé par un arrêté et dont le mode de calcul peut être modifié par décret (le dernier en date est celui du 6 janvier 2012, publié au JO le 21 janvier 2012). En principe, la rémunération est à la charge de la personne protégée ou, si elle ne peut y faire face sur son patrimoine ou ses ressources, à la charge de la collectivité.

Les mesures d'accompagnement

Les mesures d'accompagnement visent à aider le mineur émancipé ou le majeur dans la gestion de ses ressources.

La mesure d'accompagnement social personnalisé (MASP)

La mesure d'accompagnement social personnalisé (MASP) est envisagée lorsqu'un mineur émancipé ou un majeur perçoit des prestations sociales mais est incapable de les gérer, ce qui peut mettre en péril sa santé ou sa sécurité.

La MASP permet au majeur ou au mineur émancipé de bénéficier d'un contrat d'assistance passé avec le département, pour une durée de 6 mois à 4 ans (deux fois 2 ans) maximum (art. 271-2, alinéa 3 du Code de l'action sociale et de la famille). Au cours de cette période, les services sociaux concernés par le contrat d'assistance vont épauler le bénéficiaire.

BON À SAVOIR

En principe, cette prérogative est dévolue au département mais elle peut être déléguée à une autre collectivité territoriale, un centre communal ou une association à but non lucratif (art. 271-3 du Code de l'action sociale et de la famille).

Lorsque ces mesures n'ont pas permis d'empêcher que la santé et la sécurité du mineur émancipé ou du majeur ne soient compromises, ni que les difficultés ne soient surmontées, le président du Conseil général transmet au procureur de la République un rapport qui peut inclure des informations médicales (art. 271-6 du Code de l'action sociale et de la famille). Ce dernier peut alors envisager la saisine du juge des tutelles pour qu'il prononce une mesure de placement judiciaire ou un placement sous sauvegarde de justice, curatelle ou tutelle.

La mesure d'accompagnement judiciaire (MAJ)

La mesure d'accompagnement judiciaire (MAJ) est une mesure de protection consécutive à l'échec d'une MASP. Le bénéficiaire va être aidé par un mandataire judiciaire à la protection des majeurs (art. 496-5). Cette assistance est limitée à un mandat de 2 ans, qui peut être renouvelé pour une durée identique (art. 495-8).

Le majeur qui bénéficie de cette mesure n'est pas considéré comme un incapable (art. 495-3) mais simplement comme un individu qui n'est pas en mesure d'assumer seul l'utilisation de ses prestations sociales. Les prestations familiales incluses dans la mesure d'accompagnement judiciaire sont versées sur un compte ouvert au nom de la personne dans un établissement habilité (art. 495-7) mais c'est le mandataire judiciaire qui va disposer des fonds et les gérer.

BON À SAVOIR

L'application de cette mesure n'est pas systématique. Elle ne peut être ordonnée si le majeur ou le mineur émancipé est marié et si la simple application des règles relatives aux droits et devoirs des époux et de celles nées du régime matrimonial suffisent à permettre une gestion satisfaisante des prestations sociales (art. 495).

L'intervention du mandataire judiciaire est onéreuse. Son coût peut être mis intégralement ou partiellement à la charge du mineur émancipé ou du majeur. Si ses revenus ne le permettent pas, le coût est pris en charge par la collectivité.

La gestion du budget familial par un tiers

La gestion du budget familial par un tiers vise à aider le ou les parents dans la gestion du budget familial, composé soit de prestations familiales, soit du RSA. Elle ne peut être ordonnée qu'à une double condition :

- Il faut que les prestations familiales ne soient pas employées pour les besoins liés au logement, à l'entretien, à la santé et à l'éducation des enfants.
- Il faut que les aides à domicile dans le cadre de l'aide sociale à l'enfance visées à l'article 222-3 du Code de l'action sociale et des familles n'apparaissent pas suffisantes.

Si cette double condition est remplie, le juge des enfants peut ordonner que les revenus soient en tout ou pour partie, versés à un « délégué aux prestations sociales » (art. 375-9-1), qui va gérer le budget familial mais doit également exercer auprès de la famille une « action éducative », dont le but est de permettre au (x) parent(s) de parvenir à une gestion autonome des prestations.

Le mandat de protection future

Le mandat de protection future peut être donné (art. 479) pour administrer les biens et ne concerner que la gestion du patrimoine (mettant le mandataire dans l'obligation de dresser inventaire, de faire les actes de gestion qui lui sont autorisés et de rendre compte de sa gestion) mais il peut également concerner la protection de la personne, voire chacun de ces deux domaines.

Comment le donner ?

Ce mandat doit figurer dans un acte :

- sous seing privé (il doit être daté, signé et être conforme à un modèle défini par le décret n° 2007-1702 du 30 novembre 2007),
- contresigné par un avocat (art. 492),
- notarié (il peut être modifié ou révoqué par devant notaire tant qu'il n'a pas pris effet et le mandataire peut y renoncer).

L'étendue des pouvoirs du mandataire dépend de l'acte par lequel le mandat a été donné.

Tant que le mandat n'a pas reçu exécution, le mandant peut le modifier ou le révoquer dans les mêmes formes que celui qu'il a donné. Ainsi par exemple, si le mandat a été donné par acte notarié, seul un autre acte notarié peut le révoquer ou le modifier. Quant au mandataire, il peut y renoncer en informant le mandant de sa renonciation au mandat (art. 492, alinéa 3).

Un mandat rien qu'à moi

Le mandat de protection future a vocation pour le mandant à organiser sa propre représentation dans les actes de la vie civile (mandat pour soi). Lorsque le mandat est donné pour soi-même (art. 477), il vise à pallier l'impossibilité pour le mandant de faire face à ses intérêts, si ses facultés mentales ou corporelles ne lui permettent plus de le faire (art. 425). Ce mandat peut être donné à une ou plusieurs personne(s), qui doivent jouir de la capacité civile (art. 480). Cette mesure peut être envisagée, même si le majeur est sous curatelle*, à la condition qu'il soit assisté de son curateur (art. 477, alinéa 2).

Le mandat prendra effet dès lors que le mandant ne sera plus en mesure de faire face à ses intérêts (c'est-à-dire dès qu'un rapport médical, rédigé par un médecin établi sur la liste disponible auprès du greffe du tribunal d'instance, aura constaté l'altération de ses facultés mentales ou corporelles).

Ce mandat peut prendre fin, par exemple si le mandant récupère ses facultés personnelles ou être suspendu, notamment pour être remplacé par une mesure de sauvegarde de justice (art. 483).

Un mandat pour autrui

Le mandat de protection future a vocation pour le mandant à organiser la représentation de son ou ses enfants dans les actes de la vie civile (mandat pour autrui). Il a pour objectif de déterminer par avance la personne physique ou la personne morale (à la condition qu'elle ait la qualité de mandataire) qui représentera l'enfant ou les enfants pendant la minorité si le ou les parents venaient à disparaître.

Il peut être nécessaire lorsque l'un des parents est atteint d'une maladie incurable par exemple et qu'il ne souhaite pas, pour des raisons graves, que l'autre parent fasse jouer son autorité parentale. Il peut aussi permettre à un tiers de confiance de « remplacer » le parent défunt.

Le mandat prendra effet soit au jour du décès du mandant (ou du dernier des parents, s'ils ont donné ce mandat tous les deux), soit au jour où le mandant ne peut plus prendre soin de l'enfant (art. 477, alinéa 3). Cette seconde hypothèse suppose un certificat d'un médecin (choisi sur la liste disponible auprès du greffe du tribunal d'instance), qui permette de prouver l'altération des facultés mentales ou corporelles du mandant.

Les mesures judiciaires de protection

Outre les mesures d'accompagnement, un mineur émancipé ou un majeur peut aussi bénéficier de mesures judiciaires de protection.

Qui les demande ?

Pour qu'une mesure de protection puisse être envisagée, il faut que le juge des tutelles ait été saisi par l'une des personnes visées à l'article 430 du Code civil, à savoir :

- la personne qu'il y a lieu de protéger,
- son conjoint, son compagnon de PACS, ou son concubin (à la condition qu'il y ait communauté de vie),

- un parent ou allié,
- une personne entretenant avec la personne à protéger des liens étroits et stables,
- la personne qui exerce à l'égard de la personne à protéger une mesure de protection juridique,
- le procureur de la République (notamment après une MASP ou une MAJ infructueuse).

Le certificat médical, c'est o-bli-ga-toire !

Il ne suffit pas que l'entourage ou des tiers aient l'impression qu'il faille protéger le futur « incapable », le demandeur doit appuyer sa demande d'un certificat médical circonstancié établi par un médecin figurant sur la liste (art. 431). Le juge des tutelles peut même ne pas se contenter du certificat et demander l'avis du médecin traitant (art. 431-1).

En principe, la demande ne pourra être examinée que si l'intéressé a été entendu par le juge. Pour se défendre au cours de la procédure et de l'audition, le futur protégé peut se faire assister d'un avocat. S'il n'est pas en mesure de s'exprimer ou si l'audience est susceptible de porter atteinte à sa santé, le juge peut ne pas l'auditionner (art. 432).

Qui décide ?

Sauf exceptions, c'est le juge des tutelles qui peut prononcer une mesure de protection. Elle doit être proportionnée et individualisée en fonction du degré d'altération des facultés personnelles de l'intéressé (art. 428). Quelle que soit la demande initiale, le juge des tutelles dispose, en application de ce postulat, de trois possibilités. Il peut, selon les circonstances et les éléments du dossier, placer le mineur émancipé ou le majeur :

- sous sauvegarde de justice,
- sous curatelle,
- sous tutelle.

La mise sous sauvegarde de justice

La mise sous sauvegarde de justice a vocation à interdire à une personne « dans l'impossibilité de pourvoir seule à ses intérêts en raison d'une altération de ses facultés mentales ou corporelles, de nature à empêcher l'expression de sa volonté » (art. 433 et 425) de faire certains actes de la vie civile. Cette mesure suppose que cette altération soit médicalement constatée, qu'elle soit de faible importance, et que la protection ne porte que sur certains actes déterminés.

Caractéristiques

Cette mesure est conçue comme une mesure temporaire, d'une durée maximale d'un an, renouvelable une seule fois (art. 439, alinéa 1). Elle peut être une première étape de la protection mais ce n'est pas une étape obligatoire. La sauvegarde de justice peut par exemple être utile temporairement lorsqu'une personne est victime d'un grave accident, tant que ses problèmes de santé ne lui permettent pas de gérer son quotidien et ses biens.

Le juge des tutelles peut aussi prendre la décision de placer un mineur émancipé ou un majeur sous sauvegarde de justice de manière transitoire, pendant la durée de la procédure nécessaire pour qu'il soit mis sous curatelle ou sous tutelle (art. 433, alinéa 2).

Quand le médecin s'en mêle

Lorsqu'un médecin constate que son patient a besoin d'être protégé, il peut saisir le procureur de la République pour que son patient soit placé sous sauvegarde de justice. Néanmoins, pour éviter tout risque d'arbitraire, toute possibilité de collusion entre un médecin et des membres de la famille du patient, ce seul avis médical ne suffit pas. Il faut qu'il soit accompagné d'un avis conforme d'un psychiatre (art. L 3211-6 du Code de la santé publique). Seule la conjonction de ces deux conditions permet de placer la personne sous sauvegarde de justice.

BON À SAVOIR

Si cette mesure est demandée alors que le mineur émancipé ou le majeur est hospitalisé ou en maison de repos ou de retraite, l'avis du psychiatre n'est plus requis.

(Im)possibilité de recours

Exécutoire de plein droit, la décision du juge des tutelles n'est susceptible d'aucun recours. En revanche, lorsque la décision est rendue sur déclaration médicale, la personne protégée peut faire un recours amiable auprès du procureur de la République dans les 15 jours. Enfin, lorsque la décision du juge des tutelles confie au mandataire spécialisé la mission d'accomplir certains actes, elle peut faire l'objet d'un appel au greffe du tribunal d'instance qui a rendu la décision dans les 15 jours de la notification.

Qui a le droit de savoir ?

La mise sous sauvegarde de justice, consignée par le procureur de la République qui a reçu la déclaration sur un répertoire spécial, ne fait l'objet d'aucune publicité particulière. Impossible donc de savoir si votre voisin de pallier a été placé sous sauvegarde de justice ! L'information ne peut être donnée que :

- aux autorités judiciaires,
- aux personnes ayant qualité pour demander l'ouverture d'une tutelle ou d'une curatelle (Cf. *supra* art. 430)
- aux avocats, notaires et huissiers de justice, à la condition qu'ils puissent justifier de l'utilité du renseignement dans le cadre d'un acte relevant de leur fonction. Ainsi par exemple, un avocat qui doit déposer une requête aux fins de placement sous curatelle de la personne protégée.

C'est interdit !

Les actes de la vie civile qui peuvent être interdits par la mise sous sauvegarde de justice sont :

- tous les actes qui ont été confiés au mandataire spécial,
- les actes qui portent sur le logement de la personne protégée et sur ses meubles,
- le divorce (art. 249-3) et la séparation de corps (art. 296), que la personne sous sauvegarde de justice ne peut demander. Si nécessaire, le juge peut toutefois prendre des mesures urgentes qui permettront la séparation des époux tant que la tutelle ou la curatelle n'a pas été mise en place.

C'est permis !

En principe, la gestion des biens n'est pas concernée par les actes de la vie civile qui vont être interdits par la décision du juge des tutelles ou à la suite de la déclaration médicale. Cependant, si elle reste sous la responsabilité du mineur émancipé ou du majeur, il peut être opportun, même si cette intervention a un coût, de faire jouer le mandat de protection future (art. 436) s'il existe ou de confier la gestion à un mandataire spécial (art. 437), afin de préserver aux mieux les intérêts de la personne protégée.

Hormis en ce qui concerne les actes visés par la décision du juge des tutelles ou à la suite de la déclaration médicale, pour lesquels un mandataire a été désigné pour l'assister (art. 435), la personne placée sous sauvegarde de justice conserve l'exercice de ses droits. En principe donc, tous les autres actes sont valablement conclus, comme par exemple la vente, la location d'un bien lui appartenant, le don…

Mais…

Pour renforcer la protection de la personne, certains actes, comme un testament ou une donation, peuvent être remis en question, même s'ils ont été faits en toute légalité, sur le fondement des articles 414-1 et 414-2 du Code civil. La sauvegarde de justice peut en effet être un élément permettant de prouver qu'au moment où l'acte a été conclu (que ce soit avant ou après la décision), le mineur émancipé ou le majeur n'était pas sain d'esprit, on invoque alors le trouble mental. Si la preuve est apportée, l'acte sera purement et simplement annulé par le tribunal qui aura été saisi de la demande en nullité.

BON À SAVOIR

Le droit de remettre en cause les actes passés appartient à la personne protégée mais aussi à ses héritiers ou encore au mandataire spécial, s'il a reçu mission de le faire.

Lorsqu'il existe dans l'acte conclu postérieurement à la décision (vente, viager, louage…) un déséquilibre financier important au détriment du majeur protégé, celui-ci pourra demander au tribunal de prononcer la rescision pour lésion. S'il ne le fait pas de son vivant, ce droit se transmet à ses héritiers.

Lorsque la dépense est disproportionnée aux ressources du mineur émancipé ou du majeur sous sauvegarde de justice, ce dernier (ou ses héritiers) pourra demander au tribunal de prononcer une réduction de la dépense engagée (ainsi par exemple, un enfant pourra demander que les dettes nées des achats compulsifs d'un de ses parents soit diminuées).

ATTENTION !

Qu'il s'agisse d'une demande en nullité, en rescision pour lésion ou en réduction, elle doit être introduite dans les 5 ans à partir du jour où l'intéressé a eu connaissance de l'acte ou pour les héritiers, à compter du jour du décès.

Quand la mesure prend fin

Si la mesure de sauvegarde de justice a été prononcée par le juge des tutelles, elle s'arrête :

- à l'expiration du délai pour laquelle elle a été prononcée,
- à la suite de la mainlevée de la mesure par le juge des tutelles, après l'accomplissement des actes pour lesquels elle a été ordonnée,
- à la suite de la mainlevée de la mesure par le juge des tutelles, lorsque le majeur reprend possession de ses facultés,

- par l'ouverture d'une mesure de curatelle ou de tutelle,
- par le décès de la personne protégée.

Si la mesure de sauvegarde de justice a été mise en place sur avis médical, elle s'arrête :

- par radiation, sur décision du procureur de la République,
- à la suite de la mainlevée de la mesure par le juge des tutelles, après l'accomplissement des actes pour lesquels elle a été ordonnée,
- par l'ouverture d'une mesure de curatelle ou de tutelle,
- par le décès de la personne protégée.

La mise sous curatelle

La mise sous curatelle est conçue comme une mesure intermédiaire entre la sauvegarde de justice, dans laquelle l'altération des facultés personnelles est relativement peu importante, et la tutelle, dans laquelle elle est telle que le mineur émancipé ou le majeur n'est plus en mesure de faire face à l'ensemble des actes de la vie courante (art. 440).

Lorsque la décision est rendue, elle doit faire l'objet d'une double publicité (art. 1233 du Code de procédure civile) :

- Elle doit faire l'objet d'une inscription au répertoire civil du tribunal de grande instance où est né le majeur sous mesure de curatelle.
- Elle doit en outre être inscrite en marge de l'acte de naissance de l'intéressé.

À quoi ça sert ?

La curatelle a pour rôle d'organiser le contrôle et l'assistance du majeur tout en lui laissant une certaine latitude puisqu'il n'est pas représenté mais assisté. La personne protégée peut être placée sous le régime de la curatelle simple ou de la curatelle renforcée, selon le degré d'altération de ses facultés personnelles. La curatelle renforcée permet notamment au curateur de contrôler les revenus et les dépenses de la personne protégée, c'est une alternative à la tutelle, qui laisse au mineur émancipé ou au majeur plus de liberté, tout en surveillant attentivement son patrimoine.

Durée de la curatelle

C'est le juge des tutelles qui fixe la durée de la curatelle, laquelle ne peut excéder 5 ans (art. 441). Cette période peut être renouvelée pour une période identique (art. 442) ou exceptionnellement, par une décision motivée, pour une durée plus longue.

La mesure prend fin avant le terme, évidemment, si la personne décède (art. 443), mais aussi si elle récupère ses facultés personnelles. Le juge prononce alors la mainlevée de la mesure de protection. Le juge des tutelles peut aussi convertir la curatelle en sauvegarde de justice, si l'état du protégé s'améliore ou au contraire en tutelle, si les conditions sont réunies.

Désignation du curateur

En principe, sauf si le conseil de famille* en a désigné un, c'est le juge des tutelles qui désigne un voire plusieurs curateur(s), fixant par là même leurs attributions.

Ainsi par exemple, le juge des tutelles peut désigner un curateur chargé à la fois de la protection du majeur et de la gestion patrimoniale de ses biens ou bien deux curateurs, l'un chargé du majeur protégé et l'autre de la gestion patrimoniale de ses biens (art. 447, alinéa 2).

Le juge des tutelles est limité dans ses choix pour désigner le curateur :

- Si le majeur ou éventuellement ses parents, a désigné une ou plusieurs personnes comme curateur, le juge ne peut pas s'y opposer et il devra les désigner (art. 448).
- En principe, le juge doit se tourner vers le conjoint (partenaire ou concubin) s'il y a toujours vie commune, un parent, un allié ou une personne avec laquelle le majeur protégé entretenait des liens étroits (art. 449, alinéas 1 et 2).
- Si le mineur émancipé ou le majeur est hospitalisé pour des raisons médicales ou psychiatriques, le juge des tutelles peut nommer un préposé de cet établissement ou un service de l'établissement, s'il est inscrit sur la liste des mandataires judiciaires à la protection des majeurs (art. 451).

Si nécessaire, le juge des tutelles peut aussi désigner un subrogé curateur, qui aura pour mission de surveiller les actes accomplis par le curateur (art. 454).

Si, à l'occasion d'un acte ou d'une série d'actes, le curateur est en opposition avec les actes de la personne protégée ou si le curateur ne peut apporter à la personne protégée son assistance ou agir pour son compte en raison des limitations de sa mission, le juge des tutelles désignera un curateur *ad hoc* (art. 455), qui évitera que la situation ne se bloque.

C'est permis !

Les actes que « l'incapable » peut faire seul sont ceux dont la nature implique un consentement strictement personnel. L'article 458 du Code civil dresse une liste des actes qui ne peuvent jamais donner lieu à assistance ou représentation de la personne protégée, à savoir :

- la déclaration de naissance d'un enfant,
- la reconnaissance d'un enfant,
- les actes de l'autorité parentale relatifs à la personne d'un enfant,
- la déclaration du choix ou du changement du nom d'un enfant,
- le consentement donné à sa propre adoption ou à celle de son enfant.

La personne protégée peut avoir un comportement qui la met en danger. Il appartient alors au curateur de prendre toutes les mesures « strictement nécessaires » pour y mettre fin. Mais quelle que soit la situation, cette décision ne peut « porter gravement atteinte à l'intégrité corporelle de la personne protégée ou à l'intimité de sa vie privée », sauf au curateur à démontrer l'urgence qu'il y avait de la prendre sans en référer au juge des tutelles et sans attendre l'autorisation du conseil de famille (art. 459).

Être sous curatelle n'interdit pas de voter, en revanche, la personne protégée ne peut briguer de mandat !

C'est permis mais...

Certains actes de la vie personnelle sont soumis à l'autorisation du curateur ou à défaut, du juge des tutelles, comme le mariage par exemple (art. 460, alinéa 1). Tout mariage conclu sans autorisation peut être annulé dans les 5 ans du mariage ou de l'acte qui a permis de prendre connaissance du mariage.

En revanche, une personne sous curatelle peut se pacser ou rompre un PACS seule. Quant à la possibilité de divorcer, seuls sont envisageables le divorce pour faute ou pour altération définitive du lien conjugal.

C'est interdit !

Lorsque l'état de la personne protégée ne lui permet plus de prendre seule une décision personnelle éclairée, l'intervention du curateur devient alors incontournable. Cette intervention peut être prévue par le juge des tutelles ou le conseil de famille s'il a été constitué.

Côté patrimoine

La curatelle concerne également les actes qui touchent au patrimoine de la personne protégée.

La personne protégée peut faire seule les actes conservatoires et les actes d'administration nécessaires à la gestion de son patrimoine, qui ne nécessitent pas une autorisation du juge ou du conseil de famille (art. 467, alinéa 1). Ces actes sont visés par l'article 504 du Code civil.

En revanche, les actes de disposition ne peuvent être faits qu'avec l'assistance du curateur. La seule exception concerne la possibilité de faire un testament. En effet, la personne en curatelle peut librement tester (art. 470), sous réserve que l'on ne puisse remettre en cause le fait qu'elle soit saine d'esprit.

BON À SAVOIR

Le juge des tutelles peut à tout moment de la mesure établir une liste des actes que la personne protégée ne peut faire seule (art. 471).

Lorsque l'assistance du curateur a été prévue pour la conclusion d'un acte écrit par une décision de justice ou lors de la conclusion d'un acte de disposition (que le majeur protégé ne peut plus faire seul), l'assistance du curateur doit se manifester par l'apposition de sa signature à côté de celle de la personne protégée (art. 467, alinéa 2).

Côté finances

Tous les capitaux revenant à la personne en curatelle sont versés directement sur un compte ouvert à son seul nom et mentionnant son régime de protection, auprès d'un établissement habilité à recevoir des fonds du public (art. 468, alinéa 1). Rentes, retraites, remboursements de la Sécurité sociale, dividendes… bref tout ce qui constitue les ressources de la personne protégée doit transiter par ce compte.

Dans le cadre d'une curatelle simple, le curateur doit contresigner toute opération financière et il doit également apporter son aide et ses conseils pour la gestion.

Dans le cadre d'une curatelle renforcée, le curateur assure seul le règlement des dépenses de la personne protégée et décide de la quotité dont il peut disposer pour ses besoins personnels quotidiens. Cette dernière mesure est souvent mal ressentie par les majeurs protégés mais elle est nécessaire pour leur permettre d'éviter de dépenser hors de propos et hors de proportions.

Côté justice

Lorsqu'une action judiciaire concerne la personne protégée, que ce soit en demande (pour introduire une procédure) ou en défense (pour se défendre à une action en justice), l'assistance du curateur est indispensable (art. 468, alinéa 3). Cela signifie que toute demande dirigée contre « l'incapable » doit être notifiée à la personne protégée mais aussi au curateur. De même, lorsque le majeur protégé veut introduire une action en justice, il ne peut le faire sans que son curateur initialise avec lui la procédure. Cela signifie aussi que tout acte de procédure émanant de la personne protégée doit être également notifié au curateur, sous peine de voir remis en question sa validité.

Remise en cause

En principe, les formalités de publicité marquent le point de départ de la protection du mineur émancipé ou du majeur sous curatelle. Ce sont aussi elles qui vont permettre aux tiers de connaître la mesure de curatelle.

Toutefois, la validité de certains actes passés avant la mise en place de la mesure peut être remise en cause même après l'ouverture de la mesure, si le demandeur soutient, et parvient à prouver l'existence d'un trouble mental au moment où l'acte a été conclu (art. 414-1). Il pourra alors demander la nullité de l'acte.

Cette action doit être introduite dans un délai de cinq ans qui « ne court, à l'égard des actes faits par un mineur, que du jour de la majorité ou de l'émancipation ; et à l'égard des actes faits par un majeur protégé, que du jour où il en a eu connaissance, alors qu'il était en situation de les refaire valablement. Il ne court contre les héritiers de la personne en tutelle ou en curatelle que du jour du décès, s'il n'a commencé à courir auparavant. » (art. 1304).

En dehors de l'existence d'un trouble mental, on peut aussi remettre en cause toutes les obligations résultant des actes accomplis moins de 2 ans avant la publicité de la décision par la personne protégée à la condition de démontrer :

- que l'acte a été conclu par suite de l'altération de ses facultés personnelles,
- que cette altération était notoire ou connue du cocontractant à l'époque où les actes ont été passés,
- que la personne protégée est inapte à défendre ses intérêts.

Celui qui attaque l'acte peut demander la rescision de la convention, soit sa nullité (à la condition que le demandeur parvienne à démontrer un préjudice). L'action doit être introduite dans les 5 ans de la date du jugement d'ouverture de la mesure (art. 464).

La mise sous tutelle*

La mise sous tutelle est la mesure la plus coercitive envers le mineur émancipé ou le majeur. Elle entraîne une représentation de manière continue dans les actes de la vie civile (art. 440). C'est une mesure grave mais qui n'a pas de caractère définitif puisqu'elle est prononcée pour une durée de 5 ans (art. 441).

Qui décide ?

C'est le juge des tutelles qui peut décider de mettre un majeur sous tutelle ou le conseil de famille, s'il est constitué. L'un ou l'autre vont désigner un tuteur.

La tutelle prend effet au jour de la décision, en revanche, elle n'est opposable aux tiers que 2 mois après la mention au répertoire civil et en marge des actes de naissance (art. 444, alinéa 1).

Lorsque la décision est rendue, elle doit faire l'objet d'une double publicité (art. 1233 du Code de procédure civile) :

- Elle doit faire l'objet d'une inscription au répertoire civil du tribunal de grande instance où est né le majeur sous mesure de tutelle,
- Elle doit en outre être inscrite en marge de l'acte de naissance de l'intéressé.

Les actes qui ont été accomplis avant la publicité du jugement qui prononce la tutelle peuvent être soit annulés, soit faire l'objet d'une action en réduction dans les mêmes conditions et pour les mêmes motifs que les actes passés avant la publicité d'une curatelle (Cf. *supra*).

En cas de refus

Toute décision (désignation d'un tuteur, d'un subrogé tuteur ou d'un tuteur *ad hoc*, ou refus) peut faire l'objet d'un recours :

- Si la mesure refuse la protection, seul le requérant peut en interjeter appel.
- Si la mesure ouvre ou modifie la protection, toute personne sur la liste mentionnée dans l'article 430 peut faire un recours, et ce même si elle n'est pas intervenue avant dans la procédure !

Les recours doivent être faits dans les 15 jours du jugement ou, si la décision a été notifiée, dans les 15 jours de la notification, soit en se rendant au greffe du tribunal d'instance qui a rendu la décision par déclaration, soit par courrier recommandé avec accusé de réception (art. 1242 du Code de procédure civile).

BON À SAVOIR

Sauf si l'exécution provisoire* a été ordonnée, l'appel est suspensif.

Le conseil de famille*

Même si le conseil de famille n'est pas obligatoire, sa nomination peut avoir son importance. Le juge des tutelles désigne les membres du conseil de famille en considération des sentiments exprimés par la personne protégée, de ses relations habituelles, de l'intérêt porté à son égard et des recommandations éventuelles de ses parents et alliés ainsi que de son entourage. Le conseil de famille a pour rôle :

- de désigner le tuteur, le subrogé tuteur et le cas échéant le tuteur *ad hoc* (art. 456, alinéa 3),
- d'établir le budget de la tutelle (art. 500, alinéa 1),
- d'autoriser un certain nombre d'actes (art. 502, alinéa 1).

En principe le conseil de famille est présidé par le juge des tutelles mais ce dernier peut autoriser le conseil de famille à se réunir et délibérer hors de sa présence lorsqu'il a désigné un mandataire judiciaire à la protection des majeurs comme tuteur ou subrogé tuteur. Les décisions prises par le conseil de famille ne prennent alors effet qu'à défaut d'opposition formée par le juge, dans les conditions fixées par le Code de procédure civile (art. 457).

Durée de la tutelle

Le juge des tutelles peut renouveler la mesure pour une même durée de 5 ans (art. 442, alinéa 1). Par la suite, ce renouvellement intervient autant de fois que nécessaire. Le juge des tutelles peut aussi initialement envisager une durée plus longue, lorsque l'altération des facultés personnelles de l'intéressé n'apparaît manifestement pas susceptible de connaître une amélioration, selon les données acquises de la science. Cette décision ne peut être arbitraire. Elle repose sur un certificat médical et doit être spécialement motivée (art. 442, alinéa 2).

La mesure peut prendre fin avant le terme établi si la personne décède bien sûr mais aussi, à la demande de personne protégée ou de toute personne qui figure sur la liste établie par l'article 430 du Code civil, si la personne protégée récupère ses facultés personnelles (art. 442). Le juge prononce alors la mainlevée de la mesure de protection. Le juge des tutelles peut aussi, si les conditions sont réunies (art. 442, dernier alinéa), lui substituer une autre mesure moins coercitive, comme une curatelle ou une mesure de sauvegarde de justice.

Tutelle sous bénéfice d'inventaire

Dans les 3 mois de l'ouverture de la tutelle, le tuteur, sous peine d'engager sa responsabilité, doit dresser, en présence du subrogé tuteur s'il en a été désigné un, un inventaire des biens de la personne protégée (art. 503), qui sera transmis au juge des tutelles. Cette obligation d'inventaire existe également dans le cadre d'une curatelle renforcée. Cet inventaire exhaustif qui peut, le cas échéant, être actualisé, doit permettre de connaître la consistance du patrimoine mobilier et immobilier de la personne protégée. Il vise notamment (sans que cette liste soit exhaustive) :

- les biens meubles comme des bijoux, une voiture, le mobilier, afin d'éviter leur disparition pendant la mesure,
- les biens immobiliers,
- les biens financiers (actifs bien sûr mais également dettes éventuelles),
- les droits ou obligations acquis ou en cours d'acquisition, comme par exemple une succession, une donation, un litige.

Le tuteur dispose de pouvoirs étendus pour parvenir à ce résultat puisqu'il peut obtenir communication de tous renseignements et documents nécessaires à l'établissement de l'inventaire auprès de toute personne publique ou privée, sans que puisse lui être opposé le secret professionnel ou le secret bancaire.

Modalités

La tutelle s'organise selon les mêmes modalités que la curatelle. Elle peut donc être exercée par un tuteur, un subrogé tuteur, ou un tuteur *ad hoc*, dont la présence est ou non requise pour les mêmes causes et avec les mêmes effets (choix, gratuité, prise en charge financière).

En dehors du conjoint, du partenaire, du concubin ou du mandataire judiciaire, le tuteur peut demander à être relevé de ses fonctions à l'issue de son mandat de 5 ans.

C'est permis... ou pas !

Comme dans le cadre de la curatelle, la tutelle ne peut priver la personne protégée des actes qui lui sont strictement personnels (art. 458). Les actes que « l'incapable » peut faire seul sans l'assistance de son tuteur sont les mêmes (Cf. *supra*). La personne protégée conserve la possibilité de choisir le lieu de sa résidence, elle entretient librement des relations personnelles avec tout tiers, parent ou non. Elle a le droit d'être visitée par des tiers et, le cas échéant, hébergée par ceux-ci (art. 459-2).

Comme pour la curatelle, le tuteur peut imposer à la personne protégée des mesures « strictement nécessaires » pour mettre fin à un comportement qui le met en danger mais cette décision, ne peut porter gravement atteinte à l'intégrité corporelle de la personne protégée ou à l'intimité de sa vie privée, sauf au tuteur à démontrer l'urgence qu'il y avait de la prendre sans en référer au juge des tutelles ni au conseil de famille (art. 459).

Un majeur sous tutelle peut se marier mais seulement avec l'autorisation du juge des tutelles ou, s'il est constitué, du conseil de famille et après audition des futurs conjoints et le cas échéant, après avoir recueilli l'avis des parents et de l'entourage (art. 460, alinéa 2). Tout mariage conclu en dehors de ces conditions peut être annulé dans les 5 ans du mariage ou de l'acte qui a permis de prendre connaissance du mariage. De même, le majeur sous tutelle ne peut conclure un PACS qu'avec l'autorisation du juge ou du conseil de famille s'il a été constitué, après audition des futurs partenaires et recueil, le cas échéant, de l'avis des parents et de l'entourage (art. 462, alinéa 1).

Rôle et attributions du tuteur

Le statut de la personne sous tutelle est particulièrement protecteur. Sauf en ce qui concerne les actes que le juge des tutelles permet à la personne protégée d'accomplir seule ou avec simplement l'assistance du tuteur, le tuteur représente le mineur émancipé ou le majeur protégé dans tous les actes de la vie civile (art. 473) et dans les actes nécessaires à la gestion de son patrimoine (art. 496). Le tuteur doit être guidé par le seul intérêt de la personne protégée, ce qui sous-entend qu'il doit apporter, dans cette gestion, des soins prudents, diligents et avisés.

Le tuteur accomplit seul les actes conservatoires (art. 504) et, sauf exceptions, les actes d'administration nécessaires à la gestion du patrimoine de la personne protégée. En revanche, tout acte de disposition (art. 502), puisqu'il a une incidence immédiate sur la valeur et la consistance du patrimoine de « l'incapable », ne peut être souscrit par le tuteur sans l'autorisation du conseil de famille ou du juge des tutelles (art. 505, alinéa 2).

Toutefois, lorsqu'il y a un conseil de famille, le juge peut autoriser certains actes de disposition si les actes portent sur des biens dont la valeur en capital n'excède pas une somme fixée par décret (50 000 € depuis le décret n° 2008-1484 du 22 décembre 2008), étant précisé que le montant fixé peut être modifié à tout moment par un autre décret.

Lorsqu'une action judiciaire met en cause ou concerne la personne protégée, le tuteur intervient pour le compte de « l'incapable » et le représente seul (contrairement à la curatelle, ou le curateur intervient « aux côtés » de l'incapable) pour faire valoir ses droits patrimoniaux* (art. 475). En ce qui concerne les droits extrapatrimoniaux* de la personne protégée, le tuteur ne peut agir, en demande ou en défense, qu'après autorisation ou sur injonction du juge ou du conseil de famille s'il a été constitué. Ces derniers peuvent également enjoindre au tuteur de se désister de l'instance ou de l'action ou de transiger.

Quand quelqu'un dépasse les bornes

Lorsqu'un acte a été passé hors des conditions fixées, les effets diffèrent selon que la personne protégée aurait du être assistée ou représentée.

- Si la personne protégée a accompli seule un acte pour lequel elle aurait dû être assistée, l'acte ne pourra être annulé que s'il est établi que la personne protégée a subi un préjudice.
- Si la personne protégée a accompli seule un acte pour lequel elle aurait dû être représentée, l'acte est nul de plein droit, sans qu'il soit nécessaire de justifier d'un préjudice.
- Si le tuteur a accompli seul un acte qui aurait dû être fait par la personne protégée, soit seule, soit avec son assistance ou qui ne pouvait être accompli qu'avec l'autorisation du juge ou du conseil de famille s'il a été constitué, l'acte est nul de plein droit sans qu'il soit nécessaire de justifier d'un préjudice (art. 465).

Certains actes sont purement et simplement interdits au tuteur. Ainsi en est-il par exemple d'une acquisition de biens appartenant à la personne protégée ou de l'exercice d'une profession libérale au nom de la personne protégée.

Tout est sous contrôle !

Puisque le tuteur est responsable du quotidien et des biens de la personne protégée qui ne peut « se défendre », on a facilité le contrôle des actes du tuteur. Les tiers (amis, connaissances, gestionnaire du compte, notaire...) peuvent ainsi informer le juge des actes ou omissions du tuteur qui leur paraissent de nature à porter préjudice aux intérêts de la personne protégée.

Après avoir eu connaissance d'un contrat d'assurance-vie pour un montant particulièrement important, souscrit par le tuteur d'une de ses clientes, âgée de 92 ans, proposé par un assureur, ami du tuteur, un notaire a eu la bonne idée de saisir le juge des tutelles.

Le contrôle des comptes de gestion, qui doit être fait annuellement (art. 510), permet quant à lui de vérifier la gestion du mandataire. Il porte sur les actes de gestion mais aussi sur les pièces justificatives. Si la tutelle n'a pas été confiée à un mandataire judiciaire à la protection des majeurs, le tuteur peut être dispensé du contrôle, notamment compte tenu de la modicité des revenus et du patrimoine de la personne protégée (art. 512).

Comptes et pièces doivent être déposés au greffier en chef du tribunal d'instance où siège le juge des tutelles.

Ce rôle de contrôleur de la gestion peut sous certaines conditions être dévolu soit au subrogé tuteur, soit au conseil de famille (art. 511), voire à un technicien (art. 513), si les ressources de la personne protégée le permettent et si l'importance et la composition de son patrimoine le justifient.

Si le greffier en chef refuse d'approuver les comptes, il dresse un rapport des difficultés rencontrées qu'il transmet au juge, lequel statuera sur la conformité du compte (art. 511).

La procédure pas à pas

Vous souhaitez que des mesures soient prises pour protéger quelqu'un de votre entourage ? C'est tout à votre honneur. Voici comment procéder pour instruire une demande.

La requête

C'est par voie de requête, déposée au greffe du tribunal d'instance de la résidence habituelle de la personne à protéger, que toute personne figurant sur la liste de l'article 430 du Code civil peut saisir le juge des tutelles, à condition de joindre un certificat médical (Cf. *supra*). Cette requête donne au juge les premiers éléments lui permettant d'instruire le dossier :

- identité et adresse de la personne protégée,
- renseignements sur la situation actuelle du protégé par rapport à une mesure de protection,
- qualité (personne à protéger, conjoint...), identité et adresse du demandeur

(source : formulaire CERFA n° 14919*01)

S'il s'agit d'une demande initiale, le demandeur devra donner, dans la mesure du possible :

- des renseignements sur la situation personnelle du protégé (famille, amis...),
- l'avis du futur protégé sur la mesure de protection,
- son avis propre sur la mesure de protection,
- tous les renseignements susceptibles de manière générale d'éclairer le juge.

S'il s'agit d'un renouvellement, le demandeur pourra demander :

- le renouvellement à l'identique,
- le renouvellement avec aggravation (de curatelle en tutelle par exemple),
- le renouvellement avec allégement (de curatelle en sauvegarde de justice par exemple).

Le demandeur peut se faire aider et assister d'un avocat mais ce n'est pas obligatoire.

...

...

L'instruction

Au cours de l'instruction du dossier, qui prend plusieurs mois, le juge peut demander une enquête sociale, interroger les personnes susceptibles de l'éclairer, la personne à protéger, prendre des mesures d'urgence...

Peuvent demander à consulter le dossier en cours, sur demande écrite :

- le requérant bien sûr (art. 1222 du Code de procédure civile),
- toute personne dont la liste est donnée par l'article 430 du Code civil, à la condition « qu'elle justifie d'un intérêt légitime », sur autorisation de la juridiction saisie,
- leurs avocats.

Cette demande peut intervenir à tout moment en cours de procédure. Elle concerne toutes les pièces du dossier, sauf si le demandeur est la personne qui doit être protégée, en ce cas le juge peut retirer toutes les pièces « susceptibles de lui causer un préjudice psychique grave. » (art. 1222-1).

L'audience

L'audience se tient à huit clos, en principe en présence de la personne à protéger (sauf avis médical contraire) et éventuellement de son avocat. Au cours de cette audience, la personne qui a demandé la mesure (assistée ou non d'un avocat) sera également entendue, ainsi que le procureur de la République.

La notification

La mesure est notifiée au requérant et à la personne désignée pour se charger de la protection du majeur par courrier avec accusé de réception. Elle peut parfois être notifiée à la personne protégée mais aussi à toute personne susceptible de pouvoir exercer un recours.

Les voies de recours

Toute personne sur la liste (art. 430) peut faire un recours, même si elle n'est pas intervenue avant dans la procédure. En matière de sauvegarde de justice, toutes les décisions ne peuvent pas faire l'objet d'un recours. En curatelle ou sous tutelle, le recours est possible mais il est enfermé dans un délai très court (15 jours). L'appel doit être formulé au greffe du tribunal d'instance qui a rendu la décision sur déclaration ou par courrier RAR.

Troisième partie

Le droit de l'habitation

Dans cette partie :

Avoir un toit, c'est essentiel ! Disposer d'un lieu de vie où l'on se sente chez soi, c'est encore mieux. C'est donc bien naturel que le logement arrive en tête des préoccupations des ménages (ainsi que de leurs dépenses il est vrai !). Quelle que soit votre situation – copropriétaire, bailleur, locataire voire sous-locataire – cette partie, consacrée au droit de l'habitation, vous concerne forcément !

Chapitre 12

La copropriété

Dans ce chapitre :

- Qu'est-ce que la copropriété, comment se matérialise-t-elle ?
- Les assurances
- Parties privatives, parties publiques, savoir les distinguer
- Les obligations et les sanctions
- Le syndicat des copropriétaires : ses membres, son rôle, ses finances

Dès lors que plusieurs personnes détiennent un droit de propriété sur un même bien, on parle de copropriété. Chaque copropriétaire possède un lot mais est aussi détenteur, dans une certaine mesure, des parties communes. Pour que tous les copropriétaires vivent en bonne intelligence, le bon sens et la politesse ne suffisent malheureusement pas ! C'est pour cela que chaque copropriété est régie par un règlement, qui fixe les droits mais aussi les obligations de chacun. Et parce que les copropriétaires doivent pouvoir faire entendre leur voix, chaque copropriété est représentée par un syndicat et se réunit au moins une fois par an pour une assemblée générale, dont les décisions sont appliquées par le syndic.

La copropriété, c'est quoi ?

La copropriété correspond au droit de propriété de plusieurs personnes sur un même bien, qui possède des parties communes. Comment se matérialise-t-elle ?

Un ensemble de lots

Dès lors que la propriété d'un immeuble ou d'un groupe d'immeubles est divisée entre au moins deux propriétaires, il doit être formé des lots qui seront attribués aux différents copropriétaires. Ces lots déterminent les surfaces qui appartiennent à chaque copropriétaire. Chaque lot comprend une partie privative et une quote-part des parties communes (art. 1 de la loi n° 65-557 du 10 juillet 1965).

Un accord écrit : le règlement de copropriété

Le règlement de copropriété concrétise l'accord entre les différents copropriétaires pour déterminer les règles de la copropriété. C'est un règlement conventionnel (art. 8 de la loi du 10 juillet 1965) qui « détermine la destination des parties tant privatives que communes, ainsi que les conditions de leur jouissance ». Bon nombre de dispositions du règlement de copropriété doivent se conformer tant à la loi du 10 juillet 1965 qu'au décret n° 2001-477 du 30 mai 2001. Ce document ne peut toutefois imposer « aucune restriction aux droits des copropriétaires en dehors de celles qui seraient justifiées par la destination de l'immeuble ».

BON À SAVOIR

Les dispositions contenues dans le règlement de copropriété s'imposent non seulement aux différents propriétaires mais également aux locataires, qui sont donc censés le connaître et en avoir reçu copie.

Un représentant : le syndicat

La collectivité des copropriétaires doit constituer un syndicat (art. 14 de la loi du 10 juillet 1965). Le syndicat des copropriétaires (SDC) s'identifie par son nom et son siège social, celui-ci se confondant souvent avec le nom de la rue et son numéro. Ainsi par exemple, on parlera du « syndicat des copropriétaires du 69 rue du Bac ». Doté de la personnalité civile et donc d'une personnalité morale, ce syndicat va devoir être représenté. C'est la mission du syndic.

BON À SAVOIR

Lorsque l'immeuble comporte plusieurs bâtiments, les copropriétaires peuvent, sous certaines conditions, constituer entre eux un syndicat secondaire (art. 27 de la loi du 10 juillet 1965).

Un carnet de bord : le carnet d'entretien

C'est au syndic que revient la tâche d'établir puis de mettre à jour le carnet d'entretien (art. 2 du décret du 30 mai 2001). Il a pour objectif d'assurer le suivi des contrats d'entretien et de maintenance de l'immeuble et des travaux importants qui ont été réalisés. Il sert aussi à porter à la connaissance des copropriétaires et des éventuels acquéreurs (art. 3 et 4 du décret du 30 mai 2001) un certain nombre d'informations :

- l'adresse de l'immeuble pour lequel il est établi,
- l'identité du syndic en exercice,
- les références des contrats d'assurance de l'immeuble souscrits par le syndicat des copropriétaires, ainsi que la date d'échéance de ces contrats,
- l'année de réalisation des travaux importants, tels que le ravalement des façades, la réfection des toitures, le remplacement de l'ascenseur, de la chaudière ou des canalisations, ainsi que l'identité des entreprises ayant réalisé ces travaux,
- les références des contrats d'assurance dommage ouvrage* souscrits pour le compte du syndicat des copropriétaires, dont la garantie est en cours,
- les références des contrats d'entretien et de maintenance des équipements communs (si de tels contrats ont été conclus par le syndic), ainsi que la date d'échéance de ces contrats,
- l'échéancier du programme pluriannuel de travaux décidé par l'assemblée générale des copropriétaires lorsqu'il a été voté.

L'assemblée générale des copropriétaires peut décider d'inclure dans ce carnet d'entretien des informations complémentaires, telles que celles relatives à sa construction ou celles relatives aux études techniques réalisées (art. 5 décret du 30 mai 2001).

BON À SAVOIR

Tout copropriétaire peut demander une copie de ce carnet mais cette copie n'est pas gratuite, elle lui sera facturée par le syndic.

Assurances

Dans le cadre de la copropriété, syndicat et copropriétaires doivent impérativement être assurés.

Le syndicat doit être assuré...

Le règlement de copropriété prévoit pour le syndicat l'obligation d'assurance. Cette obligation vise à assurer l'immeuble tout entier (parties communes et parties privatives) et couvre *a minima* :

- Les risques incendie,

- Les dégâts des eaux,
- La responsabilité civile.

Rien n'empêche un règlement de copropriété de prévoir des garanties supplémentaires, pour lesquelles l'assurance est alors obligatoire.

BON À SAVOIR

La garantie « catastrophe technologique » est désormais incluse dans ce type de contrat (art. L 128-2, alinéa 2 du Code des assurances).

ATTENTION !

Dès lors que des travaux ont été votés et qu'ils doivent être couverts par une police dommage ouvrage*, le syndic doit impérativement la souscrire pour le compte du syndicat. Cette assurance doit être portée à la connaissance de chaque copropriétaire et signalée aux acquéreurs successifs tant qu'elle est en vigueur (10 ans à compter de la réception des travaux mais elle ne peut pas jouer la première année).

... Comme le copropriétaire

Le règlement de copropriété précise les assurances minimales qui doivent être souscrites par les copropriétaires. Chaque copropriétaire est tenu de s'assurer pour tous les dégâts et désordres pouvant survenir dans ses parties privatives mais également pour les désordres pouvant détériorer les parties privatives des autres copropriétaires et/ou les parties communes (dégât des eaux, de l'incendie, de la responsabilité civile…).

BON À SAVOIR

Si un copropriétaire entreprend des travaux, il doit souscrire une assurance dommage ouvrage.

ATTENTION !

Il ne peut y avoir d'assurance si le copropriétaire transgresse le règlement de copropriété. Ainsi par exemple, si un copropriétaire détruit un mur porteur sans y avoir été autorisé par une assemblée générale, même s'il est titulaire d'une police dommage ouvrage, il ne sera pas couvert ! Pour être sûr d'être couvert ou tout au moins mesurer les risques, le copropriétaire doit se faire communiquer le contrat d'assurance de la copropriété.

Et lorsque le bien est loué ?

En principe, à partir du moment où le bien est loué, l'obligation d'assurance incombe au locataire. C'est d'ailleurs une obligation du locataire que de communiquer au propriétaire son assurance. Néanmoins, il peut arriver que le contrat du locataire ne couvre pas toutes les situations. Il appartient donc au copropriétaire/bailleur de s'assurer qu'il n'existe pas de situations qui ne sont couvertes ni par l'assurance souscrite par le syndicat, ni par celle souscrite par son locataire.

Et lorsque le local est vacant ?

Il peut arriver qu'un local soit vacant :

- soit entre deux locations,
- soit lorsque le copropriétaire n'habite plus le bien et que celui-ci n'est pas loué ou vendu,
- soit à la suite du décès du dernier occupant, avant que le local ne soit attribué dans le cadre d'une succession.

Le copropriétaire ou le(s) représentant(s) de la succession doivent alors s'assurer pour permettre qu'un sinistre survenant au cours de ces périodes puisse être couvert par une assurance.

Parties privatives et parties communes

« Les bonnes clôtures font les bons voisins », dit le dicton. Mais en cas de copropriété, ce n'est pas si simple, puisque ce qui appartient à un copropriétaire… peut aussi appartenir à son voisin ! Partie commune ou privative, mieux vaut être capable de faire la part des choses…

Que dit la loi ?

La loi du 10 juillet 1965 (art. 2 et 3) établit la distinction entre parties communes et parties privatives. On doit s'y référer en cas de doute. Les parties communes sont, de manière générale, affectées à l'usage de tous les copropriétaires. Sont parties communes, nonobstant le règlement de copropriété :

- le sol, les cours, les parcs et jardins, les voies d'accès,
- le gros œuvre des bâtiments, les éléments d'équipement communs, y compris les parties de canalisations afférentes qui traversent des locaux privatifs,
- les coffres, gaines et têtes de cheminées,
- les locaux des services communs,
- les passages et corridors.

L'usage des parties communes ne doit empiéter ni sur les droits des copropriétaires, ni sur les obligations qui découlent du règlement de copropriété. Cela serait le cas par exemple si des copropriétaires du rez-de-chaussée avaient des voitures garées juste devant leurs fenêtres du fait d'un parking qui serait trop proche ou encore si un copropriétaire déposait ses ordures ménagères en dehors du local prévu cet effet.

Aux parties communes s'opposent les parties privatives, qui sont affectées à l'usage exclusif du copropriétaire ou de celui qui a la jouissance de la partie privative (locataire ou enfant du copropriétaire par exemple). Aucun copropriétaire ou locataire ne doit venir troubler la jouissance des parties privatives.

Le règlement de copropriété peut stipuler que certaines parties communes font l'objet d'un droit privatif au profit d'un ou plusieurs copropriétaires. Ainsi, par exemple, une cour intérieure ou un jardin. Il ne s'agit pas alors d'un droit de propriété mais d'un droit de jouissance. La distinction est fondamentale. En effet, tout empiètement (comme une construction par exemple) ne peut être envisagé par le copropriétaire qui en a la jouissance sans un vote de l'assemblée des copropriétaires. Passer outre permettrait au syndic de demander et d'obtenir la démolition de la construction.

Bornes et limites

La jouissance des parties communes et des parties privatives n'est pas absolue.

Limites au libre accès des parties privatives

Pour sécuriser l'entrée des copropriétaires, le syndicat peut limiter l'accès des parties privatives en installant des dispositifs de fermeture. En ce cas, chaque copropriétaire doit disposer d'un système individuel d'accès remis par le syndicat.

Obligation de libre accès aux parties privatives

Il peut arriver que pour réaliser certains travaux, la copropriété ait besoin d'accéder aux parties privatives d'un ou de plusieurs copropriétaires.

Le copropriétaire concerné ne peut s'y opposer :

- « si les circonstances l'exigent et à condition que l'affectation, la consistance ou la jouissance des parties privatives comprises dans son lot n'en soient pas altérées de manière durable » (art. 9 de la loi du 10 juillet 1965),
- à la condition que le syndicat notifie par courrier recommandé avec AR cette demande dans les 8 jours précédant le début de la réalisation de ces travaux.

Le syndic peut même contraindre par voie judiciaire le copropriétaire récalcitrant ! Le juge des référés peut rendre une ordonnance qui permettra l'accès aux parties privatives.

Ce droit « exorbitant » du syndicat connaît une limite. Les travaux exécutés ne doivent pas provoquer de diminution définitive de la valeur du lot, de trouble de jouissance grave même s'il est temporaire ou de dégradations. Si le copropriétaire parvient à prouver un préjudice, il pourra demander une indemnité par voie judiciaire, qui, s'il l'obtient, sera à la charge de l'ensemble des copropriétaires.

Appropriation d'une partie commune

Lorsqu'un copropriétaire s'approprie la jouissance d'une partie commune, il risque de se voir contester cette annexion illégale. Ainsi d'un copropriétaire stationnant dans une cour commune, alors que le règlement de copropriété l'interdit ou alors que seuls certains copropriétaires privilégiés disposent de ce droit. Il y a également appropriation d'une partie commune lorsque, par exemple, un copropriétaire utilise un grenier considéré comme partie commune. Le syndicat, par l'intermédiaire de son syndic, dûment habilité par une décision de l'assemblée générale, pourra introduire une action en justice pour faire cesser le trouble, c'est-à-dire obtenir le respect du règlement de copropriété, la destruction des travaux s'il y a lieu, voire éventuellement des dommages et intérêts.

Un empiètement sur les parties communes n'est pas forcément impossible. Si un copropriétaire envisage une annexion, il peut, lors d'une assemblée générale, la soumettre au syndicat qui pourra l'autoriser à annexer la partie commune par un vote statuant à la majorité des voix de tous les copropriétaires.

Le règlement de copropriété

Le règlement de copropriété est créateur d'obligations pour chaque copropriétaire. Pour éviter les déconvenues, mieux vaut bien le connaître.

En cas de travaux

Pour éviter les problèmes, il est préférable de prendre certaines précautions avant d'entreprendre des travaux :

- S'assurer que ces travaux ne portent pas sur des parties communes. Ainsi par exemple, la réfection de « son » plancher (le plus souvent, le plancher est considéré comme partie commune par le règlement de copropriété).

- Envisager un constat d'huissier chez les voisins du dessous pour éviter qu'ils n'en profitent pour faire refaire plafond et peintures !
- Faire passer les travaux à l'ordre du jour d'une assemblée avant de les commencer, s'ils affectent les parties communes ou la solidité de l'immeuble.

BON À SAVOIR

Comme son nom l'indique, un constat d'huissier ne fait que constater l'état d'un appartement. S'il y a des problèmes techniques, c'est un expert qui pourra en déterminer l'origine et préconiser les solutions.

Contrairement à ce que l'on pourrait penser, le fait d'être titulaire d'un droit de jouissance exclusive, ne signifie pas que l'on puisse faire ce que l'on veut chez soi. Si les travaux envisagés par un copropriétaire (comme par exemple la suppression d'un mur, voire d'une cloison) sont susceptibles de porter atteinte à la solidité de l'immeuble, le copropriétaire ne peut pas les entreprendre sans avoir obtenu l'avis de l'architecte de l'immeuble et l'accord préalable du syndicat des copropriétaires lors d'une assemblée générale.

ATTENTION !

Le copropriétaire qui entreprend des travaux sans respecter cette procédure peut voir les travaux arrêtés par le syndicat. Il peut également se voir obliger de remettre en état les parties communes touchées ou réparer les désordres liés aux travaux. Mieux vaut donc prendre conseil auprès d'un architecte ou d'un avocat.

Envers ses voisins

Le copropriétaire est responsable vis-à-vis de la copropriété des troubles de voisinage, qu'il en soit l'auteur ou que ce soit son locataire. Ces troubles sont multiples :

- activité bruyante (nuisances sonores d'appareils électriques, musique, bruit de pas, voire, si véritablement elles sont fréquentes et bruyantes, les disputes ménagères !),
- odeurs (utilisation d'un barbecue, non respect des règles d'hygiène...),
- présence d'animaux bruyants ou dangereux.

De manière générale, on va considérer qu'il y a trouble de voisinage lorsque la situation est répétitive, intensive et qu'elle dure dans le temps. C'est au propriétaire (dans le cadre d'une location) et au syndic (vis-à-vis du copropriétaire) qu'incombe respectivement la charge de faire cesser ces troubles de voisinage.

BON À SAVOIR

La simple présence d'un animal non dangereux et non bruyant dans un domicile ne peut ni être interdite, ni réprimée.

Les charges

Les charges de copropriété incombent à chaque copropriétaire, proportionnellement aux millièmes de copropriété qu'il détient (art. 10 de la loi du 10 juillet 1965). Chaque copropriétaire doit participer :

- aux charges générées par les services collectifs et les éléments d'équipement commun,
- aux charges générées par les services collectifs. Ce sont par exemple les antennes ou réseaux câblés, les ascenseurs, la chaudière collective et/ou le chauffage collectif…
- aux charges générées par les éléments d'équipements communs. Ce sont par exemple l'eau froide, la conciergerie ou le gardiennage, le traitement des déchets et le nettoyage, les services et systèmes de sécurité,
- aux charges relatives à la conservation, à l'entretien et à l'administration des parties communes. Ce sont par exemple, les escaliers et leurs tapis, les travaux de ravalements, le désamiantage des parties communes…

La participation se calcule :

- pour les premières, en fonction de l'utilité que ces services et ces éléments présentent à l'égard de chaque lot, (elles ne sont pas forcément dues par tous les copropriétaires. Exemple : un copropriétaire habitant au rez-de-chaussée ne paiera pas les charges relatives à l'ascenseur) ;
- pour les secondes, proportionnellement aux valeurs relatives des parties privatives comprises dans chaque lot (elles sont dues par tous les copropriétaires).

C'est en application de ces principes que le règlement de copropriété fixera la quote-part afférente à chaque lot dans chacune des catégories de charges.

Bon à savoir

Depuis la loi SRU (loi n° 2000-1208 du 13 décembre 2000 relative à la solidarité et au renouvellement urbains), les règlements de copropriété publiés à compter du 31 décembre 2002 doivent indiquer clairement les éléments pris en considération et la méthode de calcul permettant de fixer les quotes-parts de parties communes et la répartition des charges.

C'est au cours de l'assemblée générale annuelle que le syndicat des copropriétaires vote, chaque année, un budget prévisionnel (art. 14-1 de la loi du 10 juillet 1965) qui a pour objet de faire face aux « dépenses courantes de maintenance, de fonctionnement et d'administration des parties communes et équipements communs de l'immeuble ». En principe, les copropriétaires versent au syndicat des provisions sur charges égales au quart du budget voté. Mais rien n'empêche l'assemblée générale de fixer des modalités différentes. Dans de très nombreuses copropriétés, les charges sont appelées trimestriellement et sont exigibles le premier jour de chaque trimestre. D'autres fois, l'appel est mensuel.

Certaines dépenses sont exclues de ce budget prévisionnel (art. 14-2 de la loi du 10 juillet 1965). Notamment, les obligations en matière de sécurité, d'économie d'énergie, etc., grèvent le budget de la copropriété ou de certains copropriétaires. Pour faire face à ces dépenses, le syndicat peut désormais souscrire un emprunt (art. 26-4 de la loi du 10 juillet 1965) dont les remboursements ne pourront être exigés que vis-à-vis des copropriétaires en bénéficiant (art. 26-6). Le montant de cet emprunt ne peut « excéder le montant total des quotes-parts des dépenses des copropriétaires décidés d'y participer » (art. 26-6). Ces dépenses exclues du budget (art. 44 du décret du 17 mars 1967), dont le montant est souvent important, feront alors l'objet d'un examen et d'un vote séparé au cours de l'assemblée générale.

Les sanctions contre le propriétaire défaillant

Le copropriétaire qui ne paie pas ses charges ou qui enfreint le règlement de copropriété s'expose à des sanctions.

En cas de non paiement des provisions sur charges

Lorsque dans l'année en cours, un propriétaire ne verse pas provision concernant le paiement du budget prévisionnel à sa date d'exigibilité, les autres provisions prévues et non encore échues deviennent immédiatement exigibles. Le copropriétaire défaillant va recevoir du syndic une mise en demeure. Il dispose alors de 30 jours pour régulariser sa situation (art. 19-2, alinéa 1 de la loi du 10 juillet 1965).

Ne pas régler dans les 30 jours permet au syndic d'obtenir le paiement du trimestre écoulé mais aussi, par anticipation, de l'intégralité des trimestres restants.

Si au bout des 30 jours, le copropriétaire n'a pas régularisé sa situation, le syndicat des copropriétaires va saisir le tribunal de grande instance du lieu de situation de l'immeuble dans le cadre d'une procédure rapide particulière. Le copropriétaire va recevoir une assignation, qui le convoquera à une date précise devant la juridiction saisie. Le copropriétaire pourra se défendre seul ou se faire assister par un avocat. Le tribunal va statuer « en la forme des référés ». Cela signifie qu'en principe, l'affaire sera plaidée le jour indiqué dans l'assignation et que le tribunal va rapidement rendre une ordonnance qui aura la même valeur qu'un jugement (ce sera donc une décision au fond). Bien évidemment, le copropriétaire pourra faire appel de cette décision, et pourquoi pas, si la décision en appel le condamne toujours, faire un pourvoi en cassation.

Les recours n'empêcheront pas les poursuites. La décision du tribunal est en effet assortie de l'exécution provisoire de plein droit, c'est-à-dire que le syndic peut poursuivre le copropriétaire défaillant sur l'ensemble de ses biens mobiliers et immobiliers. Puisqu'il s'agit d'une décision qui purge le problème au fond, assortie de l'exécution provisoire, le syndic va donc pouvoir envisager une procédure permettant la vente du bien. Il semble toutefois qu'il ne puisse poursuivre la vente du bien jusqu'à l'adjudication (c'est-à-dire la vente proprement dite) que lorsque la décision obtenue aura autorité de la chose jugée (ce sera le cas si le débiteur ne fait pas appel) ou sera définitive (c'est-à-dire lorsque toutes les voies de recours auront été épuisées).

En cas de non paiement des charges exceptionnelles ou des arriérés

Concernant les autres charges impayées, c'est-à-dire celles des années antérieures ou les charges exceptionnelles (comme un ravalement, une mise aux normes d'un ascenseur ou encore le paiement des frais liés à une procédure), le syndic, après une mise en demeure par lettre recommandée avec accusé de réception (art. 63 du décret n° 67-223 du 17 mars 1967), dispose des procédures « classiques » pour recouvrer la créance du syndicat contre le copropriétaire défaillant.

L'injonction de payer

L'injonction de payer une décision qui condamne le copropriétaire. Elle sera rendue en son absence et lui sera notifiée. Le copropriétaire qui estime ne rien devoir ou ne pas devoir la totalité de la somme demandée peut, dans un délai d'1 mois, faire opposition à l'ordonnance, afin de faire revenir le litige devant le juge et de pouvoir s'expliquer.

Le référé

Le référé est une procédure rapide qui se passe soit devant le tribunal d'instance, soit devant le tribunal de grande instance, selon le montant demandé. Dans l'un et l'autre cas, le copropriétaire peut se défendre seul. La décision obtenue sera exécutoire de plein droit et permettra la saisie des biens mobiliers du débiteur mais jamais celle de ses biens immobiliers.

La procédure au fond

La procédure au fond pourra être introduite devant le tribunal d'instance ou de grande instance selon le montant. Devant le tribunal d'instance, le copropriétaire défaillant pourra se défendre seul, en revanche devant le tribunal de grande instance, il devra être défendu par un avocat. La décision obtenue ne sera pas de plein droit exécutoire. Elle ne permettra la saisie des biens mobiliers ou immobiliers que si le juge envisage l'exécution provisoire. Dans le cas contraire, les poursuites ne pourront avoir lieu que lorsque la décision sera définitive.

Frais complémentaires

Certains frais complémentaires peuvent être mis à la charge du copropriétaire défaillant. Ainsi en est-il des frais de mise en demeure, de prise d'hypothèque, de droits et émoluments et de droit de recouvrement des huissiers (art. 10-1 de la loi du 10 juillet 1965).

La décision du juge peut envisager le contraire si ces frais ne sont pas nécessaires. Ainsi des frais de relance et de suivi qui relèvent de la charge habituelle du syndic. Le copropriétaire défaillant peut également être condamné à verser une indemnité pour non paiement des charges au syndicat, si le règlement de copropriété le prévoit. Le montant de cette indemnité est alors fixé dans une clause pénale* (souvent entre 10 et 20 % du montant dû). Pour éviter ou limiter cette sanction supplémentaire, le copropriétaire défaillant peut, soit soutenir qu'elle n'est pas justifiée, soit invoquer les dispositions de l'article 1152 du Code civil, et en demander la réduction en soutenant qu'elle est manifestement excessive. Enfin, si le syndicat démontre un préjudice pour la copropriété, le syndic va demander des dommages et intérêts sur le fondement de l'article 1382 du Code civil.

En principe, c'est le copropriétaire du lot qui est redevable des charges mais certaines situations ne sont pas aussi tranchées. Ainsi, par exemple pour un couple marié, on considère que c'est une dette du ménage si le lot constitue le logement de la famille, ce qui rend les deux époux débiteurs vis-à-vis de la copropriété, et en cas de divorce jusqu'à la liquidation et le partage sinon, seul l'époux propriétaire du lot est redevable des charges.

En cas de litige avec la copropriété ou son syndic, le copropriétaire qui ne paie pas se met en tort, même s'il a raison ! Il doit saisir l'assemblée générale pour qu'elle se prononce sur le problème ou les tribunaux s'il ne parvient pas à ses fins. Sinon, il risque de se retrouver condamné judiciairement au paiement !

En cas de mauvais usage des parties privatives

Chaque copropriétaire peut user et jouir librement des parties privatives et des parties communes « sous la condition de ne pas porter atteinte ni aux droits des autres copropriétaires, ni à la destination de l'immeuble » (art. 9 de la loi du 10 juillet 1965). Les hypothèses de transgression sont nombreuses et peuvent être financièrement lourdes de conséquences pour le copropriétaire défaillant.

Souvent, ce sont des troubles de voisinage qui vont être reprochés au copropriétaire, dont la responsabilité ne pourra être engagée que si ce trouble est considéré comme anormal. Lorsque le bien est loué, ce n'est pas pour autant que le copropriétaire peut se dégager de sa responsabilité. Il reste responsable vis-à-vis de la copropriété de toute infraction au règlement et de tout trouble de voisinage causé par son locataire.

Ainsi, par exemple, si un copropriétaire annexe une cour commune en y installant sa table de jardin et ses plantes vertes en pot et profite des beaux jours pour dîner à la chandelle, la copropriété pourra lui faire interdire l'accès privatif, pis, s'il en a profité pour se construire un petit bureau, il pourra être condamné par le tribunal à le détruire !

Le copropriétaire accusé d'infraction au règlement de copropriété ou de trouble de voisinage pourra, voire devra, prendre attache avec un avocat. Selon les circonstances, il pourra également prendre conseil auprès d'un notaire ou d'une fédération.

Le syndicat des copropriétaires

Le syndicat des copropriétaires dispose de deux outils majeurs pour exprimer sa volonté : l'assemblée générale et le syndic.

L'assemblée générale

L'assemblée générale est la réunion de tous les copropriétaires. Elle se tient au moins une fois par an pour prendre les décisions les plus importantes qui concernent le fonctionnement et la vie de la copropriété. Elle obéit à des règles définies.

La convocation

Chaque copropriétaire doit être convoqué aux assemblées générales ordinaires ou extraordinaires. La convocation doit être écrite et adressée (art. 64 du décret du 17 mars 2007) par lettre recommandée avec AR contre récépissé ou par télécopie avec récépissé (mais peut se poser un problème de preuve), respectivement au dernier domicile ou au dernier numéro de télécopie notifié au syndic par le copropriétaire (art. 65, alinéa 2 du décret du 17 mars 2007). Elle doit contenir (art. 9, alinéa 1 du décret du 17 mars 2007) le lieu, la date et l'heure de la réunion, l'ordre du jour et les questions soumises au vote avec un projet de résolution. Sauf situation d'urgence, la convocation doit être adressée 21 jours avant la date de la réunion (art. 9, alinéa 2 du décret n°67-223 du 17 mars 2007). Lorsque le bien appartient aux époux, la convocation doit être faite au nom de chacun d'entre eux (mais ce peut être par un seul envoi).

Chaque copropriétaire peut demander (par lettre RAR ou télécopie) que soit inscrite une question complémentaire à l'ordre du jour (art. 10, alinéa 1 du décret du 17 mars 2007). Cependant, il faut s'y prendre à l'avance car lorsque la convocation est prête à partir ou qu'elle est déjà partie, les questions risquent d'être considérées comme tardives et d'être reportées à l'assemblée suivante.

L'ordre du jour

Chaque convocation doit fixer un ordre du jour. Seules peuvent faire l'objet d'un débat et d'un vote valide les questions portées à l'ordre du jour (art. 13, alinéa 1 du 17 mars 2007). Si l'assemblée des copropriétaires examine d'autres questions, elles ne pourront pas faire l'objet d'un vote et d'une résolution.

Traiter toutes les questions inscrites à l'ordre du jour ne signifie pas pour autant qu'elles feront l'objet d'une approbation car il arrive que le quorum* nécessaire pour leur approbation ne soit pas atteint.

Les annexes

Certains documents doivent être joints à la convocation et à l'ordre du jour. Cette formalité est requise :

- pour la validité de la décision (art. 11, LI du décret du 17 mars 2007). Cela signifie que si l'un des documents visés par l'article est manquant, cette absence entraîne la nullité de la décision. Ainsi par exemple doit être annexé l'état financier du syndicat et son compte général.
- pour information des copropriétaires (art. 11, LII du décret du 17 mars 2007). Par exemple doit être annexé l'état détaillé des sommes perçues par le syndic au titre de sa rémunération. En principe, l'absence de ces documents est sans influence sur la validité de la décision, sauf à démontrer que le défaut de communication a entaché le consentement du copropriétaire.

Le déroulement de l'assemblée générale

Au début de chaque assemblée sont désignés par un vote un président et un ou plusieurs scrutateurs, il doit être établi une feuille de présence. Le syndic assure le secrétariat de la séance, sauf décision contraire de l'assemblée générale (art. 15 du décret du 17 mars 2007). Chaque copropriétaire présent ou représenté par un mandataire va voter pour ou contre une résolution, à moins qu'il ne s'abstienne. Sauf situations particulières, chaque copropriétaire dispose d'un nombre de voix correspondant à sa quote-part dans les parties communes.

L'ensemble des dispositions concernant les majorités requises pour les votes est impératif et il ne peut y être dérogé. Une décision prise en dehors de la majorité requise pour son approbation est susceptible d'être annulée par les tribunaux.

À l'issue de chaque assemblée et à la fin de la séance, il est dressé un procès-verbal signé par le président, le secrétaire et le ou les scrutateurs. Ce procès-verbal reprend les résolutions soumises au vote, indique le vote et précise les noms des copropriétaires ou associés qui se sont opposés à la décision et leur nombre de voix, ainsi que les noms des copropriétaires ou associés qui se sont abstenus et leur nombre de voix (art. 17 du décret du 17 mars 2007). Ce procès-verbal est ensuite notifié à chaque copropriétaire dans un délai de 2 mois à compter de la tenue de l'assemblée générale. Si le copropriétaire est présent ou représenté, cette notification semble pouvoir être valablement faite par courrier simple. En revanche, s'il s'agit de notifier cette assemblée à un copropriétaire opposant (c'est-à-dire qui a voté contre la résolution) ou défaillant (c'est-à-dire qui n'était ni présent, ni représenté), cette notification est valablement faite par lettre recommandée avec demande d'avis de réception ou par télécopie avec récépissé (art. 64 du décret du 17 mars 2007).

Les possibilités de recours

Seuls les copropriétaires opposants ou défaillants peuvent contester devant les tribunaux une résolution prise lors d'une assemblée générale (art. 42, alinéa 2 de la loi du 10 juillet 1965). Les personnes présentes à l'assemblée et qui se sont abstenues de voter ne peuvent pas exercer de recours, sauf circonstances particulières. De même, les copropriétaires qui ont voté la résolution mais en émettant des réserves ou des conditions, ne sont pas considérés comme opposants ou défaillants. Cette contestation est enfermée dans un délai de 2 mois à compter du lendemain du jour de la première présentation de la lettre recommandée au domicile du destinataire ou du lendemain du jour de la réception de la télécopie par le destinataire (art. 64, alinéa 2 du décret du 17 mars 2007).

Sauf exceptions, les recours en nullité des résolutions d'une assemblée ne sont pas suspensifs. Les décisions s'imposent donc à tous les copropriétaires tant qu'elles n'ont pas été annulées. Toutefois, par prudence, le syndic attend en général l'expiration du délai de recours pour éviter les complications.

Lorsque la contestation concerne le vote de certains travaux envisagés par la copropriété, une amende civile (de 150 à 3000 €) peut être prononcée par le tribunal si cette action en justice est considérée comme dilatoire ou abusive.

Le syndic

Personne physique ou morale, le syndic exécute les décisions de l'assemblée générale (art. 28, alinéa 1 du décret du 17 juillet 1967).

Le syndic, c'est qui ?

Le syndic peut être un professionnel. Il est alors soumis aux dispositions prévues par la loi Hoguet (loi n° 70-9 du 2 janvier 1970). Cela suppose notamment qu'il doive être couvert par une assurance professionnelle visant à garantir la mise en jeu de sa responsabilité et qu'il dispose d'une garantie financière délivrée par un établissement bancaire ou un organisme de garantie collective.

Le syndic peut être un non professionnel, c'est souvent le cas dans les petites copropriétés où le syndic est en général un des copropriétaires. Dans ce cas, il n'est pas soumis à la loi Hoguet. Il ne pèse donc sur lui aucune obligation d'assurance, ni de garantie financière. Rien n'empêche toutefois le syndicat de souscrire une assurance pour se garantir !

Désigné en assemblée générale (le plus souvent celle de l'approbation annuelle des comptes), le syndic est considéré comme un mandataire du syndicat des copropriétaires et les actes qu'il fait engage la copropriété. Le syndic peut également être désigné lors de la rédaction du règlement de copropriété, dans un document conventionnel, voire par décision de justice. Sauf exception, la nomination du syndic ne peut excéder 3 ans. Souvent, il est élu pour une année. À même échéance, le syndic peut donner sa démission.

Il ne peut y avoir de prorogation tacite du mandat. À défaut d'une nouvelle nomination à l'issue du mandat, le syndic est dépourvu de tout pouvoir. Il ne peut plus représenter ni engager valablement le syndicat des copropriétaires.

Si on peut révoquer le syndic au cours de l'assemblée générale annuelle ou d'une autre assemblée, il faut toutefois que cette révocation soit portée à l'ordre du jour. Pour que le syndic ne puisse contester cette révocation, il faut qu'elle soit légitime, sinon il pourra demander des dommages et intérêts.

Pour éviter une vacance, il appartiendra alors aux copropriétaires convoqués à une assemblée générale et qui ont révoqué le syndic en place de désigner un nouveau syndic.

Le syndic, ça sert à quoi ?

Le syndic représente juridiquement le syndicat dans ses obligations. À ce titre, il va donc intervenir pour mettre en œuvre :

- la conservation de l'immeuble,
- les améliorations de l'immeuble,
- l'administration des parties communes.

Investi d'un mandat, il va conclure tous les actes nécessaires à ces missions.

BON À SAVOIR

Le syndic doit obtenir de l'assemblée générale l'autorisation de licencier un concierge qui ne donne plus satisfaction.

Le conseil syndical peut exiger que le syndic ouvre un compte séparé pour gérer les fonds de la copropriété et qu'il tienne une comptabilité séparée (art. 18 du 10 juillet 1965). Le non respect de cette exigence peut être un motif de révocation du syndic.

Les copropriétaires peuvent également exiger du syndic :

- qu'il leur adresse les copies et extraits des procès verbaux des assemblées générales et des annexes, et surtout qu'il les certifie (art. 33, alinéa 2 du décret du 17 mars 1967),
- qu'il leur adresse la copie du carnet d'entretien de l'immeuble et le cas échéant les diagnostics techniques (art. 33, alinéa 3 du décret du 17 mars 1967). Le syndic est tenu de délivrer ces pièces au copropriétaire qui en fait la demande, mais ce sera aux frais de ce dernier.
- qu'il convoque une assemblée générale (si les copropriétaires qui font la demande représentent au moins un quart des voix de tous les copropriétaires). Celle-ci est de droit, et le syndic ne peut s'y soustraire (art. 8, alinéa 1 du décret du 17 mars 1967).

ATTENTION !

Un copropriétaire ou les membres du conseil syndical ne peuvent exiger du syndic la communication de la liste des copropriétaires établie obligatoirement par le syndic (art. 32 du décret du 17 mars 1967). Cette interdiction se comprend dans la mesure où cette liste contient des informations de type confidentiel.

Tenu à une obligation de moyens vis-à-vis du syndicat, le syndic doit tout mettre en œuvre pour que sa mission s'accomplisse au mieux des intérêts du syndicat. Pour engager sa responsabilité professionnelle envers le syndicat, le syndic doit avoir commis une faute dans la gestion ou excédé les pouvoirs qui lui sont impartis. C'est l'objet de la garantie de l'assurance « responsabilité professionnelle » qu'il est obligé de souscrire s'il est un professionnel et qu'il est conseillé de lui imposer si c'est un bénévole ou un syndic rémunéré mais non professionnel. Le syndic peut également être responsable à l'égard d'un copropriétaire individuellement si ce dernier peut prouver qu'il a subi un préjudice personnel distinct.

Lorsque le syndic obtient, lors de l'assemblée générale annuelle, quitus* de sa gestion, cela ne permet plus au mandant (le syndicat des copropriétaires) d'attaquer le syndic.

Le syndic peut aussi engager sa responsabilité pénale, ainsi par exemple pour des infractions aux règles d'hygiène et de sécurité, abus de confiance…

Le conseil syndical

Le conseil syndical est l'organe de liaison obligatoire entre le syndicat des copropriétaires et le syndic.

Qui le désigne ?

C'est l'assemblée générale qui va déterminer le nombre des conseillers composant le conseil syndical. Lorsque la majorité requise n'est pas atteinte, un ou plusieurs copropriétaires ou le syndic peuvent saisir le juge, qui peut alors (art. 21, alinéa 9 de la loi du 10 juillet 1965) désigner les membres du conseil syndical ou constater l'impossibilité d'instituer un conseil syndical. Il convient que le nombre de conseillers soit au moins de trois pour que puisse se dégager une majorité (art. 21 de la loi du 10 mai 1965). Lorsque c'est possible, il est important que les différents intérêts des copropriétaires soient représentés. Ainsi le conseil syndical peut-il être composé de copropriétaires occupants et de bailleurs à titre d'habitation ou à titre professionnel.

À quoi sert-il ?

Le conseil syndical assiste le syndic et contrôle sa gestion (art. 21 de la loi du 10 juillet 1965). Sa mission est purement consultative et gratuite.

Cette consultation peut être obligatoire, par exemple pour fixer l'ordre du jour de l'assemblée générale (art. 26 du décret du 17 mars 1967).

La mission du conseil syndical comporte différents volets :

- Il peut demander la convocation d'une assemblée générale, le syndic devant alors obligatoirement obtempérer (art. 8, alinéa 1er du décret du 17 mars 1967).
- Il peut être consulté par le syndic ou peut se saisir lui-même de questions touchant la copropriété (art. 21, alinéa 2 de la loi du 10 juillet 1965).
- Il contrôle la gestion du syndic (art. 21, alinéa 1 de la loi du 10 juillet 1965).
- Il doit rendre compte de sa mission, lors de l'assemblée générale annuelle d'approbation des comptes (art. 22, alinéa 2 du décret du 17 mars 1967).

Le conseil syndical n'a pas de personnalité juridique et donc n'a pas de personnalité morale, ce qui en principe exclut toute mise en cause de la responsabilité de ses membres.

Les finances du syndicat

Le syndicat est une entité juridique économique qui dispose d'un actif et peut avoir un passif. De quoi cet actif et ce passif sont-ils composés ? Que se passe-t-il en cas de difficultés financières ? C'est ce que nous allons voir maintenant.

Actif et passif

L'actif du patrimoine du syndicat est constitué des créances du syndicat à l'encontre des copropriétaires pour le paiement de leurs charges. Il peut aussi s'agir de créances contre des tiers (par exemple, lorsque des travaux commandés ont posé problème et se sont résolus par des dommages et intérêts, lesquels sont alors alloués au prorata à chaque copropriétaire ou investis pour des améliorations).

Le passif du patrimoine du syndicat est constitué des dettes qu'il a contractées envers ses différents prestataires, voire envers un établissement bancaire. Ces dettes peuvent avoir également pour origine des condamnations judiciaires liées notamment à la responsabilité civile ou pénale du syndicat.

Si le syndicat ne fait pas face à sa dette, le créancier, sous certaines conditions, peut poursuivre individuellement chaque copropriétaire !

À la suite d'une décision en matière prud'homale, l'ancienne concierge d'un immeuble a poursuivi solidairement les copropriétaires composant le syndicat sur leurs deniers et sur leurs biens personnels, pour se faire payer le montant des condamnations mises à la charge du syndicat par la décision.

En cas de pépin

Il peut arriver que le syndicat de copropriétaires connaisse des difficultés financières. Différentes options peuvent alors être envisagées.

La nomination d'un mandataire ad hoc

Lorsqu'à la clôture des comptes, les impayés atteignent 25 % (art. 29-1 A de la loi du 10 juillet 1965) des sommes exigibles (c'est-à-dire toutes les dettes sauf les sommes exigibles dans le mois précédant la clôture de l'exercice (art. 61-2 du décret du 17 mars 1967), toute personne y ayant intérêt peut désormais envisager une procédure préventive qui permet d'obtenir par une décision du juge du tribunal de grande instance la désignation d'un mandataire *ad hoc*, dont le juge fixera la mission. Cette désignation peut intervenir à la demande du syndic, des copropriétaires représentant 15 % des voix du syndicat si le syndic est défaillant (art. 29-1 A alinéa 2) mais aussi des créanciers titulaires de factures impayées depuis plus de 6 mois concernant l'eau, l'énergie ou les travaux du syndicat (art. 29-1 A alinéa 3).

Le rapport du mandataire *ad hoc* devra présenter :

- l'analyse de la situation financière du syndicat des copropriétaires et de l'état de l'immeuble,
- les préconisations faites pour rétablir l'équilibre financier du syndicat et, le cas échéant, assurer la sécurité de l'immeuble,
- le résultat des actions de médiation ou de négociation qu'il aura éventuellement menées avec les parties en cause.

Après le dépôt du rapport, les copropriétaires devront, lors d'une assemblée, voter les résolutions nécessaires pour mettre en œuvre les solutions préconisées par le mandataire *ad hoc*.

La nomination d'un administrateur ad hoc

Si l'équilibre financier du syndicat des copropriétaires est gravement compromis ou si le syndicat est dans l'impossibilité de pourvoir à la conservation de l'immeuble, l'article 29-1 de la loi du 10 juillet 1965 prévoit que le président du tribunal de grande instance désigne un administrateur provisoire. Cette désignation peut intervenir à la demande du syndic, des copropriétaires représentant 15 % des voix du syndicat ou du procureur de la République. Dans sa décision, le juge va confier à l'administrateur provisoire tous les pouvoirs du syndic, qui se trouve alors dessaisi. Parmi ses prérogatives, l'administrateur provisoire peut demander la suspension ou l'interdiction des poursuites des créanciers pendant une période de 6 mois renouvelable une fois (art. 29-2 de la loi n°65-557 du 10 juillet 1965).

Le recours à des mesures de soutien

Le syndicat peut, sous certaines conditions, bénéficier de subventions et d'aides par le fonds de solidarité pour le logement ou encore par l'ANAH (agence nationale pour l'amélioration de l'habitat). Une autre mesure peut être le rachat de l'immeuble ou de lots pour mettre l'immeuble sous statut HLM.

Chapitre 13

La location

Dans ce chapitre :

- Les différents types de location : vide, meublée, sous-location, sociale, saisonnière
- La législation relative à chaque type de location
- Les droits et obligations des bailleurs et des locataires

Dans le domaine de l'immobilier, la location ou contrat de bail désigne l'action de louer un local, le locataire étant celui qui bénéficie du bail et le loueur ou bailleur étant celui qui le concède. Qu'elle soit vide ou meublée, dans le secteur privé ou social, la location d'un logement fait intervenir une notion importante qui est celle de résidence principale (la location saisonnière étant un cas particulier). Le propriétaire privé (le bailleur) est libre de proposer directement un bien à la location et de conclure seul le bail avec le preneur (le locataire) mais il peut aussi faire appel à :

- un agent immobilier, qui doit alors disposer d'un mandat écrit du propriétaire pour présenter à la location le logement qu'il propose. Cette intervention lui ouvre droit à une commission dont le montant devra être partagé pour moitié entre le propriétaire et le futur locataire (art. 5 de la loi du 6 juillet 1989). Il ne peut être mis à la seule charge du locataire, sauf en cas de location meublée.
- un notaire. Sa rémunération et le montant des frais de rédaction du contrat de location sont fixés par les pouvoirs publics. Ici encore, le partage des émoluments du notaire se fait par moitié.

En dehors de ces deux situations, aucune autre personne ne peut servir d'intermédiaire pour une location.

La location d'un logement vide en secteur libre

La location d'un logement vide doit respecter un certain nombre de règles, établies par la loi du 6 juillet 1989. Cette loi définit les pièces à produire pour faire acte de candidature, énumère ce que l'on doit trouver dans un contrat de bail, établit les règles du cautionnement ou encore détaille les étapes de la procédure d'expulsion. Autant de points qu'il vaut mieux connaître lorsque l'on s'apprête à louer un logement, qu'on en soit le propriétaire ou le futur locataire.

Quels sont les logements concernés ?

La loi du 6 juillet 1989 s'applique aux logements appartenant au secteur privé. Il s'agit d'appartements ou de maisons individuelles vides (neufs ou anciens), qui sont loués à usage d'habitation principale ou à usage mixte professionnel et d'habitation principale. Les dispositions protectrices de cette loi s'étendent aux garages, places de stationnement, jardins et autres locaux, loués accessoirement au local principal par le même bailleur. En revanche, la loi du 6 juillet 1989 ne concerne pas (art. 2) :

- les locations en meublés,
- les locations saisonnières,
- les logements de fonction (comme par exemple les loges de concierge),
- les foyers (de jeunes travailleurs ou de personnes âgées),
- les locaux destinés uniquement à usage professionnel (bail rural, commercial ou artisanal).

Un peu d'histoire : la loi du 1er septembre 1948

À l'issue de la Seconde Guerre mondiale, la crise du logement a amené les autorités à prendre des mesures contre la flambée des prix des loyers et la pénurie de logement. Ce fut l'objet de la loi du 1er septembre 1948, qui fixait, dans les communes de plus de 4000 habitants, le loyer en fonction d'une surface corrigée et protégeait le locataire en lui accordant un droit au logement opposable au propriétaire. Cette loi accordait une protection au locataire, qui en contrepartie ne pouvait mettre fin à la location que dans des conditions très précises. Désormais, les logements en location encore sous le coup de cette loi se font rares, d'autant plus qu'il n'existe plus de droit au maintien dans les lieux pour tous les héritiers. Seuls peuvent y prétendre :

- le conjoint,
- le partenaire pacsé,
- le concubin sous condition de durée de la vie commune,
- les ascendants,
- les personnes handicapées,
- les mineurs jusqu'à leur majorité.

La candidature

Lorsque l'on souhaite louer un bien immobilier, on doit bien souvent remettre au bailleur un dossier de candidature comprenant un certain nombre de pièces justificatives.

Ce qui est permis

Voici les pièces que le bailleur peut demander au(x) futur(s) preneur(s) :

- une photocopie de sa pièce d'identité (CNI ou passeport),
- ses trois derniers bulletins de salaire (pour un salarié) ou ceux de son garant, ses deux derniers bilans pour une profession libérale,
- un justificatif de domicile pour le garant (quittance EDF, avis de taxe d'habitation...),
- son dernier avis d'imposition et/ou celui de son garant,
- sa carte d'étudiant ou un certificat de scolarité, s'il est étudiant,
- sa carte de séjour,
- une photocopie de la pièce d'identité de son garant,
- une attestation de son employeur ou celle de son garant,
- une photocopie de la taxe foncière ou des impôts locaux si son garant cst propriétaire,
- son R.I.B (relevé d'identité bancaire),
- les quittances de loyer de sa précédente location, accompagnées d'une facture EDF pour vérifier que l'adresse correspond aux quittances de loyer.

BON À SAVOIR

Lorsque les futurs locataires sont pacsés ou vivent en concubinage, le propriétaire peut demander les justificatifs à chacun d'eux.

Ce qui est interdit

L'article 22-2 de la loi du 6 juillet 1989 précise les documents que le bailleur peut exiger de son futur locataire.

BON À SAVOIR

Depuis, l'article 41 de la loi n° 2010-1249 du 22 octobre 2010 a limité ces documents. Ainsi, ne peuvent lui être désormais demandés les documents suivants :

- une photographie d'identité, hormis celle de la pièce justificative d'identité,

- sa carte d'assuré social,
- une copie de relevé de son compte bancaire ou postal,
- une attestation de bonne tenue de compte bancaire ou postal,
- une attestation d'absence de crédit en cours,
- une autorisation de prélèvement automatique,
- un jugement de divorce, à l'exception du paragraphe commençant par l'énoncé : « Par ces motifs » (c'est-à-dire les conséquences judiciaires du divorce),
- une attestation du précédent bailleur indiquant que le locataire est à jour de ses loyers et charges, dès lors que le locataire peut présenter d'autres justificatifs,
- une attestation de l'employeur dès lors que peuvent être fournis le contrat de travail et les derniers bulletins de salaire,
- un contrat de mariage,
- un certificat de concubinage,
- un dossier médical personnel,
- un extrait de casier judiciaire,
- plus de deux bilans pour les travailleurs indépendants,
- une copie des informations contenues dans le fichier national des incidents de remboursement des crédits aux particuliers ou de l'information de la non-inscription à ce fichier.

BON À SAVOIR

Le propriétaire ne peut exiger de chèque de réservation de logement. Mais surtout, il ne peut exiger la remise sur un compte bloqué de biens, d'effets, de valeurs ou d'une somme d'argent supérieure au montant de la garantie prévue à l'article 22 (1 mois). S'il demande une garantie autonome (souvent celle d'une banque), elle est limitée de la même manière (art. 22-1-1).

Le contrat de bail

Le contrat de bail lie le bailleur au locataire. C'est lui qui définit les modalités selon lesquelles le locataire va pouvoir faire usage d'un bien immobilier moyennant le versement d'un loyer au bailleur. Il est, naturellement, soumis à une réglementation bien définie.

Les articles cités dans cette section sont issues de la loi du 6 juillet 1989.

La discrimination, c'est interdit !

Une fois les documents et les renseignements obtenus, le propriétaire est libre de louer son logement à qui bon lui semble, sous réserve, toutefois, de respecter le principe d'égalité (art. 1). Ainsi il ne peut refuser la location du logement lui appartenant en raison :

- de l'origine, du nom, de l'apparence physique, du sexe,
- de la situation de famille, de l'état de santé, du handicap,
- des mœurs, de l'orientation sexuelle,
- des opinions politiques, des activités syndicales,
- de l'appartenance ou de la non-appartenance vraie ou supposée à une ethnie, une nation, une race ou une religion déterminée.

La sanction d'un tel comportement est uniquement civile. Le candidat évincé pourra demander par une action en justice des dommages et intérêts au futur propriétaire qui aurait contrevenu à cette obligation.

Il ne suffit pas au candidat évincé d'affirmer qu'il y a eu discrimination, il faudra aussi qu'il puisse prouver le comportement discriminatoire du futur bailleur… et ce n'est pas toujours chose aisée !

Durée de la location

La durée initiale de la location dépend de la qualité du propriétaire :

- si le bailleur est une personne physique, le bail doit être au minimum de 3 ans,
- si c'est une personne morale (société, association…), la durée du bail ne peut être inférieure à 6 ans (art. 10).

Si le propriétaire ne donne pas congé à l'échéance, le bail sera reconduit pour une durée équivalente à la durée initiale.

Le bail peut, dans des circonstances exceptionnelles, être d'une durée inférieure à 3 ans. Quand un événement précis justifie que le bailleur (personne physique) ait à reprendre le local pour des raisons professionnelles ou familiales, les parties peuvent conclure un contrat d'une durée inférieure à 3 ans. Ainsi par exemple un salarié qui est expatrié. La durée minimum ne peut alors être inférieure à une année. Le contrat de location doit mentionner les raisons et l'événement invoqués (ainsi par exemple mutation temporaire à l'étranger du propriétaire). En cas de litige, c'est au propriétaire d'apporter la preuve de la raison invoquée.

Qu'est-ce qu'on doit y trouver ?

Un certain nombre d'informations doivent apparaître dans le bail :

- le nom du bailleur (et éventuellement celui de son mandataire) et celui ou ceux du preneur,
- la superficie, la consistance et la destination de la chose louée,
- le montant du loyer et ses modalités de paiement,
- les conditions de la révision annuelle du loyer. Cette clause indique, en principe, le trimestre de référence à prendre en compte pour le calcul de cette révision.
- le dépôt de garantie éventuel (si le loyer est payé par trimestre, le bailleur n'a pas le droit de demander un dépôt de garantie, si le paiement est mensuel, le propriétaire ne peut demander qu'un mois de garantie hors charges).

Le propriétaire doit délivrer un logement décent (art. 6) ne laissant pas apparaître de risques manifestes pouvant porter atteinte à la sécurité physique ou à la santé (ainsi la présence de plomb) et le logement doit être doté des éléments le rendant conforme à l'usage d'habitation. L'état général et les équipements doivent être en bon état d'usage et de réparation. Le logement décent est celui qui est suffisamment éclairé et ventilé, n'est pas humide, ne contient que des matériaux sains et dont les installations de gaz et d'électricité assurent la sécurité des occupants.

Documents annexes

À ce bail écrit doivent être annexés plusieurs documents, le plus important étant l'état des lieux, qui peut être établi :

- par les parties,
- par un tiers mandaté dont les honoraires négociés ne peuvent être laissés ni directement, ni indirectement à la charge du locataire,
- par un constat d'huissier, les frais, dont le montant est fixé par décret en Conseil d'Etat, étant partagés pour moitié entre le propriétaire et le locataire.

Le locataire peut demander, pendant le premier mois de la période de chauffe, que cet état des lieux soit complété par l'état des éléments de chauffage.

Si l'état des lieux n'est pas obligatoire, il est toutefois vivement recommandé d'en établir un. En effet, l'article 1731 du Code civil précise que s'il n'a pas été fait d'état des lieux, le preneur est présumé les avoir reçus en bon état de réparations locatives, et doit les rendre dans le même état.

Cela signifie que le propriétaire va être libre de mettre à la charge du locataire des travaux qui n'auraient pu l'être s'il y avait eu un état des lieux à l'entrée !

L'état des lieux à l'entrée ne suffit pas, il doit pouvoir être confronté avec l'état des lieux à la sortie. Pour pouvoir être opposables, les deux états des lieux doivent être contradictoires, c'est-à-dire établis en présence du locataire et du propriétaire (ou de son représentant).

Parmi les autres documents annexés au bail, on trouvera un état des risques naturels, technologiques et miniers datant de moins de 6 mois (pour les zones à risques), un diagnostic des performances énergétiques et, si le logement a été construit avant 1949, un constat de risque d'exposition au plomb (CREP).

Le cautionnement*

Pour se garantir d'une éventuelle défaillance de son locataire, le propriétaire peut demander à ce qu'un tiers apporte sa caution.

Se porter caution, ça engage à quoi ?

Une personne qui se porte caution pour un locataire (ce peut être un parent, un ami, un employeur…) peut être amenée à payer les loyers et les charges en lieu et place du locataire. C'est donc un engagement et non une simple signature qui lui est demandée, et même si elle peut, une fois qu'elle aura payé, se retourner contre le locataire pour qu'il la rembourse, c'est elle qui en premier sera tenue vis-à-vis du propriétaire, d'autant que bien souvent elle aura accepté (car c'est une clause de style) de renoncer au bénéfice de discussion, c'est-à-dire que l'on poursuive d'abord le locataire. Cet acte de cautionnement solidaire est souvent annexé au bail mais il peut également simplement figurer dans le bail.

Compte tenu de l'importance de l'engagement demandé, qui pousse beaucoup de personnes à refuser, et afin de limiter de nombre de « garanties » que peut demander un propriétaire, l'art. 22-1 de la loi du 6 juillet 1989 rend impossible toute demande de cautionnement par un bailleur dès lors que celui-ci a souscrit une assurance garantissant les obligations locatives du locataire, sauf en cas de logement loué à un étudiant ou un apprenti.

Si le bailleur est une personne morale (autre qu'une société civile constituée exclusivement entre parents et alliés jusqu'au quatrième degré inclus), le cautionnement ne peut être demandé que s'il est apporté par un des organismes dont la liste est fixée par décret en Conseil d'État ou si le logement est loué à un étudiant ne bénéficiant pas d'une bourse de l'enseignement supérieur.

Se porter caution, ça dure combien de temps ?

Le cautionnement peut être donné pour une durée déterminée (par exemple la durée du bail) ou être au contraire pour une durée indéterminée. S'il est donné pour une durée déterminée, la caution est tenue au paiement des loyers et des charges prévues et la caution ne peut pas y mettre fin avant le terme prévu.

Lorsque le cautionnement ne comporte aucune indication de durée ou lorsque la durée du cautionnement est stipulée indéterminée, la caution peut le résilier unilatéralement mais la résiliation ne prend effet qu'au terme du contrat de location, qu'il s'agisse du contrat initial ou d'un contrat reconduit ou renouvelé, au cours duquel le bailleur reçoit notification de la résiliation (art. 22-1, alinéa 3).

Se porter caution, comment fait-on ?

La personne qui se porte caution appose sa signature :

- au contrat de location,
- à la reproduction manuscrite du montant du loyer (en chiffres et en lettres) et aux conditions de sa révision, tels qu'ils figurent au contrat de location,
- à la mention manuscrite exprimant de façon explicite et non équivoque la connaissance qu'elle a de la nature et de l'étendue de l'obligation qu'elle contracte,
- à la reproduction manuscrite de l'alinéa précédent.

EN PRATIQUE

Le bailleur (ou son représentant) doit remettre à la caution un exemplaire du contrat de location. Selon l'engagement précisé dans l'acte de cautionnement, la caution sera tenue aux loyers, aux charges mais aussi aux indemnités d'occupation, voire aux réparations locatives. S'il y a litige, ce sont les juges qui vont apprécier les termes de l'engagement de la caution. Pour que la caution puisse être tenue au paiement des pénalités ou des intérêts de retard, le propriétaire doit faire délivrer ce commandement à la caution (art. 24 de la loi du 6 juillet 1989).

ATTENTION !

Ces formalités sont prescrites à peine de nullité du cautionnement (art. 22-1, *in fine*), c'est-à-dire que si elles ne sont pas respectées, le propriétaire perd son cautionnement et la caution peut refuser de s'exécuter !

JURISPRUDENCE

Cas particuliers

Lorsque l'engagement ne couvre que le loyer principal, la provision pour charge et le droit de bail dus par les preneurs, la caution ne peut être tenue des indemnités d'occupation et du coût des réparations locatives mises à la charge du preneur (Cass civ 1re, 15 décembre 1998, *Dictionnaire Permanent*, Éd. législatives). De même, le cautionnement selon lequel la caution conjointe et solidaire s'engage à payer les loyers dont le montant total est précisé, majoré des charges, frais, indemnités et pénalités de toute nature, ne couvre pas les indemnités d'occupation dues postérieurement à l'expiration du bail (CA Paris, 16e ch. B, 9 février 2001, *AJDI* 2001). En revanche, s'il est stipulé que le cautionnement porte sur toute la période au cours de laquelle le preneur demeure dans les lieux en ce qui concerne les charges et la jouissance qui lui est concédée, sans exceptions ni réserves, la caution est débitrice du loyer, des charges et de l'indemnité d'occupation jusqu'à la remise des clés au bailleur (Cass com 17 juillet 2011 n° 98-15.736, *Dictionnaire Permanent*, Éd. législatives).

Le loyer et les charges

Le locataire est tenu de régler les loyers. Le propriétaire ne peut exiger un prélèvement automatique mais le locataire est tenu d'adresser un chèque ou un virement à la date contractuellement prévue, s'il ne veut pas risquer de voir le bail résilié.

Les charges, ça couvre quoi ?

Le locataire est également tenu de régler les charges visées au décret n° 87-713 du 26 août 1987. Elles concernent les services rendus liés à l'usage du logement (ascenseur par exemple), les dépenses d'entretien et les petites réparations des parties communes de l'immeuble (nettoyage des parties communes, entretien des espaces verts, etc..), et enfin certaines taxes correspondant à des services dont bénéficie le locataire comme par exemple la taxe d'enlèvement des ordures ménagères. Toutes les autres dépenses liées à l'immeuble, comme par exemple les grosses réparations (ravalement, toiture, clôture, changement de l'installation de chauffage…), restent à la charge du propriétaire. Il faut donc être vigilant sur le détail des charges que doit fournir annuellement le propriétaire pour ne pas se voir imputer des charges qui ne concernent que lui !

Le locataire est tenu de prendre à sa charge l'entretien courant qui concerne le logement qu'il occupe (menues réparations, remplacement d'interrupteurs, peintures au delà d'une certaine durée….). En revanche, si le chauffe-eau ou la chaudière tombent en panne, c'est au propriétaire de les changer. Attention, le contrat d'entretien est à la charge du locataire et il est obligatoire !

Lorsque des travaux d'économie d'énergie sont réalisés par le bailleur dans les parties privatives d'un logement ou dans les parties communes de l'immeuble, une contribution pour le partage des économies de charge peut être demandée au locataire du logement loué, à partir de la date d'achèvement des travaux, sous réserve que ces derniers lui bénéficient directement et qu'ils lui soient justifiés (art. 23-1 de la loi du 6 juillet 1989).

Paiement des charges

Le bailleur peut réclamer les charges de deux manières. Le plus souvent, le propriétaire demande une avance forfaitaire, la « provision pour charge », qui se détermine en fonction des résultats de l'exercice écoulé et en fonction du budget prévisionnel. Le bailleur doit délivrer gratuitement une quittance mensuelle faisant apparaître le loyer principal et la provision sur charges. Cette solution oblige de fait à procéder à une régularisation qui, au minimum, doit intervenir une fois par an (on compare le total des provisions versées avec les dépenses effectives engagées par le propriétaire pendant l'année). À cette occasion, le locataire peut exiger le décompte du syndic si l'immeuble est en copropriété et les justificatifs des dépenses annoncées, s'il s'agit d'un bien appartenant à un seul propriétaire.

Le bailleur peut aussi choisir de demander au locataire le remboursement, sur justificatif, des dépenses qu'il a engagées. En ce cas, aucune provision sur charges ne peut être demandée.

Si le bailleur ne procède pas à la régularisation annuelle, il n'est pas pour autant dépourvu de droits puisqu'il peut faire remonter le paiement des charges sur cinq ans ! Ce droit peut être exercé au cours du bail ou après le départ du locataire. C'est pourquoi le locataire doit être vigilant et exiger de son propriétaire des régularisations périodiques ainsi que les justificatifs pendant le cours du bail.

Révision du loyer et des charges

Chaque année, à date anniversaire (art. 17d, de la loi du 6 juillet 1989), le loyer peut être révisé en application de l'indice de référence des loyers (IRL). Cet indice, que l'on peut l'obtenir auprès de l'INSEE, fixe les plafonds des augmentations annuelles des loyers que peuvent exiger les propriétaires.

Cette révision annuelle ne doit pas être confondue avec la majoration du loyer, que le propriétaire peut invoquer en cours de bail lorsqu'il a réalisé des travaux.

En principe, cette augmentation se fait à date fixe mais si le propriétaire oublie d'augmenter le loyer de son locataire, cela ne veut pas dire que le locataire ne sera pas redevable du loyer réévalué. En effet, ce dernier conserve le droit de demander rétroactivement cette augmentation sur 5 ans ! Pour éviter une telle situation, le locataire a donc intérêt à prendre les devants si le propriétaire oublie.

La sous-location

En principe, le locataire ne peut ni céder le contrat de location, ni sous-louer le logement. Ce n'est toutefois pas une interdiction absolue. Le locataire peut en effet sous-louer avec l'autorisation écrite du bailleur, qui fixe le prix du loyer (art. 8, alinéa 1). Le locataire ne peut revendiquer « la tolérance du bailleur » à une situation de sous-location, si elle n'est pas concrétisée par un écrit. Toute sous-location ou cession non autorisée peut justifier la résiliation du bail principal à titre de sanction envers le locataire en titre.

Le locataire principal peut être tenu au paiement d'une indemnité d'occupation si le sous-locataire ou le cessionnaire* demeure dans les lieux malgré la résiliation du bail et ce jusqu'au départ de celui-ci !

Notez enfin que si la sous-location est en principe interdite, l'échange est possible mais uniquement dans le secteur social.

Les causes de résiliation anticipée du bail

Dans certaines circonstances bien précises, le bailleur peut obtenir la résiliation anticipée du bail.

Quand le locataire est un mauvais payeur

Dans un premier temps, lorsque le locataire ne paie pas les loyers ou les charges (art. 24 de la loi du 6 juillet 1989), le propriétaire ou son représentant va faire une ou plusieurs relances, à ses frais. Si le locataire, après ces mises en demeure, ne règle pas ou ne règle que partiellement l'arriéré de loyers, le propriétaire peut faire délivrer par huissier un commandement de payer*. Cet acte extra judiciaire donne au locataire 2 mois pour payer l'arriéré et les loyers en cours ou saisir le juge des référés pour obtenir des délais. À défaut le propriétaire va pouvoir se prévaloir de la clause résolutoire.

Dès que l'on reçoit un commandement de payer, inutile de faire l'autruche. Mieux vaut consulter un avocat ou une association de locataires.

BON À SAVOIR

À l'occasion de cette action judiciaire du propriétaire pour voir acquise la clause résolutoire et obtenir l'expulsion du locataire, ce dernier peut contester le montant des loyers et des charges, le caractère de logement décent, bref tous les éventuels manquements…

S'agissant du paiement des loyers et/ou des charges après ce commandement, le locataire peut demander (art. 24 de la loi du 6 juillet 1989) un délai de paiement pour s'acquitter de la dette locative (24 mois maximum), ainsi que la suspension de la clause résolutoire. Cette demande peut se faire :

- dans le cadre d'une procédure de référé,
- lorsque le propriétaire assigne le locataire pour obtenir la résolution du bail dans le cadre d'une demande reconventionnelle.

Cette demande permet au locataire d'obtenir des délais pour régler sa dette et de ne pas être expulsé de son logement. Mais attention, le locataire qui obtient des délais doit les respecter et régler l'arriéré et les loyers en cours, sinon, le bail sera résolu sans autre procédure et la procédure d'expulsion pourra commencer.

EN PRATIQUE

Cette demande n'est pas enfermée dans un délai et, par une décision en date du 16 février 2011, la 3e chambre civile de la Cour de cassation (pourvoi n° 10-14.945) a même admis que cette demande pouvait être formulée pour la première fois devant la cour d'appel.

Quand le locataire n'est pas assuré

Être assuré est une obligation du locataire. Il doit d'ailleurs adresser au bailleur l'attestation d'assurance et pouvoir en justifier en cours de bail. Lorsque le bailleur n'a pas eu ce document ou s'il a un doute sur le renouvellement pendant la durée de la location, il va demander à un huissier de faire commandement au locataire de produire une attestation d'assurance. Ce dernier a 1 mois pour obtempérer. Passé ce délai, le propriétaire pourra saisir le tribunal d'instance pour faire constater la résiliation du bail aux torts et griefs de son locataire et obtenir ainsi son expulsion.

L'expulsion du locataire

L'expulsion du locataire est la conséquence de la résolution du bail. Elle correspond à la mesure d'exécution qui concrétise la rupture judiciaire du bail.

L'expulsion : quand et comment ?

En dehors de la période de trêve hivernale (art. L 412-6 du Code de procédure civile), en principe du 1er novembre au 15 mars de l'année suivante (elle peut être avancée de 15 jours ou prorogée de 15 jours selon les préfectures), le propriétaire qui a obtenu la résolution du bail peut faire procéder à l'expulsion de son locataire.

C'est une mesure violente et le locataire peut l'éviter en rendant spontanément les clefs après avoir déménagé.

Avant l'expulsion, certains propriétaires font faire une saisie des meubles par un huissier. Le locataire pourra les déplacer mais ne pourra plus s'en dessaisir (par un don ou une vente) tant qu'il ne se sera pas acquitté de sa dette.

L'expulsion : comment l'éviter ?

À l'occasion de cette procédure d'expulsion, le locataire, en application des articles L 613-1 et L 613-2 du Code de la construction et de l'habitation, peut saisir le juge pour éviter une expulsion immédiate. Il va devoir saisir le juge des référés (avant la signification du commandement, par exemple au moment de la signification de la décision ordonnant l'expulsion) ou le juge de l'exécution (après le commandement) du tribunal de grande instance où est situé l'immeuble, pour solliciter des délais supplémentaires (L 4124 du Code de procédure civile). Ce délai de grâce peut aller d'1 mois à 1 an maximum.

Devant le juge de l'exécution, les parties se défendent elles-mêmes. Elles peuvent se faire assister ou représenter selon les mêmes modalités que devant le tribunal d'instance. La procédure est orale mais chacune des parties peut aussi exposer ses moyens par lettre adressée au juge de l'exécution, à condition de justifier que l'adversaire en a eu connaissance avant l'audience par lettre recommandée avec accusé de réception. La partie qui use de cette faculté peut ne pas se présenter à l'audience. Le jugement rendu sera contradictoire*.

L'expulsion, mode d'emploi

Même titulaire d'une décision de justice, le propriétaire ne peut changer les serrures pour expulser son locataire ! En procédant de la sorte, il se rendrait coupable du délit de violation de domicile réprimé par l'article 226-4 du Code pénal et risquerait une peine d'1 an d'emprisonnement et 15 000 € d'amende. Le propriétaire va donc, lorsque le bail est résolu par une décision de justice, faire procéder par huissier à l'expulsion de son locataire.

Pour un locataire, le risque de voir se concrétiser une expulsion commence à partir du moment où le commissariat l'informe qu'il fait l'objet d'une mesure d'expulsion. En effet, si nécessaire, l'huissier pourra disposer du concours de la force publique. L'expulsion du locataire ne peut intervenir que 2 mois après le commandement de déguerpir de l'huissier (art. L 412-1 du Code de procédure civile). Ce délai est supprimé si les occupants sont entrés dans les lieux illégalement (squatters) ou s'ils n'ont pas donné suite à une proposition de relogement. Ce délai de 2 mois peut aussi être prorogé par le juge, « lorsque l'expulsion aurait pour la personne concernée des conséquences d'une exceptionnelle dureté, notamment du fait de la période de l'année considérée ou des circonstances atmosphériques » (art. L 412-2).

Lorsque le délai est dépassé, l'huissier va pouvoir procéder à l'expulsion, soit en présence du ou des locataires, soit en leur absence, avec le concours d'un serrurier et de la force publique. Si le locataire est absent, l'huissier va pouvoir procéder à l'enlèvement des meubles, qui seront conservés dans un garde-meuble aux frais du locataire ou qui, s'ils sont saisis, seront déposés chez un commissaire priseur pour être vendus. Il peut également les laisser sur place mais comme les serrures auront été changées, l'huissier donnera au locataire un délai pour les récupérer (art. L 433-1). En tout état de cause, l'huissier doit établir un inventaire des meubles. À l'expiration du délai imparti et sur autorisation du juge, il sera procédé à la mise en vente aux enchères publiques des meubles (art. L 433-2). Si le locataire ne doit plus d'arriérés de loyers au moment de l'expulsion et s'il est présent, il va indiquer à l'huissier où les meubles doivent être déposés à ses frais. Ils peuvent être laissés sur place, à charge pour le locataire de venir les récupérer dans le délai prévu ou entreposés dans un garde-meuble aux frais du locataire.

Que ce soit pour gérer une expulsion ou faire face à une expulsion, il est possible de prendre conseil auprès d'un avocat ou d'une association de défense des propriétaires ou des locataires.

L'abandon du local loué

Parfois, des locataires indélicats partent « à la cloche de bois », c'est-à-dire en catimini, laissant le propriétaire sans revenus et sans possibilité immédiate de récupérer le local. En effet, une fois le bien loué, le propriétaire ne peut plus entrer « chez lui », sinon il serait coupable de violation de domicile (art. 226-4 du Code pénal). C'est pourquoi, l'article 14-1 de la loi du 6 juillet 1989 permet au propriétaire de récupérer son bien assez rapidement sans enfreindre la loi, grâce à une procédure bien définie.

Le constat d'huissier

Avant toute chose, le propriétaire doit mettre en demeure le locataire de justifier qu'il occupe le logement par l'intermédiaire d'un huissier de justice, qui va se présenter au domicile du locataire. Si le locataire n'a pas fait connaître sa réponse au propriétaire 1 mois après la signification, l'huissier peut alors pénétrer dans le local. Mais il ne peut le faire qu'en présence du maire de la commune, d'un conseiller municipal ou d'un fonctionnaire municipal délégué par le maire à cette fin, d'une autorité de police ou de gendarmerie, requis pour assister au déroulement des opérations ou, à défaut, de deux témoins majeurs qui ne sont au service ni du créancier, ni de l'huissier de justice chargé de l'exécution pour constater l'état d'abandon du logement (art. L 142-1 du Code de procédure civile). Lorsqu'il a pu pénétrer, l'huissier de justice va dresser un procès-verbal dans lequel il va constater que le logement lui semble abandonné et dresser un inventaire des biens laissés sur place, en précisant si ces meubles paraissent ou non avoir une valeur marchande.

L'ordonnance du juge

Grâce au procès-verbal dressé par l'huissier, le bailleur va pouvoir saisir le juge d'instance par voie de requête (art. 1 du décret n° 2011-945 du 10 août 2011). Le juge va alors se prononcer au seul vu des éléments déposés :

- S'il considère que le local est abandonné, il va rendre une ordonnance constatant la résiliation du bail et ordonner la reprise des lieux. Le cas échéant, il statuera sur le sort des meubles garnissant le local (art. 5 du décret n° 2011-945 du 10 août 2011) et la demande en paiement.
- S'il rejette la demande, sa décision est sans recours pour le bailleur, qui peut simplement assigner le locataire pour qu'un débat contradictoire lui permette d'obtenir ou non satisfaction (art. 3 du décret n° 2011-945 du 10 août 2011).

Le recours du locataire

Le locataire (ou les occupants de son chef : conjoint, partenaire, concubin, parents…) peut faire opposition à cette ordonnance dans le délai d'1 mois de sa signification par l'huissier (art. 6 du décret n° 2011-945 du 10 août 2011). Cette opposition instaure un débat contradictoire et débouche sur une décision, mais surtout, elle va permettre au locataire ou aux occupants de son chef de se maintenir dans les lieux tant que la décision ne sera pas définitive.

Si aucune demande d'opposition par le locataire qui en réalité n'a pas abandonné le local n'a été formulée dans le délai d'1 mois, le propriétaire va pouvoir demander à l'huissier de procéder à la reprise du local et si par extraordinaire le locataire est toujours en place, il n'aura plus aucun recours (on pourra lui opposer la forclusion) et il pourra être expulsé sans aucune autre procédure supplémentaire.

Le locataire peut introduire un relevé de forclusion (art. 8 du décret n° 2011-945 du 10 août 2011). Cette procédure, prévue par l'article 540 du Code de procédure civile, ne sera possible que si le jugement a été rendu par défaut* ou s'il est réputé contradictoire. Le juge a la faculté de relever le défendeur (le locataire) de la forclusion résultant de l'expiration du délai d'exercer un recours si le défendeur, sans qu'il y ait eu faute de sa part, n'a pas eu connaissance de l'ordonnance en temps utile pour exercer son recours ou s'il s'est trouvé dans l'impossibilité d'agir.

Cette demande n'est possible que jusqu'à l'expiration d'un délai de 2 mois suivant le premier acte signifié à la personne ou, à défaut, suivant la première mesure d'exécution ayant pour effet de rendre indisponibles en tout ou partie les biens du débiteur.

Ces procédures sont exonérées de la contribution pour l'aide juridique prévue à l'article 1635 bis Q du Code général des impôts (art. 8-1 du décret du 10 août 2011).

La fin normale du bail : le congé

Lorsque la fin du bail approche, le preneur comme le bailleur, peut donner congé, à moins que le bail ne soit renouvelé.

Quand le preneur dit « bye bye »

Le preneur (le locataire) peut, 3 mois avant la date d'échéance, donner congé au propriétaire, sans avoir à se justifier. Il peut aussi donner congé à tout moment en cours de bail (art. 12 de la loi du 6 juillet 1989), à charge pour lui, toutefois, de respecter un préavis de 3 mois. Ce délai peut être réduit à 1 mois :

- en cas d'obtention d'un premier emploi, de mutation, de perte d'emploi ou de nouvel emploi consécutif à une perte d'emploi,
- en faveur des locataires âgés de plus de 60 ans dont l'état de santé justifie un changement de domicile,
- en faveur des bénéficiaires du revenu minimum d'insertion ou du revenu de solidarité active (art. 15, alinéa 2 de la loi du 6 juillet 1989).

Pour être valable, le congé doit être notifié par lettre recommandée avec demande d'avis de réception ou signifié par acte d'huissier. Le délai de préavis court à compter du jour de la réception de la lettre recommandée, la Cour de cassation ayant estimé que la date à retenir était celle apposée par l'administration des postes lors de la remise à son destinataire. Si la lettre revient « non réclamée, retour à l'envoyeur », on considère que le propriétaire n'a pas été informé. Ainsi, si le locataire envoie une lettre recommandée à son propriétaire et que ce dernier ne va pas la chercher, le préavis ne commence pas à courir et le locataire aura donc perdu au moins trois semaines (le temps que la lettre revienne) ! Pour éviter de retarder le début du préavis, le locataire qui donne congé peut le faire également au moyen d'un acte d'huissier (art. 15), qui donne date certaine au congé.

BON À SAVOIR

Lors du dernier mois du délai de préavis, le loyer dû par le locataire doit être déterminé à proportion du nombre de jours écoulés dans le mois. Si la signification a été faite le 12 avril, le locataire est redevable du loyer jusqu'au 12 mai. Le locataire doit donc payer tout le mois d'avril et pour le mois de mai les 12/30e du loyer et des charges de ce mois.

Quand le bailleur dit « bye bye »

Contrairement au locataire, le bailleur ne peut donner congé que pour la date d'échéance du bail. Il doit le faire 6 mois avant la date anniversaire soit par lettre recommandée avec accusé de réception (avec les mêmes contraintes de date que pour le congé donné par le locataire) soit par acte d'huissier. Il ne peut le faire que pour des raisons très précises, visées par l'article 15 de la loi du 6 juillet 1989. Le congé doit être justifié :

- Soit par sa décision de reprendre ou de vendre le logement. En cas de reprise, les nom et adresse du bénéficiaire de la reprise doivent être indiqués. En cas de projet de vente, le congé doit, à peine de nullité, indiquer le prix et les conditions de la vente projetée.

  BON À SAVOIR

  Le congé vaut offre de vente au profit du locataire qui doit, dans le délai de 2 mois, faire connaître sa réponse au propriétaire. Il bénéficie même d'un délai supplémentaire de 2 mois s'il sollicite un prêt.

- Soit par un motif légitime et sérieux, notamment l'inexécution par le locataire de l'une des obligations lui incombant (défaut de paiement de loyers par exemple). À peine de nullité, le congé donné par le bailleur doit indiquer le motif allégué.

EXEMPLE !

Le bailleur ne peut donner congé, même s'il peut invoquer les raisons sus indiquées, à un locataire de plus de 70 ans et dont les ressources annuelles sont inférieures à une fois et demie le montant annuel du SMIC (art. 15) à moins qu'il ne puisse lui proposer un logement correspondant à ses possibilités et ses moyens à proximité de son logement actuel ou bien si lui-même a plus de 60 ans et que ses ressources annuelles sont inférieures au montant annuel du SMIC. Les ressources s'apprécient à la date de notification du congé et les conditions d'âge à la date d'échéance du contrat.

Renouvellement du bail

Sous les mêmes conditions de forme et dans les mêmes conditions de préavis, le propriétaire peut soit donner congé avec offre de renouvellement, soit proposer le renouvellement du bail. À cette occasion, si le loyer est manifestement sous-évalué, le propriétaire peut proposer au locataire un nouveau loyer fixé par référence aux loyers habituellement constatés dans le voisinage pour des logements comparables (art. 17 c, de la loi du 6 juillet 1989) et mentionner ainsi le montant du nouveau loyer proposé ainsi que la liste des références qui ont servi à le déterminer. Le propriétaire doit fournir au minimum trois références (six dans les communes faisant partie d'une agglomération de plus d'un million d'habitants).

Le locataire peut accepter cette hausse ou au contraire considérer qu'elle est excessive. En cas de désaccord ou à défaut de réponse du locataire dans les 4 mois avant le terme du contrat, l'une ou l'autre des parties saisit la commission de conciliation. À défaut d'accord constaté par la commission, le juge d'instance est saisi par la partie la plus diligente avant le terme du contrat. Si le tribunal est saisi après le délai imparti ou après le terme du contrat, le contrat est alors reconduit de plein droit aux conditions antérieures du loyer éventuellement révisé.

Lorsque le loyer est fixé judiciairement, le loyer renouvelé s'applique à compter de la date d'expiration du contrat et non à compter de la décision du juge, qui est exécutoire par provision (c'est-à-dire immédiatement, même si l'une des parties fait appel). Donc, si le loyer renouvelé est fixé 2 ans après le renouvellement, la différence est due sur ces deux années !

La hausse convenue entre les parties ou fixée judiciairement s'applique par tiers (contrat de 3 ans) ou par sixième (contrat de 6 ans). Toutefois, cette hausse s'applique par sixième annuel au contrat renouvelé, puis lors du renouvellement ultérieur, dès lors qu'elle est supérieure à 10 % si le premier renouvellement avait une durée inférieure à 6 ans.

Si le propriétaire à échéance ne signifie aucun renouvellement et qu'il n'a pas donné congé, le bail est reconduit de manière tacite, aux mêmes clauses et conditions notamment de durée et de loyer qui ne peut alors subir que les augmentations annuelles liées à l'IRL.

Conséquences du congé

Pendant la période de préavis (1, 3 ou 6 mois), le locataire est tenu de régler les loyers et les charges.

Le locataire n'a pas le droit d'imputer le dépôt de garantie sur le ou les derniers loyers !

À la date prévue pour la fin du bail, le locataire doit remettre les clefs et restituer le logement vidé de ses meubles. À cette occasion, il est indispensable de faire un état des lieux, soit entre bailleur (ou son représentant) et locataire, soit en présence d'un huissier. C'est grâce à cet état des lieux que le bailleur pourra demander les réparations nécessaires, qui doivent tenir compte des coefficients de vétusté (et non une remise à neuf) ou que le locataire pourra éviter de se voir demander des réparations ou une réfection qui ne lui incombe pas.

Pour que l'état des lieux soit valable, il faut que le locataire et/ou le propriétaire ait été prévenu de la date auparavant.

La location meublée

Désormais, lorsque la location meublée concerne la résidence principale* du locataire, le propriétaire est tenu de respecter un certain nombre d'obligations. L'ensemble des dispositions visées par les articles L 623-1 à L 623-3 du Code de la construction et de l'habitation sont d'ordre public.

Résidence principale ou pas ?

Il est important de déterminer si le local loué constitue ou non la résidence principale, car les obligations du bailleur ne sont pas les mêmes dans les deux cas. On peut par exemple se poser la question de la notion de résidence principale, lorsque dans un couple marié (pacsé ou en concubinage notoire), l'un des partenaires loue un appartement qu'il occupe seul dans la ville du lieu où il travaille. Si le couple a des enfants, la résidence principale sera celle où résident les enfants. En l'absence d'enfant, le tribunal appréciera au vu des éléments de vie du couple (premier domicile conjugal par exemple).

Les locations meublées concernées par les articles de loi sus cités sont celles qui sont consenties par des bailleurs personnes physiques ou morales mais aussi par les propriétaires ou gérants d'un fonds de commerce dont l'activité est la location en meublé. En revanche, ces dispositions protectrices portant sur leurs conditions d'occupation et leurs modalités d'attribution ne s'appliquent pas aux logements-foyers ni aux logements faisant l'objet d'une convention avec l'État (art. L 632-3 du Code de la construction et de l'habitation *in fine*).

Contrat et constat : pour un locataire bien protégé

La loi instaure un statut protecteur de la location meublée à titre principal, notamment par le biais d'un contrat.

Le contrat

La location, qui doit être concrétisée par un contrat écrit, ne doit pas être d'une durée inférieure à 1 an (art. L 632-1 du Code de la construction et de l'habitation).

Si le propriétaire a quand même fixé la durée du bail à 9 mois et que le congé est donné pour la date prévue (c'est-à-dire au bout de 9 mois), le locataire peut rester jusqu'à l'expiration du délai d'1 an, soit 3 mois de plus !

Sauf congé, le bail, à l'expiration du contrat de location, est tacitement reconduit aux mêmes clauses et conditions pour 1 an.

Lorsque la location est consentie à un étudiant, la durée du bail peut être réduite à 9 mois. La clause de reconduction tacite est inapplicable.

Lorsque le contrat prévoit la révision du loyer, celle-ci intervient chaque année à la date convenue entre les parties ou, à défaut, au terme de chaque année du contrat. L'augmentation qui en résulte ne peut dépasser la variation de l'indice de référence des loyers mentionné à l'article 17d, de la loi du 6 juillet 1989. Si le bailleur le souhaite, il peut cependant, à l'expiration du contrat, modifier les conditions financières. Dans cette hypothèse, il doit informer le locataire en respectant un préavis de 3 mois. Si le locataire accepte les nouvelles conditions, le contrat est renouvelé pour un an. En cas de refus du locataire, le contrat cesse à son échéance.

Quelques précautions

Pour éviter les déconvenues, mieux vaut prendre quelques précautions lors de la conclusion du contrat et à l'issue de la location.

Avant que le contrat ne soit conclu, ni le propriétaire ni son intermédiaire ne peuvent percevoir de fonds. Le contrat doit être écrit, signé et rédigé en autant d'exemplaires que de parties à l'acte. Il peut être sous seing privé (entre les parties) ou authentique (fait par devant notaire).

Lors de l'entrée dans les lieux, il faut établir un constat soit de manière amiable, soit en présence d'un huissier. Ce constat a un double objectif :

- établir la liste des meubles et leur état,
- donner des informations sur l'état du logement.

Si aucun constat n'a été établi, meubles et appartement sont censés avoir été donnés en parfait état, et la preuve contraire pour le locataire sera très difficile à apporter. De même, il ne pourra pas prouver exactement le nombre et le descriptif des meubles s'il n'y a pas de constat.

C'est à cette occasion que pourront être vérifiés les différents éléments qui permettent de conclure qu'il s'agit d'une location meublée et non d'une location vide. Ce sont les équipements nécessaires à la vie courante, c'est-à-dire les meubles (table, chaise, literie..), les éléments minimum pour se faire un repas (éléments de cuisson au gaz ou à l'électricité, réfrigérateur, ustensiles de cuisines...) mais éventuellement aussi vaisselle, couverts... à la condition qu'ils soient en état d'usage.

À l'issue du bail, il convient également de faire un état des lieux du mobilier et de l'état du local loué.

Quelques obligations

Le locataire doit bien sûr payer les loyers et les charges à bonne date comme dans le cadre d'une location vide. À défaut, le bailleur pourra demander son expulsion. Il doit s'assurer contre les risques locatifs et pouvoir justifier à tout moment de cette assurance. Il ne peut pas sous-louer ni utiliser le logement pour d'autres fins que son habitation ou éventuellement, si le bail le prévoit, pour son habitation et à usage professionnel.

Quelques conditions

Contrairement à une idée répandue, le bailleur ne peut donner congé à son locataire quand il le souhaite ni pour n'importe quelle raison. En effet, la reconduction tacite est la règle, ce qui oblige le bailleur qui ne souhaite pas renouveler le contrat à en informer le locataire en respectant un préavis de 3 mois (par lettre recommandée avec AR, avec les mêmes risques concernant la date que dans une location vide ou par acte d'huissier) et à motiver son refus de renouvellement du bail. Comme dans le cas d'une location vide, il doit donc justifier sa décision :

- de reprendre ou de vendre le logement,
- par un motif légitime et sérieux, notamment l'inexécution par le locataire de l'une des obligations lui incombant, comme par exemple le non paiement des loyers et/ou des charges, le défaut d'assurance... (art. L 632-1 du Code de la construction et de l'habitation, alinéa 4).

Pour sa part, le locataire peut donner congé simplement en respectant un préavis d'1 mois (contre 3 mois pour une location vide sauf préavis écourté) par courrier recommandé avec AR ou par acte d'huissier.

La colocation

On parle de colocation lorsque le bail est conclu avec plusieurs locataires, qui ne sont ni des concubins, ni des partenaires pacsés, ni des époux.

Chacune de ces personnes signe un bail formalisant sa présence et son engagement vis-à-vis du propriétaire.

Il ne faut pas confondre la colocation et la sous-location, dans le cadre de laquelle l'unique titulaire du bail sous-loue à un tiers une partie du local d'habitation.

Colocation : que dit la loi ?

La notion de colocation n'est pas définie juridiquement. De ce fait, il n'existe pas de dispositions spécifiques à la colocation, aussi est-il nécessaire de comprendre quelles sont les conséquences d'un tel engagement au regard du droit des contrats. La colocation est souvent concrétisée par un contrat de location, dans lequel figure la mention « tous les futurs occupants », qui doit être signé par le bailleur bien sûr mais également par chaque colocataire.

Le contrat de colocation est donc simplement un contrat de location vide ou meublée qui fait apparaître en nom tous les colocataires et crée exactement les mêmes obligations et les mêmes droits pour chacun des colocataires.

Colocataires : responsables et solidaires

Le loyer étant dû par chaque locataire qui s'oblige, le bailleur est libre d'en demander le paiement au locataire de son choix, quels que soient les arrangements entre eux et quelles que soient les modalités de paiement éventuellement précisées dans le bail. Toutefois, puisque cette obligation se divise de plein droit entre les débiteurs, cela permet à celui qui a réglé de se retourner, après avoir payé le propriétaire (art. 1213 du Code civil).

Le bail comporte souvent une clause de solidarité ; cela signifie que chacun des colocataires s'oblige pour la durée du bail. Ainsi, si un bail est conclu pour une durée de 3 ans, le locataire qui donne congé pour une date anticipée (au bout d'un an par exemple) reste solidaire des autres locataires jusqu'à l'issue du bail ! S'il n'existe pas de clause de solidarité, le locataire est libéré de toute obligation au terme de son préavis contractuel. Le préavis donné lorsqu'il n'existe pas de clause d'exclusivité par un locataire permet aux autres de rester. Si l'un des colocataires peut bénéficier d'un préavis abrégé (1 mois), les autres qui souhaitent également donner congé demeurent cependant tenus au regard des dispositions générales (3 mois).

Lorsqu'un locataire part, les autres peuvent proposer un nouveau colocataire mais son nom et ses coordonnées doivent figurer au contrat de location (souvent, il est conclu un avenant).

Le locataire sortant ne peut réclamer au bailleur son dépôt de garantie avant la fin du bail, en revanche, il peut s'organiser avec les autres colocataires ou avec celui qui lui succède pour être remboursé. Il faut également savoir que tous les locataires sont solidairement responsables des dégradations, même si elles ne sont pas de leur fait.

Avant de proposer un appartement à la colocation, il convient de s'assurer que ce n'est pas interdit par le règlement de copropriété ! Si la clause n'est pas respectée, le syndicat peut poursuivre le bailleur en résiliation de bail voire en demande de dommages et intérêts. Cette interdiction doit cependant être justifiée par la destination de l'immeuble, aussi un copropriétaire peut-il poursuivre le syndicat devant les tribunaux s'il considère que cette clause est illicite.

La location sociale

Les logements sociaux sont des logements qui, d'une manière ou d'une autre (construction, achat ou amélioration), ont bénéficié de l'aide financière de l'État ou ouvrent droit à l'aide personnalisée au logement (art. 441 du Code de la construction et de l'habitation). Ils appartiennent aux organismes HLM (offices publics d'Habitation à Loyers Modérés ou sociétés d'HLM), à l'État ou encore aux collectivités locales et peuvent être gérés soit par eux, soit par certaines catégories de structures ayant reçu mandat. Il peut également s'agir de logements conventionnés.

Logement social, pour qui ?

Les logements sociaux ne peuvent être attribués qu'aux personnes et aux familles dont les ressources n'excèdent pas certaines limites, qui sont réévaluées périodiquement. Chaque dossier est soumis à une convention d'attribution des logements, qui tient compte d'un certain nombre de critères, comme la mixité sociale, le fait d'être mal logé ou de rencontrer des difficultés particulières de logement pour des raisons d'ordre financier ou tenant aux conditions d'existence (art. 441-1 du Code de la construction et de l'habitation).

Quelques règles

Les rapports entre les organismes HLM et les locataires sont obligatoirement écrits et les conventions conclues sont régies par le Code de la construction et de l'habitation (CCH). En principe, elles ne concernent que les locations vides, sauf :

- autorisation concédée à certains organismes dont une liste limitative figure à l'article 442-8-1 du Code de la construction et de l'habitation,
- dérogations visées au même article (comme par exemple la location en meublé aux personnes de plus de 60 ans et aux étudiants, apprentis ou jeunes de moins de 30 ans sans conditions d'études).

Le locataire attributaire d'un logement social s'engage à occuper personnellement le local, ce qui n'exclut pas qu'il puisse y loger sa famille immédiate. Mais cette possibilité lui interdit en revanche de partir et de le laisser à un membre de sa famille sans en avertir le bailleur pour qu'il vérifie la qualité du futur titulaire et détermine si le transfert de bail est possible. Comme pour le parc privé, le locataire bénéficiaire de ce type de logement ne peut sous-louer tout ou partie du logement qui lui a été attribué, sans risquer la résiliation du bail et l'expulsion. Les dispositions de l'article 8 de la loi du 6 juillet 1989, relatives à la sous-location, sont en effet ici applicables.

BON À SAVOIR

Le locataire peut échanger son logement avec un autre locataire du parc social dès lors que l'une des familles a au moins trois enfants et que cela lui permet d'accroître la surface (art. 9 de la loi du 6 juillet 1989).

Un loyer tout doux

Les montants et les augmentations de loyers des logements sociaux ne sont pas fixés librement par les bailleurs mais tiennent compte des contraintes. Ainsi les loyers HLM doivent tenir compte des montants minimum et maximum déterminés chaque année en fonction des différentes catégories d'immeubles (art. 442-1 et R 442-2 du CCH).

Il arrive que certains locataires, en cours de bail, dépassent le montant maximum prévu pour pouvoir bénéficier d'un logement social. C'est pourquoi, dans un souci de justice sociale, on a créé le SLS (supplément de loyer solidarité) qui permet au bailleur de dépasser le montant maximum prévu par l'article 442 du CCH. Les organismes bailleurs doivent (sauf exceptions) appliquer le SLS dès lors qu'au cours du bail, les ressources de l'ensemble des personnes vivant au foyer excèdent d'au moins 20 % les plafonds de ressources en vigueur pour l'attribution des logements (art. L 441-3, alinéa 1 du CCH). Ce supplément de loyer n'est pas définitif, il peut être révisé d'année en année selon la fluctuation des revenus du locataire, dans la mesure où les revenus pris en compte sont ceux qui sont applicables à la date à laquelle le supplément de loyer est exigé (art. L 441-3, alinéa 3). Cette disposition peut avoir des effets pervers momentanés (augmentation de revenu une année, puis chômage l'année suivante par exemple).

Les conditions de mise en œuvre de ce SLS sont strictement réglementées :

- Le locataire reçoit une demande annuelle sur ses ressources (art. 441-9, alinéa 1), à laquelle il doit impérativement répondre dans le délai imparti.
- Le locataire doit recevoir, avant d'appliquer le SLS, un certain nombre d'informations afin de lui permettre de comprendre et de vérifier la mesure dont il fait l'objet.

Des charges variables

Le montant des charges locatives dépend du type de logement attribué.

- S'il s'agit d'un logement conventionné, ce sont les dispositions de la loi du 6 juillet 1989 concernant les locations vides et plus précisément les dispositions du décret du 26 août 1987 qui s'appliquent.
- S'il s'agit d'une location HLM, les charges récupérables sont visées à l'article L 442-3 du CCH et précisées par les décrets n°82-955 du 9 novembre 1982 et n° 2008-1411 du 19 décembre 2008. Ainsi sont récupérables les charges relatives aux services rendus liés à l'usage des différents éléments de la chose louée, les dépenses d'entretien courant et de menues réparations (comme par exemple les dépenses engagées par le bailleur, au titre d'un contrat d'entretien des ascenseurs, y compris le coût des interventions pour dégager les personnes bloquées en cabine).

Comme pour tout type de location, le montant des charges récupérables peut faire l'objet d'une demande de provision mensuelle et d'une régularisation annuelle.

Lorsque le bailleur envisage de faire des travaux concernant les économies d'énergie, que ceux-ci concernent les parties privatives ou les parties communes, il peut demander au locataire une contribution pour le partage des économies d'énergie (art. 442-4, alinéa 3), à la condition toutefois que le logement atteigne un minimum de performance énergétique.

Un logement ad vitam aeternam ?

Que la location concerne le secteur HLM ou le secteur conventionné, le locataire bénéficie d'un droit au maintien dans les lieux, c'est-à-dire du droit de demeurer dans son logement, à l'expiration de son bail, conclu pour une durée déterminée minimum de 6 ans (art. 353-15 du CCH).

Le droit au maintien dans les lieux n'est pas applicable aux étudiants, aux apprentis ou aux jeunes de moins de 30 ans (art. L 442-8-4 du CCH).

J'y suis, j'y reste…

Compte tenu de ce droit au maintien dans les lieux, à l'expiration du premier contrat, la location est donc tacitement renouvelée sans qu'il soit nécessaire d'établir un nouveau contrat. Ce droit va même plus loin, car même lorsqu'un locataire est menacé d'expulsion pour non paiement des loyers après une décision judiciaire, il peut obtenir de l'organisme bailleur un protocole d'accord qui vaut alors titre d'occupation (art. L 353-15-2 du CCH).

Ce droit au maintien dans les lieux existe même lorsque l'immeuble est démoli ! Le locataire se voit alors proposer un nouveau logement soumis au régime social.

… Ou pas !

Le droit au maintien dans les lieux n'est pas absolu. Le locataire ne peut l'opposer au bailleur dans les circonstances suivantes :

- si le locataire est fonctionnaire, en cas de mutation (la loi prévoit toutefois des aménagements, art. L 442-7 du CCH),
- si le locataire refuse trois offres de relogement,
- en cas de sous-occupation (ratio du nombre de pièces inoccupées par rapport aux nombre de personnes résidant dans l'appartement). En ce cas, le bailleur doit proposer un logement plus petit conforme à l'occupation (art. L 442-3-1 du CCH),
- si le logement est adapté à un handicapé qui quitte le logement (divorce, séparation, décès...). En ce cas le bailleur doit lui proposer un autre logement (art. L 442-3-2 du CCH),
- si les ressources du locataire dépassent au moins deux fois le plafond pour l'attribution des logements sociaux pendant 3 ans à compter du 1er janvier de l'année qui suit les résultats de l'enquête sur les ressources (art. L 442-3-3 du CCH),
- si le logement doit être détruit (art. L 442-6 du CCH).

Certaines de ces dispositions ne sont pas applicables lorsque le locataire est âgé de plus de 60 ans, 65 ans ou 75 ans selon les cas ou que l'une des personnes vivant au foyer est handicapée.

Lorsque le titulaire du bail décède, on applique les dispositions de l'article 14 de la loi du 6 juillet 1989 et le logement est attribué au conjoint survivant, aux descendants qui vivaient avec lui depuis au moins un an, aux partenaires d'un PACS, aux ascendants, au concubin notoire ou aux personnes à charge qui vivaient avec lui depuis au moins un an à la date du décès.

Logement à vendre !

Lorsque le local a été construit ou acquis depuis plus de 10 ans, le bailleur a le droit de le vendre (art. L 442-7 du CCH). Pour faciliter l'acquisition par le locataire, le local peut être proposé à la vente par le biais d'une location-accession ou d'une SCI, dans laquelle le futur propriétaire acquiert progressivement les parts qui représentent son logement.

Si la vente a lieu alors que le logement est occupé, ce dernier ne peut être vendu qu'à l'occupant ou à sa demande à son conjoint, s'il ne dispose pas de ressources supérieures à un plafond fixé et modifié par l'autorité administrative, à ses ascendants ou descendants (art. L 443-11, alinéa 1 du CCH)

Si le local est vide, le bailleur social doit l'offrir en priorité à l'ensemble des locataires de l'organisme dans le département. Cette proposition doit donc faire l'objet d'une publicité (voie d'affichage social, insertion dans deux journaux diffusés dans le département et pour une maison individuelle, apposition d'un écriteau sur la voie publique à proximité (art. R 443-12 du CCH).

La location saisonnière

Qui n'a jamais loué un studio à la montagne pour s'adonner aux joies des sports d'hiver ou un appartement au bord de la mer pour des vacances ensoleillées ? Ce type de location saisonnière a ses règles propres.

La location saisonnière, c'est quoi ?

Il n'existe aucune définition précise de la location saisonnière. On peut tenter de la définir comme « la location d'un immeuble conclue pour une durée maximale de 90 jours consécutifs » (art. 1-1 de la loi n° 70-9 du 2 janvier 1970, dite loi Hoguet) mais cette définition n'est pas l'unique référence.

La location saisonnière peut prendre diverses formes : meublé de tourisme, gîte rural, camping ou résidence mobiles dont les caractéristiques sont données par le code du tourisme. Elle est souvent meublée. Pour des questions de tarifications, on fait appel aux notions de basse ou de haute saison, lesquelles sont déterminées par les périodes de vacances scolaires. Elle s'apprécie aussi au regard de la notion de « saison » d'hiver ou d'été, que l'on utilise en matière de tourisme.

Une location de 6 mois sur la Côte d'Azur pour la saison d'été va être considérée comme une location saisonnière, bien que sa durée dépasse les 90 jours visés par la loi Hoguet.

Les locaux proposés à la location saisonnière sont classés en différentes catégories, le classement étant lié aux conditions minimales de confort et d'habitabilité. Ce classement oblige le bailleur à fournir des informations aux locataires et à respecter les exigences liées à chaque catégorie s'il veut conserver la catégorie qui lui a été attribuée ou l'améliorer.

Le particulier qui loue en meublé peut choisir de ne pas être « classé ». Cela lui permet de ne pas être assujetti aux normes de confort et d'habitabilité.

On doit considérer les chambres d'hôtes comme une catégorie à part, permettant des locations saisonnières. Ce sont « des chambres meublées situées chez l'habitant en vue d'accueillir des touristes, à titre onéreux, pour une ou plusieurs nuitées, assorties de prestations » (art. L 324-3 du Code du tourisme).

La location saisonnière, mode d'emploi

Avant que le contrat ne vienne concrétiser la location saisonnière, le bailleur, qu'il soit professionnel ou personne physique, doit remettre au preneur éventuel un document comprenant :

- la description des lieux loués,
- la situation des lieux loués dans la localité,
- les conditions de la location,
- un état des risques technologiques et naturels concernant le local loué.

Le bailleur ou son représentant doit également adresser au futur locataire une proposition de contrat qui doit notamment préciser la durée de la validité de l'offre.

Conclusion du contrat

Souvent, le contrat de location saisonnière est conclu à distance (c'est-à-dire que les deux parties ne sont pas physiquement présentes au moment de la signature). Puisqu'il s'agit d'une proposition de services, l'article L 121-20 du Code de la consommation prévoit que le consommateur (donc le futur locataire) dispose d'un délai de 7 jours francs pour exercer son droit de rétractation, sans avoir à justifier de motifs ni à payer de pénalités. Lorsque le délai de 7 jours expire un samedi, un dimanche ou un jour férié ou chômé, il est prorogé jusqu'au premier jour ouvrable suivant.

Lorsque le consommateur fait jouer son droit de rétractation, le bailleur doit lui rembourser les sommes qui ont été versées sans délai, et au plus tard dans un délai de 30 jours suivant la date à laquelle ce droit a été exercé (art. L 121-20-1 du Code de la consommation).

Passé ce délai, le contrat peut être conclu entre le locataire et le bailleur (ou un intermédiaire, qui est alors en droit de réclamer une commission). Il doit obligatoirement être écrit et préciser :

- le prix demandé,
- un état descriptif des lieux (art. L 324-2 du Code de la consommation), dont l'absence est sanctionnée sur le plan pénal,
- la durée de la location (art. L 212-18 du Code de la consommation) : dates et horaires d'arrivée et de départ,
- le cas échéant, les coordonnées du prestataire de services proposant la location.

Le contrat peut prévoir un dépôt de garantie et éventuellement, le versement d'une avance (arrhes ou acompte). Cependant, il est déconseillé de faire un versement plus de 6 mois à l'avance.

Le propriétaire ne peut interdire au locataire la présence d'animaux. Bien plus, si le contrat contient une telle clause, elle sera réputée nulle et non avenue et le locataire peut passer outre. Seule la présence des chiens d'attaque (de type pitbull par exemple) peut être interdite.

Location saisonnière et Internet

Lorsque les relations contractuelles se concrétisent par Internet, le locataire devra être d'autant plus prudent si la location se fait à l'étranger. Les relations contractuelles sont en effet soumises « à la loi de l'État membre sur le territoire duquel la personne qui l'exerce est établie, sous réserve de la commune intention de cette personne et de celle à qui sont destinés les biens ou services » (art. 17 de la loi n° 2004-575 du 21 juin 2004). C'est donc en principe la loi de l'État sur lequel est situé le bien loué qui va s'appliquer.

Toutefois, la compétence de la loi du lieu où est situé l'immeuble loué peut être remise en cause si elle a pour effet : « de priver un consommateur ayant sa résidence habituelle sur le territoire national de la protection que lui assurent les dispositions impératives de la loi française relatives aux obligations contractuelles, conformément aux engagements internationaux souscrits par la France ». (art. 17, 1° de la loi n° 2004-575 du 21 juin 2004)

Garanties d'assurance

Il faut être vigilant sur les conditions d'assurance du bien loué. Il faut tout d'abord examiner avec son propre assureur si la police « multirisques habitation » offre une couverture hors du domicile principal. Il faut ensuite demander au propriétaire ou à son représentant s'il est titulaire d'une assurance couvrant ce type de sinistre, et dans l'affirmative ne pas hésiter à se faire communiquer le double du contrat et des garanties. Il faut enfin envisager d'autres garanties (désordres occasionnés aux voisins et aux tiers par exemple), éventuellement avec le conseil de son assureur.

ATTENTION !

Les garanties accordées peuvent être différentes selon que le bien loué est situé en France ou à l'étranger.

État des lieux et inventaire

Lors de l'entrée, un état des lieux détaillé doit être fait en présence du loueur (ou de son représentant, comme par exemple une agence) et du locataire. À cette occasion, le propriétaire doit également remettre un inventaire, avec description du mobilier et de son état. Il doit être accompagné d'un inventaire et des chiffres de relevés de compteur (eau, énergie), si ces dépenses ne sont pas inclues dans le prix de la location. Pour éviter les litiges, l'état des lieux doit être fait à l'entrée mais également à la sortie. Cet état des lieux doit être signé par le locataire et le propriétaire ou son représentant, pour que l'on puisse invoquer le caractère contradictoire du document. De même, l'inventaire doit être vérifié à la sortie des lieux.

Quelques obligations

Le locataire doit jouir du local loué « en bon père de famille » et ne pas troubler la tranquillité du voisinage (bruit, odeur...). Si le locataire arrive après la date prévue, il ne peut demander la prolongation de la location.

Le propriétaire quant à lui, doit donner en location un local qui correspond au descriptif, sinon il risque une sanction pénale pour tromperie ou pour publicité trompeuse (ainsi par exemple, proposer un appartement avec vue sur la mer, alors que celui-ci donne sur un jardin, sauf la cuisine donnant effectivement sur la mer). Le locataire pourra demander amiablement puis judiciairement soit une diminution du prix, soit, si le propriétaire ne donne pas suite, le remboursement des arrhes versés et éventuellement obtenir des dommages et intérêts.

Lorsqu'il n'y a aucune dégradation, le propriétaire doit restituer le dépôt de garantie. Si une somme est retenue, le locataire est en droit d'exiger les justificatifs. Par ailleurs, le propriétaire ne peut déduire que les frais afférents à des dégâts constatés de manière contradictoire dans un état des lieux établi lors de la sortie et signé par les deux parties.

Quatrième partie

Consommer

Dans cette partie :

Acheter un meuble, commander un produit sur Internet, prendre une assurance, consommer est un acte si banal que nous n'y portons guère attention. Pourtant, banal ne signifie pas anodin, surtout lorsque l'on connaît la réglementation qui se cache derrière tout acte d'achat.

Cette sixième partie va vous permettre de vous familiariser avec la réglementation qui touche à la consommation, que ce soit en matière de crédit, d'assurance, d'achat à distance ou de protection du consommateur. Parce que, sauf en matière de porte-monnaie, un consommateur averti en vaut deux !

BON À SAVOIR

Une directive européenne sur les droits du consommateur (DIR n° 2011/83/UE en date du 25 octobre 2011), qui devait être transposée par les États membres avant le 13 décembre 2013 pour une entrée en vigueur au 13 juin 2014, a renforcé les droits du consommateur, et sans doute modifié certains points de ce développement.

Chapitre 14

Souscrire un crédit

Dans ce chapitre :

- Deux types de crédit à la loupe : le crédit à la consommation et le crédit immobilier
- La protection et les obligations de l'emprunteur
- Les droits et les obligations du prêteur

Souscrire un crédit n'est pas un acte anodin. Pour preuve, cette mention, désormais obligatoire sur toute publicité pour le crédit : « Un crédit vous engage et doit être remboursé. Vérifiez vos capacités de remboursement avant de vous engager ». Dans ce chapitre, nous nous pencherons sur deux types de crédit très courants : le crédit à la consommation et le crédit immobilier. L'un comme l'autre peuvent permettre à tout un chacun de réaliser ses rêves mais mieux vaut être bien informé si on ne veut pas que le rêve vire au cauchemar.

N.B. : Les articles cités font référence au Code de la consommation, sauf mention contraire.

Le crédit à la consommation

Acheter une voiture, partir en vacances, rénover son appartement, ces postes de dépenses sont souvent importants et peuvent nécessiter la souscription à un crédit à la consommation.

Quelques petites choses à savoir sur le crédit à la consommation

Parce que même les petites lignes au bas des contrats ne disent pas tout, voici quelques informations qu'il est bon de connaître lorsqu'on s'apprête à prendre un crédit à la consommation.

Crédit gratuit ?

Le crédit « gratuit » est une offre qui doit être proposée et concrétisée par un écrit. Il ne suffit pas que le vendeur ou le prestataire de service communique sur cette notion, encore faut-il que le prix demandé ne soit pas supérieur « au prix le plus bas pratiqué pour l'achat au comptant dans le même établissement, au cours des trente derniers jours précédant le début de la publicité ou de l'offre » (art. L 311-28).

BON À SAVOIR

Si le vendeur fait une promotion de vente avec un crédit gratuit, le client peut obtenir un prix inférieur au prix affiché en proposant de payer comptant. Ce rabais n'est pas négociable car il est déterminé légalement et publié au Journal officiel chaque semestre (art. R 311-4 et R 311-5).

Crédit et résolution ou annulation du contrat principal

Être lié par un crédit alors que le contrat principal (achat du bien ou de la prestation de service) pose problème, ce peut être risquer de payer pour rien. Pour éviter cette situation, lorsqu'un problème d'exécution du contrat principal est soumis au tribunal et que l'organisme prêteur est mis en cause, le tribunal pourra suspendre l'exécution du contrat de crédit jusqu'à la solution du litige. Cela signifie que le consommateur n'aura pas à payer tant que le litige ne sera pas résolu. Cette solution est d'autant plus logique que si le contrat principal est annulé*, résolu ou résilié, le contrat de prêt subit le même sort et le prêteur ne peut plus exiger de remboursements (art. L 311-32). Mais cela signifie aussi que, si le contrat principal n'est pas annulé, il faudra payer les échéances en retard.

Crédit et démarchage

L'achat du bien ou du service s'accompagne souvent d'une offre de crédit pour en permettre l'acquisition. Lorsqu'une personne envisage de prendre un crédit après avoir été démarchée, elle dispose d'un autre délai pour se rétracter, qui est de 14 jours, ce délai étant lié au produit financier qui lui est proposé (art. L 311-41).

BON À SAVOIR

Aucun paiement comptant ne peut être demandé avant que ne soient expirés les délais de rétractation !

Les crédits concernés par la réglementation

La réglementation sur le crédit à la consommation ne concerne pas toutes les opérations. Examinons quels sont les crédits auxquels elle s'applique.

Les prêts d'argent

La réglementation sur le crédit peut concerner :

- un crédit personnel, si les fonds sont consentis sans que l'organisme prêteur ne sache, ni ne mentionne l'utilisation des fonds,
- un crédit affecté ou un prêt lié si les fonds sont consentis pour l'achat d'un bien déterminé (un véhicule automobile par exemple) ou l'obtention d'un service (peinture de l'appartement par exemple).

Le crédit renouvelable

Qu'elle soit ou non assortie d'une carte de crédit, l'offre de ce type de contrat doit désormais s'accompagner de la possibilité de conclure un crédit amortissable si le montant du prêt est supérieur à 1 000 € (art. D 311-10-1). Ce montant, déterminé par décret, peut donc varier.

Le consommateur reçoit une offre préalable et doit obligatoirement conclure un contrat pour y souscrire. S'il souhaite obtenir un montant supérieur, ce ne sera possible qu'à la condition de se voir proposer une nouvelle offre et de conclure un nouveau contrat (art. L 311-16, alinéa 1). La durée de ce contrat est limitée à 1 an. Il peut être renouvelé à la condition que le prêteur adresse au débiteur, 3 mois avant la date d'échéance, les conditions de reconduction* du contrat (art. L 311-16, alinéa 2). À cette occasion, le débiteur pourra demander de ne plus bénéficier d'un crédit renouvelable. C'est pourquoi l'emprunteur doit l'informer de la possibilité de rembourser par des mensualités qui seront échelonnées.

Si l'emprunteur ne respecte pas cette obligation, le consommateur peut mettre fin au contrat, gratuitement, à tout moment à compter de la date de reconduction (art. L 136-1).

Si le contrat n'a pas été exécuté pendant 2 ans (c'est-à-dire que le consommateur a reconstitué le capital et ne l'a pas utilisé), l'emprunteur devra lui adresser les conditions de la reconduction. S'il ne renvoie pas ce document dans les 20 jours qui suivent sa réception, le contrat est résilié de plein droit à cette date. Il n'aura donc plus aucun effet pour l'avenir.

Les découverts en compte

Dès lors que la banque accorde à son client une avance de fonds pendant plus de 3 mois ou que le solde débiteur d'un compte continue d'augmenter au-delà de 3 mois, on assimile ce découvert à une ouverture de crédit… et la réglementation s'applique, alors même que la banque n'a consenti aucune autre avance de fonds !

La location-vente* et la location avec option d'achat*

Lorsque l'on achète un véhicule automobile par exemple, en envisageant de le louer puis de l'acheter, l'opération financière qui y est liée tombe sous le coup de la réglementation du crédit (art. 311-2, alinéa 2).

Les crédits non concernés par la réglementation

Toute opération de crédit n'est pas forcément soumise à la réglementation. Ainsi en est-il :

- des opérations destinées à financer une activité professionnelle,
- des prêts dont la durée n'excède pas 3 mois (art. L 311-3, alinéa 4),
- des prêts dont le montant est inférieur à 200 € ou supérieur à 75 000 €, sauf s'ils ont pour objet de regrouper les crédits (art. L 311-3),
- des crédits immobiliers, qui sont régis par une autre protection,
- des crédits consentis directement par le vendeur ou le prestataire de service. Attention donc : si l'acheteur ne passe pas par un organisme de crédit mais directement par le vendeur ou le prestataire de services, si la prestation fournie est continue ou à exécutions successives de même nature et enfin, si l'acheteur envisage de régler par paiements échelonnés pendant toute la durée de la fourniture, il ne pourra plus prétendre bénéficier de toutes les dispositions protectrices de la réglementation sur le crédit à la consommation (art. L 311-1, alinéa 4).

Lorsqu'on passe un contrat avec un club de rencontres ou une agence matrimoniale, les modalités de paiement et de durée seront l'expression de la volonté des parties.

Protection de l'emprunteur

Parce que prendre un crédit n'est pas anodin, la loi prévoit un certain nombre d'obligations pour l'organisme de crédit, qui doivent permettre de protéger le consommateur lors de la formation du contrat.

Une pub exhaustive

Pour que le consommateur sache ce qui l'attend, le prêteur doit, dans sa publicité, lui permettre de comprendre ce à quoi il s'engage. C'est pourquoi, il doit mentionner « de façon claire, précise et visible les informations suivantes à l'aide d'un exemple représentatif :

- le taux débiteur et la nature fixe, variable ou révisable du taux, sauf pour les opérations de location-vente ou de location avec option d'achat, ainsi que les informations relatives à tous les frais compris dans le coût total du crédit pour l'emprunteur,
- le montant total du crédit,
- le taux annuel effectif global, sauf pour les opérations de location-vente ou de location avec option d'achat,
- s'il y a lieu, la durée du contrat de crédit,
- s'il s'agit d'un crédit accordé sous la forme d'un délai de paiement pour un bien ou un service donné, le prix au comptant et le montant de tout acompte,
- le montant total dû par l'emprunteur et le montant des échéances » (art. L 311-4, alinéa 1).

Tous les éléments d'information doivent figurer de manière apparente.

Une offre écrite

Le prêteur est tenu de formuler une offre de crédit écrite. Cette obligation concerne non seulement le prêt initial mais toute modification du montant. Cette offre doit permettre au consommateur de connaître le montant des mensualités de remboursement. Le consommateur doit recevoir autant d'exemplaires de l'offre qu'il y aura de parties (ce qui inclut la ou les cautions). Ainsi, pour un prêt conclu par un couple avec une caution, le nombre d'exemplaires ne peut être inférieur à quatre. Si cette offre est assortie d'une proposition d'assurance, le consommateur doit pouvoir être informé des garanties (art. L 311-19), par le biais d'une notice.

L'offre doit être maintenue 15 jours (art. L 311-11), durant lesquels le consommateur est libre de l'accepter. Le prêteur ne peut la modifier pendant cette période.

Dans la pratique, offre et signature étant souvent concomitantes, le consommateur peut revenir sur son engagement pendant 14 jours en faisant jouer son droit de rétractation (art. L 311-12).

Il faut toutefois savoir que le prêteur se réserve la faculté d'agréer l'emprunteur. Cela signifie que même si le consommateur fait savoir au prêteur qu'il accepte son offre, ce n'est pas pour autant que le prêt sera accordé, encore faut-il que le consommateur ait été agréé !

Oups ! Je ne peux plus payer !

Il arrive parfois que le consommateur ne soit plus en mesure de payer les mensualités de son crédit. Que se passe-t-il alors ?

La mise en demeure

Lorsqu'il ne reçoit pas le paiement des mensualités prévues, l'organisme prêteur met le consommateur en demeure de payer la ou les mensualités impayées par un courrier avec accusé de réception. Dans ce cas, le mieux est de prendre attache avec l'organisme de crédit pour essayer de trouver un accord. Plus le débiteur le fera rapidement, plus il aura de chance d'éviter le remboursement anticipé du capital restant dû. En cas d'obtention d'un moratoire*, il est souhaitable de le faire confirmer par écrit !

Que peut exiger le prêteur ?

Si le débiteur n'honore pas le contrat de prêt, le prêteur va pouvoir en demander l'exécution forcée. Il peut ainsi demander :

- le remboursement immédiat du capital restant dû,
- les intérêts échus mais non payés (il ne peut désormais demander les intérêts à échoir),
- les intérêts de retard au taux prévu dans le contrat,
- une indemnité dépendant de la durée du contrat restant à courir. Souvent fixée à 8 % des sommes restant dues, cette indemnité peut être demandée même si le prêteur n'exige pas le remboursement immédiat, dès que l'emprunteur ne respecte pas les échéances. Il ne faut pas confondre cette indemnité et celle que peut éventuellement exiger le prêteur en cas de remboursement anticipé.

  Il est possible de demander au tribunal la réduction de cette indemnité si le débiteur est en mesure de prouver qu'elle est manifestement excessive (art. L 311-25).
- les frais taxables, c'est-à-dire les frais de justice (tels que définis par l'article 695 du Code de procédure civile) engagés dans le cadre d'une procédure.

Quel recours pour l'emprunteur ?

L'emprunteur peut éviter de voir le contrat de prêt résolu et d'être obligé de payer le capital restant dû lorsque sa situation financière est compromise (licenciement, fin de chômage, divorce…). Il peut en effet saisir le juge d'instance pour que le contrat soit suspendu. Si le juge accède à sa demande, il sera dispensé de payer (art. L 313-12, alinéa 1) pendant une certaine durée (2 ans au maximum) ou les sommes dues seront échelonnées.

Remboursement anticipé

Il est possible pour l'emprunteur de rembourser tout ou partie de son crédit par anticipation (art. L 311-22). Le prêteur ne pourra exiger aucun frais ou indemnité dans quatre circonstances :

- en cas de remboursement de découvert,
- en cas de remboursement par une assurance (maladie, décès…),
- en cas de remboursement au cours d'une période où le taux n'est pas fixe,
- en cas de remboursement d'un crédit renouvelable.

Si l'emprunteur se trouve dans une autre situation, le prêteur ne peut pas lui réclamer n'importe quel montant, ni exiger le paiement de frais. Lorsque le montant du remboursement anticipé est supérieur à un seuil fixé par décret, le montant de l'indemnité dépend de la durée du crédit restant à courir :

- 1 % du montant du crédit faisant l'objet du remboursement anticipé si le délai entre le remboursement anticipé et la date de fin du contrat de crédit est supérieur à 1 an,
- 0,5 % au maximum du montant du crédit faisant l'objet d'un remboursement anticipé si le délai ne dépasse pas 1 an.

BON À SAVOIR

Le prêteur ne peut demander à l'emprunteur plus d'intérêts qu'il n'en aurait payés durant la période comprise entre le remboursement anticipé et la date de fin du contrat de crédit convenue initialement (art. L 311-22).

Le crédit affecté

On parle de crédit affecté lorsque le crédit est consenti pour financer l'achat d'un bien ou d'un service bien défini. Dans ce cas, le prêteur va payer directement le vendeur ou le prestataire de services, sans que les fonds ne transitent par l'acheteur. En cas de problème (livraison différée ou retard dans le début de la prestation de service par exemple), mieux vaut donc en informer l'organisme prêteur !

Crédit affecté, consommateur protégé

Pour que les dispositions protectrices du crédit à la consommation s'appliquent, il est indispensable que l'offre de prêt mentionne expressément l'affectation du crédit et précise que le crédit va servir au financement de l'acquisition.

L'acheteur doit donc être vigilant et vérifier que dans le contrat, il existe une clause précisant que tout ou partie sera payé par un crédit (art. L 311-14). Dans le cas contraire, il aura conclu d'une part, un contrat en vue d'acquérir un bien ou un service et d'autre part, un contrat de prêt et il ne pourra plus revendiquer de lien entre les deux !

En cas de refus

Il peut arriver que l'acheteur accepte un contrat de crédit… mais se le voit refuser par le prêteur. Si le prêteur n'informe pas le vendeur dans un délai de 7 jours à compter de l'acceptation par l'acheteur, le contrat sera résolu de plein droit (art. L 311-36).

Toute clause prévoyant un paiement comptant, à défaut d'acceptation du crédit, est nulle (art. L 311-39). En revanche, rien ne s'oppose à ce que l'acheteur règle spontanément au comptant s'il n'obtient pas le prêt !

Si l'acheteur a payé une partie du prix et sollicité un prêt pour le complément et qu'il ne l'a pas obtenu, le vendeur ou le prestataire de service doit le rembourser dans les 8 jours à compter de sa demande (art. L 311-37). S'il ne le fait pas, il s'expose à une sanction pénale (amende) et à payer au consommateur des intérêts au taux légal majorés de moitié.

En cas de changement d'avis

À la condition d'avoir fait jouer son droit de rétractation dans les délais, la renonciation de l'acheteur anéantit le contrat de crédit, entraînant de plein droit la résolution du contrat principal d'acquisition du bien ou de la demande d'une prestation de services. De fait, l'acheteur peut, le cas échéant, se faire rembourser les sommes préalablement versées.

En cas de pépin

L'organisme prêteur ne peut demander à l'acheteur de rembourser s'il n'a pas été livré ou si la prestation n'a pas été fournie. L'article L 311-31 permet en effet à l'acheteur de refuser le paiement et de soulever cette situation comme moyen de défense si on lui réclame les mensualités prévues.

L'acheteur ne peut bénéficier de cette protection que si l'offre préalable de crédit a mentionné le bien ou le service qu'elle devait financer. Cela signifie que si l'emprunteur prend un crédit sans que les fonds soient affectés (comme par exemple un prêt personnel), il devra payer les mensualités dès la première échéance, quel que soit le sort du contrat principal.

Lorsque le contrat principal est un contrat à exécutions successives et que le prestataire interrompt sa prestation, l'acheteur pourra cesser de rembourser à la condition que le contrat de prêt soit lié au contrat principal. Si l'exécution reprend, en principe, les remboursements reprennent mais rien n'est prévu légalement.

Si c'est l'emprunteur qui est à l'origine de la rupture du contrat principal, il devra payer (ainsi par exemple, s'il a emprunté pour suivre un cours de musique 3 jours par mois sur une année scolaire et qu'il abandonne en cours d'année !).

Le crédit immobilier

À moins d'avoir un compte en banque bien garni, il est difficile de se passer d'un crédit lorsque l'on souhaite acquérir un bien immobilier. Examinons en détail ce crédit très couru.

Les crédits concernés

La réglementation sur le crédit immobilier concerne des emprunts réalisés pour des opérations immobilières. Ils sont visés par l'article L 312-1 du Code de la consommation :

- Sont en premier concernés l'acquisition d'immeubles à usage d'habitation ou à usage professionnel et d'habitation, quelle que soit la modalité de leur acquisition, en propriété ou par l'achat de parts ou d'actions de sociétés. (En revanche, la protection de l'emprunteur ne s'applique pas aux prêts visant à financer une opération immobilière professionnelle ou encore à financer un ou des immeubles à usage commercial.)
- Sont également concernés les prêts destinés à l'acquisition des mêmes types d'immeubles si l'acquisition a vocation à une attribution en jouissance, y compris lorsque ces opérations visent également à permettre la réalisation de travaux de réparation, d'amélioration ou d'entretien de l'immeuble ainsi acquis.
- Peuvent être concernées les dépenses relatives à leur réparation, leur amélioration ou leur entretien mais uniquement lorsque le montant du crédit est supérieur à 75 000 €. Entrent dans cette catégorie les crédits qui concernent « les dépenses relatives à leur construction », ainsi que ceux devant permettre l'acquisition des terrains.

BON À SAVOIR

Un emprunt souscrit pour acquérir un bien en vue de le louer (comme par exemple dans le cadre d'une loi de défiscalisation de type Robien ou Duflot) peut bénéficier des dispositions protectrices du Code de la consommation.

Protection de l'emprunteur là aussi

En matière de crédit immobilier comme en matière de crédit à la consommation, la loi impose certaines obligations destinées à protéger l'emprunteur.

Une pub exhaustive là aussi

De manière parfaitement lisible et compréhensible, la publicité doit indiquer « l'identité du prêteur, la nature et l'objet du prêt et préciser, si elle comporte un ou plusieurs éléments chiffrés, la durée de l'opération proposée ainsi que le coût total et le taux effectif global annuel du crédit, à l'exclusion de tout autre taux » (art. L 312-4). De manière à ne pas faire prendre de décision hâtive à l'emprunteur, la publicité doit aussi lui préciser qu'il dispose d'un délai de réflexion de 10 jours, que la vente est subordonnée à l'obtention du prêt et que si celui-ci n'est pas obtenu, le vendeur doit rembourser les sommes versées (art. L 312-5).

Une offre écrite

Acquérir et envisager d'emprunter, c'est bien, pouvoir réfléchir c'est mieux. C'est pourquoi le prêteur doit obligatoirement soumettre à l'emprunteur une offre préalable, qui doit comporter des renseignements précis (art. L 312-8) :

- Afin qu'il ne puisse y avoir d'erreur sur celui ou ceux qui s'engagent, l'offre doit indiquer l'identité des parties, et éventuellement celle des cautions.
- Afin que le souscripteur sache ce qu'il emprunte, l'offre doit préciser la nature, l'objet, les modalités du prêt, notamment celles qui sont relatives aux dates et conditions de mise à disposition des fonds.
- Afin que le souscripteur puisse appréhender le montant de ses remboursements et s'il a souscrit un emprunt dont le taux d'intérêt est fixe, l'offre doit comprendre un échéancier des amortissements, détaillant pour chaque échéance la répartition du remboursement entre le capital et les intérêts.
- Si le taux d'intérêt est variable, l'offre doit alors être accompagnée d'une notice présentant les conditions et modalités de variation du taux d'intérêt et d'un document d'information contenant une simulation de l'impact d'une variation de ce taux sur les mensualités, la durée du prêt et le coût total du crédit.

Cette simulation ne constitue pas un engagement du prêteur à l'égard de l'emprunteur. D'ailleurs, le document d'information mentionne le caractère indicatif de la simulation et l'absence de responsabilité du prêteur quant à l'évolution effective des taux d'intérêt pendant le prêt et à son impact sur les mensualités, la durée du prêt et le coût total du crédit. Attention donc à ne pas prendre cette information pour une certitude !

- Afin que le souscripteur puisse mesurer son engagement, l'offre doit indiquer, outre le montant du crédit susceptible d'être consenti, et, le cas échéant, celui de ses fractions périodiquement disponibles, son coût total, son taux défini ainsi que, s'il y a lieu, les modalités de l'indexation.
- Puisque l'emprunteur doit être assuré et que cela a un coût, l'offre doit enfin stipuler les assurances et les sûretés réelles ou personnelles exigées, qui conditionnent la conclusion du prêt et donner une évaluation de leur coût. L'offre doit préciser que l'emprunteur peut souscrire une assurance auprès de l'assureur de son choix, la banque ne pouvant en aucun cas imposer une compagnie d'assurance.
- Enfin, l'offre doit exposer les conditions requises pour un transfert éventuel du prêt à une tierce personne.

Si l'emprunteur ne donne pas suite à l'offre, le prêteur ne pourra retenir ou lui demander que des frais d'étude, dont le montant maximum est fixé suivant un barème déterminé par décret. Le montant de ces frais, ainsi que les conditions dans lesquelles ils sont perçus, doivent figurer distinctement dans l'offre (art. L 312-14).

Délai de réflexion

Suite à l'offre, l'emprunteur dispose d'un délai de réflexion de 10 jours qui ne peut être réduit (art. L 312-10, alinéa 2). Si le prêteur ne respecte pas ce délai, le contrat sera déclaré comme nul. Pendant ce délai, aucun versement ne peut être fait par le prêteur, ni entre les mains de l'emprunteur, ni entre celles d'un tiers (le constructeur) qu'il aurait désigné. De même, si l'obtention du prêt est subordonnée à un apport, le prêteur ne peut exiger que cette somme soit versée avant la fin du délai de réflexion (art. L 312-11). Enfin, le prêteur doit maintenir son offre aux mêmes clauses et conditions pendant 30 jours à compter de la date à laquelle l'emprunteur l'aura reçue (art. L 312-10, alinéa 1). Si l'offre préalable n'existe pas ou est incomplète, l'emprunteur pourra obtenir la déchéance totale ou partielle du droit aux intérêts pour le prêteur (art. L 312-33 *in fine*).

En cas de modification

Si l'emprunteur souhaite modifier les conditions du prêt, notamment le montant ou le taux du crédit, il devra recevoir une nouvelle offre préalable (art. L 312-8, alinéa 2). S'il envisage une renégociation du prêt, il n'y aura pas d'offre préalable mais seulement un avenant au contrat initial. L'emprunteur disposera d'un délai de réflexion de 10 jours pour se prononcer.

Dans le cadre d'un prêt à taux variable, les variations ne sont pas considérées comme des modifications et il n'y a donc pas d'offre préalable. Toute renégociation en revanche sera concrétisée par un avenant qui devra indiquer le « TEG (taux effectif global), le coût du crédit ainsi que les conditions et modalités de variation du taux » (art. L 312-14-1).

J'accepte... c'est tout bon ?

En principe, l'acceptation de l'offre par l'emprunteur (obligatoirement par un courrier recommandé avec accusé de réception) concrétise le contrat et les obligations qui en découlent. Cependant, plusieurs conditions peuvent remettre en cause les obligations du prêteur et celles de l'emprunteur.

La clause résolutoire

Prêt et opération immobilière étant dépendants l'un de l'autre, « l'offre est toujours acceptée sous la condition résolutoire de la non-conclusion, dans un délai de 4 mois à compter de son acceptation, du contrat pour lequel le prêt est demandé » (art. L 312-12), ce délai de 4 mois pouvant être allongé s'il s'avère insuffisant (art. L 312-12, alinéa 2). En effet, il ne servirait à rien d'obtenir des fonds si l'opération envisagée ne se concrétise pas !

Si, entre l'acceptation de l'offre de prêt et la résolution du contrat, le prêteur a déjà versé des fonds, à l'emprunteur ou à un tiers (constructeur, entreprises....), l'emprunteur devra alors restituer l'intégralité des sommes reçues avec les intérêts. Les frais d'étude que le prêteur ne manquera pas de demander sont strictement réglementés. Ils sont limités à 0,75 % du montant du prêt, sans pouvoir excéder 150 € (art. R 312-1-1).

Le fait que ce soit un tiers qui ait perçu les fonds ne dispense pas l'emprunteur de les restituer au prêteur.

Quand l'assureur dit non

Dans la quasi totalité des cas, le prêteur exige de l'emprunteur qu'il prenne une assurance. Le contrat de prêt est alors soumis à l'agrément de l'assureur envers l'emprunteur. Si l'emprunteur a accepté l'offre mais qu'il ne trouve aucun assureur qui accepte de l'assurer, la loi prévoit qu'il puisse se délier de son acceptation. Au titre de son devoir de conseil, le prêteur doit d'ailleurs informer l'emprunteur dans l'offre qu'il a le droit de demander la résolution du contrat de prêt qu'il a accepté. Le Code de la consommation donne 1 mois à l'emprunteur, à compter du refus de l'assureur, pour demander la résolution du contrat (art. L 319-9, alinéa 3).

Quand l'un des prêteurs dit non

Il peut arriver que l'emprunteur, ayant sollicité plusieurs prêts auprès de différents prêteurs, se voie refuser l'un de ces prêts. Cela va donc remettre en cause l'intégralité de sa démarche puisqu'il va lui manquer des fonds. Pour éviter d'être lié après avoir accepté les offres de ceux qui lui ont accordé leur confiance, l'emprunteur devra veiller à ce que chaque contrat envisagé soit assorti d'une condition suspensive, précisant que « chaque prêt est conclu sous la condition suspensive de l'octroi de chacun des prêts » (art. L 312-13). Ainsi, si l'un des prêteurs refuse son concours, quelle que soit l'importance du montant par rapport aux autres prêts mais à la condition que le montant du prêt refusé soit supérieur à 10 % du crédit total, l'emprunteur sera en droit de faire jouer la condition suspensive, ce qui lui permettra de se dégager de ses autres engagements.

Cette faculté n'existe pas dans le contrat de réservation dans les ventes en l'état futur d'achèvement (VEFA) ou dans la recherche de fonds pour payer une vente aux enchères.

En cas de refus, la condition suspensive*

L'emprunteur peut refuser une offre de prêt mais parfois, le refus vient du prêteur. Heureusement, la condition suspensive est là pour protéger l'emprunteur.

La condition suspensive, ça sert à quoi ?

Dès qu'il y a prêt, le contrat de vente est conclu sous la condition suspensive de l'obtention du ou des prêts qui en assurent le financement. Cette disposition (art. L 312-16) a pour but d'éviter à l'emprunteur d'être engagé vis-à-vis du vendeur ou du constructeur ou de tout autre cocontractant alors qu'il ne peut pas payer. Elle va accorder à l'emprunteur un délai prévu contractuellement, d'1 mois minimum (art. L 312-16, alinéa 1), souvent de 2 mois, afin qu'il puisse rechercher un nouveau financement. Si, au terme de ce délai, l'acquéreur n'obtient pas ce financement, il pourra ne pas donner suite à son projet d'acquisition en propriété, de jouissance, de travaux ou d'achat d'un terrain. Ce délai court à compter de la signature ou de l'enregistrement, s'il s'agit d'un acte sous seing privé soumis à cette formalité.

Ces dispositions ne sont pas applicables au contrat de réservation en VEFA (en revanche, elles sont applicables au contrat constatant la vente), ni dans le cadre d'une vente aux enchères.

La condition suspensive, sous quelles conditions ?

Il ne faut pas croire qu'il suffit que la clause existe pour que l'emprunteur puisse se dégager de son obligation. Il ne pourra bénéficier de la condition suspensive qu'à condition d'avoir fait des recherches de financement auprès des organismes financiers susceptibles de lui octroyer le crédit… et d'être en mesure de le prouver (lettres de refus des banques par exemple) !

Cette preuve doit impérativement être apportée dans le délai qui est imparti à l'acquéreur. Même 24 heures après, il sera trop tard et il sera engagé ! Ainsi, dans cette situation, mieux vaut ne pas tarder et adresser ce courrier en recommandé avec accusé de réception, en tenant compte des délais d'acheminement pour plus de sécurité.

S'il n'apporte pas les preuves demandées ou s'il les apporte hors délai, l'acquéreur risque d'être obligé de dédommager son cocontractant, par application d'une clause pénale qui doit être prévue au contrat et valable. Mais surtout, le projet immobilier sera réputé prendre effet et l'acquéreur se retrouvera engagé alors qu'il ne pourra pas payer !

Quid des avances versées ?

Si l'acquéreur a respecté son obligation de rechercher des crédits, a apporté les preuves de refus demandées et a averti ses cocontractants dans les délais, il est en droit d'obtenir le remboursement des avances versées, puisque le contrat est censé ne jamais avoir existé. Ce remboursement doit être immédiat et intégral (art. L 312-16, alinéa 2). Bien plus, si 15 jours après sa demande de remboursement, l'acquéreur n'a rien reçu, il pourra obtenir les intérêts au légal, majorés de moitié !

Dans cette situation, aucune somme ne peut être demandée à l'acquéreur à titre de dédommagement, quand bien même cela aurait été prévu au contrat. L'intermédiaire (agence immobilière par exemple) ne peut prétendre percevoir une commission.

En cas de pépin dans l'exécution du contrat principal

L'exécution du contrat principal pour lequel le prêt a été contracté ne se passe pas toujours comme prévu.

Annulation du contrat principal

Il peut arriver qu'après avoir obtenu un ou plusieurs prêt(s) en vue de financer une opération immobilière, l'acquéreur voit le contrat principal (l'opération immobilière) annulé. Étant donné que la loi n'a pas envisagé cette hypothèse, c'est la jurisprudence qui a considéré que dans ces conditions, puisque le contrat principal est annulé, le ou les contrat(s) de prêt qui le finance(nt) doivent également être annulés.

Une fois le contrat principal annulé, l'annulation du contrat de prêt n'est pas automatique, l'acquéreur doit porter sa demande devant les tribunaux.

Incidents

Lorsque le ou les prêts ont été contractés pour financer des travaux immobiliers ou un ouvrage immobilier, il peut arriver que l'acquéreur soit confronté à des problèmes qui peuvent avoir une incidence sur le contrat principal (malfaçons, retards par exemple). Si l'acquéreur porte ce différend devant les tribunaux, il pourra demander la suspension des paiements jusqu'à la solution du litige. Le tribunal pourra accéder à cette demande… ou pas ! Il faut savoir que la demande ne pourra être considérée comme recevable que si le prêteur est mis en cause. Naturellement, l'acquéreur ne pourra pas spontanément arrêter les paiements, il devra impérativement obtenir cette autorisation par décision de justice.

Si la décision ne fait pas droit à la réclamation de l'acquéreur, les mensualités suspendues seront dues !

Cette suspension n'est possible que si le prêt est destiné à financer des travaux de construction ou de réparation immobilière. Si de tels problèmes surviennent lors de l'acquisition d'un immeuble et que c'est le constructeur qui y est confronté, l'acquéreur devra continuer de payer.

Et si je n'arrive plus à payer ?

Il arrive parfois que l'acquéreur ne soit plus en mesure de payer les mensualités de son crédit. Que se passe-t-il alors ?

Le délai de grâce

Lorsque l'acquéreur ne peut honorer ses remboursements, il peut demander un délai de grâce (art. L 313-12), qui lui permettra de suspendre les paiements pendant la durée qui lui sera accordée par le juge (art. L 312-36) dans le cadre d'une procédure au fond. La durée de ce délai de grâce, qui ne peut excéder 2 ans (art. 1244-1 du Code civil), sera appréciée par le juge en fonction des éléments fournis par l'acquéreur, qui doit pouvoir justifier de circonstances particulières (licenciement par exemple, divorce….) et ne pas être de mauvaise foi.

Cette demande doit être faite rapidement car l'acquéreur ne pourra plus bénéficier de ce moratoire si la déchéance du terme est prononcée, c'est-à-dire si le prêteur a exigé de l'acquéreur, qui n'avait pas respecté les échéances, le paiement du capital et des intérêts restant dus.

À l'issue du délai accordé par le juge, qui n'interrompt pas les intérêts, les dettes redeviennent exigibles. En principe, dans la décision, le juge va indiquer comment l'acquéreur devra régler les arriérés en plus des mensualités.

Autres possibilités

Si l'acquéreur n'a pas saisi le juge, le prêteur peut, s'il n'exige pas le paiement anticipé de ce qui reste dû, accorder amiablement des délais et demander des intérêts majorés de trois points (art. R 312-3). Il peut aussi, après une mise en demeure restée infructueuse, constater l'acquisition de la déchéance du terme et exiger le remboursement immédiat du capital restant dû, ainsi que les intérêts échus (pas les intérêts à échoir !). Ces sommes porteront alors intérêt au taux contractuellement prévu.

Cette déchéance du terme s'accompagne contractuellement d'une indemnité supplémentaire pour le prêteur, qui ne peut excéder 7 % des sommes dues au titre du capital et des intérêts échus (art. R 312-3, alinéa 3).

Enfin, si l'acquéreur ne paie pas, le prêteur, qui dispose d'une hypothèque* sur son bien, va pouvoir le faire vendre aux enchères.

Remboursement anticipé

Aucune clause du contrat ne peut interdire à l'acquéreur de rembourser ce qu'il doit de manière anticipée (art. L 321-1, alinéa 1). La seule restriction concerne le remboursement anticipé de sommes inférieures ou égales à 10 % du prêt, sauf s'il s'agit du solde.

En revanche, puisqu'il s'agit d'un manque à gagner pour le prêteur, le contrat prévoit souvent une indemnité au titre des intérêts non échus. Cette indemnité, dont le montant est fixé par décret, est limitée et dépend de la durée du contrat. Si l'acquéreur considère qu'elle est manifestement excessive, il pourra en demander la réduction en application de l'article 1152, alinéa 2 du Code civil. Quoi qu'il en soit, le prêteur ne peut en aucun cas imposer à l'emprunteur de payer la totalité de ce qu'il aurait payé si le prêt avait continué jusqu'à l'échéance !

Cette indemnité ne peut être demandée si le remboursement par anticipation fait suite à un changement de lieu d'activité professionnel, qu'il concerne l'emprunteur ou son conjoint ou s'il intervient après le décès ou la cessation forcée de l'activité professionnelle du conjoint (art. L 312-21, alinéa 3).

Chapitre 15

Être protégé

Dans ce chapitre :

- L'information du consommateur
- Les garanties et les droits du consommateur
- Les recours du consommateur en cas de litige

Un consommateur protégé, c'est d'abord un consommateur bien informé. Mais parfois, cela ne suffit pas : clauses abusives, défauts de conformité, les déconvenues peuvent être diverses. C'est pourquoi, la réglementation et différents organismes existent, pour veiller à ce que le consommateur ne se transforme pas (trop) en pigeon !

N.B. : Les articles cités dans ce chapitre font référence au Code de la consommation, sauf mention contraire.

Comment régler un litige

Il existe deux manières de régler un litige : amiable ou contentieux.

Pour éviter une action judiciaire

Différentes solutions existent pour éviter au consommateur d'avoir à intenter une action en justice.

La Boîte Postale 5000

Cet organisme départemental fait le tri des demandes et propose des solutions amiables pour les petits litiges. Si cette médiation primaire échoue, le litige est soumis à une commission de conciliation. Pour savoir si son département dispose d'une Boîte postale 5000, le consommateur qui le souhaite peut adresser un courrier à l'adresse « Boîte postale 5000 », en précisant le nom du chef-lieu du département et le code postal.

La CRLC (commission de règlement des litiges de consommation)

Expérimentées dans dix départements, les CRLC ont vocation à résoudre amiablement les litiges de consommation dans un délai de 2 mois à compter de la réception de la réclamation.

La médiation

Le consommateur mécontent peut provoquer une médiation, qui sera assurée par un médiateur, rémunéré par les parties. Si la médiation échoue, tout ce qui a été évoqué, voire écrit au cours de cette médiation, ne pourra pas être utilisé dans une autre instance. Si elle aboutit, un accord sera alors conclu. Pour connaître les différents médiateurs existant, rendez-vous chapitre 4.

La commission de conciliation

Certains contrats prévoient l'obligation de saisir en premier une commission de conciliation avant tout contentieux. De telles clauses ont été jugées légales, à la condition toutefois que ce mode de règlement des conflits ne soit pas, en cas d'échec, exclusif de la saisine du tribunal.

Saisir les tribunaux

Lorsqu'aucun accord amiable n'a pu être trouvé, le consommateur mécontent peut saisir les tribunaux.

Un accès facilité

Par exception aux règles de compétences territoriales ordinaires qui prévoient que le tribunal territorialement compétent est celui du domicile du défendeur ou bien du lieu d'exécution du contrat ou du lieu de la livraison, le consommateur bénéficie d'une compétence territoriale exceptionnelle, celle du tribunal du lieu où il demeure (art. R 1425-2).

- Si la demande financière est inférieure à 4000 €, le consommateur doit saisir le juge de proximité qui siège au tribunal d'instance et dont l'activité a été maintenue jusqu'au 1er janvier 2015.

- Si la demande financière est supérieure à 4000 € mais inférieure à 10 000 € et que le motif de mécontentement est de nature civile, le consommateur doit saisir le juge d'instance.
- Si le consommateur considère avoir été victime d'une infraction, ce sont les juridictions pénales qui seront compétente pour faire valoir ses droits. Selon l'importance de l'infraction (contravention ou délit), le consommateur saisira le tribunal de police ou le tribunal correctionnel, à moins qu'il n'envisage de déposer une plainte auprès du Procureur de la République.

Les organismes de protection des consommateurs

Non, le consommateur n'est pas une pauvre petite chose sans défense ! Dans l'ombre, différents organismes et associations veillent à sa protection…

Le Conseil national de la consommation

Le Conseil national de la consommation (Cf. Annexe « Adresses utiles ») est un organisme consultatif placé auprès du ministre chargé de la consommation (art. D 511-1, alinéa 1). Il a pour objet de « permettre la confrontation et la concertation entre les représentants des intérêts collectifs des consommateurs et usagers et les représentants des professionnels, des services publics et des pouvoirs publics, pour tout ce qui a trait aux problèmes de la consommation (art. D 511-1, alinéa 2).

L'Institut national de la consommation (INC)

L'Institut national de la consommation (Cf. Annexe « Adresses utiles ») est un établissement public à caractère industriel et commercial (art. R 531-1), qui a pour objet (art. R 531-2) de :

- « fournir un appui technique aux organismes de consommateurs,
- regrouper, produire, analyser et diffuser des informations, enquêtes et essais,
- mettre en œuvre des actions et des campagnes d'information, de communication, de prévention, de formation et d'éducation sur les

questions de consommation à destination du grand public, ainsi que des publics professionnels ou associatifs concernés,

- apporter un appui technique aux commissions placées auprès de lui et collaborer à l'instruction de leurs avis et recommandations. »

La Direction générale de la concurrence, de la consommation et de la répression des fraudes (DGCCRF)

La DGCCRF a pour mission de contrôler la qualité des produits et des services mis sur le marché et leur conformité aux normes établies et à la réglementation. Elle contrôle aussi les circuits de distribution qui les mettent sur le marché et leurs pratiques commerciales. Elle peut être saisie dès qu'il y a litige, elle intervient alors auprès du commerçant ou du prestataire de services.

Pour contrôler les produits, la DGCCRF dispose de laboratoires qui lui sont propres mais fait également appel aux laboratoires nationaux d'essai (LNE) qui sont des établissements publics à caractère industriel et commercial et dont l'objet est « de réaliser tous travaux d'étude, de recherche, de consultation, d'expertise, d'essai, de contrôle et toutes prestations d'assistance technique utiles à la protection et à l'information des consommateurs ou à l'amélioration de la qualité des produits » (art. L 561-1, 1er alinéa).

Les associations de consommateurs

Les associations de consommateurs ont pour objet d'informer et de défendre les consommateurs et doivent être agréées (art. L 411-1). Pour être agréées, elles doivent répondre aux conditions de l'article R 411-1 du Code de la consommation, comme par exemple avoir un nombre minimum de cotisants (au moins 10 000 pour les associations nationales) ou suffisant, eu égard au caractère territorial de leur activité.

La protection au niveau européen

Au niveau européen, la protection des consommateurs s'exprime notamment par l'élaboration de règles communautaires qui sont progressivement insérées dans notre droit national.

L'information des consommateurs

La moindre des choses, pour un consommateur, c'est de savoir ce qu'il achète. C'est pourquoi la réglementation impose un certain nombre d'obligations en matière d'informations à destination du consommateur.

Do you speak French ?

Pour pouvoir être protégé, encore faut-il comprendre. Partant de ce principe, la loi fait obligation de mettre l'ensemble des éléments permettant de déterminer un produit ou un service en français, dès lors que le produit ou le service est commercialisé sur le territoire français (cette obligation s'impose donc aussi à l'importateur d'un produit étranger). Cette obligation n'impose pas que seule la langue française figure sur un produit ou un service, ainsi souvent les garanties ou les modes d'emploi sont rédigés en plusieurs langues.

Pour autant, certaines dénominations couramment utilisées peuvent être mentionnées dans leur forme d'origine. Ainsi en est-il par exemple pour des produits tels que « merguez », « sandwich », « blue jeans » ou encore l'usage des mots *light*, *it bag*…

100 % quoi ?

Parmi les informations qui doivent être données au consommateur, celles concernant les qualités du produit sont importantes. Ainsi par exemple, les métaux précieux doivent être conformes aux éléments de mesure (carats, or ou plaqué or, argent ou métal …) ou encore, en ce qui concerne les tissus, l'emploi de termes comme « laine vierge », « 100 % coton », est strictement réglementé et doit correspondre à une réalité matérielle.

Arrhes et acompte, c'est pareil ?

Verser des arrhes ou un acompte, c'est souvent la première étape d'un contrat entre consommateur et vendeur ou prestataire de services, mais si cette opération est qualifiée de deux manières, ce n'est pas anodin. En effet, si les deux mots ne sont pas synonymes, c'est notamment parce que arrhes et acompte n'engagent pas le consommateur de la même manière.

Les arrhes

Dans le cas où ce sont des arrhes qui sont demandées, chacune des parties est libre de ne pas donner suite à la vente ou à la prestation de services commandée. Le vendeur ou le prestataire de service peut se dédire en restituant le double de ce qu'il a touché, tandis que l'acquéreur ou celui qui a commandé la prestation de services pourra se dédire en abandonnant la somme qu'il a versée.

L'acompte

En versant un acompte, le consommateur conclut un contrat ! Cela signifie que même s'il souhaitait ne pas continuer, il ne peut plus se dédire et se doit d'aller jusqu'au bout, en payant la totalité du bien ou du service.

En cas de doute

Si rien n'est précisé dans le contrat, il faut savoir que depuis 1992, il existe une présomption en faveur du consommateur, qui permet de qualifier d'arrhes toute somme versée, si le terme d'acompte n'est pas utilisé dans les documents qui lui sont remis.

Cette présomption peut néanmoins être remise en cause dans deux situations :

- si le consommateur donne son numéro de carte bleue pour « retenir » un bien ou une prestation de service, car donner son numéro de carte bleue, c'est donner un ordre de paiement qui est irrévocable. La présomption peut être remise en cause selon l'opération pour laquelle la carte a été utilisée. Mieux vaut dès lors se faire préciser la nature de son engagement afin que cet ordre de paiement soit considéré expressément comme arrhes ou acompte ;
- si la vente ou la prestation de services a une valeur inférieure à 500 €.

L'étiquetage des produits alimentaires préemballés

De manière générale, l'étiquetage permet de déterminer les caractéristiques du produit acheté. En matière de produits alimentaires préemballés, mieux vaut savoir faire la distinction entre date limite de consommation et date d'utilisation optimale.

La date limite de consommation

La date limite de consommation concerne les denrées microbiologiquement très périssables dont la consommation au-delà présente des risques pour la santé ou bien des denrées pour lesquelles la réglementation du contrôle sanitaire fixe une durée maximum de conservation. L'étiquetage doit faire apparaître la mention :

- « À consommer jusqu'au (indication de la date) »,
- « À consommer jusqu'à la date figurant sur (indication de l'endroit où elle figure sur l'étiquetage) ».

Ces denrées ne peuvent être détenues et proposées à la vente au-delà de la date fixée. Ainsi, si un produit dont la date de consommation est dépassée se trouve en rayon, le vendeur risque une sanction pénale. Le produit peut toutefois être vendu jusqu'au jour indiqué sur l'étiquette.

La date limite d'utilisation optimale

La date limite d'utilisation optimale doit apparaître sur l'emballage avec la mention :

- « À consommer de préférence avant le (indication de la date) »,
- « À consommer de préférence avant fin (indication de la date) ».

Il ne s'agit plus d'une obligation mais d'une recommandation. De ce fait, contrairement aux denrées alimentaires comportant une date limite de consommation, le produit peut être proposé à la vente après la date.

Ça vient d'où ?

Si le consommateur aime savoir de quoi est fait le produit qu'il achète, il souhaite aussi savoir d'où il vient.

Les appellations d'origine

Savoir d'où vient un produit peut être un gage de qualité. C'est pourquoi les producteurs cherchent à faire qualifier leur production par référence à un pays (« fait en France »), à une région (le Cognac) ou à une localité (ainsi en était-il de la moutarde de Dijon avant qu'elle ne devienne une appellation générique).

C'est par référence à ces appellations que consommateur et producteur sont en principe protégés : le consommateur parce qu'il peut poursuivre le producteur qui fait état d'une appellation à laquelle il n'a pas droit et le producteur car il peut poursuivre les contrefacteurs.

Les indications de provenance

Il s'agit ici d'un simple renseignement sur le lieu où a été élaboré le produit sans aucune incidence sur la qualité dudit produit. Cela permet toutefois d'incriminer les fausses indications de provenance (ainsi par exemple « abricots du Gard » pour des abricots provenant du Maroc).

Les garanties du consommateur en matière de vente de biens meubles corporels*

Sauf lorsque le bien a été acheté dans une vente par autorité de justice ou au cours d'une enchère publique (art. L 211-2), le vendeur de biens meubles corporels ou par assimilation le vendeur de fourniture de meubles à fabriquer ou à produire (art. L 211-1), est tenu de livrer un bien « conforme au contrat ».

La garantie de conformité

Le moins qu'un consommateur puisse attendre d'un produit qu'il achète, c'est qu'il soit conforme au contrat passé.

Obligations du vendeur

Le vendeur répond des défauts de conformité :

- existant lors de la délivrance,
- se révélant dans les 6 mois de la délivrance (art. L 211-7),
- « résultant de l'emballage, des instructions de montage ou de l'installation lorsque celle-ci a été mise à sa charge par le contrat ou a été réalisée sous sa responsabilité » (art. L 211-4).

Qu'est-ce qu'un bien conforme ?

L'article L 211-5 explique comment définir la conformité du produit au contrat :

- Tout d'abord, le bien doit être conforme « à l'usage habituellement attendu d'un bien semblable ».

- Si tel n'est pas le cas, il doit à tout le moins « correspondre à la description donnée par le vendeur » et posséder les qualités que celui-ci a présentées à l'acheteur sous forme d'échantillon ou de modèle.
- Le bien devra présenter les qualités que l'acheteur était légitimement en droit d'attendre eu égard aux déclarations publiques faites par le vendeur, par le producteur ou par son représentant, notamment dans la publicité ou l'étiquetage.
- L'acheteur peut également se référer aux caractéristiques définies d'un commun accord dans le bon de commande par exemple.
- Enfin, si l'acheteur avait recherché un usage spécial accepté par le vendeur, celui-ci doit lui fournir le bien envisagé.

Si le bien n'est pas conforme...

L'acheteur ne pourra rien exiger si le défaut qu'il invoque était connu de lui lorsqu'il a contracté ou bien encore s'il ne pouvait l'ignorer. De même, lorsque le défaut a son origine dans les matériaux fournis pour l'acheteur lui-même, il ne peut s'en prévaloir (art. L 211-8).

En revanche, si l'acheteur parvient à prouver le défaut de conformité, il pourra choisir entre la réparation et le remplacement du bien. Ce droit n'est toutefois pas absolu : le vendeur peut refuser le choix du client « si ce choix entraîne un coût manifestement disproportionné au regard de l'autre modalité, compte tenu de la valeur du bien ou de l'importance du défaut ». Le vendeur peut alors imposer l'autre modalité sans que l'acheteur ne puisse s'y opposer (art. L 211-9). Parfois, la réparation et le remplacement du bien sont impossibles. L'acheteur peut alors rendre le bien et se faire restituer le prix ou garder le bien et se faire rendre une partie du prix (art. L 211-10). Quelle que soit la solution retenue, elle ne peut donner lieu à aucun frais en faveur du vendeur.

Pour pouvoir faire valoir ses droits, l'acheteur devra saisir les tribunaux, au plus tard dans les 2 ans à compter de la délivrance du bien.

La garantie des vices cachés

Parfois, le consommateur a l'impression que le bien qu'il a acheté est conforme au contrat... avant de s'apercevoir qu'en fait, ce n'est pas le cas. On parle alors de vice caché.

C'est quoi un vice caché ?

Pour que l'on parle de vice caché, il faut que le ou les défauts cachés rendent la chose acquise impropre à l'usage auquel on la destine (ainsi par exemple, avoir acheté une maison dans une zone inconstructible !). Il suffit même qu'ils en diminuent tellement cet usage que soit l'acquéreur n'aurait pas acheté le produit, soit il en aurait donné un moindre prix, s'il avait eu connaissance de ces défauts (ainsi par exemple une voiture pour laquelle l'acquéreur dépense l'équivalent du prix d'acquisition en réparations). C'est à l'acquéreur de prouver que ce vice ne lui permet pas d'utiliser le bien ainsi qu'il était en droit de le faire.

Le vice peut être différent selon que le bien acquis est neuf ou d'occasion. Dans ce dernier cas, on tiendra compte par exemple de l'usure normale du bien.

Pour prouver l'existence d'un vice caché, l'acquéreur doit être en mesure de démontrer que :

- le vice n'était pas apparent (art. 1642 du Code civil),
- le vice n'était pas décelable au cours d'une vérification élémentaire,
- le vice n'avait pas été révélé par le vendeur,
- le vice était antérieur à l'acquisition de la chose.

La garantie des vices cachés, ça marche comment ?

Sauf exception, l'acquéreur doit introduire son action en justice dans les 2 ans de la découverte du vice pour faire jouer la garantie des vices cachés. Ce sont les juges saisis qui vont apprécier le point de départ de l'action, en fonction des éléments de fait qui seront portés à leur connaissance. Le plus souvent, il court à compter de la découverte du vice et non de la livraison, mais ce n'est pas systématique.

De manière générale, toute clause limitant ou excluant la garantie est considérée comme une clause abusive. Dès lors, même si l'acheteur a signé une clause prévoyant que le vendeur ne sera pas tenu des vices cachés, il pourra obtenir garantie car cette clause sera considérée comme abusive face au non professionnel qu'est l'acheteur. En revanche, une clause qui, au contraire, étend la garantie (durée, indemnisation) sera réputée valable.

Si l'acquéreur parvient à démontrer que le bien était effectivement affecté d'un vice caché, il peut soit rendre la chose et se faire restituer le prix, soit garder la chose et se faire rendre une partie du prix, dont le montant sera arbitré par un ou des experts (art. 1644 du Code civil). Si l'acquéreur parvient en outre à prouver que le vendeur connaissait le vice, il pourra même obtenir en sus des dommages et intérêts (art. 1645 du Code civil), en plaidant la mauvaise foi du vendeur.

Le démarchage à domicile

Qui n'a jamais reçu d'appel téléphonique pour faire changer ses fenêtres ou n'a jamais été démarché chez lui par un vendeur d'encyclopédies ? Ce type d'action commerciale, appelé démarchage à domicile, est soumis à une réglementation particulière.

Où et quand ?

Lorsque l'on vient proposer à une personne un bien ou un service à son domicile, dans sa résidence ou encore sur son lieu de travail, elle bénéficie de la protection liée au démarchage à domicile (art. L 121-1, alinéa 1), que l'intervention du vendeur soit consécutive à un coup de sonnette, à un appel téléphonique ou que le client ait contacté le vendeur suite à la réception d'une publicité ou d'un prospectus.

La réglementation s'applique uniquement lorsque le bien ou le service proposé n'a aucun rapport avec l'activité professionnelle de celui qui achète.

La protection s'applique aussi lorsque le client se déplace dans un magasin après avoir reçu un appel téléphonique lui offrant un lot, ou bien lorsqu'il est invité dans un voyage publicitaire pour « tester » une résidence vacances.

En revanche, même si le client se déplace sur invitation, la protection sur le démarchage à domicile n'a été admise ni par la loi, ni par la jurisprudence, en cas d'achat sur une foire ou un salon.

Pratique commerciale agressive, que faire ?

Les contraintes morales ou physiques, les sollicitations répétées et insistantes sont considérées comme des pressions ne permettant pas aux personnes démarchées d'exercer correctement leurs droits ou susceptibles d'altérer de manière significative leur liberté de choix.

Ainsi en est-il par exemple de « sollicitations répétées et non souhaitées par téléphone, télécopieur, courrier électronique ou tout autre outil de communication à distance » (art. L 122-11-1, alinéa 3), ou encore lorsque le vendeur donne à la personne l'impression qu'il ne pourra quitter les lieux avant qu'un contrat n'ait été conclu (idem, alinéa 1).

L'acquéreur qui se considère victime de tels agissements pourra remettre en cause la vente signée en saisissant les juridictions civiles pour en obtenir l'annulation ou pénales si en plus il peut se prévaloir d'un harcèlement ou d'un abus de faiblesse.

Le contrat, une obligation

Sauf exceptions, le vendeur doit soumettre au client un contrat en deux exemplaires qu'il devra signer. Ce contrat a vocation à informer le client sur ses droits mais aussi à lui fournir les informations qui lui permettent de prendre sa décision en toute connaissance de cause. Ce sont les dispositions de l'article L 121-23 qui précisent ce que doit contenir le contrat à peine de nullité :

- Pour que le client sache qui est son interlocuteur, le contrat doit indiquer le nom du démarcheur, les nom et adresse du fournisseur, ainsi que l'adresse du lieu de conclusion du contrat.
- Pour que le client sache ce qu'il commande, le contrat doit désigner de façon précise la nature et les caractéristiques des biens offerts ou des services proposés.
- Pour que le client sache exactement à quoi il s'engage, le contrat doit préciser les conditions d'exécution du contrat, notamment les modalités et le délai de livraison des biens, ou d'exécution de la prestation de services.
- Pour que le client sache le prix qu'il devra débourser, le contrat doit indiquer le prix global à payer et les modalités de paiement (comptant, à la livraison, à la commande…).

  Si le client achète à tempérament ou à crédit, le contrat va être soumis aux exigences de la réglementation sur la vente à crédit. Le client pourra connaître le taux nominal de l'intérêt et le taux effectif global de l'intérêt.
- Pour que le client sache comment faire jouer son droit de renonciation, le contrat doit le mentionner de façon apparente.

Le droit de rétractation

Pour protéger le client et lui permettre de revenir sur une décision hâtive, la loi prévoit un délai de rétractation.

7 jours, minimum

Le délai de rétraction dure 7 jours, jours fériés compris. Durant ce délai, le client peut renoncer à l'achat sans avoir à se justifier, en utilisant le formulaire de rétractation. Cette formalité doit obligatoirement être faite par courrier recommandé avec AR, ce qui peut permettre de prouver que le client a utilisé son droit pendant le délai (art. L 121-25), la date d'envoi faisant foi. Aucun paiement ne peut être exigé avant la fin du délai de rétractation.

Certains contrats disposent d'un délai de rétractation plus long, ou dont le point de départ est différent. Ainsi en est-il des contrats d'assurance ou des contrats liés à un démarchage financier par exemple. Si le contrat prévoit l'utilisation d'un crédit, le délai de rétractation passera à 14 jours calendaires, quelle que soit la date de livraison ou la date de la prestation de services. Le vendeur ou le prestataire de service ne peut exiger aucun paiement comptant avant ce délai de 14 jours (art. L 311-41).

Si le distributeur fait des tournées fréquentes et régulières sur le lieu d'habitation ou de travail du client, ce dernier ne pourra pas bénéficier d'un droit de rétractation (art. L 121-20-4).

Calcul du délai de rétractation

Le délai ne comprend pas le jour de la commande. Si la fin du délai intervient un samedi, un dimanche, un jour férié ou un jour chômé, il est prorogé jusqu'au jour suivant.

On calcule le délai en tenant compte des jours fériés, des jours chômés, des samedis et des dimanches. Si le contrat concerne une prestation de service, ce délai court à compter de la signature du contrat. Si le contrat concerne l'achat d'un bien, le délai court à compter du jour de la livraison. Il faut enfin savoir que toute clause contractuelle visant à remettre en cause cette faculté de rétractation est nulle et ne sera pas appliquée.

Quel recours en cas d'abus ?

Le client qui s'estime abusé peut demander l'annulation de la vente, si la réglementation n'a pas été respectée. S'il peut prouver de surcroît un préjudice, il pourra obtenir des dommages et intérêts. Il pourra également, si les circonstances s'y prêtent, invoquer l'abus de faiblesse ou l'ignorance, alors même que le démarcheur aura respecté le formalisme.

Le client a le choix de porter ce différend sur le plan contentieux ou de recourir à une médiation en saisissant la fédération de vente directe (Cf. Annexe « Adresses utiles »).

Le client peut faire appel à un avocat mais aussi à une association protectrice des consommateurs.

Chapitre 16

Acheter à distance

Dans ce chapitre :

- La vente à distance traditionnelle et le commerce électronique
- L'information du consommateur : de l'intérêt de lire les petites lignes
- Les modalités contractuelles, le paiement… et les problèmes !

La vente à distance existe depuis longtemps mais elle a pris une ampleur inédite avec l'essor du commerce électronique. Avec ce type de vente, tout semble simple : pas besoin de se déplacer ou de rencontrer le vendeur, un simple coup de fil ou un simple clic suffisent ! Mais attention de ne pas céder trop vite à cette séduisante mais apparente facilité. Comme dans toute relation contractuelle, mieux vaut être bien renseigné avant de s'engager… pour ne pas le regretter !

La vente à distance traditionnelle

On parle de VAD (vente à distance) lorsque le vendeur professionnel et l'acheteur ne sont pas simultanément en présence, ce qui justifie une protection renforcée et un droit de rétractation (les droits du client qui s'engage dans le cadre d'une vente à distance sont les mêmes que dans le cadre de la vente par internet, voir *infra*). Les moyens de vente à distance sont multiples mais ils doivent être légaux, ainsi en est-il par exemple du démarchage téléphonique, de l'envoi d'imprimé ou encore de vente par catalogue.

Je n'ai rien demandé moi !

Si une personne reçoit, sans demande préalable, un objet quelconque accompagné d'une correspondance indiquant que cet objet peut être accepté contre versement d'un prix fixé ou renvoyé à son expéditeur, il s'agit d'une vente forcée ou simplement d'une vente sans commande préalable, et ce, même si le renvoi peut être fait sans frais. Cette technique de vente par correspondance est interdite (art. L 122-3). La personne ainsi sollicitée peut de fait refuser de payer le prix et de renvoyer l'objet. Tout au plus sera-t-elle tenue de le rendre si le vendeur vient… le chercher ! Si elle a payé, elle pourra demander la nullité de la vente et le remboursement des sommes versées. Quant au vendeur, il risque des sanctions pénales…

Le démarchage par téléphone

Le démarchage par téléphone est autorisé, à la condition toutefois que la personne contactée ne s'y soit pas opposée et qu'elle soit en mesure d'identifier son interlocuteur et l'objet de son appel. C'est la raison pour laquelle le démarcheur est tenu de se présenter et de préciser le caractère commercial de l'offre (art. L 121-18).

Il ne peut y avoir de numéro surtaxé pour obtenir des informations sur la commande, pour exercer son droit de rétractation ou pour faire jouer la garantie lorsque l'on a été démarché par téléphone.

Le commerce électronique

Technique de vente de biens ou de services en pleine expansion, la vente sur internet répond à des exigences précises, permettant ainsi au consommateur d'être de mieux en mieux protégé.

L'obligation d'information

L'information doit être accessible à tout internaute, elle doit donc être en langue française. L'offre doit par ailleurs être tout à fait claire et contenir un certain nombre d'indications.

À qui ai-je affaire ?

Le client doit être en mesure d'identifier le vendeur ou le prestataire de service à qui il a affaire. C'est au regard des informations qu'il aura recueillies dans cette première étape qu'il pourra, si nécessaire, poursuivre le vendeur ou le prestataire de service qui ne lui aurait pas donné satisfaction. Les informations relatives à l'identité et à l'adresse du fournisseur doivent être présentées sous une forme claire, détaillée et aisément accessible.

Se tromper, c'est permis !

Cliquer, c'est risquer de se tromper. Pour que l'internaute ne se retrouve pas en position de devoir commander un produit ou un service dont il ne veut pas, le vendeur ou le prestataire doit lui donner les moyens techniques, avant la conclusion du contrat, d'identifier ses erreurs dans la saisie des données et de pouvoir les corriger (art. 1369-4, alinéa 2 du Code civil).

Combien ça coûte ?

Le prix du bien ou du service doit être indiqué de manière claire et non ambiguë (art. L 121-18, alinéas 2 et 3). L'internaute doit aussi être informé des modalités de paiement possibles et savoir si les taxes et les frais de livraison sont inclus ou non dans le prix. Ces informations doivent être présentées de manière claire, apparente et compréhensible.

Modalités de conclusion du contrat

Tant qu'une offre figure sur internet, elle doit permettre au client d'être informé :

- des différentes étapes à suivre pour conclure le contrat par voie électronique,
- des langues proposées pour la conclusion du contrat,
- de la manière d'accéder au contrat archivé, si le fournisseur envisage d'archiver le contrat,
- des moyens dont il disposera pour consulter par voie électronique les règles professionnelles et commerciales spécifiques, auxquelles le vendeur ou le fournisseur entend éventuellement se soumettre,
- des caractéristiques essentielles du bien (cette information doit être donnée avant la conclusion du contrat, art. L 111-1, I),
- de l'existence ou non d'un droit de rétractation et de ses limites éventuelles (art. L 121-18, alinéa 4),
- de la date limite à laquelle le fournisseur s'engage à livrer le bien ou à exécuter la prestation de services. Si le fournisseur ne donne pas cette information avant la conclusion du contrat, il est réputé devoir délivrer le bien ou exécuter la prestation de services dès la conclusion du contrat (art. L 121-20-3).

BON À SAVOIR

Si le fournisseur ne peut pas livrer ou concrétiser sa prestation de service, il pourra fournir au client un bien ou un service d'une qualité et d'un prix équivalents, à la condition que le client ait été informé de cette possibilité de manière claire et compréhensible dans le contrat.

Concrétisation du contrat

Le contrat ne sera valablement conclu que si le client a cliqué deux fois (art. 1369-1 à 1369-3 du Code civil), une première fois pour passer la commande et une seconde pour la confirmer. Entre-temps, il aura aussi cliqué sur les conditions générales de vente (CGV).

N.B. : La conclusion du contrat exclusivement par courrier électronique n'est pas soumise à toutes les particularités détaillées dans ce paragraphe.

Les CGV, à lire absolument !

Souvent, lorsque l'on commande, on se contente de griser le carré qui précède la petite phrase : « Je reconnais avoir pris connaissance des Conditions Générales de Vente », dernier stade avant de pouvoir concrétiser le contrat et le paiement.

Grossière erreur ! En effet, par ce simple clic, le client se soumet au contenu des CGV. Il est donc conseillé de les lire attentivement car elles peuvent contenir des surprises, même si de nombreuses clauses abusives ont été interdites.

C'est au niveau des conditions générales de vente que le client va être informé notamment :

- de la disponibilité des produits et des formules de substitution (quand on connaît le delta entre la disponibilité et la possibilité d'être livré, il est vraiment important de savoir ce qui peut arriver dans ce type de situation),
- des différentes garanties du vendeur ou du prestataire de service, qu'elles soient légales (vice caché par exemple) ou contractuelles.

Support papier ou support électronique ?

Le client qui souhaite apporter la preuve de l'existence d'un contrat et de son contenu peut le faire par tous les moyens. Toutefois, si l'écrit sous forme électronique est admis comme mode de preuve, au même titre que l'écrit sur support papier (art. 1316-1 du Code civil), encore faut-il :

- que la personne dont il émane puisse être dûment identifiée,
- qu'il ait été établi et conservé dans des conditions à en garantir l'intégrité.

Une simple impression d'écran ne sera donc pas considérée comme une preuve en cas de litige !

Le paiement

Une fois le contrat accepté par le client, il va falloir passer à la caisse ! Le fournisseur utilise en principe des moyens de paiement sécurisé (carte bancaire, PayPal...), ce qui fait que le paiement est unique et doit parvenir à son destinataire. Ce paiement va concrétiser la commande ou l'achat et sera débité sur le compte en banque du client. Il convient d'être vigilant sur le moyen de paiement : si le fournisseur propose un mode de paiement particulier ou inhabituel, mieux vaut s'informer avant de payer, car le seul recours dont le client disposera s'il ne reçoit aucun bien ou service en échange sera de porter plainte… mais en attendant, les fonds auront été débités !

ATTENTION !

La fraude à la carte bancaire

Un type de fraude fréquent sur internet consiste à utiliser les données de la carte bancaire d'une personne alors même que la carte est toujours en sa possession et qu'elle n'a pas fait de déclaration de perte ou de vol. Lorsque la situation se présente, la victime doit prévenir son banquier sans tarder, ce qui lui permettra d'être remboursée immédiatement de l'opération non autorisée. En principe, elle doit le faire dans un délai de 70 jours à compter de la date de l'opération litigieuse, ce délai ne pouvant de toute façon excéder 120 jours, sous peine de se voir refuser le remboursement par le banquier. Si cette opération a occasionné des frais (dépassement de découvert par exemple), ils doivent être restitués à la victime car le compte doit être rétablit dans l'état où il était avant l'opération.

Examiner chaque mois ses comptes bancaires peut être un moyen utile de vérifier que tout débit est de sa propre initiative !

En cas de changement d'avis

Parfois, le client qui veut revenir sur son achat a le droit de se rétracter… et parfois non !

C'est non !

L'internaute qui envisage d'acheter par internet une « prestation de services d'hébergement, de transport, de restauration, de loisirs qui doivent être fournis à une date ou selon une périodicité déterminée » ne pourra bénéficier d'aucun droit de rétractation (art. L 121-20-4, alinéa 1).

Un internaute qui a acheté un billet SNCF ne peut prétendre à un droit de rétractation. Il ne pourra éventuellement que modifier ou demander le remboursement de son billet que si les conditions générales de vente le prévoient (art. L 121-20-4).

Avant de payer une villégiature ou un restaurant sur internet, il est donc vivement conseillé de consulter les conditions générales de vente pour voir dans quelles conditions il est possible de revenir sur l'achat effectué.

C'est oui !

Si l'internaute envisage d'acheter un bien ou de commander une prestation de service autre que celles visées à l'article L 121-20-4, il dispose du droit de rétractation prévu par l'article L 121-20. Ce droit, qui s'applique à toute commande, est en principe de 7 jours à compter de la livraison pour les biens ou de l'acceptation de l'offre pour les prestations de services (pour le calcul ou des délais différents, se reporter au paragraphe « Droit de rétractation » *supra*). Cependant, rien n'empêche le vendeur ou le prestataire de services de proposer un délai plus long dans les conditions générales de vente.

Il convient d'être attentif aux conditions prévues contractuellement pour renvoyer le produit, notamment en ce qui concerne les interdictions d'ouverture des emballages. Ainsi par exemple, cette clause qui précise « Vous devez nous renvoyer l'article dans un état neuf, dans son emballage d'origine également en parfait état ». On ne le dira jamais assez : pour éviter les déconvenues, il faut lire attentivement les conditions générales de vente !

Quel recours en cas de non livraison ?

La commande est passée, payée, mais au terme du délai de livraison, rien n'arrive. Que faire ?

Demander la résiliation du contrat

Si le bien ou le service excède la somme de 500 € (attention, cette somme peut changer par voie de décret, art. R 114-1) et que la livraison n'est pas immédiate, le contrat doit indiquer la date limite à laquelle le vendeur ou le prestataire s'engage à livrer le bien ou à exécuter la prestation. Dès que la date fixée est dépassée de 7 jours, le client est en droit de résilier le contrat (art. L 114-1) et de se faire restituer toutes les sommes qu'il a versées, sauf cas de force majeure que pourrait invoquer et prouver le vendeur ou le prestataire de services.

Parfois, pour éviter la résiliation, le vendeur ou le prestataire de services demande au client de modifier la date initiale. Il peut bien sûr refuser et demander la résiliation mais s'il accepte, c'est la nouvelle date qui fera foi pour un éventuel dépassement.

La mention « Livraison début/fin (avec indication d'1 mois sans date) » est considérée comme légale, même si elle ne comporte pas de date précise.

Attention aux délais

Pour qu'elle soit valable, la résolution du contrat doit être faite à partir du huitième jour et pendant un délai de 60 jours, par courrier recommandé avec accusé de réception. Le contrat est considéré comme rompu à la réception de la lettre par le vendeur ou par le prestataire de services. Mieux vaut donc éviter de l'envoyer le 59e jour, elle risquerait d'arriver hors délai !

Si entre l'envoi de la lettre et sa réception par le vendeur ou le prestataire de services, le bien a été livré ou la prestation a été exécutée, la résolution n'est plus valable.

Qui est responsable ?

C'est le professionnel (vendeur ou prestataire de service) avec lequel l'internaute a passé le contrat (art. L 121-20-3, alinéas 2 et 3) qui est responsable de la bonne exécution des obligations découlant du contrat. Cette responsabilité de plein droit peut toutefois être remise en cause par le professionnel s'il parvient à prouver que l'inexécution ou la mauvaise exécution du contrat peut être imputable au client. Il peut aussi essayer de dégager sa responsabilité s'il peut justifier d'un fait imprévisible et insurmontable, d'un tiers au contrat ou d'un cas de force majeure*.

Les clauses limitatives de responsabilité par lesquelles le professionnel cherche à exclure ou à limiter financièrement sa responsabilité sont souvent illégales mais pas toujours (convention de Varsovie par exemple pour les transports).

Juridiction compétente

Lorsque la vente ou la prestation de service a été commandée sur un site français, ce sont les règles de compétence territoriale déterminées par le droit français qui s'appliquent et la loi applicable est la loi française. Lorsque l'internaute commande un bien ou un service sur un site étranger, il va en revanche être confronté à deux problèmes :

- celui de la compétence territoriale : il va falloir déterminer si ce sont les tribunaux français qui seront compétents ou au contraire ceux du pays qui héberge le site ;

- celui de la loi applicable : il va falloir déterminer si on applique la loi française ou la loi du pays qui héberge le site.

Sauf si cette question est résolue dans les conditions générales de vente ou dans le contrat, qui indiquent alors expressément la loi applicable et le tribunal compétent, les situations sont complexes et les solutions divergent selon que l'internaute soulève un problème lié au contrat (compétence des juridictions civiles) ou à une contravention ou un délit (compétence des juridictions pénales).

Malgré ces difficultés, quelle que soit la loi applicable au contrat, si la résidence habituelle de l'internaute se situe dans un État membre de la Communauté européenne, il ne pourra être privé de la protection que lui assurent les dispositions prises par cet État, en application de la directive 1999/44/CE du Parlement européen et du Conseil du 25 mai 1999 et qui ont un caractère impératif :

- si le contrat a été conclu dans l'État du lieu de résidence habituelle de l'acheteur,
- si le contrat a été précédé dans cet État d'une offre spécialement faite ou d'une publicité et des actes accomplis par l'acheteur nécessaires à la conclusion dudit contrat,
- si le contrat a été conclu dans un État où l'acheteur s'est rendu à la suite d'une proposition de voyage ou de séjour faite, directement ou indirectement, par le vendeur pour l'inciter à contracter (art. L 211-18).

Si le problème présente un caractère international, l'internaute peut s'adresser à un avocat, à un organisme de défense des droits des consommateurs et à la DGCCRF (Direction Générale de la Concurrence de la Consommation et de la Répression des fraudes).

Chapitre 17

S'assurer

Dans ce chapitre :

- Les différents acteurs du contrat d'assurance
- Le contrat d'assurance : comment l'établir, comment le modifier ou y mettre un terme, que contient-il ?
- Les obligations réciproques et les litiges

En cas de coup dur, les assurances sont là pour permettre à ceux qui y souscrivent de faire face aux différents aléas de la vie (cambriolage, accident de voiture, problèmes de santé, dégât des eaux…). Et si ce n'était pas aussi simple que ça ? Dans ce chapitre, vous apprendrez à distinguer les différents acteurs de l'assurance, vous vous familiariserez avec les contrats d'assurance et vous saurez tout (ou presque !) des obligations réciproques de l'assuré et de l'assureur.

N.B. : Les articles cités dans ce chapitre font référence au Code des assurances, sauf mention contraire.

Les acteurs du contrat d'assurance

Les acteurs du contrat d'assurance sont l'assuré et l'assureur. Oui, mais pas seulement.

Ceux qui assurent

Outre l'assureur, peuvent aussi proposer des produits d'assurance :

- les agents généraux d'assurance,
- les courtiers,

- les personnes physiques salariées des sociétés d'assurance, des mandataires* ou des courtiers,
- les intermédiaires d'assurance européens.

L'assureur

En principe, l'assureur est une société qui a pour objet de proposer à ses assurés des garanties face aux risques de plus en plus nombreux liés à la vie économique et sociale. L'assureur propose à ses clients deux grands types d'assurance :

- les assurances de dommages IARD (Incendie Accidents Risques Divers)*, comme par exemple une assurance automobile ou encore une assurance garantie décennale en matière de construction),
- les assurances-vie, soit dans le cadre de contrats individuels soit dans le cadre d'assurance de groupe*.

Aujourd'hui, ce peut être également un banquier qui propose ce service complémentaire à son offre de produits bancaires à ses clients, à tout le moins pour certaines assurances de dommages.

L'agent général d'assurance

L'agent général d'assurance est le mandataire de la compagnie d'assurance. Personne physique ou morale, il sert d'intermédiaire entre le consommateur et la compagnie d'assurance qu'il représente.

Le courtier

Le courtier est une personne physique ou morale qui est le mandataire de l'assuré et non de l'entreprise d'assurance. Cette différence est capitale car il ne représente pas l'entreprise d'assurance. Son rôle est de trouver le meilleur contrat, aux meilleures conditions. Il est tenu à une obligation d'information et se rémunère tant auprès du souscripteur, qu'auprès de l'assureur. Il est en droit d'exiger sa rémunération dès que le contrat a été conclu, qu'il soit ou non exécuté.

Puisque le courtier est le mandataire de l'assuré et non de l'entreprise d'assurance, le paiement des primes d'assurances entre ses mains n'est pas libératoire. Donc, lorsque le contrat est conclu par son intermédiaire, il faut payer l'assureur en direct.

Le mandataire* d'assurances

Le rôle du mandataire d'une entreprise d'assurance est de vendre des contrats d'assurance.

Le mandataire d'intermédiaire d'assurance

Le mandataire d'un intermédiaire d'assurance peut être le mandataire d'un courtier d'assurance, d'un agent général ou d'un mandataire d'assurance. S'il commet des fautes, ce sera l'intermédiaire pour le compte duquel il agit qui sera responsable.

Cet intermédiaire ne peut gérer les contrats d'assurance ou le règlement des sinistres.

Quoi qu'il en soit...

Quel que soit son statut, l'intermédiaire est un professionnel qui est tenu à une obligation de conseil et dont les fautes, l'imprudence ou la négligence sont de la responsabilité de l'entreprise d'assurance :

- soit en qualité d'employeur (pour ses salariés),
- soit en qualité de mandant*.

Le courtier quant à lui, en sa qualité de mandataire de l'assuré, est directement et seul responsable de ses fautes.

L'assuré

En principe, l'assuré est le bénéficiaire du contrat et des garanties qu'il contient. C'est même systématique dans les assurances de dommages (IARD) et les assurances de responsabilité. En revanche, en matière d'assurance-vie, le bénéficiaire peut être différent de l'assuré. Si c'est le cas, l'assuré peut tout à fait modifier le nom du bénéficiaire sans pour autant en informer le bénéficiaire.

Le contrat d'assurance

Pas d'assurance sans contrat… et pas de contrat sans information, sans conseil et sans obligations. Le contrat d'assurance est un contrat d'adhésion, dont les clauses sont de fait difficilement négociables par le consommateur. Aussi est-il important de pouvoir mesurer les termes de son engagement avant de signer.

Pour l'assureur : obligation de conseil

Avant la concrétisation du contrat, l'assureur est tenu d'informer le client sur les garanties. Pour ce faire et pour que le contrat soit valable, l'assureur doit avoir obtenu préalablement de l'assuré certains documents et lui fournir certains renseignements (art. L 112-2), à savoir :

- une fiche comportant des « informations sur le prix et les garanties proposées »,
- un projet de contrat avec « les éventuelles annexes ou à défaut une notice générale d'information informant le futur assuré de ses obligations envers l'assureur mais aussi des garanties, des clauses d'exclusions »,
- une fiche d'information dont l'objet est de décrire le fonctionnement dans le temps des garanties, lorsque le contrat comporte des « garanties de responsabilité ».

La remise de ces documents doit être datée et signée au bas de la police (art. R 112-3).

Pour le souscripteur* : obligation d'information

L'assureur n'est pas le seul à avoir des obligations, l'assuré en a aussi, et la première d'entre elles concerne l'information.

Dites-moi tout...

Pour que l'assureur puisse remplir son rôle de conseil, encore faut-il qu'il ait été correctement informé par le futur assuré. C'est pourquoi l'article L 113-2, alinéa 2 du Code des assurances fait obligation à l'assuré « de répondre exactement aux questions posées par l'assureur, notamment dans le formulaire de déclaration du risque par lequel l'assureur l'interroge lors de la conclusion du contrat, sur les circonstances qui sont de nature à faire apprécier par l'assureur les risques qu'il prend en charge ».

Un assuré qui n'indique pas à son assureur, alors qu'il l'interroge pour pouvoir évaluer les garanties et le montant de la prime, que son appartement est situé au rez-de-chaussée et qu'il n'y a pas de protection spéciale, fait une déclaration inexacte par omission de détails qui sont importants pour la fixation des tarifs. Il en va de même pour un conducteur qui n'indique pas un accident antérieur dans lequel il est responsable à 100 %.

Le souscripteur n'a pas à apprécier la pertinence de la question, il doit y répondre en toute bonne foi. Tout manquement à cette obligation de répondre aux questions peut avoir une influence sur l'analyse du risque par l'assureur et aura donc une incidence sur la garantie.

Ou sinon...

L'assureur peut invoquer la nullité du contrat (art. L 113-8), si ces trois conditions cumulatives sont réunies :

- l'existence d'une réticence ou d'une fausse déclaration intentionnelle,
- la mauvaise foi, qui doit être prouvée par l'assureur,
- un élément qui soit de nature à changer ou à diminuer l'objet du risque.

Non seulement le souscripteur qui est reconnu coupable ne sera pas couvert par son assureur mais de surcroît, il sera condamné au paiement des primes (sauf pour les contrats d'assurance-vie) !

L'erreur sur l'âge n'entraîne la nullité de l'assurance que lorsque l'âge véritable du souscripteur se trouve en dehors des limites fixées pour la conclusion des contrats par les tarifs de l'assureur (ainsi par exemple, si le futur assuré, sachant que la limite pour le contrat est fixée à 65 ans, déclare n'avoir que 60 ans pour pouvoir être couvert, alors que son âge réel est 66 ans !). Dans tout autre cas, « si, par suite d'une erreur de ce genre, la prime payée est inférieure à celle qui aurait dû être acquittée, le capital ou la rente assurée est réduit en proportion de la prime perçue et de celle qui aurait correspondu à l'âge véritable de l'assuré. Si, au contraire, par suite d'une erreur sur l'âge de l'assuré, une prime trop forte a été payée, l'assureur est tenu de restituer la portion de prime qu'il a reçue en trop sans intérêt » (art. L 132-26).

L'expertise des biens

Pour se prémunir contre une sous-estimation de leur valeur, le futur souscripteur peut faire évaluer ses biens par un expert, si par exemple ce sont des meubles ou des bijoux de famille et que les factures ont disparu.

Cette expertise n'est pas contradictoire, elle n'a donc aucune force contractuelle. Pour que cette expertise puisse être opposée à l'assurance en cas de sinistre, il faut que l'assureur prenne explicitement en considération cette expertise avant la signature du contrat. Elle peut notamment être mise en annexe au contrat, au même titre que les photos de meubles ou d'objets de valeur.

Pour les objets de valeurs, de nombreux contrats fixent un plafond de remboursement. Il convient donc de s'assurer que ce plafond n'est pas trop faible, au risque d'être limité par le montant global, malgré les valeurs d'expertise ! De même, il ne faut pas oublier de signaler tout nouvel achat ou héritage, autant d'éléments qui peuvent modifier le risque et la prime !

La proposition d'assurance

Une fois renseigné, l'assureur adresse au futur client une proposition d'assurance. Elle « n'engage ni l'assuré, ni l'assureur » (art. L 112-2, alinéa 4), ce qui signifie que les garanties proposées par l'assureur ne sont pas couvertes en cas de sinistre au moment où l'assureur fait la proposition d'assurance, le souscripteur n'étant pas considéré encore comme un assuré !

C'est pour cette raison, et parce que la signature d'un contrat peut être un peu longue (analyse du risque, négociation…), que l'assuré qui a besoin d'une couverture immédiate (par exemple au jour où il entre dans les lieux) doit demander à son assureur une lettre de couverture. Ce document constate leur engagement réciproque (art. L 112-2, alinéa 4), engage l'assureur et permet, pour la durée déterminée indiquée, la garantie du bien sur les bases provisoirement élaborées. Son caractère provisoire doit pousser l'assuré à solliciter de son assureur, avant la fin du délai de couverture, le contrat dûment régularisé. À défaut, si l'assuré laisse passer le terme prévu, il n'est plus couvert.

La conclusion du contrat

Si le client accepte la proposition de contrat, celui-ci peut être conclu, en respectant certaines règles. Sauf exceptions, le contrat est obligatoirement établi par écrit, en français, et en caractères apparents (art. L 112-3, alinéa 1).

Prise d'effet

Le contrat prend effet dès lors que l'échange des consentements est concrétisé pour les deux parties. À partir de ce moment, il engage et crée des obligations réciproques. Lorsque le contrat est conclu par Internet, l'acceptation de l'offre d'assurance se concrétise par un simple clic.

Cet engagement immédiat ne concerne pas les contrats signés après que le souscripteur (personne physique) a fait l'objet d'un démarchage à son domicile, à sa résidence ou même sur son lieu de travail, puisqu'il dispose alors d'un droit de rétractation.

Clauses abusives*

Les clauses d'un contrat d'assurance conclu entre un professionnel et un non professionnel sont soumises à la protection sur les clauses abusives. Ces clauses « ont pour objet ou pour effet de créer, au détriment du non professionnel ou du consommateur, un déséquilibre significatif entre les droits et obligations des parties au contrat » (art. L 132-2 du Code de la consommation). Si une clause est réputée abusive, elle ne sera pas appliquée, alors même que le souscripteur a donné son accord.

Mentions obligatoires

L'assureur est tenu d'incorporer un certain nombre de mentions obligatoires dans la police d'assurance, qui concrétisera l'accord entre lui et l'assuré (art. L 112-4 et R 112-1) :

- la désignation de la garantie (incendie, dégâts des eaux par exemple),
- le montant de la prime ou de la cotisation d'assurance,
- le nom et l'adresse des autorités chargées du contrôle de l'entreprise d'assurance qui accorde la couverture.

Doivent également figurer au contrat :

- les conditions générales, qui s'appliquent à tous les assurés et dans lesquelles figurent les risques garantis ou exclus, les modalités de déclaration de sinistre…
- les conditions particulières, qui concernent uniquement l'assuré, comme par exemple son état civil, mais aussi le risque pris en charge (c'est un point important qui doit faire l'objet d'une description précise pour éviter les risques d'interprétation), le montant de la cotisation…

Ces conditions sont concrétisées matériellement par deux documents distincts. Enfin, parfois figurent au contrat des conditions spéciales, catégorie intermédiaire entre les conditions générales et les conditions particulières.

BON À SAVOIR

Il peut exister des contradictions entre les conditions générales et les conditions particulières. Dans cette hypothèse, il est admis que ce seront les conditions particulières qui prévalent sur les conditions générales, ce qui est logique puisque ce sont les conditions particulières qui tiennent compte de la situation révélée lors de la proposition et qui fixent la situation entre l'assureur et son assuré.

Cas particulier : l'assurance à distance

Lorsqu'un contrat d'assurance est entièrement conclu à distance (en ligne, par téléphone, par courrier…), le souscripteur bénéficie d'une faculté de rétractation (art. L 112-2-1), qui lui permet de remettre en cause le contrat pendant une certaine période, alors même qu'il a été signé. Le délai de rétractation est de 14 jours calendaires pour les assurances IARD et 30 jours calendaires pour les assurances-vie (art. L 112-2, II, alinéa 1).

Le souscripteur n'est pas tenu de justifier sa décision et l'on ne peut lui faire supporter de pénalités. En revanche, il sera tenu au paiement proportionnel du service effectivement fourni.

Cette faculté de rétractation connaît toutefois des limites (art. L 112-2-1, II, alinéa 3). On ne peut en user :

- pour une police d'assurance de voyage, de bagage ou aux polices d'assurance similaires à court terme d'une durée inférieure à 1 mois,
- pour les contrats d'assurance qui visent l'obligation de s'assurer contre les dommages causés aux tiers ou à des biens avec un véhicule à moteur (art. L 211-1. Cette exception semble pouvoir être remise en question à l'examen de la directive européenne),
- pour les contrats exécutés intégralement par les deux parties à la demande expresse du souscripteur avant que ce dernier n'exerce son droit de renonciation.

Pour toute question, il est possible de se tourner vers le CDIA (centre de documentation et de l'information de l'assurance), un agent d'assurance, un courtier, un avocat ou l'UFC Que choisir.

Fin du contrat

La fin logique du contrat d'assurance et de ses garanties (hors assurance-vie et assurance de groupe) est le terme du contrat. Cependant, il existe d'autres possibilités de mettre fin au contrat d'assurance.

La résiliation, quel délai ?

Quelle que soit la durée prévue initialement pour le contrat, qui peut être librement consentie dans la police, l'assuré dispose du droit de résilier le contrat par courrier recommandé avec accusé de réception à l'expiration du délai d'1 an, à charge uniquement de respecter un préavis qui, en principe, est de 2 mois avant la date d'échéance (art. L 113-12). Cette disposition ne s'applique pas aux contrats d'assurance-vie, que l'assuré peut résilier à tout moment en respectant le préavis contractuellement convenu.

La police ne peut en aucun cas être d'une durée supérieure à un an (art. L 113-15). Toutefois, le contrat peut comporter une clause de tacite reconduction, ce qui permet d'envisager une nouvelle période d'1 an. Lors de l'avis d'échéance, l'assureur doit informer son client de la date limite à laquelle il peut dénoncer le contrat. Si l'assureur adresse l'avis d'échéance moins de 15 jours avant la date prévue ou après la date prévue (pour renouveler le contrat), le délai est modifié et l'assuré doit être informé qu'il dispose d'un délai de 20 jours suivant la date d'envoi de cet avis pour dénoncer le contrat. Si l'assureur fait l'impasse sur l'avis d'échéance, le souscripteur pourra mettre un terme au contrat par lettre recommandée avec accusé de réception « à tout moment à compter de la date de reconduction » (art. L 113-15, alinéa 2).

L'assureur peut également résilier le contrat à échéance en respectant un préavis de 2 mois (art. L 113-12).

Causes possibles de résiliation du contrat

Sinistre, changement de situation ou hausse des tarifs sont autant de causes possibles de résiliation du contrat d'assurance.

En cas de sinistre, même si cela peut paraître injuste, l'assureur a le droit de résilier le contrat, à la condition cependant que cette faculté de résiliation soit clairement indiquée dans le contrat (art. R 113-10). Cette résiliation n'est cependant pas immédiate, elle ne peut prendre effet qu'« à l'expiration d'un délai d'1 mois à dater de la notification » (art. R 113-10, alinéa 2). Dans cette situation, l'assuré a la possibilité de résilier tous les autres contrats souscrits auprès du service assureur.

L'inaction de l'assureur qui a eu connaissance du sinistre pendant 1 mois ou qui accepte de percevoir la prime ou une fraction de prime après le sinistre, pour une période qui lui est postérieure, ne lui permet pas de se prévaloir du sinistre pour résilier le contrat.

En cas de changement dans la situation de l'assuré, si le changement a une incidence sur la situation nouvelle, l'assuré comme l'assureur peuvent, dans un délai de 3 mois à compter de l'événement, résilier le contrat par lettre recommandée avec accusé de réception. Cependant, pour que la demande de résiliation soit justifiée, il faut que le changement concerne (art. L 113-16) :

- le domicile,
- la situation matrimoniale (un divorce par exemple),
- le régime matrimonial (passer d'un régime de communauté à un régime de séparation de biens par exemple),
- la profession,
- la retraite professionnelle ou la cessation définitive d'activité professionnelle.

Lorsque le titulaire du contrat décède ou que le bien assuré est vendu (sauf s'il s'agit d'un véhicule terrestre à moteur), le ou les héritiers comme le ou les acquéreurs sont tenus vis-à-vis de l'assureur en vertu du contrat. La disparition du risque par la cession ou le décès ne met pas fin de plein droit au contrat mais l'assureur comme l'assuré peut résilier le contrat (art. L 121-10).

L'assureur ne peut pas prévoir contractuellement, ni exiger une indemnité en cas de résiliation par l'assuré ou le souscripteur.

En cas de hausse des tarifs, au-delà de l'évolution de l'indice lié au contrat, le souscripteur peut résilier le contrat si la hausse demandée ne lui convient pas, à condition de le faire dans le mois qui suit la notification du nouveau tarif.

Modification ou suspension du contrat

En principe, « toute addition ou modification du contrat primitif doit être constatée par un avenant signé des parties » (art. L 112-3). À défaut de modification écrite, l'assuré devra être attentif pour se ménager la preuve de la nouvelle situation juridique, sinon l'assureur pourra soulever un défaut de garantie.

Lorsque la proposition est faite par l'assuré par courrier recommandé avec accusé de réception et qu'elle a pour but de prolonger ou de modifier le contrat ou lorsque le contrat est suspendu, le silence de l'assureur au-delà d'un délai de 10 jours, vaut acceptation (art. L 112-2, alinéa 5), sauf lorsque le contrat est suspendu pour non paiement des primes. Dans ce cas, seul le paiement de la prime peut remettre le contrat en vigueur… si toutefois le contrat n'est pas résilié !

Les obligations de l'assuré

Au cours de la vie du contrat, l'assureur est soumis à un certain nombre d'obligations.

Obligation d'information : c'est grave docteur ?

L'assuré doit informer l'assureur de tout événement qui peut modifier la garantie.

Aggravation du risque

Le contrat a été conclu en fonction des informations données par le souscripteur. Si des circonstances nouvelles ont pour conséquence soit d'aggraver les risques, soit d'en créer de nouveaux, il faut les déclarer (art. L 113-2, alinéa 3), dans un délai de 15 jours à partir du moment où l'assuré en a eu connaissance et, en tout état de cause, avant que le risque ne se réalise. La déclaration doit impérativement être faite par courrier recommandé avec accusé de réception. Elle ne pourra avoir aucun effet sur la garantie tant que l'assureur n'aura pas répondu.

Cette obligation n'existe pas dans les contrats d'assurances-vie.

L'aggravation du risque peut avoir une incidence sur le contrat préalablement signé. L'assureur peut en effet le dénoncer ou proposer un nouveau montant de prime à l'assuré (art. L 133-4). Dans ce dernier cas, l'assuré aura le choix entre accepter les nouvelles conditions du contrat ou ne pas donner suite à la proposition de l'assureur. Quelle que soit sa décision, l'assuré devra se manifester par un acte positif en la faisant connaître dans un délai de 30 jours à compter de la proposition.

Ne rien faire permet à l'assureur de résilier le contrat au terme du délai de 30 jours, à la condition toutefois de faire figurer en caractères apparents dans la lettre de proposition les conséquences du silence de l'assuré. La résiliation, si l'assureur en décide, ne prendra effet que 10 jours après sa notification.

Diminution du risque

Aucune disposition n'oblige l'assuré à avertir l'assureur d'une diminution du risque. En revanche, il peut en profiter pour solliciter, par courrier recommandé avec accusé de réception, une réduction de la prime. L'assureur peut alors :

- **Refuser la proposition.** Le contrat est alors résilié, la résiliation prenant effet 30 jours après la notification de la demande.
- **Garder le silence.** Au-delà d'un délai de 10 jours, la proposition est considérée comme acceptée (art. L 112-2, alinéa 5).

Il faut payer !

L'assuré est bien sûr tenu de payer sa prime d'assurance, dans les délais qui lui sont impartis, au risque de voir l'assureur dénoncer le contrat et résilier les garanties.

Respecter l'échéance

L'obligation première de l'assuré est de payer « aux époques convenues » (art. L 113-2, alinéa 1) la prime ou la cotisation, dont le coût est proportionnel à l'importance du risque souscrit. En principe, la périodicité est annuelle. Un peu plus de 2 mois avant l'échéance, l'assureur se rappelle au bon souvenir de l'assuré en lui adressant un courrier dans lequel il lui rappelle qu'il a la possibilité de résilier le contrat, et qu'à défaut, il doit payer à une date déterminée (art. R 113-4).

Paiement échelonné, c'est possible

Pour des raisons financières, l'assuré peut demander à ce que sa prime soit fractionnée. Pour éviter les problèmes, il est souhaitable que la demande soit adressée par courrier recommandé avec accusé de réception et acceptée par l'assureur dans un écrit (courrier ou avenant au contrat). Une simple demande téléphonique est en effet déconseillée car en cas de litige, l'assuré ne pourra pas apporter la preuve que l'assureur a accepté le fractionnement.

La mise en demeure

Si la prime ou la fraction de la prime n'est pas réglée, l'assureur adressera à l'assuré une mise en demeure de payer par lettre recommandée, 10 jours après la date d'échéance (art. R 113-1). L'assuré devra régulariser la situation au plus tard dans les 30 jours.

La résiliation

Le fait de ne pas payer à échéance suspend automatiquement la garantie à l'expiration du délai de 30 jours suivant la date d'envoi de la lettre recommandée. Passé ce délai, cumulé avec un délai supplémentaire de 10 jours, l'assureur peut résilier le contrat, à la condition que cette possibilité de résiliation dans un délai de 40 jours ait été expressément portée à la connaissance de l'assuré.

L'assureur a le droit de demander le paiement de la prime impayée bien que le contrat ait été résilié.

L'assureur peut renoncer à cette faculté de résiliation, soit de manière expresse par un courrier, soit de façon tacite (par exemple, s'il encaisse la prime après la résiliation du contrat). Lorsque la renonciation est tacite, il est prudent de se ménager une preuve (demande de confirmation du rétablissement de la garantie par exemple) car en cas de sinistre, l'assureur pourrait essayer de refuser sa garantie, au motif justement que le contrat avait été résilié !

Déclarer le sinistre

Tout sinistre doit être déclaré par l'assuré dès qu'il en a eu connaissance.

Quel délai ?

Le délai dont l'assuré dispose pour déclarer le sinistre peut être prévu contractuellement mais à défaut, ce délai ne peut être inférieur à 5 jours ouvrés, sauf en cas de vol (2 jours ouvrés) et en cas de mortalité du bétail (24 heures) (art. L 113-2).

La déchéance pour déclaration tardive

Souvent, les contrats prévoient une « clause de déchéance pour déclaration tardive ». Les conséquences de cette disposition peuvent être dramatiques : si le sinistre n'est pas déclaré dans le délai contractuellement ou légalement prévu, l'assuré peut perdre tout droit à indemnisation.

Toutefois, pour que l'assureur puisse opposer à son client la déchéance du droit à être couvert, il faut que cette clause de déchéance figure au contrat et que l'assureur établisse que le retard dans la déclaration lui a causé un préjudice.

Il faut aussi savoir que certaines clauses de déchéance sont réputées nulles par l'article L 113-11 du Code des assurances, ce qui signifie que même si l'assuré les a signées, l'assureur ne pourra pas s'en prévaloir. Cette nullité concerne :

- « toutes clauses générales frappant de déchéance l'assuré en cas de violation des lois ou des règlements, à moins que cette violation ne constitue un crime ou un délit intentionnel,
- toutes clauses frappant de déchéance l'assuré à raison de simple retard apporté par lui à la déclaration du sinistre aux autorités ou à des productions de pièces, sans préjudice du droit pour l'assureur de réclamer une indemnité proportionnée au dommage que ce retard lui a causé ».

Déclarer, oui, mais à qui ?

En principe, la déclaration doit se faire à l'assureur. Bien qu'elle ne soit soumise à aucune forme particulière, il vaut mieux la faire par courrier recommandé avec AR. Si l'assuré a eu affaire à un intermédiaire, il peut légitimement penser lui déclarer le sinistre à lui. Mais attention à la qualité de l'intermédiaire :

- Si l'assuré est passé par un courtier, il est plus prudent de déclarer le sinistre directement à la compagnie d'assurance avec un courrier d'information au courtier.
- Si la déclaration est faite à un agent général d'assurance, celui-ci étant le mandataire de la compagnie d'assurance, la déclaration est réputée avoir été faite à l'assureur et elle est valable. Toutefois, l'envoi d'une copie à l'assureur peut s'avérer judicieux.

Dans certains contrats d'assurance, le sinistre doit être déclaré par courrier recommandé avec accusé de réception. Ainsi par exemple dans la police dommage ouvrage que l'on doit prendre lorsque l'on fait construire une maison. Une déclaration faite par Internet ou par télécopie ne sera pas valable (Cass. 3e civ. 6 juin 2012, n° 11-15.657).

Les litiges

Il arrive que les différends entre assuré et assureur virent au contentieux. Que faire en cas de litige ?

Saisir le tribunal

Il arrive parfois que le litige s'éternise ou que l'assureur refuse sa garantie ou n'indemnise pas assez. Pour faire valoir ses droits, l'assuré va devoir saisir le tribunal.

La difficulté de ce contentieux réside dans le délai de prescription très court qui enferme la demande de l'assuré contre son propre assureur, qui peut de faite être vite dépassé. Les actions qui dérivent directement du contrat d'assurance se prescrivent par 2 ans à compter de l'événement qui y donne naissance (art. L 114-1) sauf exceptions (le délai passe à 10 ans si le bénéficiaire de l'assurance-vie n'est pas le souscripteur et dans les contrats d'assurance contre les accidents atteignant les personnes, lorsque les bénéficiaires sont les ayants droit de l'assuré décédé).

Devant le contentieux très souvent perdu par les assurés, la Cour de cassation admet désormais (Cass. civ. 3e, n° 10-25246 en date du 16 novembre 2011) que la prescription ne peut être invoquée par l'assureur que si le contrat reproduit, de manière apparente, l'intégralité des dispositions des articles L 114-1 et 114-2 du Code des assurances, et que la seule référence à ces articles n'est pas suffisante.

Apporter des preuves

Lorsque l'assureur refuse sa garantie, c'est à l'assuré de prouver que le sinistre entre dans le cadre de la garantie contractuelle. La preuve sera d'autant plus difficile que l'assureur pourra invoquer :

- soit une clause d'exclusion visée au contrat,
- soit une inexécution de ses obligations par l'assuré.

C'est pourquoi, afin d'éviter les difficultés, il faut lire attentivement le contrat pour savoir exactement sur quoi portent les garanties et ce que l'on doit faire pour éviter de se mettre dans son tort.

Chapitre 18

Voyager

Dans ce chapitre :

- Les droits et obligations des voyagistes
- Les droits et obligations des voyageurs

Voyage est synonyme de détente et d'évasion… sauf lorsque tout ne se passe pas comme prévu. Ce chapitre vous dira tout ce qu'il faut savoir avant de commander une prestation auprès d'une agence de voyage.

Lorsque l'on utilise les services d'une personne physique ou d'une personne morale qui se livre ou apporte son concours à une opération touristique, la relation établie avec cette personne est protégée par les dispositions du Code du tourisme, que cette organisation ou cette vente soit faite selon les circuits classiques de distribution ou sous forme électronique.

N.B. : Les articles cités dans ce chapitre font référence au Code du tourisme, sauf mention contraire.

Obligations du prestataire

Les agences de voyage sont légalement tenues à un certain nombre d'obligations.

Obligation de conseil

En tant que prestataire de services, l'agence doit informer le consommateur préalablement à la conclusion du contrat (art. L 2118). Le consommateur doit notamment être en mesure d'apprécier les conditions de sécurité, les risques sanitaires et autres données essentielles du voyage.

Il pourra être reproché à une agence de ne pas avoir prévenu ses clients qu'un pays exigeait pour un enfant mineur un passeport personnel, cet oubli ayant empêché les parents et l'enfant d'embarquer.

La sanction de cette obligation d'information n'étant pas prévue de manière particulière, le client mécontent devra mettre en cause la responsabilité contractuelle de l'agence selon le droit commun.

Obligations relatives au contrat

Le contrat doit contenir *a minima* un certain nombre d'indications (art. L 211-10) qui permettront au client d'être correctement informé de ce que lui vend l'agence, à savoir :

- les informations « relatives aux noms et adresses de l'organisateur, du vendeur, du garant et de l'assureur »,
- les informations « relatives à la description des prestations fournies »,
- les « droits et obligations réciproques des parties en matière notamment de prix, de calendrier, de modalités de paiement et de révision éventuelle des prix, d'annulation ou de cession du contrat ».

En principe, les prix prévus au contrat ne sont pas révisables. Toutefois, les parties peuvent déroger à cette interdiction à deux conditions (art. L 211-12) :

- que cette faculté ait été prévue dans le contrat,
- qu'elle soit la conséquence des variations du coût des transports, lié notamment au coût du carburant, des redevances et taxes afférentes aux prestations offertes, des taux de change appliqués au voyage ou au séjour considéré.

Le prestataire ne peut plus majorer le prix fixé au contrat au cours des 30 jours qui précèdent la date de départ prévue, même si les conditions sont réunies.

Obligations en cas de modifications

Le voyagiste est tenu à des obligations en cas de modifications, qui ne seront pas les mêmes selon que ces modifications surviendront avant ou après le départ.

Avant le départ

Lorsque, avant le départ, le prix (ou tout autre élément essentiel) est modifié de façon significative, le vendeur doit avertir par écrit le client, qui pourra alors soit résilier le contrat, soit accepter la modification (art. L 211-13). Si le client opte pour la résiliation, le vendeur devra lui rembourser la totalité des sommes versées (art. L 211-13, alinéa 2).

Après le départ

Lorsqu'un des éléments essentiels du contrat ne peut être exécuté, le client a le droit au remplacement (sauf impossibilité dûment justifiée) de ce dont il n'a pu bénéficier. Le vendeur doit lui proposer des prestations de remplacement pour lesquelles il ne peut ni exiger de supplément de prix (il le prendra à sa charge), ni faire payer un prix supérieur à celui de la prestation de remplacement (si la prestation de remplacement est moins chère que la prestation initialement prévue, le voyagiste devra rembourser la différence).

À son arrivée en club de vacances, une famille se voit attribuer une grande chambre pour quatre personnes alors qu'il était prévu une chambre pour les parents et une pour les enfants. Le prestataire doit faire en sorte d'obtenir ce qui était prévu avec le client, quitte à payer le supplément demandé.

Le client n'est pas obligé d'accepter la ou les modifications proposées. S'il refuse, le vendeur doit lui procurer les titres de transport pour le retour et le client pourra éventuellement lui demander des dommages et intérêts (art. L 211-15).

Cession, annulation

Deux possibilités s'offrent au client lorsqu'il ne veut plus de son voyage.

L'annulation

On peut annuler un voyage mais les conditions d'annulation doivent être prévues contractuellement. Les agences de voyages ont interprété largement cette possibilité d'annulation et ont donc élaboré des contrats qui prévoient la possibilité pour l'acheteur d'annuler le contrat moyennant un dédit dont le montant est de plus en plus élevé en fonction de la date de départ, pour atteindre 100 % au jour du départ.

De nombreux prestataires de services proposent des assurances « annulation », qui ont vocation à prendre en charge le dédit. Une agence ne peut exiger de son client qu'il prenne cette assurance, elle peut simplement lui suggérer de le faire dans le cadre de son obligation de conseil.

Non seulement cette prise en charge n'est souvent pas à 100 % car le contrat prévoit une franchise mais en outre elle ne peut jouer que dans des cas bien précis, expressément visés au contrat de type chômage, maladie… lesquels doivent pouvoir être prouvés. Ce n'est pas la garantie d'un droit à annulation mais la garantie d'une conséquence imprévue, contractuellement prévue.

La cession

Sauf si elle est expressément interdite, la cession du contrat est possible (art. L 211-11). Cependant, pour être valable, elle doit intervenir avant le début du voyage ou du séjour, c'est-à-dire tant que le contrat n'a produit aucun effet (art. R 211-9). Celui à qui le client cède le contrat doit remplir les mêmes conditions que les siennes. Ainsi par exemple, pas question de céder un billet bénéficiant d'une réduction liée à l'âge à une personne qui ne remplit pas cette condition !

Céder son voyage ne libère pas le client vis-à-vis du professionnel. Il reste solidaire du paiement avec le cessionnaire y compris des frais éventuels occasionnés par cette cession.

Le forfait touristique, définition

Pour que le terme de forfait touristique s'applique, il faut, selon l'article L 211-12, que la prestation :

- « résulte de la combinaison préalable d'au moins deux opérations portant respectivement sur le transport, le logement ou d'autres services touristiques non accessoires au transport ou au logement et représentant une part significative dans le forfait,
- dépasse vingt-quatre heures ou inclut une nuitée,
- soit vendue ou offerte à la vente à un prix tout compris ».

Une prestation incluant par exemple, pour un prix déterminé, une chambre avec petits-déjeuners, une visite de la région et une soirée à thème est un forfait touristique.

Responsabilité

Une responsabilité de plein droit, qui trouve à s'appliquer dans de multiples situations, pèse sur l'agence de voyage vis-à-vis de ses clients. Dans ce domaine, le cadre légal est largement complété et amplifié par la jurisprudence. En principe, les agences de voyage sont tenues « à l'égard de l'acheteur de la bonne exécution des obligations résultant du contrat, que ce contrat ait été conclu à distance ou non et que ces obligations soient à exécuter par elle-même ou par d'autres prestataires de services » (art. L 211-16).

Lorsqu'il existe des conventions internationales limitatives de responsabilité, comme par exemple la convention de Varsovie en matière de transport aérien, celles-ci s'appliquent.

Cette responsabilité de plein droit n'est toutefois pas absolue. En effet, elle ne s'applique pas lorsque le transport aérien ou le titre de transport sur ligne régulière n'est pas inclus dans un forfait touristique, même s'il a été réservé ou acheté par l'intermédiaire d'une agence de voyages selon les circuits classiques de distribution ou par Internet (art. L 211-17). Ainsi, l'agence ne peut être tenue pour responsable de l'annulation d'un vol ou d'un train.

Chapitre 19

Les véhicules terrestres à moteur

Dans ce chapitre :

- La protection des propriétaires de véhicules terrestres à moteur, avant et après l'achat
- La responsabilité et les obligations des conducteurs

Si la loi protège le propriétaire d'un véhicule lorsqu'il l'achète ou le fait réparer, elle lui impose aussi un certain nombre d'obligations, comme souscrire une assurance ou ne pas boire avant de prendre le volant.

Protection du propriétaire d'un véhicule

Lorsque l'on envisage d'acheter un véhicule terrestre à moteur, on est protégé par la réglementation mais on accepte aussi, tacitement, de se soumettre à un certain nombre d'obligations, comme respecter le Code de la route ou souscrire à une assurance automobile.

La loi protège le consommateur au moment de l'acquisition mais aussi de la réparation de son véhicule terrestre à moteur.

Obligation d'information

Le vendeur professionnel doit fournir à l'acheteur les éléments qui doivent lui permettre de prendre une décision éclairée et donc l'informer sur les qualités essentielles et les garanties dues. Cette obligation ne pose pas problème lorsqu'il s'agit d'un véhicule neuf puisque les dépliants publicitaires, les documents précontractuels et contractuels délimitent très précisément les caractéristiques du véhicule.

En revanche, lors de la vente d'un véhicule d'occasion, des problèmes peuvent surgir entre ce qui est décrit et la réalité… En effet, c'est sur la parole du vendeur que l'acheteur va prendre sa décision ; or parfois, certains éléments déterminants peuvent être volontairement cachés, comme par exemple un accident grave rencontré antérieurement par le véhicule. Si cet accident a eu une conséquence sur les qualités essentielles du véhicule et que l'acheteur vient à en avoir connaissance, il pourra demander la résolution de la vente, amiablement d'abord, et judiciairement ensuite, si le vendeur fait la sourde oreille. En tout état de cause, en cas d'achat d'un véhicule d'occasion, le prix, la dénomination du modèle et l'année du véhicule sont les éléments minimum que l'acheteur est en droit d'obtenir.

Lorsque le vendeur effectue pour le compte de l'acheteur les démarches pour obtenir la carte grise du véhicule, le vendeur peut au choix faire payer cette démarche en sus du prix du véhicule ou au contraire l'intégrer dans le prix. Ce choix doit être transparent pour le consommateur.

Vices cachés et garantie de conformité

Que le consommateur achète son véhicule auprès d'un professionnel ou d'un particulier, il est protégé par la réglementation.

Lorsque l'on achète un véhicule aux enchères par autorité de justice, on ne peut bénéficier de ces garanties !

Si le véhicule est acheté à un particulier…

L'acheteur peut se retourner contre le vendeur en invoquant un vice caché (art. 1649 du Code civil). S'il peut démontrer que le véhicule est impropre à l'usage pour lequel il l'a acheté ou que les vices découverts en diminuent tellement l'usage que le prix proposé aurait dû être moindre voire qu'il ne l'aurait pas acheté (art. 1641 du Code civil), il va pouvoir obtenir amiablement ou devant le tribunal l'annulation de la vente, la restitution des sommes versées et éventuellement le remboursement des frais engagés ou une diminution du prix (art. 1644 du Code civil). Si de surcroît, l'acheteur parvient à démontrer un préjudice, il peut éventuellement obtenir des dommages et intérêts.

Monsieur Martin achète un camping-car pour partir en vacances avec sa famille. Malheureusement, le véhicule tombe en panne au bout de 2 jours et monsieur Martin est contraint d'emmener toute sa famille à l'hôtel. Il peut essayer d'obtenir le remboursement des frais engagés.

Si le véhicule est acheté à un professionnel…

En dehors du vice caché, qui ne correspond pas à toutes les situations, l'acheteur peut faire jouer la garantie légale de conformité, en vertu de l'article L 211-4, alinéa 1 du Code de la consommation, qui stipule que le vendeur est tenu responsable « des défauts lors de la délivrance ». Si le véhicule acheté n'est pas conforme à ce qui était décrit ou s'il présente un défaut qui ne pouvait être visible lors de l'achat, l'acheteur peut demander au vendeur de le remplacer ou de le réparer ou encore obtenir une diminution du prix d'achat.

Attention aux délais ! Passé 2 ans à compter de la découverte du vice, il ne sera plus possible pour l'acheteur d'introduire une action en justice (art. 1648 du Code civil), qu'il s'agisse d'une action en garantie « des vices cachés » ou fondée sur « la garantie légale de conformité ».

En cas de réparation

Si le propriétaire d'un véhicule est victime d'une réparation défectueuse ou, pire, s'il est victime d'un accident après une réparation, il peut mettre en cause la responsabilité professionnelle du garagiste, à condition toutefois d'apporter la preuve que le sinistre trouve son origine dans la réparation. Pour être indemnisé, il devra établir un lien entre la réparation et l'accident, ce qui suppose, sauf circonstances particulières, que le sinistre ait eu lieu dans un temps assez rapproché après l'intervention. Une expertise contradictoire et judiciaire sera un élément déterminant pour faire valoir les droits de la victime. Si sa responsabilité est prouvée, le garagiste ne pourra s'en exonérer qu'en prouvant une cause étrangère ou un cas de force majeur.

Il faut également savoir qu'étant tenu à une obligation de conseil, le garagiste engage sa responsabilité s'il change des pièces qui auraient pu être réparées ou si au contraire il se contente de réparer ce qui a été demandé, sans informer le propriétaire qu'une autre réparation était indispensable. Il peut aussi se voir reprocher d'avoir effectué des réparations importantes sur un véhicule dont l'état général et la valeur vénale auraient dû lui faire refuser d'intervenir.

Si le garagiste incompétent ou peu scrupuleux est poursuivi au pénal à la suite d'un accident survenu après son intervention mais qu'il n'est pas condamné (il peut bénéficier d'une relaxe* au bénéfice du doute), le client ne pourra plus le poursuivre devant une juridiction civile pour obtenir réparation de son préjudice !

Boire ou conduire, il faut choisir

Même si « la vente de boissons alcooliques à emporter est interdite dans les points de vente de carburant entre vingt-deux heures et six heures » (art. L 68 du Code des débits de boisson et des mesures contre l'alcoolisme), même s'il est interdit de vendre « dans les débits de boisson ou d'offrir gratuitement à des mineurs de moins de seize ans des boissons alcooliques à consommer sur place ou à emporter » (art. L 80 du Code des débits de boisson et des mesures contre l'alcoolisme), l'alcool au volant demeure un sujet de préoccupations et de répression.

Les normes

En France, l'article L 234-1 du Code de la route réprime la conduite sous l'empire d'un état alcoolique, étant précisé que la répression peut avoir lieu même lorsque le conducteur en état d'ivresse ne présente aucun signe d'ivresse manifeste.

Les normes varient d'un pays à l'autre. Mieux vaut donc vérifier le taux d'alcoolémie maximum autorisé dans le pays dans lequel on prend le volant, certains pays ayant une tolérance proche de zéro.

Selon le taux d'alcool, la conduite en état d'ivresse est une contravention ou un délit.

- Est une contravention « le fait de conduire un véhicule sous l'empire d'un état alcoolique caractérisé par une concentration d'alcool dans le sang égale ou supérieure à 0,20 ou 0,50 gramme par litre ou par une concentration d'alcool dans l'air expiré égale ou supérieure à 0,10 ou 0,25 milligramme par litre » (art. R 234-1 du Code de la route).
- Est un délit « le fait de conduire un véhicule sous l'empire d'un état alcoolique caractérisé par une concentration d'alcool dans le sang égale ou supérieure à 0,80 gramme par litre ou par une concentration d'alcool dans l'air expiré égale ou supérieure à 0,40 milligramme par litre » (art. L 2341 du Code de la route).

Les contrôles d'alcoolémie

Que l'automobiliste soit impliqué comme conducteur ou comme accompagnateur d'un élève conducteur, il peut être soumis aux épreuves de dépistage de l'imprégnation alcoolique par l'air expiré :

- en cas d'accident de la circulation ayant occasionné un dommage corporel,
- dès lors qu'il est impliqué dans un accident quelconque de la circulation ou auteur présumé de l'une des infractions relatives à la vitesse des véhicules et au port de la ceinture de sécurité ou du casque (art. L 234-3 du Code de la route),

- s'il est présumé conduire en état d'ivresse manifeste ou accompagner un élève conducteur tout en étant en état d'ivresse manifeste (art. L 234-6 du Code de la route).

Ce contrôle peut être opéré par :

- les officiers ou agents de police judiciaire de la Gendarmerie ou de la Police nationale territorialement compétents,
- les agents de police judiciaire adjoints, sur l'ordre et sous la responsabilité desdits officiers de police judiciaire.

Lorsque les épreuves de dépistage permettent de présumer l'existence d'un état alcoolique ou en cas de refus de l'automobiliste de se soumettre au contrôle, les officiers ou agents de police judiciaire font procéder aux vérifications destinées à établir la preuve de l'état alcoolique. Ces vérifications sont faites par un agent de police judiciaire « soit au moyen d'analyses et examens médicaux, cliniques et biologiques, soit au moyen d'un appareil permettant de déterminer la concentration d'alcool par l'analyse de l'air expiré, à la condition que cet appareil soit conforme à un type homologué » (art. L 234-4 du Code de la route).

Bien entendu, il est formellement interdit de se soustraire au dépistage ou à la vérification d'un état alcoolique. Quiconque s'y risque encourt d'ailleurs des peines aussi lourdes que celles encourues en cas de délit (art. L 234-8 du Code de la route, Cf. paragraphe suivant).

Les peines encourues

Les peines encourues en répression d'une contravention sont moins sévères que les peines encourues en répression d'un délit. À titre de peine principale, une amende est prévue pour les contraventions de la quatrième classe (90, 135 ou 375 €). Au titre des peines complémentaires, le contrevenant encourt une suspension du permis de conduire pour une durée de 3 ans au plus, cette suspension pouvant être limitée à la conduite en dehors de l'activité professionnelle. Cette contravention donne lieu de plein droit à la réduction de six points du permis de conduire.

Ces dispositions sont applicables à l'accompagnateur d'un élève conducteur, s'il est prouvé que son taux d'alcool est supérieur à celui autorisé légalement.

Les peines encourues en répression d'un délit sont plus sévères. À titre de peine principal, le contrevenant encourt une peine d'emprisonnement de 2 ans et/ou une amende de 4500 €. Il risque aussi l'immobilisation immédiate de son véhicule et perd de plein droit la moitié du nombre maximal de points du permis de conduire. Mais ce n'est pas tout : au titre des peines complémentaires prévues par l'article L 234-2 du Code de la route, il risque :

- la suspension, pour une durée de 3 ans au plus, du permis de conduire, cette suspension ne pouvant être assortie du sursis, même partiellement, ni être limitée à la conduite en dehors de l'activité professionnelle,
- l'annulation du permis de conduire avec interdiction de solliciter la délivrance d'un nouveau permis pendant 3 ans au plus,
- une peine de travail d'intérêt général,
- une peine de jours-amende (c'est-à-dire que le prévenu doit régler l'amende, sinon elle se convertit en jours de prison),
- l'interdiction de conduire certains véhicules terrestres à moteur, y compris ceux pour la conduite desquels le permis de conduire n'est pas exigé (par exemple un scooter de moins de 50 cm^3), pour une durée de 5 ans au plus,
- l'obligation d'accomplir, à ses frais, un stage de sensibilisation à la sécurité routière.

Depuis la loi n° 2011-257 du 14 mars 2011, toute personne ayant été condamnée dans le cadre d'une conduite en état alcoolique ou d'ivresse manifeste peut être condamnée, à titre de peine complémentaire (art. R 234-5 du Code de la route) à installer à ses frais un dispositif anti-démarrage dont elle doit être en mesure de prouver l'usage en cas de contrôle.

En cas de récidive...

Une fois, ça va, deux fois, bonjour les dégâts ! La première fois qu'un automobiliste est reconnu coupable de conduite sous l'empire d'un état alcoolique, il risque gros (suspension de permis, perte de points, amende, voire éventuellement peine complémentaire) mais, sauf cas très grave, c'est provisoire. En revanche, s'il récidive, le magistrat se verra obligé de prononcer l'annulation du permis de conduire et éventuellement une interdiction de le passer dans un délai de 3 ans.

L'annulation est également de droit (c'est-à-dire que le magistrat est obligé de la prononcer quelles que soient les circonstances) en cas de récidive de refus de se soumettre aux vérifications du taux d'alcoolémie (art. L 234-13 du Code de la route).

Les stupéfiants, c'est interdit aussi !

Si l'analyse sanguine du conducteur d'un véhicule révèle l'usage de substances ou de plantes classées comme stupéfiants, il risque une peine de 2 ans d'emprisonnement et de 4 500 € d'amende. Si de plus il se trouve sous l'empire d'un état alcoolique caractérisé, les peines sont portées à 3 ans d'emprisonnement et 90 000 € d'amende (art. L 235-1 du Code de la route). Mais ce n'est pas tout, outre les mêmes peines complémentaires que celles visées en répression d'un délit routier, le conducteur peut être condamné à accomplir, à ses frais, un stage de sensibilisation aux dangers de l'usage de produits stupéfiants. Le refus de se soumettre à une investigation est sanctionnée de la même manière que lorsque le conducteur est sous l'emprise de l'alcool.

À toute vitesse… ou pas

On ne le dira jamais assez : sur la route, il faut respecter les limitations de vitesse. D'abord pour la sécurité de tous les usagers de la route, mais aussi parce que de nos jours, au moindre dépassement crépite le flash des radars fixes ou des radars mobiles avec un agent verbalisateur.

Depuis le décret du 4 janvier 2012, qui a modifié l'article R 413-15 du Code de la route, la détention d'appareil susceptible de déceler la présence ou de perturber le fonctionnement de radars ou de permettre de se soustraire à la constatation de ses infractions est interdite. Cette interdiction concerne tout dispositif qui informe le conducteur en temps réel de la présence d'un radar fixe ou mobile ou d'un contrôle de police (cet avertisseur peut prendre diverses formes : boîtier spécifique, système GPS portable ou intégré au véhicule disposant de cette information, application pour téléphones mobiles, etc.). Seuls sont autorisés les détecteurs aux normes, qui ne peuvent détecter que les « zones dangereuses ou zones de vigilance accrues ».

Si son détecteur n'est pas aux normes, le conducteur se verra confisquer l'appareil (art. R 413-15) à titre de peine principale et il risquera :

- une suspension du permis de conduire pour une durée de 3 ans au plus,
- la perte de 2 points sur le permis de conduire,
- la confiscation du véhicule, lorsque le dispositif qui a servi ou était destiné à commettre l'infraction est placé, adapté ou appliqué sur un véhicule (art. R 413-15 III).

C'est au titulaire de la carte grise qu'il revient de payer l'amende. En revanche, s'il conteste être le conducteur, il ne perdra pas forcément ses points, car c'est au Ministère public d'apporter la preuve qu'il était au volant (articles L 121-1 du Code pénal et 541 du Code de procédure pénale). Étant donné que les photos visent désormais les plaques et non le conducteur, cela peut être parfois difficile, d'autant que le titulaire de la carte grise n'est pas obligé de donner un nom… Attention toutefois, on garde ses points mais cela augmente considérablement l'amende !

L'assurance en matière de véhicule automobile

Pour circuler, il faut obligatoirement être titulaire d'une assurance garantissant sa responsabilité civile, qui couvre les dommages subis par des tiers résultant d'atteintes aux personnes ou aux biens dans la réalisation desquels un véhicule est impliqué (art. L 211-1 du Code des assurances). Comment choisir cette assurance, que faire en cas de sinistre, comment se faire indemniser, on vous dit tout !

N.B. : Les articles cités dans cette section sont tirés du Code des assurances, sauf mention contraire.

L'assurance, c'est obligatoire !

Le défaut d'assurance est une infraction pénale réprimée par l'article R 324-2 du Code de la route et sanctionnée à titre principal par une peine d'amende. Des peines accessoires identiques à celles envisagées dans le cadre de la conduite sous l'empire d'un état alcoolique peuvent s'y ajouter.

Il ne faut pas confondre défaut d'assurance et non présentation de l'attestation d'assurance dans les 5 jours suivant un contrôle routier. Dans cette dernière situation, on a affaire à une contravention de seconde classe (R 2333 du Code de la route) qui n'a aucune incidence sur la garantie de l'assureur.

Les assurances facultatives

La plus importante des assurances facultatives est l'assurance du conducteur, qui complète la simple garantie « responsabilité civile obligatoire », laquelle n'inclut pas cette garantie. Parmi les autres assurances facultatives figurent également la garantie vol, incendie, catastrophes naturelles, la garantie contenu ou équipements du véhicule, la garantie mécanique et la garantie défenses/recours (encore dénommée protection juridique), qui permet la prise en charge par l'assureur de tout ou partie des frais de procédure (avocats, expertises…).

Certaines compagnies d'assurance ou certains contrats exigent que le nom et le permis de conduire de toute personne qui va conduire à la place de l'assuré leur soient communiqués avant que cette personne ne prenne le volant. Mieux vaut se soumettre à cette exigence, même si elle est contraignante, et se ménager la preuve que l'assureur a eu cette information, car en cas de sinistre, il pourrait sinon refuser la garantie du conducteur !

Personne ne veut de moi !

Parfois, il arrive que les compagnies d'assurance refusent de concrétiser un contrat d'assurance ou excluent l'un de leurs adhérents, à condition toutefois que cette faculté de résiliation soit prévue dans le contrat (art. R 113-10 du Code des assurances). Pour sortir de cette impasse et éviter les conduites sans assurances, le BCT (Bureau Central de la Tarification) permet à tout propriétaire de véhicule terrestre à moteur de le saisir afin d'obtenir une assurance lorsqu'il est confronté au refus de l'assureur (art. R 250-2, idem). Le BCT fixera le montant de la prime à la compagnie d'assurance que le conducteur aura désigné et lui permettra d'être assuré.

Cette demande est enfermée dans des délais impératifs et doit être accompagnée des pièces justificatives pour pouvoir être recevable.

Pour plus d'informations, il faut prendre contact avec l'AGIRA (Association pour la gestion des informations sur le risque en assurance) ou avec un avocat.

Le FGAO

Si le responsable d'un accident n'est pas identifié, s'il n'est pas assuré ou si l'assureur n'est pas solvable, c'est le FGAO (Fonds des garanties des assurances obligatoires) qui indemnisera les victimes. Il prendra en charge l'intégralité des dommages corporels sans limitation de somme. Les dommages matériels seront pris en charge si le responsable de l'accident est inconnu et que la victime a subi des dommages corporels, ou bien si le responsable n'est pas assuré, l'indemnisation pour le dommage aux biens étant à ce jour plafonnée à 1 120 000 €. Le FGAO ne prend pas en charge les dommages causés par le conducteur, auteur de l'accident.

Le FGAO se retournera contre le responsable pour obtenir le remboursement des sommes versées aux victimes, donc si le conducteur n'est pas assuré, il devra rembourser.

Déclaration de sinistre

Non, l'assureur n'est pas medium ! L'assuré doit donc lui déclarer le sinistre, dans les 5 jours ouvrés après l'accident, sauf cas de force majeure (art. L 113-2 du Code des assurances). Cependant, l'assureur peut également avoir connaissance du sinistre par :

- l'assureur de la victime, qui s'enquiert de l'ouverture d'un dossier chez l'assureur du conducteur impliqué,

- les autorités de police ou de gendarmerie, qui font parvenir à l'assureur impliqué le procès-verbal d'accident.

Si, au moment du sinistre, le conducteur n'est pas titulaire d'un permis de conduire régulier, en état de validité, c'est-à-dire ni annulé, ni suspendu, ni périmé (art. R 211-10, *idem*), l'assureur pourra refuser sa garantie, alors même que le conducteur a signé un contrat et payé la prime.

Indemnisation de l'assuré et des victimes

Selon que le véhicule est ou non réparable, l'assureur prendra à sa charge le coût de la réparation matérielle mais aussi, selon les circonstances, ce que l'on appelle les dommages immatériels comme le dépannage, les frais de garde du garagiste ou encore les frais d'immobilisation.

Aucune réparation ne doit avoir lieu avant que l'expert de la compagnie d'assurance ne soit passé, sinon elle ne sera pas remboursée.

De même, l'indemnisation du préjudice corporel de l'assuré et/ou des victimes ne pourra être envisagée qu'après une expertise (amiable ou judiciaire si la victime refuse l'expertise amiable), qui déterminera :

- le ou les préjudices directs, patrimoniaux (par exemple la perte de salaire) et extra patrimoniaux (par exemple les souffrances endurées),
- le ou les préjudices indirects, patrimoniaux (par exemple la perte de revenus des proches) et extra patrimoniaux (par exemple le préjudice d'affection), selon que la victime est décédée ou vivante.

L'indemnisation des dommages corporels s'applique dès qu'il y a implication d'un véhicule terrestre à moteur (loi n° 85-677 du 5 juillet 1985), qu'il y ait choc avec le véhicule ou pas et que le véhicule roule ou soit en stationnement. Elle concerne toutes les victimes, y compris le conducteur, à la condition qu'aucune faute ne puisse être retenue contre lui, comme par exemple une conduite sous l'empire d'un état alcoolique ou de stupéfiants. Si le conducteur a commis une faute, son indemnisation pourra être réduite s'il peut être prouvé un partage de responsabilité. En dehors du conducteur, les victimes doivent être indemnisées sauf si on peut prouver qu'elles ont commis une faute inexcusable à l'origine de l'accident.

En principe, l'assureur est tenu de faire une offre d'indemnisation dans un délai de 8 mois mais il ne peut faire d'offre définitive que lorsqu'il a connaissance de la date de consolidation*. C'est pourquoi, il peut dans un premier temps faire une offre provisionnelle dans les 3 mois de l'accident. Si la date de consolidation n'est pas connue au cours des 3 premiers mois, l'assureur doit faire une offre définitive dans un délai de 5 mois à compter de la date où il a été informé de la consolidation (art. L 211-9 du Code des assurances).

Puisque c'est à la victime d'informer l'assureur du sinistre, le point de départ de ces délais d'indemnisation dépend de la diligence des victimes (art. R 211-29, idem). Si l'assureur n'est pas informé dans le délai d'1 mois après la survenance de l'accident, le délai est suspendu.

À vélo

Rouler à vélo, c'est bon pour la santé et pour l'environnement mais cela nécessite de respecter quelques règles élémentaires, pour la protection du cycliste mais aussi pour la sécurité de tous.

S'assurer ou ne pas s'assurer ?

L'assurance n'est pas obligatoire, que ce soit le cycliste qui pédale… ou la bicyclette (grâce à l'assistance électrique) ! Néanmoins, une assurance est utile si le cycliste cause un dommage à un tiers (en renversant un piéton par exemple) puisqu'il engage alors sa responsabilité civile. Souvent, l'assurance responsabilité civile incluse dans les contrats multirisques habitation couvre ce risque. Il est cependant prudent de s'en assurer en examinant les garanties qui figurent dans le contrat d'assurance. En revanche, pour être indemnisé en cas de vol ou de dégradation de sa bicyclette, le propriétaire doit conclure un contrat spécifique.

Il faut être très attentif aux garanties et aux clauses du contrat car souvent, l'indemnisation est dérisoire, voire refusée (notamment pour les bicyclettes avec assistance électrique). Le contrat peut aussi imposer des conditions de garde particulières (garage à vélo par exemple).

En cas d'accident, deux cas de figure sont à envisager :

- Si le cycliste est blessé lors d'un accident de la circulation impliquant un véhicule à moteur, il sera indemnisé intégralement par l'assureur du responsable pour les dommages corporels, en conséquence de la loi du 5 juillet 1885, dite loi Badinter. Pour les dommages matériels, il ne sera indemnisé qu'en fonction des circonstances de l'accident, selon qu'il aura ou pas, commis une faute de circulation.

  Si on peut reprocher au cycliste une faute inexcusable, il ne sera pas indemnisé. La faute inexcusable, très rare, est une faute volontaire d'une exceptionnelle gravité, exposant sans raison valable son auteur à un danger dont il aurait dû avoir conscience.

- Si aucune personne n'est responsable de l'accident, la prise en charge de toutes les conséquences (matérielles ou physiques) dépendra des garanties spécifiques que le cycliste aura souscrites auprès de sa compagnie d'assurance (garantie individuelle accident par exemple).

Les vélos et le Code de la route

Circuler en vélo apporte une certaine liberté, c'est vrai, mais ce n'est pas pour autant que le cycliste doit prendre des libertés… avec le Code de la route ! Le cycliste, comme l'automobiliste, est ainsi tenu de :

- « céder le passage, au besoin en s'arrêtant, au piéton s'engageant régulièrement dans la traversée d'une chaussée ou manifestant clairement l'intention de le faire ou circulant dans une aire piétonne ou une zone de rencontre » (art. R 415-11),
- « marquer l'arrêt absolu devant un feu de signalisation rouge, fixe ou clignotant » (art. R 412-30).

Il est également tenu à des interdictions, comme téléphoner en circulant (art. R 412-6-1) et circuler sur les trottoirs, cette dernière interdiction ne s'appliquant pas :

- « pour les enfants de moins de 8 ans, à la condition de conserver l'allure du pas et de ne pas occasionner de gêne aux piétons » (art. 412-34),
- à certaines zones indiquées comme pistes cyclables.

Toute infraction (griller un feu rouge ou prendre un sens interdit par exemple) peut être sanctionnée par une amende. En revanche, on ne peut retirer des points à quelqu'un sur son permis B à la suite d'une infraction à vélo.

Circuler en toute sécurité

Pour être vues et entendues des autres usagers de la route, les bicyclettes doivent être équipées de feux de position avant (blanc) et arrière (rouge), de catadioptres sur les pédales à l'avant, à l'arrière et sur les côtés et d'une sonnette d'avertissement. Elles doivent aussi posséder des freins avant et arrière.

Pour sa protection, le cycliste peut porter un casque. Ce n'est pas obligatoire mais fortement recommandé (art. R 431-1 du Code de la route). Hors agglomération, le port du gilet jaune conforme à la réglementation est quant à lui obligatoire, que ce soit de nuit ou de jour, lorsque la visibilité est insuffisante (art. R 431-1-1, idem).

Cinquième partie

Quand les biens sont en péril

Dans cette partie

Parfois, les aléas de la vie (perte d'un emploi, divorce, placements hasardeux...) ou une mauvaise gestion de son patrimoine font que l'on se retrouve dans une situation où, en tant que débiteur, il devient difficile de faire face à ses dettes... ou à celles des personnes dont on s'est porté caution !

Dans cette partie, nous allons décortiquer ces différentes situations dans lesquelles les biens peuvent être mis en péril : les différents types de saisie, mais aussi la situation de surendettement.

Chapitre 20

Le cautionnement

Dans ce chapitre :

- Distinguer les différents cadres et les différentes formes de cautionnement*
- Connaître les conditions de validité d'un cautionnement
- Tout savoir des droits et obligations de la caution

Le cautionnement* est un contrat dans lequel un tiers au contrat (la caution) s'engage envers le créancier à payer une dette, si le débiteur n'y satisfait pas lui-même (art. 2288 du Code civil). Il s'agit donc d'un acte grave qui oblige celui qui y souscrit.

N. B. : Les articles cités dans ce chapitre font référence au Code civil, sauf mention contraire.

Les conditions juridiques au cautionnement

Le cautionnement intervient dans différents cadres (conventionnel, légal, judiciaire) et peut revêtir différentes formes (caution simple ou solidaire, caution civile ou commerciale).

N.B. : Pour plus d'infos sur le cautionnement relatif aux contrats de location immobilière, consultez le chapitre 13.

Quels cadres pour le cautionnement ?

En principe le cautionnement est conventionnel, c'est-à-dire voulu par les parties dans le cadre d'une convention (d'un contrat), mais il peut également être légal (c'est-à-dire imposé par la loi) ou judiciaire (imposé par une décision de justice).

Le cautionnement conventionnel ne connaît de restrictions que celles liées à la volonté des parties ou aux obligations de forme imposées pour sa validité.

Le cautionnement légal, pour être valable, doit être prévu par un texte. Ainsi par exemple, lorsque la communauté se dissout du vivant des époux alors que l'un d'entre eux était bénéficiaire d'une clause de préciput, ce droit est maintenu (sauf exceptions). L'autre époux, en garantie de ses droits, peut alors réclamer, au moment de la dissolution, une caution du conjoint bénéficiaire (art. 1518).

Le cautionnement judiciaire ne peut être envisagé et imposé par le juge que si un texte lui donne pouvoir de se prononcer sur une telle garantie. Ainsi par exemple, l'article 277 du Code civil permet au juge d'imposer à l'époux débiteur d'une prestation compensatoire de donner une caution pour en garantir le paiement, que cette caution soit constituée par une rente ou par un capital et ce, indépendamment de l'hypothèque légale ou judiciaire.

Caution simple ou caution solidaire ?

Selon que la caution est simple ou solidaire, la caution va pouvoir plus ou moins se protéger, la portée de son engagement étant bien différente dans chacun des cas.

La caution simple

Dans le cadre de la caution simple, le créancier devra d'abord tenter de recouvrer sa créance sur le débiteur principal (art. 2298), en le poursuivant juridiquement puis judiciairement. Ce n'est que s'il est défaillant (c'est-à-dire qu'il ne paie pas et/ou qu'il n'a pas de bien) que le créancier peut poursuivre la caution. C'est un recours, *in fine*. Si elle est poursuivie, la caution peut alors invoquer :

- le bénéfice de discussion, qui permet à la caution de demander la suspension des poursuites en paiement dirigé par le créancier contre elle. Parmi les moyens dont dispose la caution pour éviter de payer figure celui d'indiquer au créancier les biens dont le débiteur dispose et sur lesquels le paiement peut s'effectuer (art. 2300) ;
- le bénéfice de division, qui permet, en présence de plusieurs cautions pour une même dette (les cofidéjusseurs), à chaque caution – normalement tenue de l'intégralité de la dette – d'exiger que le créancier divise préalablement son action et la réduise à la part et portion de chacune d'elles. Si par exemple il y a trois cofidéjusseurs, invoquer le bénéfice de division permettra de n'être personnellement redevable que du tiers de la dette.

La caution solidaire

Le créancier peut exiger contractuellement que la caution s'engage solidairement. Par cet engagement, la caution se retrouve en « première ligne ». Le créancier est alors en droit de la poursuivre sans s'adresser au préalable au débiteur garanti. Elle ne peut plus invoquer pour s'opposer au paiement l'obligation pour le créancier de poursuivre préalablement le débiteur indélicat et elle perd le bénéfice de la discussion ainsi que le bénéfice de division. Le créancier peut donc exiger le paiement intégral de la créance.

Pour protéger le consommateur et lui faire prendre conscience de l'étendue de son engagement, le législateur a imposé dans l'acte de cautionnement des formules sacramentelles.

Le cautionnement solidaire pas à pas

Monsieur Dupont demande à son ami monsieur Petit de bien vouloir se porter caution sur un prêt que lui accorde sa banque pour un montant de 860 000 €, sur une durée de 15 ans. La banque fait signer à monsieur Petit un acte de caution qui précise expressément qu'il se porte caution solidaire et qu'il renonce au bénéfice de discussion.

8 ans plus tard, la banque, qui connaît la situation patrimoniale et financière de monsieur Petit, le poursuit devant le tribunal de grande instance et lui demande le paiement du solde du prêt, principal, frais et intérêts, son ami ayant suspendu les paiements à la suite de déboires financiers.

Monsieur Petit est d'autant plus furieux que ni son ami, ni sa belle-sœur, qui s'est également portée caution, ne sont inquiétés ! Il consulte un avocat qui se chargera d'assurer la défense de ses intérêts devant le tribunal. Sa marge de manœuvre est cependant réduite puisque :

- Même si son ami est propriétaire d'une maison familiale, monsieur Petit ne pourra le signaler à la banque pour qu'elle se paye sur ce bien puisqu'il a renoncé au bénéfice de discussion.
- Monsieur Petit ne pourra pas demander à ce que la somme restant due soit divisée en deux puisqu'il a renoncé au bénéfice de division.

Il va donc devoir rembourser l'intégralité de la créance de la banque. Il pourra en revanche, après avoir payé, se retourner contre son ami ou contre l'autre caution pour qu'ils le remboursent !

Cautionnement civil et cautionnement commercial

Le cautionnement est par essence un acte civil. Cependant, la nature civile de l'acte de cautionnement disparaît lorsqu'il est donné dans le cadre d'une activité commerciale. Il est alors considéré comme un acte de commerce, soumis comme tel au droit commercial, au tribunal de commerce, etc.

Jurisprudence

Le problème s'est posé pour des crédits consentis à des entreprises et cautionnés soit par des dirigeants, soit par des associés. Étant donné que les conditions pour faire jouer la caution et les conséquences n'étaient pas les mêmes devant les tribunaux de l'ordre judiciaire civil et commercial, les cautions ont cherché à être soumises au statut protecteur envisagé par le droit civil.

La jurisprudence est fluctuante et fait dépendre ses solutions de la qualité de la caution mais généralement, il est admis que le dirigeant qui donne sa caution pour une entreprise qu'il dirige (en fait ou de droit) fait un acte de commerce. En revanche, un associé qui n'a aucun rôle important dans l'entreprise va pouvoir soutenir que le cautionnement donné a un caractère civil.

Cette notion de commercialité est étendue au conjoint du commerçant débiteur ou du dirigeant, à la seule condition que l'on puisse prouver qu'il a personnellement participé à l'activité de l'entreprise et qu'il y avait intérêt. Dans le cas contraire, le cautionnement pourra être commercial pour le mari et civil pour la femme ou l'inverse (on parle alors d'un acte mixte).

Différences

Selon que le cautionnement sera reconnu comme un acte commercial ou un acte civil, les solutions pour le traiter vont être différentes :

- On soumettra le litige aux tribunaux de l'ordre civil ou au contraire au tribunal de commerce.
- On admettra ou non la validité des clauses attributives de compétence territoriale.
- On envisagera des règles différentes pour établir la preuve d'un acte ou d'un droit.

Quelles conditions pour un cautionnement valable ?

Le cautionnement, lorsqu'il n'est pas imposé par la loi ou par le juge, est un contrat. Il est donc soumis aux conditions de validité de tout engagement contractuel tout en présentant des particularités liées à son objet, destinées à permettre la garantie du créancier.

Vices du consentement

Souvent, pour tenter de s'exonérer de son obligation et remettre en cause son cautionnement, la caution va invoquer un vice de consentement.

Oups ! C'était une erreur...

La caution prétend souvent qu'elle n'avait pas pris conscience de la portée de son engagement, qu'elle avait fait cela « pour rendre service ». Si ces excuses sont souvent le reflet de la réalité, elles ne sont jamais considérées comme une erreur et acceptées par les tribunaux comme un vice du consentement. Parfois aussi, devant l'importance de la dette, la caution s'aperçoit que son cautionnement n'est pas limité dans sa durée ou dans son *quantum* (ainsi le créancier qui réclame les frais, les intérêts de retard...). La caution invoque ce vice du consentement et prétend qu'elle n'avait pas envisagé son cautionnement dans ces conditions. Là encore, les tribunaux n'acceptent pas ce genre d'arguments.

On ne nous dit pas tout : le dol*

La caution met ici en cause l'attitude du banquier qui lui aurait caché certains éléments sur la solvabilité du débiteur. Pour que cet argument prospère, il faut que la caution puisse prouver que la banque a manqué à son obligation de conseil, ce qui n'est pas évident et dépend surtout de la capacité de la caution à appréhender les difficultés de la vie financière et économique. Les tribunaux seront plus indulgents pour une caution qui exerce un emploi de caissier qu'envers une caution qui serait avocat, considérant que cette dernière a plus de possibilité d'examiner le contenu de son engagement. On dit que les tribunaux font une appréciation *in concreto*.

Quand ça fait mal : la violence

Les cas où le cautionnement a été obtenu par violences physiques sont rares. En revanche, la violence morale (ainsi le chantage affectif) est souvent invoquée comme un élément susceptible de remettre en cause l'engagement de la caution. Mais ici encore, les tribunaux sont réticents à admettre ce vice de consentement.

Cap ou pas cap ?

L'article 2295 du Code civil fait obligation au débiteur principal de présenter une caution « qui ait la capacité de contracter ». Cela signifie que le mineur non émancipé ne peut s'engager valablement comme caution. Quant au majeur, celui qui fait l'objet d'une mesure de protection ne va pouvoir donner sa caution que dans certaines situations :

- Le majeur sous sauvegarde de justice pourra se porter caution mais la validité du cautionnement pourra être remise en cause.
- Le majeur en curatelle pourra donner sa caution, à la condition que le curateur ait participé à l'acte.
- Enfin, il est évident qu'un majeur sous tutelle ne pourra se porter caution.

Problème de surface

D'après l'article 2295 du Code civil, un cautionnement n'est valable que si la caution dispose d'une surface financière suffisante pour faire face à la dette cautionnée (principal et accessoires). Cette surface financière est appréciée au regard des biens immobiliers appartenant à la caution, « excepté en matière de commerce, ou lorsque la dette est modique » (art. 2296).

Cette condition de solvabilité s'apprécie au moment où le cautionnement est donné. Si entre le moment où l'engagement a été donné et celui où il est censé se réaliser, la caution devient insolvable, le débiteur doit fournir au créancier une caution solvable (art. 2297).

Le Code de la consommation prévoit des dispositions particulières en matière de cautionnement (art. L 313-10) qui sont examinées *supra*.

I've got the power... ou pas !

La caution doit avoir le pouvoir juridique de conclure un acte de caution. Le problème se pose lorsque le cautionnement est donné par un mandataire et lorsque la caution est mariée.

Lorsque le cautionnement est donné par un mandataire, celui-ci ne sera valable que si le mandataire ne dépasse pas les pouvoirs qui lui sont octroyés par le mandat.

Lorsque le cautionnement est donné par une personne mariée, l'article 1415 du Code civil protège le patrimoine commun des époux. Cet article pose comme principe que chacun des époux ne peut engager que ses biens propres ou ses revenus lorsqu'il se porte caution. Pour que le patrimoine commun puisse devenir le gage du créancier, il faut que l'autre conjoint ait donné son consentement exprès et que celui-ci n'ait pas été donné sur des actes séparés et à des dates distinctes. C'est la jurisprudence qui détermine, au gré des situations, ce qu'est un consentement exprès (ainsi par exemple, le fait pour une femme de remplir et de signer une fiche de renseignements, n'a pas été considéré comme un consentement exprès de cautionner l'emprunt de son mari). Lorsque les deux époux ont donné leur caution, l'époux qui consent n'engage pas ses biens propres mais uniquement les biens communs.

Totale maîtrise... ou pas !

La caution doit être en mesure de connaître et de maîtriser la portée de son engagement, qui peut être analysée au regard de l'article 2292. Lorsque plusieurs cautions donnent leur garantie sur un même acte, le montant garanti est unique et s'impose à chaque caution pour son intégralité (art. 2302). En revanche, si chaque caution signe un acte distinct, elle s'engage chacune pour le montant indiqué et la garantie se calcule sur l'ensemble des montants.

Deux personnes se portent caution des opérations d'un compte courant bancaire à concurrence de 30 000 €. Si chacune signe un acte se portant caution à concurrence de ce montant (30 000 €) et qu'à l'issue des opérations, le solde débiteur est de 70 000 €, la banque pourra poursuivre la caution A pour 30 000 €, et la caution B pour 30 000 €, et récupérer ainsi 60 000 € sur les 70 000 €. Si en revanche, les deux cautions ont signé le même acte qui, sur le fond, prévoit la même garantie, c'est-à-dire le cautionnement des opérations bancaires d'un compte courant pour un montant de 30 000 €, la banque pourra poursuivre chacune des cautions mais sa garantie ne portera que sur les 30 000 €, et elle ne récupérera au total que 30 000 € sur 70 000 €.

La preuve et les limites du cautionnement

Compte tenu de la gravité de l'engagement, le cautionnement ne se présume point, il doit être exprès (art. 2292). Partant de ce principe, lorsque la situation n'est pas parfaitement claire, c'est au juge de déterminer et d'interpréter la volonté réelle des parties quant à l'étendue du cautionnement. Pour cela, il devra tenir compte de ce qui est précisé par écrit mais également des circonstances dans lesquelles l'acte a été conclu. Lorsqu'un doute subsiste sur l'existence ou l'étendue du cautionnement, le juge doit statuer en faveur de la solution la plus favorable pour la caution.

L'autre élément qui peut être analysé par les tribunaux concerne les limites que doit fixer le juge au cautionnement donné. L'article 2292 permet de limiter le champ d'action du créancier et du juge puisqu'il précise que le cautionnement ne peut être étendu « au-delà des limites dans lesquelles il a été contracté ». D'où l'importance :

- du libellé de l'acte de caution,
- du pouvoir du juge qui peut ainsi rétablir dans les obligations de la caution uniquement les choses sur lesquelles il apparaît que les parties se sont proposé de contracter (art. 1163).

L'alinéa 1 de l'article 2290 du Code civil limite en effet le cautionnement à ce « qui est dû par le débiteur ». Puisque le cautionnement suppose le paiement de la dette en principal bien sûr mais aussi des accessoires, les litiges pourront porter sur le contenu de ces accessoires selon que ceux-ci seront prévus, omis ou exclus. Pourra enfin se poser la question de savoir si le cautionnement ne concernait que le principal et les intérêts (art. 2293) ou bien si la caution sera redevable des frais de justice, ou des dommages et intérêts pouvant être mis à la charge du débiteur (comme par exemple une clause pénale ou des indemnités d'occupation). La caution ne sera tenue que par rapport à ce qui est clairement indiqué dans l'acte.

Le découvert ayant atteint 410 000 € en principal plus les intérêts, frais et accessoires de la créance, la banque a poursuivi chacune des cautions à hauteur de 250 000 € et obtenu deux condamnations, devant des juridictions différentes, chacune pour 250 000 €. Grâce à cette situation, la banque a donc pu ainsi être remboursée de la totalité du découvert, des intérêts, frais et accessoires puisque chacune des cautions s'était engagée à garantir la banque à concurrence de 250 000 € ! Si les deux cautions avaient été données sur un seul acte, la banque n'aurait pu être remboursée qu'à concurrence de 250 000 € !

Droits et obligations de la caution

La caution est tenue à un certain nombre d'obligations, en termes de durée notamment mais elle bénéficie aussi d'une protection.

Durée du cautionnement

Le cautionnement peut être donné pour une durée déterminée ou indéterminée.

Le cautionnement à durée déterminée

Lorsque le cautionnement est donné pour une durée déterminée, cela signifie que la caution ne peut résilier son engagement avant le terme et qu'elle est tenue des dettes nées jusqu'au terme, quelle que soit la date à laquelle elle est poursuivie (sauf à pouvoir invoquer la forclusion). Cela signifie aussi que la caution qui s'est engagée pour une période déterminée se trouve déchargée des obligations nées de la reconduction ou du renouvellement, tacite ou explicite, de la période déterminée, sauf si une clause envisage expressément que le cautionnement sera reconduit ou renouvelé si le contrat est reconduit ou renouvelé.

Le cautionnement à durée indéterminée

Lorsque le cautionnement est donné pour une durée indéterminée, cela ne signifie pas qu'il est donné de manière indéfinie. Il peut, comme tout engagement à durée indéterminée, être résilié à tout moment en respectant un préavis (c'est l'application des principes généraux des contrats et de la faculté de résiliation visée par l'article 2311). Cela suppose que cette résiliation ait été portée à la connaissance du créancier (par lettre recommandée avec AR par exemple).

La caution reste tenue des sommes dues par le débiteur jusqu'à la résiliation, qui n'a d'effet que pour l'avenir. Ainsi par exemple sur un découvert bancaire, on prend le montant du solde débiteur à la date de résiliation.

La caution peut vouloir dénoncer son engagement uniquement parce qu'un élément de l'engagement a été modifié. Ainsi par exemple, lorsque le cautionnement est donné par un dirigeant pour garantir les dettes de la société pour une durée indéterminée. Le dirigeant, considérant qu'un élément déterminant a changé, à savoir son départ de la société, peut être tenté de considérer que la cessation de ses fonctions met fin à son engagement pour l'avenir. Il n'en est rien ! Le même problème existe dans le cadre d'un divorce, d'une rupture de PACS voire de concubinage. La caution n'est pas dégagée par la rupture, le changement dans la situation familiale étant sans incidence sur l'obligation de caution de l'ex-conjoint, partenaire ou concubin.

La solution pour le dirigeant, le conjoint, partenaire ou le concubin peut être de demander au créancier d'accepter (uniquement par un acte écrit car une simple promesse verbale ne peut avoir pour effet de dégager la caution) de renoncer à sa garantie et de substituer sa caution par celle du nouveau dirigeant et dans le cadre familial par une autre personne solvable, mais il ne peut l'exiger !

Protection en matière de crédit à la consommation

Le Code de la consommation contient des dispositions protectrices de la caution personne physique en matière de crédit à la consommation, qui ont pour objectif d'attirer son attention sur son engagement.

Savoir où l'on met les pieds

La caution doit savoir ce à quoi elle s'engage. C'est pourquoi l'article L 341-6 du Code la consommation oblige tout d'abord l'emprunteur à obtenir de la caution que sa signature soit précédée de la mention manuscrite : « En me portant caution de X..., dans la limite de la somme de ... couvrant le paiement du principal, des intérêts et, le cas échéant, des pénalités ou intérêts de retard et pour la durée de ..., je m'engage à rembourser au prêteur les sommes dues sur mes revenus et mes biens si X... n'y satisfait pas lui-même. »

Ensuite, si le prêteur de deniers souhaite obtenir un cautionnement solidaire, il doit également obtenir de la caution qu'elle fasse précéder sa signature de la mention manuscrite : « En renonçant au bénéfice de discussion défini à l'article 2298 du Code civil et en m'obligeant solidairement avec X..., je m'engage à rembourser le créancier sans pouvoir exiger qu'il poursuive préalablement X… » (art. L 318 du Code de la consommation).

Être informé

Au cours de l'exécution du contrat de crédit, le prêteur de deniers a pour obligation de faire connaître à la caution « la défaillance du débiteur principal dès le premier incident de paiement non régularisé dans le mois de l'exigibilité de ce paiement » (art. L 341-1 du Code de la consommation). Si le créancier ne se conforme pas à cette obligation d'information, la caution ne sera pas libérée de son engagement mais elle sera exonérée du paiement des pénalités ou intérêts de retards échus entre la date de ce premier incident et celle à laquelle elle en a été informée (art. L 341-6 du Code de la consommation).

Être solvable

Le prêteur de deniers doit veiller à ce que la caution soit solvable. Si elle parvient à démontrer que son engagement était « manifestement disproportionné à ses biens et à ses revenus » au moment où il a été contracté, le prêteur de deniers ne pourra agir contre la caution (art. L 313-10 du Code de la consommation).

Un salarié perçoit 2000 € par mois, ne possède aucun bien et cautionne son beau-frère pour une somme de 100000 €. À l'évidence, le montant du cautionnement est disproportionné à ses revenus puisque cela représente plus de trois années de salaire !

Mais attention ! La caution doit envisager l'avenir lorsqu'elle s'engage et ne pas croire que parce qu'elle n'a pas de revenus suffisants au moment de la signature, elle ne sera jamais contrainte de payer ! En effet, même si au moment de la signature de l'acte de caution, l'engagement de la caution était « manifestement disproportionné à ses biens et à ses revenus », le prêteur de deniers pourra faire jouer la caution donnée si « le patrimoine de cette caution, au moment où celle-ci est appelée » peut lui permettre de faire face à son obligation (art. L 313-10 *in fine* du Code de la consommation).

Au moment où elle signe son engagement, une caution a des revenus modestes, qui en principe ne lui permettent pas de faire face à son engagement et n'est propriétaire d'aucun bien immobilier. En application de l'article L 313-10, elle ne sera pas tenue au paiement. Mais, si depuis la signature de l'acte de caution, elle a fait un héritage qui lui permet d'être propriétaire d'un appartement et que le prêteur de deniers fait jouer la caution après cet héritage, cet élément ne lui permettra plus d'invoquer que la caution était « manifestement disproportionnée » à ses revenus et elle devra honorer sa signature.

Désormais, cette protection de la caution s'applique également aux dirigeants qui se sont porté caution des engagements de leur société auprès d'organismes financiers (art. L 341-1 du Code de la consommation).

Recours contre le débiteur

La caution qui a payé le créancier peut se retourner contre le débiteur principal (art. 2305 du Code civil) pour obtenir le remboursement du principal mais également des intérêts et des frais (ces derniers sous certaines conditions).

Toutefois, la caution n'est pas obligée d'attendre d'avoir payé le créancier pour se retourner contre le débiteur principal. L'article 2309 du Code civil lui permet notamment d'introduire une action en justice contre le débiteur « lorsqu'elle est poursuivie en justice pour le paiement ». De même, lorsque le créancier a accepté de proroger le terme (c'est-à-dire de ne pas exiger le paiement à terme et de fixer une nouvelle période déterminée), la caution peut poursuivre le débiteur à l'issue du terme initial pour le forcer au paiement (art. 2316 du Code civil).

Extinction du cautionnement

Le cautionnement cesse lorsque le créancier a obtenu de la caution qu'elle s'exécute, c'est-à-dire qu'elle paye en lieu et place du débiteur.

Mais il peut également s'éteindre parce que la caution a des arguments pour s'opposer au paiement de toutes les exceptions (c'est-à-dire les faits et les moyens de droit) qui appartiennent au débiteur principal et qui sont inhérentes à la dette (art. 2313, alinéa 1 du Code civil). Ainsi par exemple, la caution pourra opposer la compensation de ce que le créancier doit au débiteur principal (art. 1294, alinéa 1 du Code civil) pour que soit constaté que la dette n'existe plus.

En revanche, la caution ne peut invoquer, pour s'opposer au paiement, les exceptions qui sont purement personnelles au débiteur (art. 2313, alinéa 2 du Code civil), comme par exemple la nullité relative d'une convention dont l'origine serait un dol affectant le consentement du débiteur principal.

On aurait pu penser que le décès de la caution mettait fin à son engagement. Il n'en est rien puisque en application de l'article 2294 du Code civil, le cautionnement passe aux héritiers, qui sont tenus dans les mêmes termes et aux mêmes conditions, sauf à ce qu'ils renoncent à la succession.

Cautionnement des dettes professionnelles

Lorsque la caution n'a aucun intérêt personnel dans l'entreprise au bénéfice de laquelle est donnée la caution, la dette contractée n'a pas de caractère professionnel.

Ainsi par exemple, si le frère du président d'une entreprise se porte caution avec son frère des dettes de la société, le cautionnement aura un caractère professionnel pour le président et non professionnel pour son frère. Le frère pourra inclure cette dette dans son dossier de surendettement ou faire valoir cette dette pour obtenir le bénéfice du surendettement.

En revanche, le caractère professionnel de la dette va se déduire du lien économique qui unit la caution à l'entreprise. Ainsi un cadre de haut niveau qui cautionne les dettes de l'entreprise qui l'emploie va avoir un intérêt personnel dans l'entreprise s'il est également administrateur et actionnaire de la société, ou simplement actionnaire. Si ce salarié dépose un dossier de surendettement, il ne pourra inclure cette dette dans son dossier de surendettement ou faire valoir cette dette pour obtenir le bénéfice du surendettement. La solution aurait été différente si le salarié avait donné son cautionnement parce qu'il était un ami du dirigeant mais qu'il n'avait aucun rôle dans la direction, ni aucune participation au capital.

C'est un élément que doit examiner la caution afin qu'elle sache par avance si la caution qu'elle donne constitue une dette à caractère privé ou professionnel.

Chapitre 21

Les voies d'exécution

Dans ce chapitre :

- Les procédures qui peuvent mettre en péril la libre disponibilité des biens
- Les moyens légaux de s'opposer aux mesures de contrainte sur le patrimoine
- La juridiction qui traite des litiges concernant les voies d'exécution : le JEX

Saisie, saisie-vente, saisie-attribution… autant de termes barbares pour le profane, mais dont il vaut mieux connaître les définitions et les implications lorsque l'on s'y trouve malheureusement confronté.

N.B. : Les articles cités dans ce chapitre sont issus du Code des procédures civiles d'exécution, sauf mention contraire.

La saisie

Selon la définition du Petit Larousse, la saisie est une « voie d'exécution forcée par laquelle un créancier s'assure des biens de son débiteur en vue de garantir le paiement d'une dette ». Elle sert donc à protéger les intérêts des créanciers et à éviter que les décisions de justice ne restent lettre morte.

Quel titre présenter pour exécuter une saisie ?

S'agissant d'une atteinte importante au droit de la propriété, le Code de procédure civile rappelle (art. 502) que « nul jugement, nul acte, ne peut être mis à exécution que sur présentation d'une expédition revêtue de la formule exécutoire, à moins que la loi n'en dispose autrement. » Les titres qui permettent de procéder à une saisie peuvent être :

- les décisions des juridictions de l'ordre judiciaire ou de l'ordre administratif, lorsqu'elles ont force exécutoire, ainsi que les accords auxquels ces juridictions ont conféré force exécutoire,

- les actes et les jugements étrangers ainsi que les sentences arbitrales déclarées exécutoires par une décision non susceptible d'un recours suspensif d'exécution,
- les extraits de procès-verbaux de conciliation signés par le juge et les parties (ainsi par exemple celui signé lors d'une audience de conciliation au Conseil des prud'hommes),
- les actes notariés revêtus de la formule exécutoire (art. L 111-3),
- le titre délivré par l'huissier de justice en cas de non paiement d'un chèque,
- les titres délivrés par les personnes morales de droit public qualifiées comme telles par la loi (par exemple, un titre émis par un maire pour le recouvrement de loyers dus à la commune).

Comment se protéger ?

Toute mesure d'exécution ne prive pas immédiatement le débiteur de ses biens ou de son droit. En effet, le débiteur peut bénéficier d'un certain nombre de mesures de protection, concernant sa vie privée (interdiction d'exécuter une décision un dimanche ou un jour férié par exemple) et ses biens (nomination du débiteur saisi comme gardien de ses biens, ce qui dans un premier temps lui permet d'en jouir encore).

Les délais

Le débiteur peut obtenir des délais pour régler sa dette (art. 1244-1 du Code civil), le magistrat pouvant en effet reporter ou échelonner les paiements au maximum sur 2 ans. Le magistrat examine la requête en fonction bien sûr de la situation du débiteur mais aussi des besoins du créancier. Il peut aussi, et c'est un point important, par une décision spéciale et motivée, décider que les paiements s'imputeront d'abord sur le capital et non sur les intérêts. Ce délai de grâce est d'autant plus important qu'il suspend les procédures d'exécution déjà engagées par le créancier.

BON À SAVOIR

Ce moratoire ne s'applique pas aux dettes d'aliment*, ce qui est logique car elles constituent pour le créancier un besoin vital (art. 1244-1, alinéa 3 du Code civil).

L'immunité

Le débiteur peut s'opposer à une mesure d'exécution forcée ou même à des mesures conservatoires lorsqu'il bénéficie de l'immunité (art. L 111-1). En droit interne, cette mesure bénéficie aux personnes morales de droit public, y compris les EPIC (établissement public industriel et commercial). En droit international, les États étrangers et leurs agents diplomatiques bénéficient en principe d'une immunité d'exécution, comme les souverains et chefs d'État étrangers.

Cette immunité peut toutefois être remise en cause si des relations purement commerciales sont à l'origine de la créance.

Les biens déclarés insaisissables

Tous les biens du débiteur ne sont pas le gage du créancier. Il existe en effet des catégories de biens qui sont insaisissables mais seuls ceux qui sont expressément visés par un texte peuvent être soustraits au créancier.

L'assurance-vie*

Les capitaux et les rentes provenant d'une assurance-vie dans le cadre d'un contrat dont l'issue est le décès du souscripteur (art. L 132-12 du Code des assurances) ne peuvent être le gage des créanciers du défunt. En revanche, s'il s'agit de contrat d'assurance-vie consistant en une opération d'épargne, les capitaux peuvent être le gage des créanciers de son titulaire. Lorsque le contrat comprend à la fois un aspect capitalisation et un aspect assurance décès, les capitaux sont saisissables jusqu'au décès du titulaire et insaisissables au-delà.

Les biens affectés d'une clause de réserve de propriété

Tant que le bien n'entre pas dans le patrimoine du débiteur, celui-ci ne peut être saisi, c'est ce qui se passe lorsque la vente d'un bien est assortie d'une clause de réserve de propriété. Cette clause permet de considérer que le bien ne sort du patrimoine du créancier que lorsqu'il est définitivement réglé. Encore faut-il que le débiteur puisse apporter la preuve par écrit de l'existence de cette clause !

- En droit commercial, le vendeur peut subordonner la vente à l'acceptation par l'acheteur d'une clause de réserve de propriété de nature à garantir le paiement effectif du prix et faire de cette clause une condition de la vente dont les conditions d'exécution sont visées par l'article L 624-14 du Code du commerce.
- En droit civil, c'est l'article 2367 qui prévoit la possibilité que la propriété d'un bien puisse être retenue en garantie par l'effet d'une clause de réserve de propriété, qui suspend l'effet translatif d'un contrat jusqu'au paiement complet de l'obligation qui en constitue la contrepartie.

Les biens insaisissables… pour d'autres raisons

Certains biens peuvent être insaisissables pour des raisons familiales ou en raison d'impérieuses nécessités.

Les biens d'un époux ne peuvent servir de gage pour les créanciers du conjoint, sauf si l'origine de la dette est liée à l'entretien du ménage ou à l'éducation des enfants.

La résidence principale d'un entrepreneur personne physique : depuis la loi Dutheil (n° 2003-721 du 1er août 2003), la résidence principale qui n'est pas affectée à l'usage professionnel d'une personne physique inscrite à un registre de publicité légale à caractère professionnel ou exerçant une activité professionnelle agricole ou indépendante, ne peut pas être le gage des créanciers (art. 526-1 du Code du commerce). Cette disposition déroge à l'article 2284 du Code civil qui prévoit que « quiconque s'est obligé personnellement, est tenu de remplir son engagement sur tous ses biens mobiliers et immobiliers, présents et à venir » et à l'article 2285 qui stipule que les biens du débiteur sont le gage commun de ses créanciers.

Il faut que cette insaisissabilité fasse l'objet d'une déclaration, publiée au bureau des hypothèques ou, dans les départements du Bas-Rhin, du Haut-Rhin et de la Moselle, au livre foncier. Elle ne produit d'effet qu'à l'égard des créanciers dont les droits naissent, postérieurement à la publication, à l'occasion de l'activité professionnelle du déclarant.

Les prestations sociales : Compte tenu de leur caractère alimentaire, les prestations servies par les caisses de sécurité sociale (les remboursements) sont totalement insaisissables.

En revanche les indemnités journalières, les pensions de vieillesse, les rentes d'invalidité sont saisissables dans les conditions de droit commun concernant l'insaisissabilité partielle des salaires.

Les rentes servies dans le cadre des accidents du travail sont insaisissables pour leur totalité (art. L 434-18 du Code de la Sécurité sociale). Les prestations familiales sont dans leur ensemble insaisissables sauf exceptions, comme par exemple lorsque le recouvrement concerne des prestations indûment versées à la suite d'une manœuvre frauduleuse ou d'une fausse déclaration de l'allocataire ou encore lorsqu'elles peuvent servir au paiement des dettes alimentaires ou à la contribution aux charges du mariage qui sont liées à l'entretien des enfants (art. L 553-4 du Code de la sécurité sociale).

Le Revenu de Solidarité Active (RSA) constitue le minimum dont doit disposer un débiteur quel que soit le montant de ses dettes, il est donc insaisissable (art. L 5423-5 du Code du travail). C'est aussi pour cette raison que ce montant sert de référence dans le cadre d'une saisie d'un compte bancaire, quelle que soit l'origine des revenus (honoraires ou prestations familiales par exemple). Cette disposition permet de laisser à disposition du débiteur, sur son compte, au moins une somme équivalent au RSA après la saisie.

Certains biens mobiliers nécessaires à la vie et au travail du débiteur et de sa famille sont déclarés insaisissables par la loi (art. L 112-2) :

- les vêtements,
- la literie,
- le linge de maison,
- les objets et produits nécessaires aux soins corporels et à l'entretien des lieux,
- les denrées alimentaires,
- les objets de ménage nécessaires à la conservation, à la préparation et à la consommation des aliments,
- les appareils nécessaires au chauffage,
- la table et les chaises permettant de prendre les repas en commun,
- un meuble pour ranger le linge et les vêtements et un autre pour ranger les objets ménagers,
- une machine à laver le linge,
- les livres et autres objets nécessaires à la poursuite des études ou à la formation professionnelle,
- les objets d'enfants,
- les souvenirs à caractère personnel ou familial,
- les animaux d'appartement ou de garde,
- les animaux destinés à la subsistance du saisi ainsi que les denrées nécessaires à leur élevage,
- les instruments de travail nécessaires à l'exercice personnel de l'activité professionnelle,
- un poste téléphonique permettant l'accès au service téléphonique fixe ou mobile.

Cette insaisissabilité n'est toutefois pas absolue (art. L 112-2). Ainsi, la saisie de ces meubles reste possible :

- s'ils se trouvent dans un lieu autre que celui où le saisi demeure ou travaille habituellement,
- s'ils sont des biens de valeur, en raison notamment de leur importance, de leur matière, de leur rareté, de leur ancienneté ou de leur caractère luxueux,

- s'ils perdent leur caractère de nécessité en raison de leur quantité,
- s'ils constituent des éléments corporels d'un fonds de commerce.

Les objets indispensables aux personnes handicapées ou destinés aux soins des personnes malades ne peuvent être saisis ni pour le paiement du prix, ni pour les exceptions visées à l'article L 112-2.

Les mesures conservatoires

Les mesures conservatoires permettent au créancier d'obtenir le droit de pratiquer une saisie alors même qu'il n'a pas de titre (de décision de justice) exécutoire. Grâce à la saisie conservatoire, le créancier va ainsi pouvoir éviter que le bien ne disparaisse avant qu'il n'obtienne un titre.

La mesure conservatoire, mode d'emploi

Toute personne « dont la créance paraît fondée en son principe », en application de l'article L 511-1, peut solliciter du juge l'autorisation de pratiquer une mesure conservatoire sur les biens de son débiteur, sans commandement préalable, « si elle justifie de circonstances susceptibles d'en menacer le recouvrement ». Le juge compétent pour autoriser cette mesure est soit le JEX (juge de l'exécution), soit le juge du tribunal de commerce si la créance est commerciale (art. L 511-13).

Cette mesure est d'autant plus préjudiciable pour le débiteur qu'il n'en est pas informé de façon contradictoire puisque le créancier dépose une requête devant le juge compétent pour obtenir l'autorisation de procéder à la saisie conservatoire.

La décision autorisant la saisie s'appelle une ordonnance. C'est elle qui permet au créancier, par l'intermédiaire d'un huissier, de venir saisir le bien et c'est elle que pourra, le cas échéant, critiquer le débiteur, une fois le bien saisi. Cette autorisation préalable du juge sous forme d'une ordonnance n'est pas toujours nécessaire lorsque le créancier dispose déjà de moyens juridiques permettant de justifier la mesure conservatoire (art. L 511-2).

C'est le cas par exemple lorsque le créancier se prévaut d'une décision de justice qui n'a pas encore force exécutoire (c'est-à-dire qu'il a obtenu une décision en sa faveur mais que le débiteur peut faire un recours ou bien a utilisé son droit au recours contre la décision qui lui fait grief). Il pourra, grâce à cette décision, faire une saisie conservatoire (cela lui permet de sauvegarder ses droits alors même que le débiteur par exemple aurait fait appel). Lorsqu'un bailleur est victime de loyers restés impayés, il peut procéder à une saisie sans autorisation des meubles garnissant le local donné à bail.

Quels recours en cas de mesure conservatoire ?

L'ordonnance a été rendue hors la présence du débiteur, qui n'a pas pu se défendre. C'est pourquoi il va pouvoir saisir le juge qui a autorisé la saisie, lui demander de réexaminer la demande et éventuellement de rétracter son ordonnance, en faisant valoir ses arguments et en produisant ses pièces pour éventuellement prouver que la créance invoquée n'est pas fondée. Le débiteur peut aussi demander la main levée totale ou partielle de la saisie (art. L 121-2, L 511-1), s'il apparaît que la créance n'est pas fondée en son principe et s'il n'y a pas de circonstances susceptibles d'en menacer le recouvrement. Le débiteur peut enfin demander au juge de substituer à la mesure conservatoire initialement prise toute autre mesure propre à sauvegarder les intérêts des parties (L 512-1).

Une fois la saisie conservatoire obtenue, le créancier doit dans le mois introduire une action en justice pour obtenir un titre (art. 511-4).

Une mesure conservatoire, ça concerne quoi ?

La saisie conservatoire peut porter sur des biens mobiliers corporels ou incorporels (L 5211) mais aussi sur des immeubles ou des fonds de commerce.

Les biens mobiliers corporels

Le meuble corporel peut revêtir différentes formes : meubles bien sûr mais aussi marchandises, animaux, véhicules… La saisie peut être faite entre les mains du débiteur mais également entre les mains d'un tiers (ainsi par exemple un véhicule en réparation chez le garagiste ou de la marchandise chez un grossiste ou encore des biens appartenant au débiteur et placés dans un coffre loué à une banque). Le débiteur n'étant pas présent lorsque les biens sont chez un tiers, l'huissier doit lui dénoncer (c'est-à-dire lui apprendre) la saisie dans un délai de 8 jours. Une fois saisis au domicile du débiteur ou chez un tiers, les meubles sont indisponibles, c'est-à-dire qu'ils ne peuvent plus être vendus, ni donnés. Pour que le créancier soit sûr que les meubles ne seront pas déplacés, l'huissier va désigner un « gardien », qui peut être le débiteur lui-même.

Ne pas respecter cette indisponibilité, c'est-à-dire déplacer ou vendre les meubles saisis, rend le débiteur et le gardien passibles du délit de détournement d'objets saisis, visé par l'article 314-6 du Code pénal et puni de trois ans d'emprisonnement et de 375 000 € d'amende !

Les biens mobiliers incorporels

En cas de mesure conservatoire sur les meubles incorporels, la saisie des créances est faite entre les mains d'un tiers (par exemple, le banquier ou encore l'employeur) que l'on appelle le tiers saisi. Ce dernier doit alors donner tous renseignements et rendre indisponibles les fonds à concurrence du montant de la saisie. On peut également saisir à titre conservatoire les droits d'associés (parts ou actions détenues par le débiteur dans une société) et les valeurs mobilières.

On ne peut pas saisir tout ce qui se trouve sur le compte du débiteur ou la totalité de son salaire. Le tiers saisi doit laisser à sa disposition « la quotité insaisissable », dont les montants varient chaque année et sont fixés dans l'article R 3252-2 du Code du travail.

Par la suite, le créancier qui a pu procéder à une saisie conservatoire devra introduire une procédure pour obtenir un titre exécutoire qui lui permettra de convertir la mesure conservatoire en mesure exécutoire (c'est-à-dire de vendre les biens mobiliers saisis). Si la mesure conservatoire vise un meuble corporel, la saisie sera convertie en saisie-vente, si elle concerne une créance, elle sera convertie en saisie-attribution.

Les immeubles

Lorsque la mesure conservatoire concerne un immeuble, le créancier va faire une inscription provisoire d'hypothèque, à condition d'avoir obtenu une décision du tribunal dont l'adversaire a fait appel par exemple ou de faire valoir le privilège du syndicat pour les charges de copropriété. Cette hypothèque sera valable 3 ans et devra être dénoncée au débiteur par acte d'huissier dans les 8 jours pour être valable. Là encore, le débiteur ne sera ni convoqué, ni entendu. Il aura connaissance de la mesure au moment de la dénonciation. Puisqu'il n'a pas de titre exécutoire, le créancier va devoir obtenir une décision définitive pour que son hypothèque provisoire soit convertie en hypothèque définitive car seul un titre exécutoire définitif peut permettre de prendre une hypothèque.

Les fonds de commerce

Le créancier va faire une requête aux fins de nantissement* provisoire, qui peut être refusée ou acceptée par le juge du tribunal de commerce. S'il l'accepte, le juge rendra une ordonnance et imposera au créancier un délai (en général 1 mois) pour saisir le tribunal afin d'obtenir un titre (une décision). Lorsque le créancier aura obtenu une décision définitive, le nantissement provisoire sera converti en nantissement définitif.

La saisie-vente des meubles corporels

Un créancier peut faire pratiquer une saisie-vente lorsque les meubles corporels ont été préalablement saisis par une saisie conservatoire ou sans saisie conservatoire préalable, après signification d'un commandement, si le créancier est muni d'un titre exécutoire* constatant une créance liquide et exigible. Quel que soit le bien corporel, le créancier peut le saisir, qu'il soit entre ses mains ou entre les mains d'un tiers (art. L 221-1).

Une saisie-vente, ça concerne quoi ?

Peuvent être saisis tous les biens meubles, comme par exemple les meubles meublants mais aussi :

- les véhicules terrestres à moteur,
- les immeubles par destination (art. 524 du Code civil), comme par exemple les ruches à miel,
- les récoltes sur pied appartenant aux débiteurs dans les 6 semaines qui précèdent l'époque habituelle de la maturité (art. R 221-57 et suivant).

Si la valeur des biens saisis est dérisoire, dans un souci de proportionnalité de la mesure d'exécution, lorsque la créance n'a pas de caractère alimentaire et n'excède pas 535 € (ce montant peut être modifié par décret), la saisie-vente dans le local d'habitation du débiteur n'est possible que sur autorisation du juge ou si la saisie d'un compte de dépôt ou des rémunérations du travail n'est pas possible.

Une saisie-vente, ça commence comment ?

EN PRATIQUE

Une saisie-vente commence invariablement par un commandement de payer, fait par un huissier, qui se présente au domicile du débiteur. Ce commandement indique la somme due et les frais engendrés, qui devront être également réglés à l'huissier. Si le débiteur règle dans un délai de 8 jours, l'huissier arrêtera la procédure. Sinon, il pourra la poursuivre (art. R 221-1). S'il n'y est pas obligé, l'huissier peut choisir d'accorder des délais de paiement, soit de sa propre initiative, soit en demandant au créancier.

Étant informé des poursuites à son encontre, le débiteur sait que l'on peut saisir ses biens et les vendre. Il n'y a plus d'effet de surprise, et il peut en profiter pour soustraire certains biens.

Comme tous les autres créanciers, le fisc doit faire un commandement (R 221-7) mais il revêt alors une forme particulière : c'est la mise en demeure de payer qui tient lieu du commandement prescrit par le Code de procédure civile. À réception de cette mise en demeure, le débiteur peut demander un sursis de paiement.

Dans le vif du sujet...

La procédure se poursuit par la saisie du mobilier au domicile du débiteur.

Si l'huissier trouve porte close...

L'huissier qui se heurte à une absence du débiteur ou à un refus de lui ouvrir la porte peut soit partir et prévoir une seconde visite avec la force publique ou deux témoins, soit envisager de revenir. Concrètement, il peut laisser un gardien à la porte du domicile du débiteur puis revenir avec une personne habilitée à l'accompagner (maire de la commune, conseiller municipal ou fonctionnaire municipal délégué par le maire à cette fin, autorité de police ou de gendarmerie), requise pour assister au déroulement des opérations. Il peut aussi revenir avec deux témoins majeurs, qui ne sont au service ni du créancier, ni de l'huissier de justice chargé de l'exécution (art. R 142-1).

Si le débiteur est présent

Avant de procéder aux opérations de saisie, l'huissier réitère verbalement la demande de paiement au débiteur (art. R 221-15). Ensuite, il procède à l'inventaire des biens : il dresse la liste des meubles et prend des photos (art. R 221-12). S'il y a eu des saisies antérieures, il faut les signaler à l'huissier.

À partir de ce moment, les meubles deviennent indisponibles.

Si au cours des opérations, l'huissier saisit des espèces (au maximum à concurrence de la créance), le débiteur pourra soit :

- en obtenir la restitution par décision du JEX (juge de l'exécution),
- dédommager le créancier. Elles viendront en diminution de la dette (art. R 221-20), si le débiteur ne saisit pas le JEX dans le délai d'1 mois ou si le JEX rend une décision en ce sens.

Si la valeur marchande des biens saisis est dérisoire ou si le local d'habitation ne contient aucun meuble saisissable, l'huissier rédigera alors un procès-verbal de carence (art. R 221-14).

À l'issue de la saisie, l'huissier remet au débiteur l'acte de saisie. Ce document est à conserver précieusement car il permettra en cas de problème de faire la preuve des biens présents. Si le débiteur est absent, cet acte lui sera signifié (à personne ou à domicile).

Le débiteur dispose d'un délai d'1 mois pour procéder à la vente amiable des meubles saisis (art. R 221-30).

S'il y a d'autres meubles ailleurs

Parfois, le créancier peut savoir qu'un ou plusieurs biens ayant une valeur marchande appartenant au débiteur sont entre les mains d'un tiers. L'huissier, après avoir signifié un commandement de payer au débiteur et en absence de règlement, va pouvoir saisir les biens. Si les objets sont détenus par un tiers dans un local d'habitation, l'huissier ne pourra pénétrer dans les lieux qu'après y avoir été autorisé par le JEX (art. L 221-1).

Si le tiers est présent lors de la saisie, l'huissier va l'inviter à déclarer les meubles qu'il détient pour le compte du débiteur (art. R 221-1, alinéa 2). Si le tiers n'assiste pas aux opérations de saisie, l'acte de saisie lui sera signifié à personne ou à domicile.

Le tiers qui refuse ou fait une déclaration mensongère ou inexacte peut être condamné à payer les causes de la saisie (principal, intérêts et frais), voire à des dommages et intérêts (art. R 221-1, dernier alinéa).

Si le tiers est titulaire d'un droit de rétention* sur les meubles saisis, il doit en informer l'huissier (art. R 221-29), soit au moment de la saisie, s'il était présent, soit par lettre recommandée avec accusé de réception, s'il était absent lors des opérations de saisie. Le créancier dispose d'un délai d'1 mois pour saisir le JEX d'une contestation. S'il ne le fait pas ou le fait hors délai, la revendication du tiers saisi sur le meuble est réputée acquise.

Le tiers peut être désigné comme gardien mais il peut refuser ou en être déchargé. En ce cas, l'huissier va désigner un autre gardien ou procéder à l'enlèvement des biens (art. R 221-27).

Après la saisie… et avant la vente

Que le bien soit saisi au domicile du débiteur ou entre les mains d'un tiers, il est indisponible. Cela signifie qu'il ne peut plus être vendu (sauf au débiteur à faire jouer la faculté de vente volontaire dans le délai d'1 mois pour payer le créancier). Cela signifie aussi que ni le débiteur, ni le tiers saisi ne peuvent en percevoir les fruits ou les revenus et qu'ils ne peuvent faire aucun acte d'administration*. En principe, pour le débiteur, cette indisponibilité n'empêche pas la jouissance du bien autorisée par l'article R 221-19, sauf s'il s'agit de biens consomptibles*.

La contestation

Entre le commandement et la vente, débiteurs, créanciers et tiers peuvent soulever des contestations. Le juge compétent pour toutes ces procédures est le juge de l'exécution (JEX), qui doit être saisi dans les délais mentionnés dans les différents actes de procédure. La seule exception à cette saisie directe concerne le droit fiscal. Il conditionne la saisine du JEX à une demande préalable auprès du TPG (trésorier-payeur général) ou du directeur des services fiscaux. Ce n'est qu'à défaut de réponse dans le délai imparti (rejet implicite) ou de réponse négative que le débiteur pourra saisir le JEX.

La nullité

Ce n'est pas parce qu'un bien est saisi qu'il est inexorablement perdu pour le débiteur. Pour tenter de se soustraire à la saisie-vente, le débiteur peut en effet invoquer la nullité de la saisie, et ce jusqu'à la vente des biens (art. R 221-54). Il peut invoquer une nullité :

- de forme (par exemple l'omission dans le commandement de la mention précisant que le débiteur peut vendre les meubles saisis à l'amiable),
- de fond (compensation parfaite ou partielle entre la dette du débiteur et celle du créancier).

Toutefois, soulever la nullité de la saisie ne suspend pas les poursuites (art. R 221-56), à moins que le juge n'en dispose autrement. Ainsi, si le juge donne raison au débiteur, donc annule la saisie-vente, après la vente mais avant la distribution des deniers au créancier, ce dernier ne pourra récupérer que le produit de la vente mais pas le ou les meubles saisis… Après la distribution des deniers, le débiteur ne pourra même pas récupérer de contrepartie financière (sauf à tenter une action en répétition de l'indu*).

Si le juge rejette la demande de nullité, la saisie-vente suivra son cours.

ATTENTION !

Lorsque le débiteur soulève la nullité de la saisie, le créancier saisissant doit en informer les autres créanciers (art. 131, alinéa 2).

L'insaisissabilité

Le débiteur peut invoquer :

- l'insaisissabilité d'un bien (R 221-49) ou une difficulté sur la propriété des meubles saisis (R 221-50),

- l'insaisissabilité d'un bien lorsque la loi ne permet pas au créancier de se payer sur ce bien (certains meubles garnissant le logement principal, partie d'un salaire…).

Si ces actions judiciaires suspendent la procédure, cette suspension ne concerne que les meubles visés dans la revendication (R 221-49), ce qui signifie que pour les autres meubles saisis, la procédure continue.

Ce n'est pas à moi !

En principe, tout bien meuble en possession d'une personne est supposé lui appartenir. C'est la conséquence de l'article 2279 du Code civil, qui précise qu'« en fait de meuble, possession vaut titre ». Cependant, il arrive que le saisi soit en possession d'un meuble qui appartient à un tiers. Le saisi doit alors demander au JEX (art. R 221-51), que le ou les biens dont il aura pu prouver qu'il(s) ne lui appartien(nen)t pas, par une facture au nom d'un tiers par exemple, ne fassent plus partie de la saisie.

Le propriétaire du bien ne pourra plus le revendiquer (art. 129, 1er alinéa) après la vente des biens saisis.

Introduire cette action judiciaire n'est pas la garantie, pour le véritable propriétaire, de revoir son bien si celui-ci a déjà été vendu. Il ne percevra éventuellement que le produit de la vente, et encore, à la condition que le produit de la vente n'ait pas été distribué ! Sinon, après la distribution des deniers, le débiteur ne pourra même pas récupérer de contrepartie financière (sauf à tenter une action en répétition de l'indu).

Dernière étape : la vente des meubles

Si la contestation ou la demande de nullité n'a pas abouti, la procédure se poursuit avec la vente des meubles.

Obligations préliminaires

L'huissier ne peut vendre les meubles sans avoir procédé à une publicité et si nécessaire à un procès-verbal de vérification des biens saisis. L'affichage de la date, du lieu et du contenu de la vente demeure obligatoire.

Afin de préserver la vie privée, les affiches ne peuvent être placardées qu'à la mairie du domicile du débiteur et sur le lieu de la vente. La publicité par voie de presse est désormais facultative.

Avant la vente, l'huissier doit vérifier que les objets saisis et devant être vendus sont toujours présents et qu'ils n'ont pas été dégradés. Le procès-verbal établi au cours de cette vérification constatera uniquement les meubles absents ou dégradés (R 121-36).

La vente amiable

Pour éviter des frais et le choc émotionnel d'une vente aux enchères, le débiteur peut, dans le délai d'1 mois à compter de la saisie, vendre les meubles saisis, à charge pour lui bien sûr de reverser le produit de la vente au paiement de sa ou de ses dettes (art. L 221-3 et R 221-33). L'huissier, qui doit recevoir les propositions, informe alors le créancier poursuivant, mais aussi les créanciers opposants, qui disposent d'un délai de 15 jours pour faire connaître leur position. S'ils ne répondent pas, ils sont censés accepter. La vente peut avoir lieu et le prix est alors consigné entre les mains de l'huissier, qui procédera à la répartition. Si un seul créancier refuse, la vente amiable ne peut avoir lieu.

Le refus du créancier doit être motivé et il doit notamment pouvoir prouver que l'offre est insuffisante.

La vente forcée aux enchères publiques

La vente forcée aux enchères publiques ne peut avoir lieu avant que les délais concernant la vente amiable ne soient expirés, soit au moins 1 mois et demi après la saisie. Elle a lieu aux enchères publiques, soit au lieu où se trouvent les objets (comme par exemple le domicile du débiteur), soit dans une salle des ventes. Les meubles sont attribués sur enchères, après que le prix a été répété trois fois. L'acquéreur, qui doit payer comptant, est immédiatement mis en possession du bien acquis.

Même si la vente de ses meubles est un moment pénible, le débiteur, ses proches ou toute autre personne qui viendrait troubler cette vente serait susceptible d'être condamné pénalement (art. 316-6 et 316-7 du Code pénal).

Deux saisies particulières

La saisie des véhicules terrestres à moteur et la saisie des objets placés dans un coffre-fort loué à une banque font l'objet de procédures spécifiques.

La saisie des véhicules terrestres à moteur

La saisie des véhicules terrestres à moteur peut prendre trois formes distinctes.

La saisie par déclaration à la préfecture est une mesure conservatoire. Elle peut être utilisée par le Trésor public pour essayer d'obtenir le paiement de ses amendes mais également par tout créancier muni d'un titre exécutoire. L'huissier de justice chargé de l'exécution fait une déclaration, qui sera portée à la connaissance du débiteur, lequel peut saisir le JEX pour demander la mainlevée* de la mesure (art. R 223-9, dernier alinéa). Lorsque le véhicule est saisi, cela ne prive pas le débiteur de la possibilité de l'utiliser mais cela empêche le transfert de carte grise, donc la vente, le don, le gage ou la vente amiable (art. R 223-4).

Cette déclaration cesse de produire effet à l'expiration d'un délai de 2 ans à compter de sa signification, à la condition toutefois qu'elle n'ait pas été renouvelée dans les formes de la déclaration initiale.

La saisie par immobilisation du véhicule à la requête d'un créancier : L'huissier de justice chargé de l'exécution d'une décision exécutoire peut saisir le véhicule du débiteur en l'immobilisant, en quelque lieu qu'il se trouve, par tout moyen n'entraînant aucune détérioration dudit véhicule. Cette première étape conservatoire empêche le débiteur de pouvoir disposer de son véhicule. Cette immobilisation peut se faire sur place (sabot de Denver) ou par transfert du véhicule en un autre lieu choisi par l'huissier. Ensuite, l'huissier de justice va poursuivre la procédure jusqu'à obtenir la vente (amiable ou aux enchères : art. R 223-11). La vente aux enchères est l'issue la plus fréquente.

La saisie par immobilisation du véhicule peut aussi être faite par l'huissier pour permettre la remise du véhicule à son propriétaire (acquéreur du véhicule par exemple). Le débiteur devra alors se présenter à l'étude de l'huissier de justice pour convenir avec lui des conditions de transport du véhicule, à défaut il sera transporté à ses frais pour être remis à la personne désignée dans le titre. L'huissier peut enfin procéder à une saisie par immobilisation du véhicule pour permettre la remise du véhicule au créancier gagiste (cas d'une vente en *leasing* pas exemple, à la suite du défaut de paiement des loyers) et la vente aux enchères publiques.

Un véhicule terrestre à moteur peut être considéré comme insaisissable, s'il s'agit d'un outil de travail indispensable ainsi pour un VRP ou un taxi, à la condition toutefois qu'il ne soit pas luxueux (comme par exemple un VRP qui parcourt les routes avec une berline Mercedes de luxe alors qu'il pourrait le faire avec une Renault ou une Peugeot de même type mais beaucoup moins onéreuse).

Le débiteur peut saisir le JEX pour tenter de s'opposer à ces mesures.

La saisie des objets placés dans un coffre-fort loué à une banque

Le créancier titulaire d'un titre exécutoire peut saisir les biens qui sont dans un coffre en vue de les vendre, à la condition qu'il ne s'agisse pas de biens insaisissables comme par exemple des lettres de famille. Mais avant, il doit faire commandement au débiteur de payer sa dette (R 224-3, alinéa 1). Cette saisie-vente peut se faire en présence du débiteur ou non mais en tout état de cause en présence du banquier. À l'ouverture du coffre, il est dressé inventaire des biens par l'huissier, qui peut prendre des photos.

Si le débiteur est absent, les meubles saisissables sont immédiatement enlevés par l'huissier ou mis sous séquestre* sous la garde d'un tiers (par exemple le banquier), les biens insaisissables étant laissés dans le coffre. Si le débiteur est présent, les biens qui sont saisissables sont immédiatement enlevés ou mis sous séquestre (art. R 224-4). Une copie de l'inventaire doit être remise au débiteur, qui, une fois la saisie opérée, retrouve le libre accès à son coffre. Le créancier peut vouloir simplement appréhender les biens pour les remettre à un tiers.

La saisie-attribution des meubles incorporels

La saisie-attribution est une mesure d'exécution qui permet au créancier de saisir les biens meubles incorporels*, c'est-à-dire une somme d'argent mais aussi des valeurs mobilières pour en obtenir la contrepartie financière.

La saisie-attribution, mode d'emploi

La saisie-attribution des meubles incorporels se fait entre les mains d'un tiers, qui les détient pour le compte du débiteur (un banquier par exemple) et qui va être saisi de manière à bloquer immédiatement entre ses mains ce qui est dû au créancier.

Modalités

La saisie-attribution fait donc intervenir trois acteurs :

- le débiteur (le saisi),
- le créancier (le saisissant),
- le tiers (le tiers saisi).

Pour pouvoir procéder à une saisie-attribution, le créancier doit être titulaire d'un titre exécutoire constatant une créance certaine et liquide (art. L 211-1). Évidemment, cette saisie-attribution ne peut s'envisager que sur des sommes saisissables, ce qui exclut les pensions alimentaires et les prestations sociales lorsqu'elles sont réputées insaisissables, et, en l'état de la jurisprudence actuelle, les PEP (plan d'épargne populaire). En revanche les PEL (plan d'épargne logement) sont saisissables.

Avant de faire une saisie attribution, le créancier peut faire une saisie conservatoire. Elle va rendre les fonds ou les valeurs mobilières indisponibles jusqu'à ce que le créancier obtienne un titre exécutoire.

Première étape : l'huissier informe le tiers saisi

Avant que le débiteur ne soit informé de la mesure, l'huissier indique au tiers saisi, chez qui il se rend, qu'il entend saisir les fonds disponibles ou les valeurs mobilières du débiteur. Le tiers saisi est alors tenu de « déclarer l'étendue de ses obligations à l'égard du débiteur » (art. R 211-3). Cela signifie qu'il doit indiquer à l'huissier tout ce qu'il détient pour le compte du débiteur (le montant de facture qu'il doit lui payer par exemple) et tout ce qui pourrait s'opposer à la saisie (saisies antérieures par exemple).

Le tiers saisi est obligé de fournir les renseignements demandés sinon il peut être condamné à payer en lieu et place du débiteur (art. R 211-5) !

Deuxième étape : l'huissier dénonce la saisie-attribution au débiteur

C'est grâce à cet acte extra judiciaire que le débiteur va avoir connaissance officielle de l'intervention de son créancier (art. R 211-3). Bien sûr, il pourra en avoir été averti avant par le tiers saisi mais cette information n'a aucune conséquence légale. Le débiteur peut alors saisir le JEX dans le délai d'1 mois (art. R 211-11, alinéa 1) pour contester cette saisie.

Le débiteur qui soulève une contestation doit en aviser l'huissier le jour même par un courrier recommandé avec accusé de réception, sinon sa contestation ne peut pas être examinée par le JEX. Il doit également en informer le tiers saisi (art. R 211-11, alinéa 2).

À défaut de contestation par le débiteur ou le tiers saisi (celui-ci pouvant par exemple soulever une contestation concernant sa qualité de débiteur envers le saisi), dans le délai d'1 mois, l'huissier va pouvoir se faire payer (art. L 211-4).

Quels effets sur le patrimoine ?

Le créancier du débiteur devient créancier du tiers saisi. Les sommes saisies lui sont alors attribuées immédiatement à concurrence de la dette de son débiteur (art. L 211-2). Le débiteur ne peut pas demander de délais de grâce pour s'acquitter de sa dette. En revanche, les fonds qu'il devait percevoir ne sont pas bloqués pour leur totalité. Si le montant de la saisie est inférieur au montant saisi, le solde reste disponible pour le débiteur. Ainsi par exemple, si le tiers saisi devait régler une facture de 5000 € et que la saisie ne porte que sur 3000 €, le débiteur percevra directement du tiers saisi la somme de 2000 €.

La saisie peut avoir des effets pervers si le débiteur avait émis un chèque alors qu'il avait les fonds et que ceux-ci deviennent indisponibles par l'effet de la saisie. Le chèque risque fort d'être rejeté pour défaut de provision !

Le Trésor public procède par « avis à tiers détenteur » et non par une saisie-attribution de droit commun. Pour pouvoir appréhender les fonds, il faut qu'il soit le premier.

Meubles incorporels concernés

La saisie-attribution peut concerner les fonds détenus sur un compte bancaire, des droits d'associé, des valeurs mobilières ou encore des rémunérations.

La saisie sur compte bancaire

Le banquier est tenu de déclarer les sommes qu'il détient pour le compte du débiteur saisi. Il doit donc indiquer le solde de chacun des comptes (courants, dépôts…) du débiteur au jour de la saisie, qu'ils soient débiteurs ou créditeurs. Le banquier n'est pas obligé d'indiquer la composition et les soldes des comptes-titres de type PEA ou SICAV, qui ne peuvent être saisis que par une procédure spéciale. En revanche, les actions détenues en dehors d'un compte particulier et qui ont été achetées par l'intermédiaire de l'établissement bancaire sont saisissables dans le cadre de la procédure sur compte bancaire.

La saisie rend indisponibles les fonds qui étaient sur le(s) compte(s), à concurrence de la créance. Le créancier pourra se faire payer à condition qu'il n'y ait pas d'autres saisies antérieures. Le banquier facture des frais de saisie sur chacun des comptes concernés.

On ne peut pas saisir la totalité des fonds. Le banquier doit laisser à la disposition du débiteur un revenu minimum dont le montant correspond à la partie insaisissable du salaire.

Le solde pris en compte étant celui du jour de la saisie, beaucoup de créanciers saisissent en fin ou en début de mois, espérant ainsi un solde créditeur grâce au versement des salaires (secteur privé) ou des traitements (secteur public).

Sauf si les époux sont mariés sous le régime de la séparation de biens, le banquier doit inclure dans sa déclaration les comptes joints, même si la dette n'a aucun rapport avec les dettes du ménage. L'époux peut essayer, devant le JEX, de prouver que les fonds disponibles sont sa propriété exclusive (art. 1538 du Code civil). S'il ne parvient pas à établir cette preuve, les sommes saisies sont réputées lui appartenir indivisément pour moitié (alinéa 2), le créancier ne pourra donc saisir que la moitié des sommes sans qu'il ait besoin d'autres éléments de preuve puisque l'indivision pour moitié est la règle de droit.

La saisie des droits d'associés et des valeurs mobilières

Un créancier peut vouloir obtenir la contrepartie financière des droits que détient son débiteur dans une société :

- s'il s'agit de valeurs mobilières nominatives, ce sont des parts sociales,
- s'il s'agit de valeurs mobilières au porteur, ce sont des actions.

Pourront également être saisies les valeurs mobilières cotées* en bourse que possède le débiteur (art. R 232-3) entre les mains du tiers qui détient les titres (société, banque, société de gestion de patrimoine…). Cette saisie sera ensuite dénoncée au débiteur pour les mêmes raisons et dans les mêmes conditions que la saisie-attribution classique.

Le débiteur saisi peut contester les droits du créancier dans le délai d'1 mois à compter de la signification de la saisie (art. R 232-3, alinéa 4). Il peut vendre spontanément les droits d'associés, parts ou actions (art. R 232-6, alinéa 4). Le produit de la vente ira au créancier et pour le surplus, s'il y en a, au débiteur.

Les autres titres ne pourront être vendus que sur enchères publiques (sauf si la vente en est prohibée comme par exemple les parts de sociétés professionnelles des auxiliaires de justice : avocats, notaires, huissiers).

La saisie des rémunérations

Tout créancier muni d'un titre exécutoire constatant une créance liquide et exigible peut procéder à la saisie des sommes dues au titre de la rémunération de son débiteur par l'employeur (art. R 3252-1 du Code du travail). Pour qu'un créancier puisse obtenir une saisie des rémunérations, il faut qu'il existe un lien de subordination, c'est-à-dire que le débiteur (saisi et salarié) soit sous l'autorité de l'employeur (tiers saisi). Juridiquement, cette autorité se concrétise par le pouvoir de l'employeur de « donner des ordres, d'en contrôler l'exécution et de sanctionner les manquements de son subordonné ». C'est pourquoi on ne peut faire de saisie des rémunérations sur les sommes dues à un artisan ou à une profession libérale par exemple car il n'y a aucun lien de subordination dans ce type d'activité.

L'huissier va avertir l'employeur du débiteur des sommes dues à son créancier, déclenchant ainsi la saisie (si ce sont des impôts qui sont dus, la saisie est faite dans le cadre d'un « avis à tiers détenteur »). La saisie portera non seulement sur les salaires (sauf la quotité insaisissable, fixée annuellement) mais sur toutes les sommes dues à titre de rémunération (art. L 3252-1 du Code du travail), quels que soient le montant et la nature de la rémunération (ainsi par exemple des commissions dues à un VRP sont saisissables).

Barème des quotités saisissables (tranche de rémunération mensuelle nette au 1er janvier 2013)

Attention, ce barème change tous les 1er janvier.

1/20e sur la tranche inférieure ou égale à 305,83 €

1/10e de 305,83 € à 598,33 €

1/5e de 598,33 € à 893,33 €

1/4 de 893,33 € à 1 185,83 €

1/3 de 1 185,83 € à 1 480,00 €

2/3 de 1 480,00 € à 1 777,50 €

au-delà de 1 777,50 € la totalité

Ces tranches sont augmentées d'un montant mensuel de 115,83 € (au 1er janvier 2013) par personne à charge.

Ainsi par exemple, pour un débiteur sans personne à charge dont le salaire net est de 2300 €, la partie saisissable sera de 995,56 €, avec ce même salaire mais avec deux personnes à charge, la partie saisissable ne sera que de 775,48 € (source *Dictionnaire permanent, éditions législatives*).

Peuvent être considérées comme personnes à charge :

- le conjoint, le partenaire de PACS ou le concubin du débiteur, dont les ressources personnelles sont inférieures au montant forfaitaire du revenu de solidarité active mentionné à l'alinéa 2 de l'article L 262-2 du Code de l'action sociale et des familles, tel qu'il est fixé chaque année par décret pour un foyer composé d'une seule personne ;
- l'enfant ouvrant droit aux prestations familiales, en application du Code de la sécurité sociale et se trouvant à la charge effective et permanente du débiteur au sens du même Code. Est également considéré comme étant à charge l'enfant à qui ou pour l'entretien duquel le débiteur verse une pension alimentaire ;
- l'ascendant qui habite avec le débiteur ou auquel le débiteur verse une pension alimentaire et dont les ressources personnelles sont inférieures au montant forfaitaire du RSA mentionné à l'alinéa 2 de l'article L 262-2 du Code de l'action sociale et des familles, fixé pour un foyer composé d'une seule personne.

Une fois la rémunération saisie entre les mains de l'employeur, le créancier devra faire valider cette saisie par le tribunal d'instance. Créanciers et débiteurs seront convoqués à l'audience de conciliation par le greffe du tribunal d'instance du lieu du domicile du débiteur salarié (art. R 3252-7 du Code du travail). Au cours de cette audience, soit le (ou les) créancier(s) et le salarié/débiteur trouveront un accord sur la modalité d'apurement de la dette, soit le débiteur pourra soulever une contestation concernant la créance, qui sera examinée par le juge à une audience ultérieure (art. R 3252-8 du Code du travail). C'est aussi à cette occasion que l'employeur fera savoir si le débiteur est toujours son salarié (si ce n'est pas le cas, il ne peut pas se contenter de l'affirmer, il doit le prouver par exemple à l'aide d'une procédure de licenciement ou du livre d'entrée et de sortie du personnel).

ATTENTION !

Si le départ du salarié n'est pas réel, l'employeur qui aura fait une fausse déclaration peut se voir condamner à régler les sommes saisies arrêtées.

Le tribunal rendra alors sa décision :

- Si la saisie est rejetée, l'employeur pourra verser son salaire au salarié/débiteur.
- Si elle est validée, l'employeur devra verser la partie saisie au greffe du tribunal et le solde au salarié (art. R 3252-27 du Code du travail). L'employeur qui ne verse pas la partie saisie peut être personnellement condamné par une ordonnance demandée par le créancier au paiement des sommes (art. R 3252-28 du Code du travail).

Si plusieurs créanciers se sont joints à la procédure – c'est possible pour tout créancier muni d'un titre exécutoire et qui a saisi le tribunal par voie de requête (art. R 3252-30 du Code du travail) – le greffier procédera tous les 6 mois à une répartition des sommes entre eux (art. R 3252-34). Lorsque le ou les créanciers seront intégralement réglés, le débiteur pourra demander au juge qu'il ordonne la mainlevée de la saisie (art. 3252-39 du Code du travail). Il peut même demander la mainlevée avant le règlement total s'il trouve un accord avec les créanciers. La décision ou l'accord est alors dénoncée à l'employeur qui retrouve la liberté de payer son salarié en intégralité.

La saisie immobilière des immeubles

Cette mesure d'exécution permet au créancier de saisir un immeuble appartenant à son débiteur pour se faire payer. Elle s'applique aux biens immobiliers appartenant au débiteur mais peut, lorsque la caution assortit sa garantie d'un droit sur un immeuble (on parle alors de « caution réelle »), jouer contre un bien ou des droits immobiliers appartenant à la caution.

Le débiteur peut s'adresser à un avocat inscrit dans le barreau où est situé l'immeuble.

Qui provoque la procédure ?

Les créanciers seront payés sur le produit de la vente mais en fonction de leur privilège* ou de leur inscription au rang des hypothèques. Seuls les créanciers privilégiés ou dans les premiers rangs hypothécaires ont donc intérêt à provoquer une procédure de saisie immobilière (les hypothèques étant inscrites au bureau des hypothèques, il suffit de demander un état hypothécaire pour connaître le rang et le montant des créances).

Prenons le cas d'un débiteur, propriétaire d'un bien immobilier d'une valeur de 350 000 €. S'il doit 290 000 € à la banque prêteuse de deniers, qui dispose d'un privilège et 45 000 € au fisc, qui a pris une hypothèque au premier rang, un créancier venant en troisième rang pour une créance de 30 000 € a peu de chance d'être payé s'il provoque la vente ! En revanche, la banque et le fisc peuvent y avoir intérêt.

Si, dans une convention, le débiteur a signé une clause précisant que son créancier ne peut faire vendre l'immeuble sous une autre forme que la procédure prévue pour la saisie immobilière, cette convention est nulle et le créancier devra respecter la procédure (art. L 311-3).

Saisie immobilière, sous quelles conditions ?

Pour qu'une procédure de saisie immobilière soit lancée, le créancier doit être titulaire d'une créance certaine, liquide et exigible et d'un titre exécutoire (art. L 311-2), qui peut être :

- une décision de justice bien sûr (ordonnance, jugement, arrêt),
- un acte authentique* (passé devant notaire) qui constate une dette certaine et liquide (art. L 111-3),
- un acte administratif.

Le créancier, appelé le saisissant, peut faire saisir un immeuble sans attendre que la décision soit devenue définitive. Pour vendre en revanche, les conditions sont différentes. La vente volontaire ne peut être envisagée, ou l'adjudication ne peut se faire que lorsque le créancier est titulaire d'une décision définitive passée en force de chose jugée (art. L 311-4, alinéa 1), c'est-à-dire lorsque toute les voies de recours sont éteintes ou ont été épuisées.

Il ne faut pas confondre ordonnance de référé et décision « en la forme des référés ». La première est par essence provisoire, alors que la seconde statue en purgeant le fond. Ainsi par exemple, le syndic peut obtenir contre le copropriétaire une ordonnance en la forme des référés pour les charges de l'année en cours, qui lui permettra de faire vendre, alors que pour un simple arriéré de charge, il pourra obtenir une décision en référé qui ne lui permettra pas de faire vendre l'immeuble.

Mesures de protection

Le créancier titulaire d'un titre exécutoire ne peut prendre pour garantie l'ensemble du patrimoine immobilier du débiteur. Lorsque ce dernier est propriétaire de plusieurs immeubles, le créancier peut être tenté de saisir un autre immeuble pour obtenir le paiement de sa créance. En principe, cela lui est interdit (art. L 311-5, alinéa 1) sauf si l'immeuble saisi ne permet pas une garantie suffisante au regard de la créance. Lorsque plusieurs immeubles appartenant au débiteur sont saisis simultanément, le saisi, pour protéger son patrimoine, peut demander :

- le cantonnement* sur un ou plusieurs immeubles et la suspension des poursuites sur les autres (art. L 312-6, alinéa 1). Il obtiendra cette mesure de cantonnement si la valeur des immeubles apparaît suffisante pour dédommager le créancier poursuivant et les autres créanciers inscrits.
- une conversion partielle des saisies en hypothèques sur certains immeubles (art. L 312-6, alinéa 2) qui prend rang au jour de la publication de la saisie, à la condition que l'hypothèque soit inscrite dans le mois qui suit la décision l'autorisant.

Ces deux mesures empêcheront que le créancier ne puisse vendre l'intégralité du patrimoine immobilier pour pouvoir être payé.

Et après ?

Une fois que l'immeuble est saisi, le bien ne peut plus être vendu, sauf dans le cadre d'une vente amiable sur autorisation judiciaire. Il devient indisponible à partir de la publication de la saisie au fichier immobilier (art. L 321-5, alinéa 1). Les droits de jouissance et d'administration du débiteur (art. L 321-2) sont restreints.

La saisie arrête la prise de garantie. Les créanciers qui n'ont pas pris de privilège ou d'hypothèque antérieurement à la publication du commandement ne pourront plus prendre une inscription (L 321-5, alinéas 2 et 3).

Si le propriétaire envisage de louer l'immeuble ou si l'immeuble est partiellement ou totalement loué, les baux conclus avant la saisie sont valables, ce qui permet au locataire de rester dans les lieux (si l'immeuble est vendu, il changera simplement de propriétaire). En revanche, les baux conclus après la saisie ou antérieurement à la saisie mais dont on ne peut prouver que la date de conclusion est antérieure à la publication (art. L 321-4, alinéa 1) sont inopposables au créancier poursuivant ou à l'acquéreur. La preuve de ces baux peut se faire par tout moyen, ainsi par exemple en prouvant l'occupation des lieux par une facture de déménagement ou encore par un relevé bancaire permettant de vérifier le paiement de loyers.

À défaut de prouver l'antériorité de son occupation par rapport à la saisie, le locataire ne peut revendiquer son bail pour rester dans les lieux, ni en tirer des droits ! Il peut donc être expulsé.

Pour éviter cette situation, le saisi, si les circonstances le justifient, peut demander au JEX (art. R 321-15, alinéa 2) de l'autoriser à accomplir certains actes dont celui de conclure un bail. Si le juge accepte, il sera alors opposable au créancier et à l'acquéreur. Si le débiteur demeure dans les lieux, il sera désigné séquestre. Il ne pourra être expulsé que pour cause grave (art. L 321-4). Le recours à cette notion de cause grave exclut une demande de libération des lieux pour obtenir un meilleur prix par exemple.

La vente

Désormais, la vente peut se faire à l'amiable sur autorisation judiciaire ou par adjudication aux enchères publiques (art. L 322-1). Dans les deux cas, l'huissier fera porter la mesure d'exécution à la connaissance du débiteur, puis le créancier pourra faire procéder à la vente.

La phase préparatoire

L'huissier délivre au débiteur un acte de commandement de payer, qui a un double objectif :

- faire sommation au débiteur de payer,
- lui indiquer qu'à défaut, ce commandement concrétise la saisie immobilière.

Ce commandement de payer, valant saisie immobilière, devra ensuite être publié au bureau des hypothèques dans les 2 mois de sa signification. À l'expiration du délai de 8 jours accordé au débiteur pour régulariser la situation, l'huissier pénétrera dans les lieux en vue d'établir un procès-verbal de description qui permettra au futur acquéreur d'apprécier l'immeuble (art. L 322-2).

Fermer sa porte ne servira à rien car si l'huissier ne peut pas pénétrer dans l'immeuble en l'absence du débiteur ou si ce dernier lui refuse l'accès, l'huissier peut revenir accompagné d'un serrurier et d'un représentant de la force publique ou de deux témoins majeurs (art. L 142-1).

Lorsque l'immeuble est occupé par un tiers, la situation est quelque peu différente car si l'occupant refuse l'accès, l'huissier devra être autorisé par le JEX (art. L 322-2, alinéa 2). L'huissier doit être bien élevé, il doit assurer la fermeture des portes après les avoir fait ouvrir (art. 142-2) !

L'assignation à comparaître

Le créancier poursuivant fait ensuite délivrer au saisi une assignation à comparaître devant le JEX. Première phase de la procédure, cette assignation oblige le débiteur à se présenter à l'audience d'orientation (seul ou représenté par un avocat). Compte tenu de la complexité de la procédure et des enjeux, il est fortement conseillé de se faire représenter par un avocat. Si le créancier poursuivant n'est pas le seul créancier inscrit, le commandement valant saisie doit être porté à la connaissance des autres créanciers inscrits. Cette dénonciation vaut assignation de comparaître à l'audience d'orientation pour que chaque créancier informé puisse faire valoir ses droits.

À ce stade de la procédure, le créancier poursuivant doit rédiger « le cahier des conditions de vente », qui sera disponible au greffe du juge de l'exécution, où il pourra être consulté par le débiteur, tout créancier mais aussi par tout futur acquéreur. Le débiteur saisi et les autres créanciers pourront demander au JEX d'y apporter des modifications.

L'audience d'orientation

Lors de l'audience d'orientation, le juge de l'exécution va :

- vérifier les conditions de validité de la saisie,
- juger les incidents (ce sont les contestations et les demandes incidentes qui peuvent être soulevées par les différentes parties – débiteur saisi et créanciers),
- autoriser, s'il a été saisi de la demande avant l'audience d'orientation, la vente amiable (de gré à gré) ou au contraire ordonner la vente forcée (art. R 322-17).

La vente amiable

Pour que le débiteur soit autorisé à vendre les biens ou les droits immobiliers de façon amiable, il faut que le juge apprécie les possibilités et ses chances de succès (art. L 322-15), compte tenu de facteurs objectifs :

- la situation du bien,

- les conditions économiques du marché,
- les diligences éventuelles du débiteur.

Le JEX doit aussi fixer un prix plancher (art. R 322-20). Enfin, pour éviter le caractère dilatoire de cette mesure, il fixe une date d'audience (art. R 322-21) au plus tard à 4 mois (ce délai peut être prorogé au maximum de 3 mois pour concrétiser la vente, à la condition cependant que le débiteur puisse apporter un écrit constatant l'acquisition).

La vente aux enchères publiques

À défaut de pouvoir être vendu de gré à gré (à l'amiable), le bien sera vendu aux enchères à la date fixée par le juge. Cette vente doit être portée à la connaissance des futurs acquéreurs par une publicité préalable (affichage et publication de deux avis) et la visite organisée de l'immeuble saisi. Au jour fixé, la vente du bien ou des droits aura lieu aux enchères publiques (art. L 322-6, alinéa 1) à l'audience du juge qui va adjuger le bien au plus offrant.

Seul un avocat inscrit au barreau dans lequel a lieu la vente peut surenchérir. Ainsi pour un bien situé à Versailles, on ne peut prendre avocat du barreau de Nantes par exemple, il faut s'adresser à un avocat au barreau de Versailles.

Lorsque l'enchère a eu lieu, le prix d'attribution est celui fixé au jour du jugement d'adjudication plus les frais. L'avocat mandaté ne peut enchérir que s'il dispose d'un chèque de banque du montant des frais.

En cas d'insuffisance manifeste de la mise à prix, le débiteur peut demander au juge de fixer une mise à prix en relation avec la valeur vénale du bien et les conditions du marché (art. R 322-6). De même, après la vente, toute personne qui considère que le bien n'a pas été vendu à sa juste valeur, y compris le débiteur, peut demander une surenchère du dixième au moins du prix principal (art. R 322-50, alinéa 1). Cette surenchère doit être déposée dans un délai de 10 jours qui suivent l'adjudication par un avocat (art. R 322-50, alinéa 2). Le bien sera de nouveau mis aux enchères et adjugé dans les mêmes conditions.

Lorsque le bien a été adjugé, le produit de la vente est distribué entre les différents créanciers en fonction de leur rang s'ils sont plusieurs. La distribution des deniers peut être faite de manière amiable par le créancier poursuivant (ou à défaut un autre créancier ou le débiteur saisi) ou selon une procédure de distribution judiciaire si aucun accord n'a pu être trouvé.

À défaut d'enchères, le poursuivant peut être déclaré adjudicataire pour la valeur de la mise à prix initiale (art. R 322-6, alinéa 2).

Après la vente

Lorsque l'immeuble a été vendu, les occupants doivent quitter les lieux. L'expulsion du propriétaire, des locataires (si elle est juridiquement possible) ou des occupants sans droits ni titre (squatters) peut être désormais entamée par l'acquéreur. Elle ne concerne plus les biens mobiliers ou immobiliers mais les personnes. Cette mesure d'exécution se fait dans les mêmes conditions que l'expulsion d'un locataire.

Le juge de l'exécution

On s'adresse au juge de l'exécution (JEX), qui siège au tribunal de grande instance, dès lors que l'on est confronté aux difficultés qui naissent lors de l'exécution d'un titre exécutoire (décision de justice ou acte notarié). S'il est compétent dès que le débiteur reçoit un commandement de payer ou un acte de saisie pour accorder un délai de grâce, il n'a aucun pouvoir pour suspendre l'exécution d'une décision de justice (art. R 121-1).

Au cours d'une procédure d'exécution, le débiteur ou parfois le créancier peut considérer avoir été victime d'un préjudice (sauf s'il est la conséquence d'une faute de l'administration). Si la victime demande réparation, elle devra saisir le juge de l'exécution que l'autre partie aura saisie.

En matière de saisie-attribution des rémunérations, c'est le juge du tribunal d'instance qui est compétent.

Pourquoi et comment saisir le juge de l'exécution ?

Débiteur(s) ou créancier(s) peuvent saisir le JEX pour :

- contester le montant des sommes réclamées (le débiteur va prouver par exemple qu'il a déjà réglé une partie, ou contester les modalités de calcul des intérêts),
- demander des délais de paiement (art. 1244-1 du Code civil),
- demander qu'il soit sursis à une mesure d'expulsion. Cette demande doit être formulée aussi bien pour un local d'habitation que pour un local commercial, à compter de la signification du commandement de déguerpir,
- demander la mainlevée d'une saisie, soit parce qu'elle injustifiée, soit parce qu'elle est inutile, soit encore parce qu'elle est abusive,

- soulever une irrégularité de forme commise par l'huissier lors de la saisie (par exemple un problème dans l'identification des parties),
- soulever un problème concernant l'insaisissabilité de certains biens,
- revendiquer la propriété d'un bien saisi. L'action en revendication de biens saisis peut être introduite par le véritable propriétaire d'un meuble qui aurait été saisi au domicile du débiteur, à charge pour lui de prouver la propriété du meuble. Ainsi par exemple dans une location meublée, le propriétaire, grâce à l'état des lieux, pourra demander à l'huissier de soustraire de la saisie les meubles lui appartenant.

En revanche, le débiteur saisi ou un tiers qui y aurait intérêt ne peut demander au juge de l'exécution de suspendre l'exécution de la décision (sauf exception) ni d'examiner la décision qui est à l'origine du droit du créancier. En effet, le juge n'a pas pouvoir de modifier la décision de justice à l'origine de la poursuite (art. L 212-1, alinéa 2).

Pour saisir le JEX, il faut procéder par voie d'assignation, c'est-à-dire par acte d'huissier (art. R 121-1). Dans cette assignation figurent l'argumentation du demandeur* et la date d'audience à laquelle est convoqué le défendeur*.

En matière d'expulsion, l'assignation n'est pas nécessaire. Le JEX peut être saisi par simple lettre recommandée ou déclaration faite contre récépissé au secrétariat-greffe du tribunal (art. R 142-2). C'est alors ce dernier qui informe par courrier RAR les parties de la date d'audience (art. R 442-5, alinéa 1).

Déroulement de la procédure

Ça y est, le JEX est saisi. Que se passe-t-il ensuite ?

Comparution des parties

La comparution des parties correspond à une procédure orale dans laquelle les parties peuvent se défendre elles-mêmes, sans être obligées d'avoir recours aux services d'un avocat (sauf en matière de saisie immobilière où la représentation par avocat peut être obligatoire pour certains aspects de la procédure). Rien n'empêche en revanche le demandeur comme le défendeur de se faire représenter ou de se faire assister (art. R 211-7) par :

- un avocat,
- son conjoint, son concubin ou la personne avec laquelle il a conclu un pacte civil de solidarité,
- ses parents ou alliés en ligne directe,
- ses parents ou alliés en ligne collatérale jusqu'au troisième degré inclus,

- les personnes exclusivement attachées à son service personnel ou à son entreprise.

Le représentant, s'il n'est pas avocat, doit être muni d'un pouvoir spécial. Ce document est indispensable car si la personne représentée n'est pas présente, elle sera considérée comme non comparante et une décision sera rendue sur les seuls éléments donnés par son adversaire !

Pour diminuer les coûts de la procédure, les articles R 121-9 et R 121-10 autorisent les parties qui en font la demande à recourir à une comparution par écrit. Cela permet aux parties de ne pas se rendre à l'audience et de faire-valoir leurs arguments par écrit (pièces comprises). Cette procédure est recevable à la condition que chaque partie puisse prouver que son adversaire a bien eu connaissance des arguments et des pièces avant l'audience. Si les parties n'ont pas d'avocat, cela signifie que chacune d'entre elles a fait connaître ses arguments et ses pièces par courrier recommandé avec accusé de réception… avant l'audience bien sûr !

Notification de la décision du JEX

Lorsque la décision du juge de l'exécution est rendue, elle est notifiée aux parties par lettre recommandée avec accusé de réception (art. R 121-15). C'est à compter de cette notification que court le délai d'appel (15 jours), seule voie de recours contre la décision. Si la notification de la décision du JEX n'a pas touché son destinataire, un huissier devra intervenir pour signifier la décision. C'est à compter de la date de signification que devra courir le délai pour faire appel.

Les parties peuvent renoncer à la notification. En ce cas, le délai d'appel court à compter du prononcé de la décision.

Appel

L'une des parties peut interjeter appel de la décision du JEX, sans que cela soit suspensif. Cela signifie que la décision continue de pouvoir être exécutée.

Le créancier qui poursuit l'exécution le fait à ses risques et périls de voir la décision modifiée en faveur du débiteur. Si tel est le cas, il peut se voir condamner à des dommages et intérêts, si le débiteur peut faire juger que cette exécution a été abusive, mal fondée ou dommageable.

Demande de sursis

Parfois, le débiteur peut essayer d'obtenir qu'il soit sursis à l'exécution de la mesure exécutoire entre la décision du JEX et la décision de la cour d'appel. Cette demande ne peut aboutir que s'il existe « des moyens sérieux d'annulation ou de réformation de la décision déférée à la cour » (art. R 121-22). Le débiteur devra saisir, par voie de référé, le premier président de la cour d'appel, pour qu'il statue sur la demande de sursis. Si ce dernier fait droit à la demande, il peut ordonner qu'il soit sursis à l'exécution d'une décision qui ordonne une mesure d'exécution ou bien réformer une décision qui rejette ou déboute le saisi d'une demande visant à éviter l'expulsion par exemple, permettant ainsi au saisi de demeurer dans les lieux.

ATTENTION !

L'auteur d'une demande de sursis à exécution manifestement abusive peut être condamné par le premier président à une amende de 15 € à 1 500 €. Il peut même être condamné à des dommages-intérêts si ce recours porte préjudice au défendeur.

Chapitre 22

Le surendettement

Dans ce chapitre :

- Qu'est-ce que le surendettement ?
- Comment y faire face ?
- Quelles solutions pour en sortir ?

Consommer, c'est souvent prendre un crédit, deux ou même plus. Lorsque des circonstances de la vie comme le chômage, la maladie ou un divorce ne permettent plus de rembourser, on se retrouve vite en situation de surendettement.

Comment y faire face et se protéger, alors que les créanciers cherchent à sauvegarder leurs intérêts ? Tout simplement en stoppant l'hémorragie et en utilisant la procédure de surendettement.

Le surendettement, c'est quoi ?

On est en situation de surendettement lorsque l'on ne peut plus faire face :

- aux remboursements de ses crédits,
- à ses dettes personnelles,
- à ses charges.

Implications

Cette situation de surendettement signifie que non seulement on reste redevable des dettes immédiates, c'est-à-dire celles pour lesquelles on a du retard (comme par exemple un retard de loyers, de mensualités de crédit…) mais que l'on va être redevable d'autres dettes qui vont naître après avoir déposé le dossier.

Les dettes professionnelles sont exclues du surendettement donc le surendettement ne peut concerner les dettes des artisans, des professions libérales, des commerçants ou des agriculteurs nées au cours de leur activité.

Le surendettement peut également concerner la caution. C'est le cas lorsqu'une personne s'est engagée à « s'acquitter solidairement de la dette d'un entrepreneur individuel ou d'une société » en se portant caution de l'entrepreneur individuel ou de la société qui a emprunté les fonds. Même si la caution n'a pas contracté de prêts, la garantie qu'elle a donnée peut la mettre dans une situation de surendettement :

- soit parce qu'elle a d'autres dettes personnelles auxquelles la garantie vient s'ajouter,
- soit parce que la somme qui lui est demandée ne lui permet plus de faire face à ses charges et à ses autres dettes.

La dette née de cautionnement peut ne pas être prise en compte. En effet, elle peut être considérée comme une dette professionnelle s'il est démontré que la caution a un intérêt personnel dans la société.

Comment s'en sortir ?

La personne qui se considère comme surendettée doit déposer un dossier de surendettement devant une commission de surendettement. Il existe de nombreuses commissions de surendettement qui dépendent toutes de la Banque de France. Une seule condition doit être remplie : être Français (même résident à l'étranger si la résidence principale est en France) ou étranger résident en France. Le dossier est disponible auprès des succursales de la Banque de France ou sur le site internet de la Banque de France (voir la rubrique « Adresses utiles » en annexe).

Le dossier de surendettement

Le dossier de surendettement, qui devra être déposé devant la commission compétente, doit contenir un certain nombre d'informations et être accompagné de certains justificatifs pour être complet.

Le dossier devra être complet pour que la commission puisse examiner la demande. S'il manque un élément, il sera réclamé, ce qui va retarder l'issue de la décision et donc ses effets.

Constitution du dossier

Le dossier contient tout d'abord un formulaire, qui devra être dûment rempli. Y figureront des éléments concernant l'état civil bien sûr mais également la situation familiale, les personnes à charge et les ressources du foyer.

Le demandeur doit aussi y indiquer l'état de son endettement, c'est-à-dire :

- les emprunts (crédits mobiliers ou immobiliers) contractés,
- les découverts bancaires,
- éventuellement les dettes envers ses proches,
- les cautionnements éventuels,
- les autres éléments qui vont influencer sa situation de débiteur.

Il devra enfin y mentionner les noms et adresses de tous ses créanciers.

Pour que le dossier soit considéré comme complet, doivent être joints à ce formulaire tous les documents (en photocopies) permettant de vérifier les renseignements indiqués. Ces documents vont concerner :

- la situation personnelle du demandeur (livret de famille par exemple s'il a des enfants à charge),
- les problèmes et la situation financière (lettre explicative sur les raisons du surendettement par exemple),
- les ressources (salaires, allocations familiales…) et le patrimoine (carte grise du véhicule, estimation faite par un professionnel d'un bien immobilier…),
- les charges (quittance de loyer, charges de copropriété, assurance, nourriture, garde d'enfants…),
- les dettes et les crédits (relevés des crédits, dettes de famille, bénéficiaires de chèques impayés, justificatifs d'expulsion ou de saisies…).

On peut préparer et déposer un dossier seul mais on aussi se faire aider par un travailleur social ou par un avocat par exemple.

Où déposer le dossier de surendettement ?

On ne peut pas déposer le dossier devant n'importe quelle commission de surendettement car chaque commission est compétente en fonction du territoire qui lui est attribué. Le demandeur doit donc déposer son dossier devant la commission située dans le ressort de son domicile (art. R 331-7 du Code de la consommation) (voir la rubrique « Adresses utiles » en annexe).

Dans les 2 jours du dépôt, la commission remet ou adresse au débiteur par lettre simple une attestation de dépôt de dossier mentionnant la date du dépôt (art. R 331-8-1 du Code de la consommation).

Et après ?

Déposer un dossier de surendettement n'est pas sans conséquences. Toute personne qui dépose un dossier de surendettement est immédiatement fichée au FICP (Fichier national des Incidents de remboursement des Crédits aux Particuliers). Dans la mesure où ce fichier peut, et doit être consulté par tous les établissements accordant des crédits, cela exclut en principe toute possibilité de contracter un nouvel emprunt. En outre, le demandeur ne doit pas aggraver sa situation financière. Il ne doit donc pas créer d'autres dettes en contractant de nouveaux emprunts, ni payer un créancier au détriment des autres.

Le demandeur qui transgresse ces règles pourra être considéré comme un débiteur de mauvaise foi et se voir refuser le bénéfice du surendettement.

La commission de surendettement

Une fois le dossier déposé, la commission de surendettement va être saisie pour statuer sur la demande.

Recevabilité de la demande

Dans un premier temps, et dans un délai de 3 mois à compter de la date de dépôt du dossier, la commission de surendettement examine si le candidat répond aux conditions exigées pour bénéficier du surendettement, à savoir :

- être dans une situation caractéristique du surendettement,
- être considéré de bonne foi au regard des circonstances qui l'ont conduit à se trouver dans une situation de surendettement.

Y a-t-il surendettement ?

Après s'être assurée de la recevabilité de la demande, la commission va vérifier que le demandeur est « dans l'impossibilité manifeste » de « faire face à ses dettes non professionnelles ». C'est grâce au formulaire et aux justificatifs fournis que la commission va pouvoir examiner les éléments d'actif et les éléments de passif qui composent la situation financière du demandeur et en déduire s'il est ou non en situation de surendettement. Elle tiendra compte :

- des actifs (patrimoine mobilier et immobilier),
- des revenus (salaires, honoraires, dividendes…),
- des aides (allocations familiales…),
- des revenus d'un concubin, partenaire…
- du patrimoine du conjoint, concubin ou partenaire.

Être propriétaire de sa résidence principale ne peut empêcher le demandeur de faire établir que « la situation de surendettement soit caractérisée » et d'être admis au bénéfice de la procédure de surendettement. S'il essuie un refus pour ce motif, il pourra exercer un recours devant le juge du tribunal d'instance du lieu de son domicile.

La commission ne se contentera pas d'examiner l'ensemble des dettes du demandeur. Elle étudiera aussi les raisons et les conditions qui sont à l'origine de cette situation. C'est pourquoi le courrier explicatif adressé à la commission doit être rédigé avec attention, circonspection et ne pas comporter d'inexactitudes ou, pire, de mensonges.

Mauvaise foi interdite !

Au-delà de prouver « l'impossibilité manifeste » de « faire face à ses dettes non professionnelles exigibles et à échoir », le débiteur qui revendique une situation de surendettement doit démontrer sa bonne foi. Il est toutefois difficile de déterminer avec précision quelles sont les circonstances qui vont permettre d'exclure la bonne foi. Lorsqu'il y a litige, les tribunaux analysent la situation du débiteur (le plus souvent au regard des emprunts contractés) en examinant notamment :

- si le débiteur a intentionnellement aggravé sa situation (par exemple si les dettes résultent d'un train de vie sans proportion avec les ressources),
- si les déclarations effectuées par le débiteur sur sa situation financière au moment où il a contracté la dette correspondent à la réalité.

La commission examine donc le comportement du demandeur en s'appuyant sur les conditions de recevabilité de la demande au regard de la notion de bonne foi progressivement mise en place par les tribunaux.

Être de bonne foi, c'est aussi ne pas se trouver dans l'une des hypothèses caractéristiques de la mauvaise foi émises par le Code de la consommation, c'est-à-dire :

- faire sciemment de fausses déclarations ou remettre des documents inexacts,
- détourner, dissimuler ou tenter de détourner ou de dissimuler tout ou partie de ses biens,
- ne pas omettre sciemment ou non un ou plusieurs de ses créanciers.

De manière générale, à ce stade de recevabilité de la demande, soit la bonne foi est présumée et la demande est accueillie, soit la mauvaise foi est évidente et la commission statue en rejetant la demande.

Il ne suffit pas que le débiteur soit de bonne foi lorsqu'il s'est progressivement mis dans une situation de surendettement et qu'il dépose un dossier de surendettement, il faut encore qu'il ne puisse pas être taxé de mauvaise foi durant toute la durée de la procédure de surendettement ! S'il peut, à un moment ou à un autre, être considéré de mauvaise foi, il ne pourra plus continuer à bénéficier du traitement de faveur qui lui a été accordé.

C'est oui ou c'est non ?

La commission rend ensuite sa décision : soit elle accepte la demande, soit elle la refuse.

Si c'est non...

Si la décision de la commission rejette la demande, considérant qu'elle est irrecevable, le demandeur sera le seul informé. Il recevra une notification par lettre recommandée avec AR. Il aura ensuite la possibilité de contester la décision de la commission de surendettement.

Si c'est oui...

Lorsque la commission accepte la demande et la considère comme recevable, non seulement le demandeur en sera informé mais également ses créanciers, ainsi que les établissements de paiement et les établissements de crédit qui tiennent ses comptes (art. R 333-10 du Code de la consommation). Cela multiplie donc les risques de mécontents !! Les créanciers pourront faire un recours devant le tribunal d'instance contre cette décision de recevabilité, en soutenant par exemple que, contrairement à ce que retient la commission, le demandeur n'était pas de bonne foi lorsqu'il a contracté son emprunt.

Contestation

La décision de la commission étant administrative, elle doit, que la demande soit acceptée ou refusée, être motivée. Si la commission ne donne pas les arguments et les raisons de sa décision, le débiteur comme les créanciers pourront la contester. En dehors de ce recours sur la forme, créanciers et débiteur peuvent contester la décision sur le fond*. Cela peut par exemple être le choix d'un créancier, si la commission n'a pas reconnu la mauvaise foi du demandeur, que le créancier avait pourtant soulevée.

Que ce soit pour des raisons de forme ou des raisons de fond, la décision de la commission doit être contestée devant le tribunal d'instance, dans les 15 jours à compter de la notification de la décision. Ce recours peut être exercé par une déclaration remise ou adressée par lettre recommandée avec demande d'avis de réception au secrétariat de la commission.

ATTENTION !

Ce recours répond à un formalisme impératif. La déclaration doit être signée, elle doit indiquer les nom, prénom et adresse de son signataire, mentionner la décision attaquée (qui y sera jointe) et donner les motifs du recours.

Et après ?

Si la demande est acceptée et que personne ne conteste la décision de recevabilité de la commission de surendettement, cette décision devient définitive.

Ouf, un peu de répit !

Grâce à la décision favorable de la commission, le demandeur va pouvoir bénéficier de la suspension des poursuites. Cela signifie que :

- Le ou les créanciers ne peuvent plus poursuivre l'exécution des décisions de justice obtenue contre lui, ni faire aucune action qui mette ses biens en péril. Ainsi par exemple, si un organisme de crédit a obtenu un jugement le condamnant à rembourser immédiatement la somme de 2 000 €, il ne pourra plus saisir les biens du débiteur pour se faire payer.
- Si le demandeur a été privé de certaines aides, il va être rétabli dans ses droits. Ainsi par exemple, des droits à l'aide personnalisée au logement, dont le déblocage s'opère alors au profit du bailleur.

ATTENTION !

Cette suspension des poursuites ne concerne pas les dettes alimentaires, c'est-à-dire par exemple une pension alimentaire due par le père divorcé pour l'entretien et l'éducation de ses enfants. Le parent créancier peut donc poursuivre l'exécution par une saisie arrêt sur salaire par exemple.

Quid de l'expulsion ?

Cette suspension n'a pas d'effet sur les mesures d'expulsion liées au lieu de résidence qui normalement peuvent continuer d'être exécutées. S'il y a urgence, le débiteur peut saisir le juge d'instance pour essayer d'obtenir que la mesure d'expulsion soit suspendue. Le juge pourra prononcer la suspension, sauf si la mesure d'expulsion intervient après une procédure de saisie immobilière ou si, dans le cadre d'une saisie immobilière, le débiteur est expulsé pour cause grave. Qu'elle soit de droit ou accordée par le juge, cette suspension des poursuites ne peut alors excéder un an.

Un impératif : se montrer raisonnable

En contrepartie de cette suspension des poursuites, le débiteur ne doit pas faire un acte qui aggraverait son insolvabilité (comme par exemple obtenir un découvert bancaire), ni payer la dette d'un créancier au détriment des autres.

Comment sortir du surendettement ?

Ce n'est pas au débiteur de décider des solutions à mettre en place pour sortir du surendettement mais à la commission de surendettement.
En revanche, le débiteur peut influer sur la décision qui sera prise en fournissant tous les justificatifs de sa situation et en exposant de bons arguments. Selon le degré d'endettement et le patrimoine du débiteur et la bonne ou la mauvaise volonté des créanciers, la situation de surendettement se réglera différemment.

La solution amiable : le plan conventionnel de redressement

Obtenir un plan de redressement ne signifie pas que le débiteur doit payer toutes ses dettes mais qu'il va parvenir à redresser la situation en faisant cesser sa situation de surendettement.

Un plan de redressement, qu'est-ce que c'est ?

Puisque le débiteur a fourni à la commission des informations sur sa situation et que les créanciers ont fait de même, la commission de conciliation va adresser, à chacune des parties concernées, un projet de plan conventionnel de remboursement des dettes sous forme de tableau, comportant des renseignements sur la situation du débiteur et indiquant sa capacité de remboursement.

Ce plan doit au minimum laisser au débiteur un « reste à vivre » d'un montant égal au montant du RSA plus 50 % pour un couple marié, plus s'il y a des personnes à charge. Si ses ressources permettent un reste à vivre d'un montant supérieur, la commission déterminera la capacité de remboursement du débiteur en tenant compte de ses ressources et de ses charges incompressibles.

La part de ressources qui sera réservée par priorité au débiteur est déterminée au regard de l'ensemble des dépenses courantes du ménage, à savoir :

- le logement,
- l'électricité, le gaz, le chauffage, l'eau,
- la nourriture, la scolarité ou les frais de garde des enfants,
- les frais de déplacements professionnels,
- les frais de santé.

Ce montant des dépenses courantes du ménage sera apprécié par la commission soit pour leur montant réel, sur la base des éléments que le débiteur aura déclarés, soit en fonction du barème fixé par son règlement intérieur et prenant en compte la composition de la famille.

Si le débiteur n'est pas en mesure d'apporter la preuve de ses charges, elles seront calculées selon le barème.

Un plan de redressement, ça comporte quoi ?

Le plan peut contenir :

- des mesures de report ou de rééchelonnement des dettes,
- des remises de dettes,
- la réduction ou la suppression de taux d'intérêts,
- des mesures de consolidation, de création ou de substitution de garantie.

Ces mesures ne peuvent s'échelonner que sur une durée maximale de 8 ans.

Avant la signature du plan, il peut arriver que l'assurance décès-invalidité conclue pour couvrir les risques dans le cadre d'un crédit ait été résiliée pour non paiement des primes. Le débiteur dans cette situation doit soit souscrire un avenant avec son assureur afin de remettre en vigueur le contrat, soit souscrire une nouvelle assurance afin d'être garanti pour ces deux risques.

Mesures particulières

Parfois, le plan va s'accompagner de mesures particulières pour faciliter ou garantir le paiement de la dette, ainsi par exemple :

- l'obligation de vendre un bien immobilier ou un véhicule non indispensable à la vie professionnelle ou familiale,
- l'obligation de déménager si la commission considère que le loyer est trop élevé ou que le logement est trop grand,
- le déblocage de la participation salariale.

Acceptation (ou pas !) du plan

Le débiteur comme les créanciers peuvent accepter le plan tel qu'il est proposé, le refuser ou soumettre des contre-propositions. En revanche, ni le débiteur ni les créanciers ne peuvent imposer leur décision.

Si seuls les créanciers les plus importants donnent leur accord pour ce plan, rien n'est perdu pour le débiteur. En effet, le Code de la consommation prévoit que le plan devra être approuvé « par le débiteur et ses principaux créanciers ». Dès que cette condition est réalisée, le débiteur peut bénéficier du plan. Il lui faudra simplement envisager la possibilité de conclure des accords au coup par coup avec les autres créanciers. Dans une telle situation, les créanciers qui ont accepté le plan ne poseront plus de problèmes, ni ceux qui auront conclu des accords en dehors du plan.

Si le plan est refusé...

La commission avise les créanciers par lettre simple du refus mais le débiteur par courrier recommandé avec accusé de réception. Le débiteur dispose alors d'un délai de 15 jours, à compter de la notification, pour demander à la commission d'imposer ou de recommander certaines mesures destinées à redresser sa situation. Faute de quoi, ses créanciers pourront reprendre les poursuites.

BON À SAVOIR

Si le débiteur reste passif, il sera radié du fichier du FICP, en revanche, s'il saisit la commission, le fichage est maintenu.

Si le plan est accepté...

C'est du donnant/donnant. De son côté, le débiteur devra :

- respecter scrupuleusement et à bonne date les engagements qu'il prévoit,

- faire en sorte de ne pas aggraver sa situation financière,
- être vigilant et prévenir ses créanciers de toute modification dans sa situation (déménagement, chômage, changement d'emploi…).

En contrepartie, les créanciers renoncent à exécuter leurs titres et à poursuivre le débiteur sur ses biens.

Les mesures d'exécution ne sont que suspendues. Elles restent en vigueur tant que la situation n'est pas apurée.

Le débiteur demeure fiché au FICP pendant 8 ans sauf s'il a réglé toutes ses dettes et qu'il en justifie auprès de la Banque de France ou s'il a scrupuleusement tenu ses engagements pendant 5 ans à compter de la signature du plan.

Si le débiteur ne respecte pas le plan, il devient caduc (c'est-à-dire qu'il perd tous ses effets) dans les 15 jours qui suivent une mise en demeure de payer restée sans effet. Cette caducité concerne alors tous les créanciers, qui peuvent reprendre les poursuites.

Comment apurer ses dettes ?

Si le plan est accepté, les créances à très court terme comme par exemple les impôts, les charges de copropriété ou d'électricité seront apurées par priorité, en principe sur une période de 12 mois.

Les créances à court terme de trésorerie ou à la consommation, comme par exemple les arriérés de loyers ou les crédits impayés, seront remboursés sur des périodes plus longues.

Les crédits *revolving* seront apurés comme des crédits à court terme, ce qui permettra de rembourser les intérêts et le capital.

Les crédits immobiliers souscrits pour acquérir la résidence principale pourront voir leur taux d'intérêt diminuer et la durée du crédit pourra être allongée.

Alternatives au plan

Lorsque le plan est refusé, la commission de surendettement peut imposer ou recommander un certain nombre de mesures.

Mesures imposées

Les mesures imposées par la commission ont pour objet de permettre l'apurement du passif, malgré la résistance des créanciers. Elles vont donc influer sur la durée et/ou le montant des dettes. La commission peut ainsi imposer aux créanciers :

- le rééchelonnement des dettes de toute nature mais au maximum sur une période de 8 ans,
- la suspension de l'exigibilité des créances, autres qu'alimentaires, pour une période de 2 ans,
- des mesures concernant les biens immobiliers,
- un effacement partiel de la dette.

Elle peut aussi prévoir que le remboursement s'imputera d'abord sur le principal et réduire le taux d'intérêt contractuellement prévu.

Lorsque la commission impose des mesures de remboursement, elle doit laisser le reste à vivre à la disposition du débiteur. Ces décisions sont exécutoires, c'est-à-dire qu'elles s'imposent aussi bien au débiteur qu'au créancier.

Recommandations

La commission peut alléger la situation financière du débiteur par des recommandations. En cas de vente aux enchères par exemple, elle peut proposer :

- que la mise à prix soit d'un montant supérieur, si elle est manifestement insuffisante,
- que le montant restant dû à l'établissement de crédit soit réduit, une fois les biens vendus.

La commission pourra aussi recommander l'effacement de certaines dettes, sauf bien sûr les dettes à caractère alimentaire.

La commission ne fait qu'émettre des recommandations. C'est le juge du tribunal d'instance qui peut faire en sorte qu'elles deviennent des ordres.

Faites un effort !

Le débiteur va bénéficier de mesures pour lui permettre de s'en sortir. Mais la commission puis le tribunal peuvent lui demander des efforts financiers pour garantir ou faciliter le paiement de ses dettes (art. L 331-7-2 du Code de la consommation). Ils peuvent porter sur :

- la mise en œuvre de la réalisation de la vente d'un bien immobilier,
- la mise en œuvre de la réalisation de la vente d'un portefeuille de titres,
- le déblocage de la participation salariale (art. R 3324-22, alinéa 9 du Code du travail).

La contestation

Il est possible pour le débiteur de contester une ou plusieurs des mesures recommandées. Il devra le faire par une déclaration remise ou adressée au secrétariat-greffe du juge de l'exécution (R 332-4 du Code de la consommation) dans les 15 jours suivant la notification de l'avis par lettre recommandée avec accusé de réception (art. L 332-2 du Code de la consommation).

Le point de départ de ce délai de 15 jours n'est pas la date de présentation mais la date de la remise au destinataire de la lettre de notification des mesures recommandées (Cass. 2e chambre civile, 21 octobre 2004, n° 02-04.221).

Depuis le décret n° 2011-741 du 28 juin 2011, le juge saisi est celui du tribunal d'instance. Si le débiteur n'est pas d'accord avec la décision du juge d'instance, il pourra faire appel et éventuellement se pourvoir en cassation. Ses créanciers peuvent bien sûr faire de même !

Toute partie qui n'a pas été mise en demeure de s'opposer à l'objet de la demande peut faire un recours en rétractation*.

Exécution !

C'est la commission qui précise au débiteur ses obligations relatives à l'exécution des mesures imposées ou recommandées par elle. De manière générale, comme dans le cadre d'un plan de redressement amiable, le débiteur sera tenu de :

- respecter scrupuleusement la date des paiements,
- ne pas aggraver la situation,
- informer ses créanciers de tout changement d'adresse et de banque,
- informer ses créanciers en cas d'événement grave et imprévisible ne lui permettant plus de faire face aux mesures prescrites, et ce, avant de demander une révision des mesures imposées ou recommandées.

Si le débiteur fait un paiement ou un acte qui viole les mesures prévues, la commission pourra saisir le juge du tribunal d'instance pour demander l'annulation de l'acte ou du paiement qui lui sera reproché.

Grâce à ces mesures imposées ou recommandées, les créanciers ne pourront plus mettre en péril les biens du débiteur, tant qu'il respectera les mesures. Les créanciers pourront toutefois continuer à prendre des titres (une injonction de payer ou une action en paiement est possible).

Ces dispositions protectrices concernent les dettes nées avant les mesures, pas celles nées après !

La procédure de rétablissement personnel

Il se peut que non seulement le débiteur soit criblé de dettes mais que sa situation soit irrémédiablement compromise et ne lui permette même pas d'envisager un plan d'apurement. C'est là que la procédure de rétablissement personnel intervient.

Qui est l'instigateur ?

Le débiteur peut saisir la commission de surendettement afin de bénéficier d'une procédure de rétablissement personnel. La procédure peut également émaner :

- de la commission de surendettement elle-même, lorsque la situation irrémédiablement compromise apparaît au stade de l'instruction du dossier (art. L 331-3 III du Code de la consommation),
- du juge de l'exécution qui peut s'autosaisir à l'occasion d'un recours et s'assurer que le débiteur se trouve bien dans une situation irrémédiablement compromise (art. L 332-2 du Code de la consommation),
- du débiteur en cours d'exécution d'un plan conventionnel ou de recommandations de la commission (art. L 331-7-3 du Code de la consommation).

Devant cette situation, qui peut vraiment être compliquée et lourde de conséquences, le débiteur peut contacter une assistante sociale mais aussi un avocat.

La procédure de rétablissement personnel sera accordée ou refusée par le tribunal d'instance selon que le débiteur aura ou non été reconnu de bonne foi et qu'il aura pu être constaté que la situation est irrémédiablement compromise, c'est-à-dire que le débiteur a une capacité de remboursement très faible, voir nulle, ou alors que le débiteur a déjà déposé d'autres dossiers qui n'ont pas pu être exécutés et qu'il ne peut y avoir de nouvelles mesures. L'article L 332-5-1 du Code de la consommation précise qu'« une partie peut contester devant le juge du tribunal d'instance le rétablissement personnel sans liquidation judiciaire recommandé par la commission dans les 15 jours de la notification qui lui en est faite ».

Lancement de la procédure

La procédure débute par un jugement d'ouverture. Cette décision rendue par le tribunal d'instance suspend les procédures d'exécution diligentées « jusqu'au jugement de clôture » (art. L 332-6 du Code de la consommation). En revanche, elle ne suspend pas les procédures à l'encontre du débiteur lorsqu'il s'agit de le faire condamner, notamment au paiement de ses dettes.

Si le débiteur est menacé d'expulsion, cette mesure est suspendue, sauf pour les expulsions « fondées sur un jugement d'adjudication rendu en matière de saisie immobilière » (art. L 332-6 du Code de la consommation).

Le tribunal d'instance peut rendre une décision prononçant :

- le rétablissement sans liquidation judiciaire, s'il apparaît que le débiteur ne possède aucun bien susceptible de dédommager les créanciers,
- le rétablissement avec liquidation judiciaire s'il apparaît que le débiteur possède des biens (en dehors des biens insaisissables) dont la vente serait susceptible de permettre le paiement, au moins partiel, des créanciers.

Le tribunal peut aussi renvoyer le dossier à la commission.

Rétablissement sans liquidation judiciaire

Le rétablissement sans liquidation judiciaire va permettre l'effacement des dettes non professionnelles (art. L 332-5 du Code de la consommation). Certaines catégories de dettes ne pourront toutefois être effacées qu'avec l'accord du créancier (art. L 333-1 du Code de la consommation) :

- les dettes alimentaires,
- les réparations pécuniaires allouées aux victimes dans le cadre d'une condamnation pénale,
- les dettes ayant pour origine des manœuvres frauduleuses commises au préjudice des organismes de protection sociale,
- les amendes prononcées dans le cadre d'une condamnation pénale.

Rétablissement avec liquidation judiciaire

Lorsque les conditions sont réunies pour bénéficier de la procédure de redressement et que le débiteur est propriétaire d'un patrimoine, le tribunal peut prononcer le rétablissement personnel avec liquidation judiciaire. Cette procédure va entraîner la vente des biens composant le patrimoine, il s'agit donc d'une mesure importante pour l'avenir, ce qui explique qu'elle ne puisse être imposée au débiteur, qui doit donner son accord. L'accord peut être écrit, en remettant un formulaire au greffe, ou verbal dans le cadre d'un recours ou d'une procédure ouverte par le juge.

En pratique, le débiteur va être convoqué par le juge d'instance à une audience au cours de laquelle il pourra faire valoir ses arguments, en présence de ses créanciers. Un jugement prononcera le rétablissement judiciaire avec liquidation judiciaire et un mandataire (le liquidateur) sera désigné. Les créanciers devront déclarer leurs créances pour pouvoir être indemnisés.

À partir de là, le débiteur ne pourra plus disposer de ses biens, qui devront être vendus par le liquidateur dans un délai de 12 mois. À l'instar des immeubles, les biens meubles seront vendus à l'amiable ou dans le cadre d'une vente aux enchères, à l'exclusion de ceux dont les frais de vente seraient manifestement disproportionnés au regard de leur valeur vénale, qui seront exclus de cette vente. Le produit de la vente est ensuite réparti entre les différents créanciers (on peut contester la distribution devant le tribunal).

Clôture de la procédure

Lorsque les opérations sont terminées, le juge rend un jugement de clôture dont on peut faire appel. La décision constate soit une clôture pour extinction du passif, lorsque les créanciers ont été désintéressés, soit une clôture pour insuffisance d'actif dans le cas contraire.

Pour que chaque créancier, et notamment ceux qui auraient été oubliés (volontairement ou involontairement), puisse être informé de la décision, celle-ci est publiée au BODACC (Bulletin Officiel Des Annonces Civiles et Commerciales). Si un créancier a été oublié, il pourra faire « tierce opposition » dans un délai de 2 mois après la publication, ce qui remettra en cause la décision.

Tout bénéficiaire d'une procédure de rétablissement (avec ou sans liquidation judiciaire) sera inscrit au FICP (fichier national des incidents de paiement) pendant une période de 5 ans (art. L 333-4, III, alinéa 5).

Sixième partie

Le droit du travail

Dans cette partie :

Le droit du travail est constitué de l'ensemble des normes juridiques qui régissent les relations entre un employeur et son salarié. Dans le chapitre 22, nous nous intéresserons d'abord au contrat de travail, qui concrétise justement ces relations entre employé et employeur. Les chapitres 23 et 24 porteront respectivement sur la santé et la sécurité au travail.

Chapitre 22

Le contrat de travail

Dans ce chapitre :

- Tout ce qu'il faut savoir pour négocier et conclure un contrat de travail
- Les pièges à éviter au cours du contrat de travail
- Comment rompre un contrat de travail

Ça y est, vous avez brillamment réussi votre ou vos entretien(s) d'embauche et vous vous apprêtez à signer votre contrat de travail ! Félicitations ! Mais parce qu'un salarié averti en vaut deux, prenez le temps, avant de saisir votre plus beau stylo plume, de lire attentivement le chapitre suivant. De la conclusion du contrat de travail à sa rupture, en passant par son exécution, il vous donnera toutes les clés pour connaître les droits et les devoirs de l'employeur et de l'employé liés par un contrat de travail.

Mise en garde : Le présent chapitre ne comporte aucune disposition concernant les salariés protégés (pour plus de renseignements, se reporter à l'ouvrage *Le Droit du travail pour les nuls*).

N. B. : Sauf mention contraire, tous les articles cités dans ce chapitre proviennent du Code du travail : partie législative : L, partie réglementaire : R (décret en Conseil d'État) ou D (décret simple).

La conclusion du contrat de travail

La conclusion d'un contrat de travail doit respecter un certain nombre de règles. Le contrat est important : c'est lui qui va déterminer les modalités d'embauche de l'employé.

Félicitations, vous êtes embauché !

Lorsque toutes les conditions légales sont remplies, l'employé est considéré comme embauché. Difficile alors de revenir en arrière !

La question de l'âge

En principe, pour pouvoir être embauché, il faut avoir atteint l'âge de 16 ans sauf contrat d'apprentissage, ou contrat pendant les vacances scolaires (entre 14 et 16 ans), à la condition que les travaux confiés ne soient pas dangereux (L 4153-1).

L'engagement

Dès lors que l'employeur remet au salarié un document précisant la date d'embauche, sa qualification et sa rémunération, on considère qu'il est engagé, même si la date du premier jour de travail est postérieure à celle de la signature. Cela signifie que l'employeur ne peut pas revenir sur l'embauche et que le salarié doit se présenter à son nouvel emploi à la date prévue.

Le point de non-retour pour l'employeur...

Imaginons que l'employeur souhaite changer d'avis et adresse finalement à l'employé une lettre lui indiquant qu'il ne veut plus que celui-ci commence à travailler à la date prévue. L'employé pourra saisir le conseil des prud'hommes qui, selon les circonstances, pourra considérer que, dans la mesure où il était engagé, le contrat existe et produit ses effets et que l'employeur ne peut pas revenir sur sa décision.

On se trouve donc dans une situation analogue à celle d'un licenciement abusif et l'employé pourra obtenir une indemnité de préavis et éventuellement des dommages et intérêts.

... Comme pour l'employé !

De la même manière que l'employeur est engagé, l'employé ne peut se soustraire à ses obligations. S'il ne se présente pas sur le lieu de travail au jour dit, l'employeur pourra saisir le conseil des prud'hommes. S'il parvient à démontrer que l'absence de l'employé lui a posé un problème d'organisation, il pourra obtenir une indemnité de préavis et éventuellement des dommages et intérêts.

Rédaction (ou pas) du contrat de travail

On peut être tenté de conclure un contrat de travail verbalement. Moins de paperasse et de formalités... Mais attention, c'est peut-être une fausse bonne idée ! Du coup, mieux vaut s'en tenir au contrat écrit, tout en étant vigilant sur ce qu'il peut contenir... ou pas.

Un contrat écrit, c'est obligé ?

Sauf exception, le contrat de travail peut être purement verbal. Si tel est le cas, on considère systématiquement, même si les parties au départ avaient envisagé un contrat à durée déterminée, que le contrat est conclu pour une durée indéterminée.

Prouver un contrat verbal n'est pas toujours facile !

Attention au contrat verbal !

La société Durand dépose une offre d'embauche à Pôle emploi. Monsieur Dupont se présente. Le dirigeant lui indique qu'il est embauché et qu'il commence le 1er septembre. Monsieur Dupont se présente, travaille tout le mois de septembre, et à compter du 1er octobre, il reçoit sa première fiche de paye. Cette fiche de paye va concrétiser le contrat de travail verbal. Si la société Durand avait été malhonnête et n'avait pas adressé de fiche de paye, monsieur Dupont aurait dû prouver qu'il avait travaillé tout le mois !

Toutefois, un contrat verbal n'est pas toujours possible. Pour qu'il soit valable, il faut :

- que la convention collective applicable à l'activité que le salarié va exercer l'autorise,
- que l'on ne soit pas dans l'obligation légale de conclure un contrat de travail par écrit, ainsi en est-il par exemple du contrat à durée déterminée, du contrat d'apprentissage ou encore du contrat conclu avec un travailleur à domicile ou une assistante maternelle.

Quelques règles à respecter

On ne peut pas écrire n'importe quoi dans un contrat de travail, lequel doit être conforme aux dispositions du Code du travail et/ou à la convention collective applicable. Pas question non plus de prévoir certaines clauses contraires à des principes d'ordre public, comme une rémunération inférieure au SMIC ou bien une clause restreignant la liberté syndicale ou imposant le célibat. Le contrat doit aussi respecter l'égalité entre hommes et femmes, et ne pas porter atteinte à la vie privée du salarié.

Si un contrat comporte une clause contraire à l'ordre public, elle ne sera pas appliquée en cas de litige.

Contrat à durée déterminée ou indéterminée ?

Le contrat de travail à durée indéterminée (CDI) est la règle, le contrat à durée déterminée (CDD) l'exception. Le CDI est un contrat qui a une date de début mais dont la fin ne peut être prévue à l'avance. Si l'employeur veut se séparer de son salarié, il doit pouvoir justifier sa décision et y mettre les formes. Au contraire, le CDD comporte une date de début mais aussi une date de fin. À l'issue du contrat, l'employeur peut se séparer du salarié sans avoir à justifier sa décision.

Le CDD, quand et pour qui ?

Le CDD ne peut être utilisé par l'employeur qu'à la condition que le contrat ne vise pas à « pourvoir durablement un emploi lié à l'activité durable et permanente de l'entreprise » (art. L 1242-1).

L'employeur ne peut recourir à un CDD que dans quatre types de cas prévus expressément dans le Code du travail (art. L 1242-2), à savoir :

- le remplacement d'un salarié ou du dirigeant d'entreprise absent (pour congé maladie par exemple),
- l'accroissement temporaire d'activité (sauf s'il y a eu un licenciement économique dans les 6 mois précédents), ainsi par exemple une commande exceptionnelle qui doit être honorée dans un délai qui ne permet pas de l'exécuter avec les seuls salariés de l'entreprise,
- l'exécution de travaux temporaires par nature (emplois saisonniers comme par exemple serveur dans un restaurant qui n'ouvre que pour la saison d'été ou d'hiver) ou dans certains secteurs où il est d'usage constant de ne pas recourir au CDI (ainsi par exemple les animateurs radio ou télévision),
- le remplacement d'un chef d'entreprise artisanale, profession libérale… ou de son conjoint, exerçant une activité au sein de la structure.

Le renouvellement du CDD

Le CDD peut être renouvelé dans deux hypothèses, soit que le renouvellement ait été prévu au contrat, soit que les modalités en soient fixées par avenant avant l'arrivée du terme. Toutefois, seul un CDD à terme précis peut être renouvelé.

Dès lors qu'il est possible, ce renouvellement est strictement réglementé. Il est unique (art. L 1243-13), c'est-à-dire qu'il ne peut être renouvelé qu'une seule fois et il ne peut excéder la durée maximale prévue pour le contrat, soit 9, 18 ou 24 mois (art. L 242-8).

Lorsque le renouvellement n'est pas fait correctement, le contrat est requalifié en contrat à durée indéterminé.

Quand le CDD devient CDI

Lorsque l'employeur signe un CDD en dehors des cas prévus – ainsi par exemple, en cas de succession de CDD (hors les cas où c'est autorisé) sans période de carence entre deux contrats – ou que le contrat se poursuit au-delà du terme (un seul jour suffit !), le contrat est requalifié en CDI.

Le CDD conclu dans le cadre d'un remplacement peut être renouvelé tant que celui qui est remplacé ne revient pas sur son poste de travail.

L'exécution du contrat de travail

Une fois le contrat de travail signé, il va falloir l'exécuter. Après la période d'essai, qui va permettre à l'employeur et à l'employé de s'apprécier mutuellement, salarié et patron devront respecter certaines obligations, sous peine de sanctions.

La période d'essai

La période d'essai doit permettre à l'employeur d'apprécier les capacités du salarié à pourvoir le poste qui lui est confié, et au salarié de se rendre compte s'il veut ou non rester dans l'entreprise.

La période d'essai ne peut exister que si elle est prévue dans le contrat de manière claire et précise, à défaut l'engagement est « immédiatement définitif ». Ni le salarié, ni l'employeur ne peuvent alors revendiquer le bénéfice des dispositions favorables à la rupture en période d'essai puisque le salarié est considéré comme définitivement engagé. Pour que la période d'essai soit opposable, il faut que le salarié en ait eu connaissance au plus tard le premier jour de travail effectif. Il faut qu'elle figure dans la lettre d'engagement ou dans le contrat de travail, ce qui suppose que le contrat de travail soit écrit.

Ça va durer longtemps ?

Le Code du travail fixe la durée maximale de la période d'essai :

- Pour le CDD (art. L 1242-10), cette période d'essai varie d'un jour par semaine (lorsque la durée du contrat est inférieure à 6 mois) à 1 mois pour les contrats dont la durée est supérieure à 6 mois.

- Pour le CDI, la durée de la période d'essai varie en fonction de la catégorie professionnelle.

Ainsi pour les ouvriers et les employés, elle sera de 2 mois, 3 mois pour les agents de maîtrise et les techniciens et 4 mois pour les cadres (art. L 1221-19).

Si employeur et salarié en conviennent, les périodes d'essai peuvent être plus courtes, mais jamais plus longues.

Une absence pour maladie ou accident du travail entraîne la prolongation de la période d'essai. À son retour, le salarié reprend donc la période d'essai là où il l'a laissée. Ainsi par exemple, un salarié qui avait une période d'essai de 3 mois et qui tombe malade au bout de 2 mois pendant 15 jours devra, à son retour, faire une période d'essai d'1 mois et non pas de 15 jours.

Essai(e) encore !

La période d'essai peut être renouvelée à la condition que ce renouvellement soit prévu dans la lettre d'engagement ou le contrat (art. L 1221-23) et qu'il ait été prévu par un accord de branche* étendu. Pour être valable, il faut également que le renouvellement soit fait dans des délais précis.

La période de renouvellement doit être identique à celle de la période d'essai initiale. Ainsi par exemple pour un cadre, la période de renouvellement sera de 4 mois. En cas de renouvellement, la période d'essai maximale pour un salarié est égale au double de la période initiale (art. L 1221-21).

L'employeur qui souhaite renouveler la période d'essai de son salarié doit lui faire connaître sa décision avant la fin de la période d'essai (parfois le contrat ou la convention collective prévoit un délai de préavis) et ce dernier doit l'accepter expressément. Cette acceptation doit être claire et non équivoque et ne peut résulter de la simple poursuite du contrat de travail par le salarié ou de la simple signature du courrier de renouvellement remis en mains propres. Il faut par exemple que le salarié adresse une lettre dans laquelle il accepte le renouvellement de sa période d'essai. À défaut, si le renouvellement n'est pas considéré comme valable (trop tardif, ou non accepté par exemple), le salarié peut soutenir qu'il est définitivement engagé. Dans ces conditions, si l'employeur rompt le contrat, selon lui, « au cours de la période d'essai », la rupture s'analysera alors comme un licenciement abusif ouvrant droit au salarié à un préavis et éventuellement à des dommages et intérêts.

Vous êtes viré !

L'employeur qui considère que le salarié ne convient pas pour le poste peut mettre fin à la période d'essai, jusqu'à son dernier jour, sans avoir à se justifier (sauf s'il invoque une faute disciplinaire). Cette liberté est cependant remise en cause s'il s'agit d'un salarié protégé*, d'une femme enceinte ou si l'employeur invoque un comportement fautif. Toutefois, l'employeur ne peut se contenter de montrer la porte au malheureux employé, encore doit-il y mettre les formes et respecter un délai déterminé, dès lors que le contrat prévoit une période d'essai d'au moins 1 semaine. Ce délai varie en fonction de la durée de la présence du salarié au sein de l'entreprise :

- 24 heures en deçà de 8 jours,
- 48 heures entre 8 jours et 1 mois,
- 2 semaines après 1 mois de présence,
- 1 mois après 3 mois de présence.

Et si le salarié veut rendre son tablier ?

Le salarié qui veut quitter l'entreprise doit respecter un délai de prévenance minimum de 48 heures (24 heures s'il est dans l'entreprise depuis moins de 8 jours) (art. L 1221-26).

ATTENTION !

Le contrat de travail, la lettre d'engagement ou la convention collective peuvent prévoir des délais différents pour l'employeur et le salarié. Si c'est le cas, ils doivent être respectés.

Puisqu'on vous le dit...

Aucune procédure n'étant prévue concernant la rupture de la période d'essai (sauf si l'employeur invoque une faute), un écrit n'est pas nécessaire sauf si le contrat ou la convention collective envisage cette contrainte.

Néanmoins, un écrit est plus prudent :

- de la part du salarié parce que la démission d'un salarié ne se présume pas et qu'elle doit être claire et non équivoque,
- de la part de l'employeur car il est préférable que la rupture soit concrétisée par écrit, ne serait-ce que pour pouvoir prouver que le salarié l'a reçue en temps utile.

Avis aux contestataires

En principe, le salarié ne peut pas contester la rupture de sa période d'essai, puisque justement c'est au cours de cette période que l'employeur ne doit pas motiver la rupture. Cependant, la liberté de l'employeur a des limites :

- Il ne faut pas que cette rupture puisse être considérée comme un abus de droit (par exemple qu'elle ne soit pas justifiée par un problème professionnel).

- La rupture ne doit pas être discriminatoire (ainsi par exemple si l'employeur apprend que le salarié est d'une confession religieuse qui « ne lui convient pas »).
- Si l'employeur invoque une faute, il devra la prouver et envisager une procédure.

Si le salarié estime que l'une de ces conditions est remplie, il peut saisir le conseil des prud'hommes.

La clause de non concurrence*

Selon les termes du contrat, le salarié peut éventuellement être tenu à une clause de non concurrence, courant après la rupture de la période d'essai. Ainsi, si le contrat précise que la clause de non concurrence joue « quel que soit le motif de rupture », elle sera applicable si le salarié démissionne, comme en cas de rupture de la période d'essai par l'employeur. À défaut de stipulation expresse dans le contrat, en cas de litige, ce sera le conseil des prud'hommes qui tentera de déterminer si les parties l'avaient ou non envisagée.

Les obligations réciproques

Dès lors que le contrat prend effet, employeur et salarié ont des obligations réciproques. L'employeur dispose d'un pouvoir de direction qui oblige le salarié lié par un lien de subordination à obéir aux instructions reçues. En contrepartie, l'employeur est tenu à respecter ses engagements vis-à-vis du salarié.

Les obligations de l'employeur

Les principales obligations de l'employeur au cours du contrat de travail sont :

- de procurer au salarié le poste et l'activité qui étaient prévus au contrat,
- de lui procurer du travail tout au long de son contrat,
- de lui régler son salaire en temps et en heure (au moins tous les mois pour les salariés mensualisés et tous les 15 jours pour ceux qui ne le sont pas).

Il est également tenu de :

- lui assurer la sécurité au travail, lorsque son activité présente un danger,
- ne pas nuire à sa santé (comme par exemple le protéger du tabagisme),

- respecter la vie privée du salarié (il ne peut par exemple vérifier le contenu de son ordinateur sans prendre certaines précautions),
- prévoir l'évolution de sa carrière en lui permettant de parfaire sa formation.

Les obligations du salarié

Le salarié doit exécuter son travail en observant les consignes de l'employeur et respecter les obligations mises à sa charge dans le contrat de travail.

Le salarié doit exécuter le contrat de bonne foi et ne doit pas nuire à son employeur (en le concurrençant ou en divulguant par exemple des secrets de fabrication). Cette obligation est inhérente au contrat de travail et existe en dehors de toute clause contractuelle.

Le salarié doit faire les efforts nécessaires pour s'adapter (ainsi par exemple, se mettre à l'informatique pour suivre l'évolution de son poste ou l'organisation de l'entreprise). Il peut notamment demander une formation.

Si le salarié ne respecte pas ses obligations, il remet en cause le pouvoir de direction de son employeur, ce qui va permettre à ce dernier de le sanctionner, cette sanction pouvant aller jusqu'à la rupture du contrat de travail. Dans le cadre d'un CDD, il ne pourra le faire que s'il peut prouver une faute grave. Dans le cadre d'un CDI, seul un comportement fautif suffit.

La sanction disciplinaire

La sanction disciplinaire est une mesure prise par l'employeur, à la suite d'un comportement répréhensible du salarié, autre qu'une observation verbale, et qui peut avoir une incidence sur la présence, la fonction ou la rémunération du salarié dans l'entreprise (art. L 1331-1). Le comportement fautif du salarié est sanctionné par l'employeur qui peut choisir de conserver le salarié à son service tout en le mettant en garde ou de s'en séparer. Il prend alors la décision de le licencier (Cf. *supra*).

BON À SAVOIR

On ne peut sanctionner un fait qui remonte à plus de 2 mois.

Faites votre choix !

L'employeur peut adresser à son salarié :

- des sanctions mineures : avertissement ou blâme (sans conséquences sur le contrat de travail),
- des sanctions majeures : avertissement, blâme, mutation disciplinaire, mise à pied ou rétrogradation.

L'employeur est libre du choix de la sanction, sous réserve de respecter l'échelle des sanctions établies par le contrat, la lettre d'engagement, la convention collective ou le règlement intérieur, s'il y en a un au sein de l'entreprise et à la condition que la sanction :

- ne soit pas discriminatoire,
- soit proportionnée au fait(s) reproché(s),
- ne soit pas pécuniaire (amende ou diminution de salaire).

La sanction ne peut être pécuniaire mais cela ne l'empêche pas d'entraîner parfois une conséquence financière ! Ainsi par exemple, une mise à pied disciplinaire* de 5 jours va éloigner le salarié de l'entreprise (c'est la sanction). Du fait de cet éloignement qui va le dispenser de travailler, les 5 jours ne lui seront pas réglés (c'est la conséquence financière de la non exécution de son contrat mais ce n'est pas la sanction).

La convocation et l'entretien préalable

L'employeur qui souhaite sanctionner un salarié doit le convoquer à un entretien préalable (art. L 1332-2). La lettre de convocation doit être écrite et comporter un certain nombre de renseignements (art. R 1332-1).

Cette procédure n'est toutefois pas obligatoire pour les sanctions mineures (avertissement, blâme) qui seraient sans incidence sur la présence, la fonction ou la rémunération du salarié dans l'entreprise. En revanche, si le salarié peut prouver que l'avertissement ou le blâme pouvait avoir une incidence sur sa présence, sa fonction ou sa rémunération et que l'employeur n'a pas respecté la procédure, la sanction pourra être annulée.

Si aucun délai n'est prévu entre l'envoi de la convocation et l'entretien, il faut cependant, pour que la procédure soit valable, que le salarié ait le temps de s'organiser et notamment de trouver quelqu'un pour l'assister. On estime qu'un délai de 3 à 5 jours ouvrables, selon les modalités de remise de la lettre de convocation, est suffisant.

Dans le cadre d'une sanction disciplinaire, l'assistance du salarié ne peut être faite que par une personne appartenant au personnel de l'entreprise.

L'employeur doit écouter les explications du salarié et se réserver un temps de réflexion minimum de 2 jours ouvrables et maximum d'1 mois avant de lui adresser un courrier motivé (art. L 1332-2 et R 1332-2).

Quand le salarié dit non

Lorsque la sanction modifie le contrat de travail (rétrogradation par exemple), le salarié peut refuser non pas la sanction mais la modification du contrat* qu'elle entraîne. Cette possibilité doit d'ailleurs être mentionnée dans le courrier qui notifie la sanction. Confronté à cette situation, le salarié doit informer l'employeur de son refus, soit en refusant (par écrit avec AR) de signer l'avenant qui lui est proposé, soit en lui adressant un courrier recommandé avec AR précisant son refus.

Si le salarié ne donne pas son accord expressément, la modification ne peut prendre effet. Ainsi par exemple, s'il a été rétrogradé de cadre à ETAM, à défaut d'accord exprès, son statut de cadre est toujours « valable ». En revanche, si la sanction ne modifie que les conditions de travail*, le salarié ne peut pas la refuser. Confronté au refus du salarié, l'employeur devra envisager une autre sanction. S'il opte pour un licenciement, il doit alors respecter la procédure prévue pour ce type de sanction.

Il ne faut pas confondre refus et contestation. Le salarié peut toujours contester la sanction devant le conseil des prud'hommes qui va contrôler si la procédure est régulière et/ou si la sanction est juste et proportionnée. Le conseil des prud'hommes pourra éventuellement annuler la sanction si l'une de ces conditions ou si l'ensemble de ces conditions n'a pas été respectée.

Le licenciement pour motif personnel

Si l'employeur décide de se séparer d'un salarié, il doit le licencier. Mais attention, il doit y mettre les formes et justifier d'un motif valable, sous peine de se voir convoqué devant le conseil des prud'hommes ! D'ailleurs, même s'il a l'impression d'être dans son bon droit, il n'est pas à l'abri d'une contestation…

Le licenciement, mode d'emploi

Procéder à un licenciement ne peut se faire sans respecter un certain nombre de règles et suivant un calendrier déterminé.

La convocation à l'entretien préalable

Lorsque l'employeur envisage de licencier un salarié, il ne peut prendre sa décision sans avoir pu écouter les explications du salarié concernant les reproches qui lui sont faits. C'est l'objectif de l'entretien préalable. Pour que le salarié ait le temps de se préparer, l'employeur doit le prévenir suffisamment à l'avance. Le délai entre la convocation et la date de l'entretien doit être d'au moins 5 jours ouvrables, c'est-à-dire que le dimanche ou les jours fériés ne sont pas pris en compte. Le salarié pourra en être informé soit en recevant un courrier recommandé, soit en se faisant remettre le courrier de convocation en mains propres contre décharge.

L'accompagnement du salarié

Tout salarié peut être accompagné lors de son entretien préalable. C'est un droit que l'employeur doit d'ailleurs signaler dans le courrier de convocation. Le salarié peut se faire accompagner par une personne de son choix appartenant au personnel de l'entreprise mais aussi par :

- une personne investie d'un mandat représentatif du personnel au sein de l'entreprise, si cette dernière dispose d'organes représentatifs du personnel (délégué du personnel*, membre du comité d'entreprise, délégué syndical*),
- un conseiller extérieur à l'entreprise, figurant sur une liste préfectorale, si l'entreprise ne dispose pas d'organes représentatifs du personnel. Dans le courrier de convocation à l'entretien, l'employeur doit alors indiquer l'endroit où le salarié peut se procurer la liste des conseillers (inspection du travail et mairie).

Si la présence d'un accompagnateur n'est pas indispensable, elle peut s'avérer importante, notamment si la lettre de licenciement comporte un grief qui n'a pas été évoqué au cours de cet entretien ou encore si l'employeur conteste certains des propos du salarié. L'accompagnateur pourra, le cas échéant, apporter des précisions objectives et témoigner de ce qui a été dit – ou pas ! – au cours de l'entretien.

Est-ce une obligation ?

L'entretien est une mesure qui protège le salarié, lequel peut choisir de ne pas se présenter. L'employeur pourra alors continuer la procédure de licenciement, même si l'absence du salarié est due à un arrêt maladie. La seule possibilité de remettre en cause un entretien pendant la maladie serait de pouvoir prouver l'intention malveillante de l'employeur.

Et après ?

À l'issue de l'entretien préalable, l'employeur ne peut notifier immédiatement au salarié la fin de son contrat de travail. Il doit attendre au moins 2 jours ouvrables avant de lui adresser la lettre de licenciement (c'est le « délai de réflexion »). Toutefois, il ne doit pas non plus faire attendre le salarié trop longtemps : il a 1 mois à compter de la date de l'entretien pour notifier sa décision à l'employé. Passé ce délai, il ne peut plus donner suite au licenciement.

Si, passé ce délai de réflexion, l'employeur décide de licencier le salarié, il va devoir lui adresser une lettre de licenciement dans laquelle il fera valoir les griefs qui lui auront été reprochés au cours de l'entretien préalable. C'est ce courrier qui va justifier sa décision et ce sont ces griefs que le salarié pourra, s'il le souhaite, contester.

Les motifs de licenciement

Selon la gravité des fautes ou des faits qui sont reprochés au salarié, l'employeur va pouvoir faire un choix entre un licenciement pour cause réelle et sérieuse, pour faute grave ou pour faute lourde. Quel que soit le motif, l'employeur devra pouvoir en justifier.

Ce choix est loin d'être anodin : il a une incidence directe sur les indemnités auxquelles le salarié pourra prétendre à l'issue de son contrat de travail.

Le licenciement pour cause réelle et sérieuse

Si l'employeur reproche au salarié des faits qui sont liés à ses capacités professionnelles (il ne parvient pas à être opérationnel) ou une faute sans invoquer la faute grave (comme par exemple des retards fréquents), il va avoir un motif légitime.

Dans le cadre de cette procédure, le salarié sera en droit d'effectuer son préavis (ou d'en être dispensé moyennant sa contrepartie financière) et il pourra percevoir son indemnité légale de licenciement s'il a suffisamment d'ancienneté. Il recevra également son indemnité pour congés payés.

Le licenciement pour faute grave

L'importance de la faute grave est telle qu'elle rend impossible le maintien du contrat de travail pendant la durée du préavis théorique et la présence du salarié au sein de l'entreprise. Il s'agit d'un comportement particulièrement répréhensible comme par exemple un acte d'insubordination grave, un dénigrement de l'entreprise, un état d'ébriété fréquent voir permanent…

Puisque le salarié ne peut plus rester dans l'entreprise, même pendant la durée de la procédure, l'employeur va devoir lui signifier une mise à pied qui lui interdira de se présenter sur son lieu de travail et qui prendra fin à l'issue de la procédure de licenciement. Cette période ne lui sera pas payée.

Le licenciement pour faute grave prive le salarié de son préavis, qu'il ne pourra pas exécuter et qui dans ces circonstances ne lui sera pas payé. Compte tenu de la gravité de la faute, le salarié sera également privé de son indemnité légale de licenciement (ce qui peut être une sanction d'autant plus grave que l'ancienneté du salarié est importante). La seule indemnité à laquelle le salarié pourra prétendre sera son indemnité de congés payés.

Le licenciement pour faute lourde

Le licenciement pour faute lourde sous-entend de la part du salarié une intention de nuire à son employeur (détournements de fonds par exemple).

Ce motif de licenciement prive le salarié de toutes ses indemnités (préavis bien sûr, indemnité légale de licenciement mais également congés payés). Il s'accompagne également d'une mise à pied conservatoire*.

Peut-on contester un licenciement ?

Un salarié peut tout à fait contester le fait que son employeur soit en droit de le licencier et prétendre que les motifs invoqués ne sont ni pertinents, ni sérieux. Il devra alors saisir le conseil des prud'hommes (voir en fin de chapitre 24 l'encadré : « Comment ça marche ») qui pourra :

- soit confirmer la décision de l'employeur,
- soit au contraire considérer que l'employeur n'a aucun motif légitime. L'employé pourra alors prétendre à l'ensemble des indemnités liées à la rupture du contrat (indemnités de préavis et légale de licenciement), ainsi qu'à des dommages et intérêts,
- soit encore requalifier la faute invoquée (considérer par exemple que le comportement du salarié ne relève pas d'une faute grave mais d'une cause réelle et sérieuse). Dans ce cas, le salarié pourra prétendre aux indemnités de préavis et légale de licenciement.

BON À SAVOIR

La décision du conseil des prud'hommes peut être contestée par la voie de l'appel, et celle de la cour d'appel, sous certaines conditions, devant la cour de cassation.

EN PRATIQUE

La preuve par la technologie

Dans le cadre d'une action devant le conseil des prud'hommes, certaines technologies peuvent être utilisées pour apporter la preuve d'un fait, d'autres non.

- Concernant la production d'un enregistrement téléphonique, la cour de cassation opère une distinction qu'il est utile de connaître. L'enregistrement d'une conversation téléphonique privée, effectué à l'insu de l'auteur des propos invoqués, est un procédé déloyal rendant irrecevable en justice la preuve ainsi obtenue. En revanche, rien n'empêche le salarié de produire des messages téléphoniques vocaux dont l'auteur ne peut ignorer qu'ils sont enregistrés par l'appareil récepteur.
- La cour de cassation a admis qu'un salarié puisse utiliser un SMS comme moyen de preuve car l'auteur ne peut ignorer qu'ils sont enregistrés par l'appareil récepteur.
- Les courriers électroniques, dont l'authenticité ne peut être justifiée, ne sont pas des éléments de preuve admissibles. En effet, dans la mesure où l'on peut modifier un mail ou créer de toute pièce un document, leur véracité peut être remise en question.

Le licenciement pour motif économique

Parfois, l'origine du licenciement n'a rien à voir avec le comportement du salarié. C'est l'entreprise qui connaît des difficultés économiques structurelles* ou conjoncturelles*. Dans ces circonstances, l'employeur doit pouvoir justifier de ses difficultés. La procédure peut concerner un salarié (on parle alors de licenciement économique individuel) ou de deux à *x* salariés (on parle alors de licenciement économique collectif). Le motif économique du licenciement est considéré comme la cause réelle et sérieuse qui le justifie.

La procédure en détail

Avant de pouvoir licencier un salarié pour motif économique, l'employeur doit pouvoir justifier que tous les efforts de formation et d'adaptation ont été réalisés et que le reclassement de l'intéressé ne peut être opéré dans l'entreprise ou, le cas échéant, dans les entreprises du groupe auquel l'entreprise appartient. L'employeur peut même proposer au salarié des offres de reclassement à l'étranger, à condition de lui avoir demandé, préalablement au licenciement, s'il acceptait de recevoir des offres de reclassement hors du territoire national, et d'avoir obtenu une réponse favorable.

Si les effectifs de l'entreprise sont inférieurs à 1 000 salariés, l'employeur doit proposer au salarié un « contrat de sécurisation professionnelle » (CSP) d'une durée maximale de 12 mois. En principe, ce document lui est remis au cours de l'entretien préalable. Le salarié a 21 jours pour donner sa réponse.

Si l'entreprise occupe au moins 1 000 salariés, l'employeur doit proposer un « congé de reclassement », en principe au cours de l'entretien préalable. La durée de ce congé peut varier de 4 à 12 mois. Le salarié a 8 jours à compter de la notification de son licenciement pour donner sa réponse.

L'un reste... l'autre part

S'il est obligé de choisir entre l'un ou l'autre de ses salariés pour opérer un licenciement économique, l'employeur doit tenir compte d'un certain nombre de critères souvent prévus dans la convention collective applicable ou à défaut dans le Code du travail. Ces critères prennent notamment en compte :

- les charges de famille, en particulier celles des parents isolés,
- l'ancienneté de service dans l'établissement ou l'entreprise,
- la situation des salariés qui présentent des caractéristiques sociales rendant leur réinsertion professionnelle particulièrement difficile, notamment celle des personnes handicapées et des salariés âgés,
- les qualités professionnelles appréciées par catégorie.

Si ces critères ne sont pas pris en considération, la régularité du licenciement peut éventuellement être remise en cause.

Les spécificités de cette procédure

Comme pour le licenciement pour motif personnel, le salarié doit être convoqué à un entretien préalable puis recevoir sa lettre de licenciement. En revanche, les délais entre la convocation et l'entretien préalable d'une part et l'envoi de la lettre de licenciement d'autre part, sont différents dans le cadre du licenciement pour motif économique. Lorsque le licenciement économique est individuel, le délai varie entre 7 et 15 jours. En revanche, lorsque le licenciement économique est collectif, la procédure variera selon la taille de l'entreprise, le nombre de licenciements et l'existence ou non de représentants du personnel.

Selon le nombre de salariés concernés par le licenciement, la notification (qui est faite individuellement) ne pourra intervenir qu'après un délai de réflexion de 7, 13 voire de 31 à 61 jours à compter de l'entretien préalable.

Les motifs de contestation

Un salarié peut tout à fait contester le caractère économique de son licenciement en saisissant le conseil des prud'hommes, soit parce qu'il considère que c'est un autre salarié qui aurait dû être licencié compte tenu des critères de sélection, soit parce qu'il considère que l'entreprise n'est pas dans une situation économique qui le justifie.

L'employeur devra alors justifier son choix ou prouver des difficultés économiques, ou des mutations technologiques ou bien une réorganisation de l'entreprise nécessaire à la sauvegarde de la compétitivité ou encore de la cessation d'activité de l'entreprise. Il devra également démontrer qu'il a fait des propositions de reclassement et que le licenciement repose sur une cause réelle et sérieuse.

La démission

Le contrat de travail peut être rompu à l'initiative du salarié. On parle alors de démission. Elle est rendue possible par le Code du travail et en principe ne concerne que les CDI (puisque le seul motif de rupture est la faute grave, un salarié ne peut donner sa démission lorsqu'il est en CDD).

Comment donner sa démission ?

La démission doit être claire et non équivoque, ce qui implique, en principe, qu'elle soit écrite. Rien n'interdit qu'elle puisse être purement verbale (mais il peut se poser un problème de preuve), ni qu'elle soit la conséquence du comportement du salarié. Le comportement du salarié peut être non équivoque (comme par exemple ne pas venir travailler alors que l'arrêt maladie est terminé) mais s'il peut être équivoque, l'employeur va préférer engager une procédure de licenciement pour faute.

En cas de démission verbale ou si l'employeur n'est pas sûr que l'employé a donné sa démission, il peut prendre la décision d'entamer une procédure pour faute grave. Il invoquera notamment l'abandon de poste.

Il peut arriver que le salarié regrette sa décision et souhaite se rétracter. L'employeur qui peut prouver que la démission de son salarié est claire et non équivoque, est parfaitement en droit de refuser de prendre en considération la rétractation du salarié, sauf si ce dernier parvient à prouver que sa démission a été donnée sous l'emprise de la colère ou sur un coup de tête.

Le préavis

L'employé qui souhaite démissionner ne peut pas quitter son emploi du jour au lendemain. Si l'employeur ne peut mettre fin immédiatement à un contrat de travail à durée indéterminée (il est tenu de lui accorder un préavis), il est normal que le salarié qui veut partir doive lui aussi prévenir son employeur en respectant un préavis. Ce préavis peut être fixé contractuellement, par la loi, dans la convention collective et à défaut, par les usages dans la localité et dans la profession (art. L 1237-1).

Cas particuliers :

- Les femmes enceintes sont dispensées de donner un préavis.
- À l'issue de son congé pour création d'entreprise (dont la durée maximale est d'1 an mais peut être prolongée d'au plus 1 an : art. L 3142-80), le salarié doit informer son employeur au moins trois 3 mois avant la fin de son congé. Ce délai est impératif et s'applique quelle que soit la durée initialement prévue.

La démission forcée

Parfois les conditions de travail sont telles que le salarié « craque » et donne sa démission. Dans cette hypothèse, le salarié peut attaquer son employeur aux prud'hommes pour voir requalifier la démission car il s'agit alors d'une démission forcée. La responsabilité de la rupture reviendra à l'employeur et le salarié pourra prétendre aux mêmes indemnités que s'il s'agissait d'un licenciement abusif* ou sans cause réelle et sérieuse*.

Les conséquences

Donner sa démission entraîne un certain nombre de conséquences, cela va sans dire. Mais comme cela va toujours mieux en le disant, prenons le temps de les détailler.

Parlons gros sous

Le salarié qui démissionne peut toucher son salaire jusqu'au jour de la démission ou bien jusqu'à l'issue de son préavis. Ensuite, il a le droit à ses congés payés. Il peut demander à débloquer sa participation et son plan d'épargne entreprise.

Quid de la clause de non concurrence ?

Si une clause de non concurrence est prévue dans le contrat et qu'il est précisé qu'elle « s'applique quel que soit le mode de rupture », le salarié va être tenu de la respecter. De même si ce sont les dispositions de la convention collective qui le prévoient.

En revanche, rien n'empêche l'employeur de libérer le salarié de sa clause de non concurrence s'il ne veut pas lui verser l'indemnisation prévue, à condition qu'il respecte le délai prévu pour la dénoncer dans le contrat ou la convention collective (en général, le temps dont dispose l'employeur varie entre 8 jours et 1 mois).

Le droit aux allocations chômage

En principe, le départ volontaire du salarié ne lui permet pas de prétendre à toucher des indemnités, sauf si la démission est considérée comme légitime, ce qui peut être le cas dans des circonstances très précises :

- Le salarié parvient à démontrer qu'il s'agit d'une démission « forcée » (ce sera le cas si les conditions de travail sont insupportables et si l'employeur refuse de licencier le salarié).
- La démission est considérée comme légitime par Pôle Emploi, qui statue, au regard des hypothèses visées dans l'accord d'application n°14 du 6 mai 2011 (ainsi par exemple, lorsque la démission est donnée pour suivre son conjoint, son concubin ou son partenaire de PACS).

Démission et formation

Le salarié démissionnaire peut invoquer la portabilité de son DIF (droit individuel à la formation) uniquement à la condition que la démission soit considérée comme légitime, sinon le salarié perd ce privilège.

Si le salarié a reçu une formation payée par l'entreprise (un MBA par exemple) et que son contrat subordonnait cette formation à une certaine durée d'activité au sein de l'entreprise (entre 2 et 5 ans en général), il peut être tenu par une clause de dédit formation. Cette clause prévoit que si le salarié ne reste pas au sein de l'entreprise pendant cette période, il devra rembourser tout ou partie des frais de la formation dont il a bénéficié.

La rupture conventionnelle

Il est possible de mettre fin au contrat de travail d'un commun accord. Ni licenciement, ni démission, la rupture conventionnelle suppose qu'employeur et salarié soient parfaitement d'accord sur le principe de la rupture et ses conséquences.

À quelles conditions ?

La rupture conventionnelle n'est valable que si trois conditions sont respectées.

Un consentement libre et sans contrainte

Qu'il s'agisse du principe de la rupture ou de ses conditions, le consentement du salarié doit être exempt de toute contrainte. Par ailleurs, chaque signataire doit donner son consentement sans qu'il puisse invoquer un vice du consentement comme l'erreur, le dol ou la violence. À défaut, celui qui se considère victime peut en demander la nullité.

Cas de soi-disant consentement

Si un salarié a fait l'objet de pressions et de harcèlement moral et que cette situation de stress au travail a entraîné des troubles psychologiques, on considère qu'il a été victime de violence morale. Cette violence morale étant considérée comme un vice du consentement en droit civil, les magistrats de la cour de cassation ont donc admis que cette violence morale remet en cause la validité d'une rupture conventionnelle et qu'il ne peut y avoir de rupture conventionnelle valable si elle fait suite à une situation de harcèlement moral.

Dans cette hypothèse, la cour de cassation a décidé que la rupture conventionnelle pourra donc être annulée pour vice de consentement (Cass.soc n° 11-22.332 en date du 30 janvier 2013).

Une rupture en bonne et due forme

Même si toutes les modalités de la procédure ne sont pas expressément prévues, la rupture conventionnelle doit respecter certaines contraintes, sans quoi la validité de la rupture pourra être remise en cause.

Si l'employeur n'a pas informé le salarié de ses droits (notamment celui de se faire assister ou de s'informer), celui-ci pourra remettre en cause la rupture conventionnelle pour la faire requalifier devant le conseil des prud'hommes, qui en l'état de la jurisprudence devant les cours d'appel, pourra considérer que dans ces conditions, la rupture s'analyse en un licenciement abusif ou sans cause réelle et sérieuse.

L'homologation, indispensable

Employeur et salarié vont signer un document qui concrétisera leur accord, c'est la convention de rupture. Mais attention, il ne suffit pas que la rupture soit concrétisée par un accord, encore faut-il, pour qu'elle puisse être considérée comme valable et pour qu'elle puisse être exécutée, qu'elle soit homologuée par le Directeur Départemental du Travail, de l'Emploi et de la Formation Professionnelle.

L'entretien préalable

Même si ses modalités sont beaucoup plus souples qu'en cas de licenciement, un entretien – voire plusieurs ! – est le préalable incontournable à la rupture conventionnelle.

Comment l'organiser ?

Contrairement à ce qui se passe en matière disciplinaire ou en matière de licenciement, le Code du travail ne prévoit aucune forme particulière pour la tenue du ou des entretiens entre employeur et salarié.

L'employeur est tenu de rappeler au salarié qu'il a la possibilité de contacter toute personne ou organisme susceptible de le renseigner sur ses droits, comme par exemple Pôle emploi.

Le salarié a le droit d'être informé mais ce droit n'est pas strictement défini. Rien n'est prévu ni sur la forme, ni sur le moment. Alors mieux vaut se renseigner !

Si l'employeur se doit de convoquer le salarié, aucun délai n'est impératif. Il semble toutefois que 5 jours ouvrables soit une bonne mesure.

Le salarié bien sûr mais également l'employeur peuvent se faire accompagner à cet entretien. Il est souhaitable que l'employé qui envisage de se faire accompagner, ce qui est son droit, en informe au préalable son employeur, de préférence par écrit.

L'employeur ne peut être assisté que si le salarié a choisi de l'être.

Un ou des entretien(s) ?

Rien n'est prévu dans les textes mais il est préférable de se voir au minimum deux fois, voire trois. La première fois, on discute les conditions matérielles et financières de la rupture. La seconde ou la troisième fois, on signe !

Les termes de l'accord

Lorsque salarié et employeur signent une rupture conventionnelle, cela implique qu'il n'existe aucun contentieux et que les parties se sont rapprochées uniquement parce qu'elles envisageaient la rupture du contrat de travail.

Le montant de l'indemnité

L'indemnité doit être au moins égale au montant de l'indemnité légale de licenciement. C'est souvent la convention collective qui en détermine l'assiette. À défaut, le montant de cette indemnité est défini par le Code du travail :

« L'indemnité de licenciement ne peut être inférieure à un cinquième de mois de salaire par année d'ancienneté, auquel s'ajoutent deux quinzièmes de mois par année au-delà de dix ans d'ancienneté. » (R1234-2)

L'employeur doit informer le salarié sur le régime social et fiscal de cette indemnité.

Rien n'empêche salarié et employeur de prévoir en sus d'autres indemnités, ainsi par exemple l'indemnité qui sera due par l'employeur en contrepartie de la clause de non concurrence.

La date de la rupture

La date de la rupture ne peut être fixée avant l'homologation de la rupture conventionnelle par la Direction Départementale du Travail, de l'Emploi et de la Formation Professionnelle et au plus tôt le lendemain.

Se rétracter, c'est possible !

À compter de la date de la signature, le salarié dispose d'un délai de 15 jours calendaires pour se rétracter. Mais attention : l'employeur dispose du même droit !

Si son employeur oublie ou refuse de lui donner la convention signée, le salarié peut saisir les tribunaux et utiliser une jurisprudence récente de la cour de cassation qui, dans une décision n° 11-27.000 en date du 6 février 2013, a considéré que cet oubli, volontaire ou non, privait le salarié du droit de s'informer et de demander l'homologation. La cour de cassation a donc requalifié la rupture en un licenciement sans cause réelle et sérieuse.

L'homologation

L'employeur comme le salarié peut demander l'homologation de la rupture conventionnelle auprès de la Direction Départementale du Travail, de l'Emploi et de la Formation Professionnelle. Ensuite, il ne reste plus qu'à attendre la réponse !

La demande d'homologation

Le lendemain du délai de rétraction, la demande d'homologation est envoyée au directeur Départemental du Travail, de l'Emploi et de la Formation Professionnelle. L'autorité administrative compétente dispose alors d'un délai de 15 jours ouvrables pour instruire la demande et vérifier notamment que le consentement du salarié a été obtenu sans que ses droits aient été violés. Rien ne l'oblige à faire une enquête, elle doit simplement vérifier que la procédure a été respectée et que les éléments de l'accord sont conformes aux dispositions du Code du travail.

C'est oui...

L'autorité administrative compétente peut adresser à l'employeur et au salarié une lettre dans laquelle elle homologue la convention de rupture. À défaut de réponse dans le délai imparti (15 jours), la demande d'homologation est réputée obtenue (c'est une décision implicite).

Dans un cas comme dans l'autre, le contrat de travail est rompu le lendemain du jour de l'homologation. Sauf si les parties le prévoient, il n'y a pas de préavis à l'issue d'une rupture conventionnelle.

... ou c'est non !

L'autorité administrative compétente peut adresser à l'employeur et au salarié un refus d'homologation. Dans ce cas, le contrat se poursuit et l'employé doit donc continuer de venir travailler comme si de rien n'était. Si l'employeur initialise par la suite une procédure de licenciement, il lui faudra trouver un juste motif, qui ne peut, bien sûr, être le refus d'homologation !

Attention, la computation des délais est compliquée :

- Dans le cas d'une décision implicite, c'est au jour de l'expiration du délai ; il faudra donc avoir la date de réception de la demande par l'autorité administrative.
- Dans le cas d'une décision explicite, il y a question : date d'envoi ou date de réception de la décision ?

Les droits du salarié

En cas de rupture conventionnelle, le salarié conserve un certain nombre de droits qu'il est bon de connaître.

Le droit au chômage

Si le salarié est dans les conditions de durée d'assurance prévue (jours d'affiliation ou heures de travail), il peut bénéficier d'allocations chômage, à la condition toutefois que la convention de rupture ait été homologuée.

Le droit au DIF

Le salarié peut « emporter » son Droit Individuel de Formation (DIF) et l'utiliser chez son nouvel employeur ou bien faire valoir ce droit pour obtenir de Pôle Emploi une VAE (Validation des Acquis de l'Expérience).

La couverture santé/prévoyance

Le salarié pourra bénéficier de sa couverture santé/prévoyance pendant les 9 mois qui suivent la rupture.

En revanche, en cas de rupture conventionnelle, il y a de fortes chances que l'assureur refuse au salarié qui a contracté un prêt immobilier l'assurance perte d'emploi, si cette garantie n'était pas prévue dans le contrat. En effet, la rupture conventionnelle ne permet pas de considérer que le salarié se trouve dans une situation où la perte d'emploi est subie. Aux yeux des assurances, elle s'assimile à une situation de départ volontaire, en principe exclue du champ de la prise en charge.

ATTENTION !

À l'évidence, pour tous les contrats conclus avant le 25 juin 2008 (date à laquelle la rupture conventionnelle a été autorisée) la garantie ne peut jouer puisqu'elle n'était pas prévue et que les effets ne peuvent rétroagir et s'appliquer. Pour les contrats conclus après, il faut que cette possibilité soit expressément prévue par une clause du contrat. Mais ce sera rarement le cas puisque ce type de rupture figure au contraire dans la majorité des contrats comme une exclusion de garantie ! À vérifier donc avec attention si on envisage une rupture conventionnelle !

Deux autres formes de départs

Si le salarié estime que l'employeur n'a pas respecté ses obligations contractuelles, il peut quitter l'entreprise en prenant acte de la rupture de son contrat ou en demandant la résiliation judiciaire du contrat de travail.

Prendre acte de la rupture du contrat de travail

Sauf en période d'essai, lorsque le salarié considère que l'employeur n'a pas respecté ses obligations contractuelles, il peut quitter l'entreprise en « prenant acte de la rupture de son contrat ». Le salarié adressera alors immédiatement une lettre recommandée avec accusé de réception dans laquelle il expliquera la raison de son départ.

Cette rupture est immédiate, il n'est donc pas possible pour le salarié de se rétracter.

Qui juge ?

Seuls les juges du fond, c'est-à-dire le conseil des prud'hommes dans sa formation de bureau de jugement, pourront se pencher sur les faits qui ont donné lieu à la rupture et sur la décision prise par le salarié. Le juge des référés* ne peut se prononcer sur l'imputabilité de la rupture. Le juge saisi va devoir rechercher si la gravité des faits invoqués par le salarié justifie qu'il ait pris acte de la rupture.

Et après ?

S'il est démontré que la gravité des faits invoqués par le salarié justifie qu'il ait pris acte de la rupture, la décision prise par le salarié va produire les effets d'un licenciement sans cause réelle et sérieuse et ouvrir droit aux indemnités subséquentes, notamment :

- le préavis,
- les congés payés,

- l'indemnité légale de licenciement, selon l'ancienneté du salarié,
- l'indemnité pour licenciement abusif ou sans cause réelle et sérieuse.

Si, au contraire, les faits invoqués ne sont pas considérés comme des manquements graves de l'employeur, la prise d'acte de la rupture va être qualifiée de démission et le salarié risque alors de se voir condamner à une indemnité de préavis, et pourquoi pas à des dommages et intérêts si cette rupture a causé un préjudice à l'employeur (qui, par exemple, n'aurait pas pu mener à bien un projet).

En cas de clause dédit-formation, si la prise d'acte du salarié est reconnue valable, il ne sera redevable d'aucune indemnité car la rupture sera imputable à l'employeur.

Au contraire, si la prise d'acte est requalifiée en démission, le salarié sera redevable de l'indemnisation prévue par la clause puisqu'il sera à l'origine de la rupture.

Demander la résiliation judiciaire du contrat de travail

Lorsque l'employeur manque à l'une de ses obligations contractuelles, le salarié peut demander la résiliation judiciaire du contrat de travail.

Qui juge ?

Le salarié peut notifier à son employeur sa volonté de demander la sanction du comportement de ce dernier et saisir le conseil des prud'hommes pour faire constater la résiliation judiciaire du contrat (art. 1184 du Code civil).

Et après ?

Si le manquement contractuel est reconnu, le contrat sera rompu aux torts de l'employeur. Cela permettra au salarié d'obtenir les mêmes indemnités que s'il avait été licencié, la rupture produisant alors les effets d'un licenciement abusif ou sans cause réelle et sérieuse.

On considère que le contrat est rompu à la date du jugement et s'il est fait appel ou d'autres recours, à la date à laquelle la décision devient définitive.

Si le manquement contractuel n'est pas reconnu par la juridiction saisie, le contrat doit se poursuivre, dans la mesure où le comportement de l'employeur est conforme à ses obligations.

La résolution judiciaire du contrat

En principe, l'employeur ne peut demander la résolution judiciaire du contrat, sauf dans le cadre d'un contrat d'apprentissage en cas de faute grave de l'apprenti (art. L 6222-18) ou dans le cadre d'un contrat à durée déterminée en cas d'inaptitude du salarié, si l'origine en est professionnelle (art. L 1226-20).

L'heure de la retraite

Parce qu'un retraité heureux est d'abord un retraité bien informé, lisez attentivement ce qui suit si l'heure de la retraite doit bientôt sonner pour vous !

Ne pas confondre...

Avant toute chose, il convient d'éviter la confusion entre retraite à taux plein et droit à la retraite. Depuis la réforme des retraites, la retraite à taux plein permet au salarié qui bénéficie de suffisamment de trimestres pour avoir une retraite à taux plein, de prendre sa retraite à 60 ans (et maintenant entre 60 ans et 3 mois et 62 ans, en fonction de l'année de naissance). Le droit à la retraite permet à tout salarié qui a atteint entre 65 ans et 67 ans selon l'année de naissance de percevoir une retraite à taux plein, même s'il n'a pas acquis le nombre de trimestres suffisant.

La mise à la retraite

Les salariés du secteur privé et certains salariés du secteur public (à la condition que les dispositions du Code du travail leur soient applicables) peuvent se voir obligés par leur employeur de partir à la retraite. Concrètement, l'employeur peut choisir de rompre le contrat de travail d'un salarié dès lors que celui-ci a atteint l'âge légal pour partir à la retraite au taux plein, même s'il ne justifie pas de la durée d'assurance requise pour en bénéficier.

Une question d'âge

Ce qui suit peut être amené à changer compte tenu des problèmes de retraites mais en l'état actuel des textes de référence, on peut être mis à la retraite dès que l'on a dépassé de 5 ans la date à laquelle on peut bénéficier de la retraite à taux plein (aujourd'hui 62 ans pour les salariés nés en 1955 mais 60 ans pour les salariés nés avant le 1er juillet 1951 et progressivement entre 60 et 62 pour les salariés nés entre 1951 et 1955). Pour l'instant, l'âge permettant à l'employeur d'envisager la retraite de son salarié varie donc entre 65 et 67 ans.

BON À SAVOIR

Si le contrat d'un salarié prévoit la rupture du contrat en fonction d'une date d'anniversaire, cette clause est nulle. En effet, un contrat ne peut prévoir la possibilité pour l'employeur de mettre fin au contrat parce que son salarié a atteint « l'âge légal pour toucher sa retraite ».

De 65 à 70 ans

3 mois avant que le salarié ne puisse prendre sa retraite à taux plein – soit entre 65 (progressivement 67) et 70 ans – l'employeur doit l'interroger par écrit sur son intention de quitter volontairement l'entreprise pour bénéficier d'une pension de vieillesse. Le salarié a 1 mois pour répondre.

Si le salarié répond par la négative, il « repart » pour un an, et l'employeur devra répéter la procédure d'interrogation jusqu'à ce que le salarié atteigne l'âge de la retraite.

Si le salarié accepte, l'employeur va rompre le contrat de travail en invoquant la mise à la retraite du salarié.

Au-delà de 70 ans

Ce n'est qu'à partir du moment où le salarié atteint son soixante-dixième anniversaire que l'employeur va pouvoir imposer la mise à la retraite à son salarié même si celui-ci la refuse.

Les conditions de départ

Le salarié qui accepte d'être mis à la retraite peut prétendre à un certain nombre de droits :

- un préavis, équivalent à celui qu'il aurait eu s'il avait été licencié,
- une indemnité de retraite, dont l'assiette est celle qui est utilisée pour calculer l'indemnité légale de licenciement.

L'indemnité de retraite dépend de l'ancienneté du salarié au sein de l'entreprise. À défaut de dispositions plus favorables d'une convention collective ou du contrat de travail, ce sont les dispositions du Code du travail qui s'appliquent :

- si le salarié a moins de 10 ans d'ancienneté : 1/5 de mois de salaire par année d'ancienneté,
- à partir de 10 ans d'ancienneté : 1/5 de mois de salaire par année, plus 2/15 de mois par année.

Faux départ !

Si l'employeur a mis son salarié à la retraite alors qu'il n'en avait pas le droit, la mise à la retraite sera requalifiée en licenciement abusif ou sans cause réelle et sérieuse et le salarié percevra des dommages et intérêts. Le salarié peut aussi demander à la juridiction saisie, c'est à dire le conseil des prud'hommes, de prononcer la nullité de la mise à la retraite. Dans cette seconde hypothèse, il pourra être réintégré.

Quand c'est le salarié qui veut partir

Le salarié peut prendre sa retraite à partir du moment où il est en droit de demander la liquidation de sa retraite (entre 60 et 62 ans selon l'année de naissance). Il va pouvoir anticiper cet âge minimum dans trois cas :

- lorsqu'il a commencé à travailler très jeune (dès 16 ans),
- sous certaines conditions, lorsqu'il est handicapé (il peut demander à partir dès 55 ans),
- lorsqu'il justifie d'un taux d'incapacité permanente, au titre d'une carrière pénible.

La procédure peut être prévue dans le contrat de travail ou par la convention collective. Si rien n'est prévu, mieux vaut prévenir son employeur par un courrier recommandé avec accusé de réception.

L'employé ne peut pas quitter l'entreprise sans respecter un préavis. Ce dernier est fixé par le contrat, la convention collective et *a minima* par le Code du travail. Donc, pas question de partir, sauf accord de l'employeur, du jour au lendemain !

L'indemnité de départ à la retraite

Sauf si la convention collective ou le contrat de travail est plus favorable, le salarié qui demande à partir à la retraite bénéficie d'une indemnité égale à :

- 1 demi-mois de salaire après 10 ans d'ancienneté,
- 1 mois de salaire après 15 ans d'ancienneté,
- 1 mois et demi de salaire après 20 ans d'ancienneté,
- 2 mois de salaire après 30 ans d'ancienneté.

La fin anticipée du CDD

Dans le cadre d'un CDD, en principe, employeur et salarié sont tenus d'aller jusqu'à la fin du contrat. Toute clause du contrat qui ferait accepter par le salarié la rupture anticipée du contrat de travail est interdite, ainsi une clause qui permettrait à l'employeur de rompre le contrat de travail si le comportement du salarié ne convenait pas à l'employeur (par exemple insuffisance professionnelle).

Quant au salarié, il ne peut donner sa démission et il risque même de devoir régler des dommages et intérêts à son employeur si ce dernier parvient à démontrer que la démission du salarié lui porte préjudice.

Le salarié dont l'employeur ne lui règle pas ses salaires va pouvoir « prendre acte de la rupture du contrat de travail », car ce comportement fautif sera assimilé à une faute grave.

Cinq situations possibles

Le Code du travail prévoit cinq hypothèses dans lesquelles on peut mettre fin de façon anticipée au CDD.

- Le contrat peut être rompu d'un commun accord, soit par un écrit qui met un terme immédiat au contrat, soit par un avenant qui en réduit la durée.
- Le contrat peut être rompu en cas de faute grave du salarié. Il s'agit d'une mesure disciplinaire qui est soumise à un entretien préalable et à un courrier qui notifie la sanction au salarié.
- Le contrat peut être rompu en cas de force majeure. Cette cause exceptionnelle, difficile à prouver, rend indispensable l'obligation de se séparer du salarié.
- Le contrat peut être rompu en cas d'inaptitude du salarié à exercer son travail dûment constatée par la médecine du travail, sous certaines conditions comme par exemple celle imposée à l'employeur d'avoir recherché à reclasser le salarié.
- Enfin, lorsque le salarié justifie d'une embauche sous contrat à durée indéterminée, il peut rompre le contrat.

Avis aux contestataires

Que l'initiative de la rupture appartienne à l'employeur ou au salarié, celui qui la subit peut saisir le conseil des prud'hommes afin qu'il vérifie si les motifs et la situation invoqués sont pertinents et correspondent aux critères fixés par la loi pour autoriser la rupture anticipée. Si le conseil des prud'hommes remet en cause les circonstances et le bien fondé de la rupture, il pourra condamner employeur ou salarié à une contrepartie financière (salaires dus jusqu'à l'issue du contrat pour le salarié, dommages et intérêts pour l'employeur).

EN PRATIQUE

Quels sont les documents que le salarié peut exiger à l'issue de son contrat de travail ?

Quel que soit le motif de rupture, le salarié est en droit d'exiger de son employeur :

- son certificat de travail,
- son dernier bulletin de paie,
- son solde de tout compte*,
- le cas échéant, l'attestation destinée à Pôle Emploi.

Si l'employeur ne tient pas à la disposition du salarié ou ne lui fait pas parvenir ces documents « dans un délai raisonnable », le salarié pourra saisir le conseil des prud'hommes en référé (c'est-à-dire par une procédure rapide), pour qu'il oblige son employeur à les lui remettre.

Le certificat de travail doit être purement informatif. Il ne peut indiquer les motifs de la rupture ou comporter de considérations défavorables. En revanche, rien n'empêche l'employeur d'y insérer une remarque favorable voir élogieuse !

Chapitre 23

La santé au travail

Dans ce chapitre :

- La législation relative à l'arrêt maladie
- Les aménagements et la protection dont bénéficient les femmes enceintes et les jeunes mamans
- L'emploi et les conditions de travail des travailleurs handicapés

Selon un dicton bien connu, le travail, c'est la santé ! Mais en fait, ce n'est pas toujours le cas… On peut être salarié et malade, blessé ou handicapé. On peut aussi s'apprêter à devenir maman… tout en souhaitant rester une travailleuse également ! Pour que les problèmes de santé ne se transforment pas en galère au travail, la loi prévoit un certain nombre d'interdictions, d'obligations et d'aménagements, destinés à protéger le travailleur.

La maladie au travail

Malgré vos 40° de fièvre, vous grelottez au fond de votre lit, vous avez l'impression qu'il y a un marteau-piqueur sous votre boîte crânienne ? À moins que vous ne vous soyez cassé la clavicule et le péroné en essayant d'impressionner votre petite amie en tentant un salto arrière sur une piste noire ? Quoi qu'il en soit, vous voici en arrêt maladie…

N.B. : cette partie ne concerne pas les maladies professionnelles, qui font l'objet d'une législation spécifique.

L'arrêt maladie, mode d'emploi

Une fois que le salarié se retrouve muni du certificat médical de son médecin préconisant un arrêt maladie, il se passe quoi ?

Quand doit-on informer l'employeur ?

Si le salarié doit informer son employeur, le Code du travail est muet sur le délai dans lequel il doit le faire. Ce sont souvent les contrats ou les conventions collectives qui le fixent.

À défaut, on tient compte du délai légal imposé au salarié pour aviser sa caisse d'assurance maladie afin d'être indemnisé, qui est de 48 heures.

Ces délais ne sont pas à prendre à la légère car l'employeur peut en tirer argument, notamment en envisageant, lorsque les circonstances le permettent, de licencier pour cause réelle et sérieuse, voire pour faute grave, le salarié qui n'a pas rempli cette obligation.

Pèse donc sur le salarié l'obligation de faire parvenir un certificat médical initial dans lequel le médecin informe l'employeur de la durée de l'arrêt maladie. Celui-ci est très variable (de quelques jours à 1 mois). C'est également ce certificat médical qui va fixer pour le salarié la possibilité ou non de s'absenter de son domicile.

De la même manière, si le médecin prolonge l'arrêt maladie, le salarié doit faire parvenir le document à l'employeur. Et il en est ainsi tant que le médecin n'a pas envisagé la fin de l'arrêt maladie.

Les indemnités journalières

Après un délai de carence de 3 jours (art. R 323-1 du Code de la sécurité sociale), le salarié va percevoir, dès le quatrième jour, des indemnités journalières de la sécurité sociale. Selon son ancienneté et les dispositions de la convention collective applicable, le salarié peut percevoir de son employeur, qui y est alors obligé, la rémunération du délai de carence. S'agissant du complément des indemnités journalières pendant une certaine période, l'employeur peut y être tenu, sous certaines conditions, notamment d'ancienneté :

- soit en application des dispositions du Code du travail,
- soit, si celles-ci sont plus favorables, en application des dispositions de la convention collective,
- soit, si l'employeur y a souscrit, dans le cadre d'un régime de prévoyance.

Ne sont pas concernés les travailleurs à domicile, les travailleurs saisonniers, les salariés temporaires et les travailleurs intermittents.

La contre-visite médicale

Les caisses d'assurance maladie peuvent procéder à des contre-visites médicales. À partir du moment où l'employeur indemnise le salarié, il est lui aussi en droit de faire procéder à une contre-visite médicale, sans bien sûr être tenu d'en aviser le salarié. En revanche, le médecin contrôleur doit y procéder en dehors des heures pendant lesquelles le salarié est autorisé à s'absenter de chez lui.

BON À SAVOIR

Si le salarié n'est pas présent lors de la contre-visite et dès lors que la visite de contrôle est régulière, l'employeur peut suspendre les paiements complémentaires. En revanche, il ne peut utiliser ce motif pour procéder au licenciement du salarié.

Que devient le contrat de travail ?

La maladie, sauf exceptions, ne rompt pas le contrat de travail. Celui-ci est suspendu, ce qui signifie que le salarié ne peut être remplacé que temporairement, et qu'à l'issue de la maladie, il réintègre ses fonctions.

BON À SAVOIR

On ne peut pas reprendre un véhicule de fonction à un salarié en arrêt maladie. En effet, le contrat n'étant que suspendu, l'employeur qui revendiquerait le véhicule de fonction commettrait une faute.

Les congés payés

Le salarié ne perd pas ses congés payés acquis. S'il se trouve dans l'impossibilité de les prendre, ils doivent être reportés après la date de reprise du travail, même si la période de prise des congés est expirée.

En revanche, par un arrêt n° 11-22.285, en date du 13 mars 2013, la Cour de cassation vient de trancher : dans le cadre d'une maladie non professionnelle, l'absence du salarié n'est pas assimilée à une période de travail effectif. Le salarié en maladie ne peut donc pas percevoir d'indemnité de congés payés pour la période pendant laquelle il a été en maladie et n'a pas travaillé.

Malade et viré ?

La maladie ne peut être une cause de licenciement. L'employeur qui passerait outre se verrait opposer un licenciement discriminatoire, qui serait purement et simplement annulé, permettant ainsi au salarié de demander soit sa réintégration, soit l'indemnisation de son préjudice. En revanche, rien n'interdit à l'employeur de licencier le salarié pour un autre motif.

Il peut notamment invoquer le fait que la maladie ou les nombreux arrêts maladie, même s'ils sont suivis de périodes de travail, perturbent le bon fonctionnement de l'entreprise et rendent nécessaire le remplacement définitif du salarié. Cette situation est ensuite appréciée par les juridictions saisies, et s'il s'avère que la raison invoquée n'est pas la bonne, l'employeur se verra condamner.

Et après ?

À l'issue de son arrêt maladie, le salarié reprend son activité. Les modalités de reprise diffèrent selon la durée de l'arrêt.

- Durée inférieure à 30 jours : le salarié reprend son emploi sans autres formalités, à la date indiquée dans l'arrêt de travail.
- Durée supérieure à 30 jours : le salarié doit passer une visite de reprise au cours de laquelle le médecin du travail devra apprécier son aptitude à reprendre son emploi. C'est à la date de cette visite que prendra fin la suspension du contrat de travail.

Qui part à la chasse… ne retrouve pas forcément sa place !

Le salarié déclaré apte ne peut exiger de reprendre son emploi antérieur. En effet, contrairement à la situation née d'une maladie professionnelle ou d'un accident du travail, l'employeur n'a pas obligation de réintégrer le salarié dans son emploi. En revanche, il doit lui proposer un emploi similaire et une rémunération équivalente.

Si le salarié est reconnu apte mais que le médecin émet des conditions, l'employeur doit réintégrer le salarié en tenant compte bien sûr de la situation. Le salarié est notamment en droit d'exiger les aménagements demandés car ils mettent en cause sa sécurité.

La maternité au travail

De nombreuses femmes enceintes angoissent à l'idée d'annoncer leur grossesse à leur employeur ! Pourtant, inutile de paniquer, la loi les protège pendant toute leur grossesse et même au-delà.

Enceinte… et salariée !

Être enceinte protège la salariée contre les discriminations et le licenciement.

En parler… ou pas !

Tant que la salariée ne demande pas à son employeur de bénéficier de la protection liée à son état de grossesse, elle n'est pas obligée de l'informer de son état. En revanche, la grossesse doit être déclarée aux organismes de sécurité sociale pour pouvoir être prise en charge au titre de la maternité, dans les 14 premières semaines à compter de la conception (art. 532-1 du Code de la Sécurité sociale).

Si la salariée enceinte ne se sent pas capable de cumuler grossesse et travail, la protection dont elle bénéficie lui permet de démissionner du jour au lendemain, sans avoir à donner de préavis.

Enceinte et mutée ?

L'état de grossesse ne peut justifier une mutation, sauf bien sûr si elle est faite dans l'intérêt de la salariée et si celle-ci se justifie pour des raisons de santé. Afin de faciliter d'éventuelles sanctions, la charge de la preuve est inversée, c'est-à-dire que c'est à l'employeur de prouver que la mutation n'a rien à voir avec la grossesse et non à la salarié de prouver que c'est la grossesse qui est à l'origine de la mutation.

Enceinte et à l'essai

Gare à l'employeur qui souhaite mettre fin à la période d'essai d'une salariée enceinte ! Dès lors que la rupture trouve son origine dans l'état de grossesse de la salariée, cette dernière ayant informé l'employeur de son état, la rupture est considérée comme une mesure discriminatoire. En revanche, rien n'empêche l'employeur de le faire s'il prouve que cette rupture n'a rien à voir avec la grossesse, sachant que dans ce cas encore, afin de faciliter d'éventuelles sanctions, la charge de la preuve est inversée.

Enceinte et virée ?

Dès lors que la grossesse d'une salariée est médicalement constatée et que l'employeur en a eu connaissance, il ne peut plus licencier la salariée « parce qu'elle est enceinte ». En revanche, il peut prendre le risque de licencier une salariée enceinte pour un autre motif mais il lui faudra prouver que cette décision est uniquement liée à un problème avec la salariée.

Cette protection couvre la période de grossesse, la période de congé maternité mais également les 4 semaines qui suivent la fin du congé maternité (attention, ces délais peuvent varier en cas de grossesse pathologique).

BON À SAVOIR

Cette protection concerne également les parents qui adoptent, pendant la durée du congé adoption.

Et si l'employeur n'était pas au courant ?

Si une salariée est licenciée alors que l'employeur ne savait pas qu'elle était enceinte, le licenciement peut être annulé, à la condition qu'il ne soit pas justifié par :

- une faute grave non liée à l'état de grossesse,
- l'impossibilité de maintenir le contrat pour un motif étranger à la grossesse ou à l'accouchement (le motif doit alors être indépendant du comportement de la salariée).

Pour bénéficier de cette mesure de protection, la salariée doit adresser à son employeur (en mains propres avec récépissé ou par courrier recommandé avec AR) un certificat médical attestant de sa grossesse, au plus tard dans les 15 jours à compter de la date à laquelle le licenciement a été porté à sa connaissance. Puisque le licenciement est annulé, la salariée a droit à être réintégrée si elle en fait la demande.

ATTENTION !

Il s'agit d'un délai de protection. Au-delà de ce délai, l'employeur pourra licencier la salariée, à la condition d'invoquer une cause réelle et sérieuse.

Enceinte et protégée… même en CDD ?

Lorsque le contrat vient à son terme, la grossesse n'a aucune incidence. Une salariée enceinte ne peut prétendre pouvoir travailler au-delà de l'échéance du contrat. En revanche, dans le cadre d'un renouvellement, si l'employeur refuse le renouvellement alors que la salariée est enceinte, et que celle-ci parvient à prouver qu'il s'agit d'une mesure discriminatoire liée directement à son état, le comportement de l'employeur pourra être sanctionné. Enfin, pendant la durée du CDD, la salariée bénéficie d'une protection dans l'exécution de son contrat de travail au même titre que celle qui est titulaire d'un CDI.

Des aménagements aux petits soins

La grossesse permet à la salariée enceinte de bénéficier d'aménagements propres à sécuriser ses conditions de travail.

Les examens médicaux, c'est (aussi) du boulot !

Dès lors que la salariée enceinte sollicite une absence pour faire les examens prénatals dont le nombre et la périodicité sont prévus légalement, l'employeur est tenu de l'y laisser s'y rendre sans pour autant diminuer sa rémunération. En effet, le temps consacré à ces examens est assimilé à une période de travail.

Pause dodo

Une salariée enceinte peut demander à se reposer sur son lieu de travail. En effet, le Code du travail stipule qu'au cours de la grossesse ou pendant la période d'allaitement, la salariée peut « se reposer en position allongée, dans des conditions appropriées ».

Certaines conventions collectives prévoient d'autres aménagements, tels la possibilité d'écourter la journée de travail.

La sécurité avant tout

Certaines contraintes liées aux postes de travail peuvent justifier la demande de la salariée à être affectée provisoirement à un autre emploi.

L'employeur a aussi l'obligation de prendre en compte les risques toxicologiques, les risques physiques ainsi que la charge psychique en fin de grossesse. S'il existe un risque, il doit alors proposer une mutation à la salariée enceinte sans qu'elle ne puisse subir de diminution de revenus, ni que cette mutation perdure au-delà de la situation née de la grossesse. Par ailleurs, si l'emploi s'avère incompatible avec l'état de grossesse, notamment à cause des risques professionnels ou si la salariée travaille de nuit, l'employeur doit :

- soit l'affecter à un poste compatible avec son état (ainsi un poste de jour),
- soit suspendre son contrat de travail.

Dans la seconde hypothèse, la salariée peut prétendre à une garantie de rémunération.

Bienvenue au boulot !

Nous venons de voir les aménagements auxquels la salariée enceinte peut prétendre avant son congé maternité. Mais que se passe-t-il lorsqu'elle revient ?

Reviendra ou reviendra pas ?

La jeune maman n'est pas obligée de reprendre son activité à l'issue de son congé. Elle peut demander à bénéficier d'un congé parental d'éducation (comme d'ailleurs le jeune papa), s'il répond aux conditions posées par la loi avec à l'issue, la garantie de retrouver un emploi.

La jeune maman peut également, pendant les 2 mois qui suivent la naissance et à la condition d'en avertir son employeur au moins 15 jours à l'avance, demander la rupture de son contrat de travail. En même temps que sa démission, donc dans le même courrier, la salariée peut demander à bénéficier d'une priorité de réembauchage qu'elle pourra faire jouer pendant une année.

Toutes les dispositions sus mentionnées sont également possibles dans le cadre d'une adoption.

Priorité de réembauchage ne signifie pas que l'employeur est obligé de reprendre la salariée mais que la salariée qui en fait la demande dans le temps qui lui est imparti doit être embauchée en priorité si un poste se dégage !

Qui part à la chasse… réintègre sa place !

La salariée qui revient après un congé maternité doit réintégrer le même emploi ou tout au moins retrouver un emploi similaire. Elle peut prétendre, en cas de modification, à une rémunération au moins équivalente.

La proposition d'un emploi similaire est considérée comme un changement des conditions de travail. Si la salariée la refuse, l'employeur aura donc la possibilité de la licencier et le licenciement sera considéré comme ayant une cause réelle et sérieuse.

Quid des congés ?

En plus de son congé maternité, la salariée peut prétendre à ses droits acquis au titre des congés payés et prendre les congés auxquels elle a le droit.
En revanche, sauf si la convention collective applicable prévoit une telle possibilité, elle ne peut pas demander de congé supplémentaire pour allaiter son enfant. La mère qui allaite peut néanmoins bénéficier d'une heure par jour durant les heures de travail, et ce pendant une année à compter du jour de la naissance de l'enfant.

Le handicap au travail

Garant du bien-être et de la sécurité de ses salariés, l'employeur doit être particulièrement attentif aux conditions de travail des salariés handicapés.

Le travailleur handicapé, définition

C'est l'article L 5213-1 du Code du travail qui en donne la définition : « Est considérée comme travailleur handicapé toute personne dont les possibilités d'obtenir ou de conserver un emploi sont effectivement réduites par suite de l'altération d'une ou plusieurs fonctions physique, sensorielle, mentale ou psychique. »

Employer un travailleur handicapé, qui y est tenu ?

Dès lors qu'une entreprise dépasse le seuil de 20 salariés, l'article L 5212-1 du Code du travail lui fait obligation d'employer « des travailleurs handicapés, mutilés de guerre et assimilés ». Selon la taille de l'entreprise, le pourcentage de salariés handicapé varie et doit atteindre, pour les plus importantes d'entre elles, le seuil de 6 % des effectifs.

Cette obligation peut être contournée légalement par l'employeur s'il fait appel à des entreprises sous-traitantes qui emploient des travailleurs handicapés, ou bien en employant des stagiaires ou encore en versant une contribution financière.

Les obligations de l'employeur

De manière générale pèse sur l'employeur l'obligation de se préoccuper de l'amélioration des conditions d'emploi et de la prévention des risques dans l'entreprise. Pour répondre à cette obligation, les salariés handicapés sont soumis à une surveillance médicale spéciale (ils bénéficient notamment d'une visite médicale annuelle). Le rôle du médecin du travail ne s'arrête pas là puisqu'il lui est également demandé de réfléchir à l'adaptation du poste de travail au salarié handicapé. D'autres obligations incombent aussi à l'employeur :

- pousser la réflexion avec les organes représentatif et consultatif des salariés (délégués du personnel, comité d'entreprise, comité d'hygiène et de sécurité*) pour essayer de permettre aux travailleurs handicapés d'accéder à un emploi ou de s'y maintenir,
- favoriser la formation professionnelle des travailleurs handicapés pour leur permettre d'évoluer,
- favoriser l'accessibilité des travailleurs handicapés sur leur lieu de travail,

- permettre l'accessibilité aux locaux sanitaires et aux locaux de restauration que les handicapés sont susceptibles d'utiliser dans l'établissement,
- respecter certaines normes ISIO lorsqu'il entreprend des travaux dans son entreprise, comme par exemple celles qui concerne le cheminement des non-voyants.

Chapitre 24

La sécurité au travail

Dans ce chapitre :

- Tout savoir sur le temps de travail
- Les dangers au travail : les identifier, les prévenir, les éviter
- Focus sur des types d'emplois présentant des risques spécifiques

L'employeur est tenu vis-à-vis de son salarié à une obligation de sécurité de résultat, ce qui le contraint à avoir une politique de prévention absolue des risques. Chaque année, dans le Document Unique, l'employeur doit procéder à une évaluation de l'ensemble des risques que l'activité de l'entreprise peut faire courir aux salariés. Ainsi par exemple, il doit rechercher les risques que font courir l'utilisation de produits nocifs ou encore le bruit ambiant, la circulation des salariés dans des zones à risques, les risques psychosociaux (harcèlement, stress…), les travaux en hauteur, l'absence de jour…

Les risques sont partout, à l'employeur de les anticiper !

Respecter les temps de travail

La sécurité au travail passe avant tout par le respect de la législation relative au temps de travail.

Travailler, c'est quoi ?

Travailler, c'est d'abord être soumis à un rythme et ensuite être tenu par une cadence. Le rythme, c'est la répartition du temps de travail, la cadence, c'est le temps qui est attribué pour faire le travail demandé.

C'est au regard de ces deux éléments que le salarié va bénéficier d'une protection quels que soit son sexe, son âge, sa nationalité et la nature de son contrat.

Être au travail ne signifie pas (forcément) travailler

Pour savoir si le salarié a exécuté son temps de travail, on va tenir compte du temps de travail effectif, c'est-à-dire du temps de travail que le salarié a exécuté sous la direction de son employeur. Tout temps lié à l'exécution du temps de travail n'est donc pas compris dans le temps effectif de travail. Ainsi en est-il notamment :

- du temps de pause,
- du temps de trajet (temps entre le domicile et le lieu de travail), sauf s'il excède la durée normale d'un tel déplacement. En ce cas, il peut être indemnisé soit par une rémunération complémentaire, soit par un temps de repos.
- du temps d'habillage et de déshabillage, lorsqu'il n'est pas lié à des conditions de sécurité. En revanche, sous certaines conditions, ce temps doit faire l'objet d'une contrepartie financière ou sous forme de repos.
- du temps de douche.

Le temps de travail en détail

Semaine de 35 heures, heures sup, astreintes, voici tout ce qu'il faut savoir sur le temps de travail.

La semaine de 35 heures

En principe, un salarié employé à temps plein effectue une semaine de 35 heures de travail, avec un repos quotidien d'une heure (sauf exceptions). Ces 35 heures ne peuvent cependant imposer au salarié une présence de plus de 6 jours par semaine dans l'entreprise. Il doit donc pouvoir bénéficier d'un repos hebdomadaire d'une durée minimale de 24 heures consécutives, même si certaines dérogations sont admises.

Quant au repos dominical, il est la règle mais certaines professions peuvent y déroger. L'employeur qui souhaite faire travailler ses salariés le dimanche doit le prévoir contractuellement. La rémunération du salarié travaillant le dimanche doit être au moins égale au double de celle d'un jour ouvrable et le salarié bénéficie d'un repos compensateur.

Si l'employeur modifie le contrat en demandant au salarié de travailler désormais le dimanche, il s'agit d'une modification d'un élément essentiel du contrat de travail, donc une modification du contrat que le salarié est en droit de refuser. L'employeur ne peut donc pas l'imposer mais en revanche, il peut se séparer du salarié qui refuse !

Les bornes des limites

Les limites de l'employeur face à la durée du travail ne sont pas les mêmes selon que le salarié est employé à temps complet ou à temps partiel.

À temps complet

Sauf exceptions, l'employeur ne peut, dans le cadre d'un contrat à temps plein, faire travailler un salarié plus de 10 heures s'il travaille de jour, ou plus de 8 heures s'il travaille de nuit.

Les travaux saisonniers, certains travaux urgents ou en prévention d'accidents imminents peuvent faire exception, pour la durée légale de jour.

En principe, la durée légale hebdomadaire dans un contrat à temps plein est de 35 heures sauf certaines professions. Au-delà, l'employeur peut faire travailler son salarié dans le cadre de la réglementation des heures supplémentaires. Au cours d'une même semaine, la durée maximale est de 48 heures (sauf pour certaines catégories de travailleurs comme les jeunes de moins de 18 ans ou bien les apprentis par exemple).

À temps partiel

Qu'il ait été envisagé par l'employeur ou à la demande du salarié, le contrat à temps partiel prévoit une durée hebdomadaire inferieure à celle des salariés liés par un contrat de travail à temps plein. Les heures complémentaires sont alors limitées et ne peuvent en tout état de cause porter la durée du travail à celle d'un contrat à temps plein.

Si l'employeur envisage de modifier la répartition de la durée de travail et que le contrat prévoit une telle hypothèse, il doit en informer le salarié au moins 7 jours avant (plus parfois si la convention collective le prévoit). Cette obligation de délai peut toutefois être remise en cause en cas d'urgence dans certains secteurs d'activité comme par exemple l'aide à domicile.

Le salarié dont le contrat de travail ne prévoit pas la possibilité pour l'employeur de changer la répartition de la durée du travail, n'est pas obligé d'accepter les heures complémentaires demandées au-delà de ce qui est contractuellement prévu. Son refus ne peut être qualifié de faute.

C'est astreignant !

Dès lors qu'elle est prévue par le contrat, la convention collective ou un accord d'entreprise, l'obligation de disponibilité peut être exigée par l'employeur. Au cours de la période d'astreinte, en principe non travaillée, le salarié va devoir se déplacer sur son lieu de travail ou sur tout lieu lié à son activité. Seules seront alors considérées comme heures de travail effectif les heures d'intervention sauf si le salarié est tenu de rester dans l'entreprise. La compensation pour le salarié sera financière ou sous forme de repos.

Attention, danger !

Le danger au travail peut prendre de multiples formes : il peut venir d'une machine, bien sûr ou d'un outil que doit utiliser le salarié, d'une situation lors de l'exécution de la tâche confiée qui présente un risque (ainsi sur un chantier par exemple ou la conduite d'un véhicule qui présente un problème technique) mais c'est aussi une ambiance au travail qui peut influer sur la santé physique ou mentale du salarié.

Le droit d'alerte : droit ou obligation ?

Dans l'urgence, la politique de prévention imposée à l'employeur peut être inefficace, c'est la raison pour laquelle lorsqu'un salarié se trouve en présence d'un « danger grave ou imminent, pour sa vie ou santé », il peut faire jouer son droit d'alerte, en informant son employeur.

Et si le salarié ne fait rien...

Si le salarié ne fait pas jouer ce droit d'alerte, les conséquences seront fonction des circonstances :

- soit on ne pourra pas le lui reprocher,
- soit on pourra le lui reprocher au regard de son obligation générale de sécurité et engager sa responsabilité tant sur le plan civil, que sur le plan pénal (on invoquera alors la non-assistance à personne en danger).

Intervention du CHSCT

En dehors de ce droit individuel, les membres du CHSCT (Comité d'Hygiène de Sécurité et des Conditions de Travail), s'il existe au sein de l'entreprise, peuvent – et même doivent – alerter l'employeur sur toute situation dangereuse. Si aucune mesure ne se dégage au sein du CHSCT, alors il faudra saisir l'inspection du travail qui dispose notamment du pouvoir d'arrêter l'activité dangereuse (comme par exemple un chantier).

Cas particulier : le droit d'alerte pour les produits ou procédés dangereux

Le droit d'alerte pour les produits ou procédés dangereux constitue pour le salarié une nouvelle possibilité de se protéger. Si le salarié estime de bonne foi que les produits ou procédés de fabrication utilisés ou mis en œuvre par l'établissement font peser un risque grave sur la santé publique ou l'environnement (art. L 4133-1), il peut alerter son employeur. Ce droit appartient également au représentant du CHSCT (art. L 4133-2).

Concrètement, l'alerte devra être consignée par écrit. L'employeur doit alors informer le salarié qui lui a transmis l'alerte de la suite qu'il réserve à celle-ci. En l'absence de suite dans un délai d'1 mois ou en cas de divergence sur le bien fondé de l'alerte, le salarié peut saisir le représentant de l'État dans le département (art. L 4133-3). Il n'a pas à craindre de représailles, lesquelles seraient considérées comme une sanction discriminatoire susceptible d'être annulée.

ATTENTION !

Si le salarié fait jouer le droit d'alerte alors qu'il sait que cette information est totalement ou partiellement inexacte, il est passible d'une sanction pénale pouvant aller jusqu'à 5 ans d'emprisonnement et 45 000 € d'amende (art. 226-10 du Code pénal) !

Le droit de retrait

Le salarié confronté à un danger peut décider de se retirer et d'arrêter ou de refuser de travailler, dès lors que le travail demandé peut mettre en danger sa vie ou sa santé. Le droit de retrait s'apprécie au regard des circonstances. Ainsi un salarié pourra refuser de prendre la route avec un camion dont il considère qu'il présente des défaillances techniques, mais il ne pourra légitimement revendiquer ce droit si le local dans lequel il travaille présente des défectuosités au niveau du chauffage car ce problème n'a pas été considéré comme un danger « grave et imminent » pour la santé ou la vie du salarié.

S'il est légitime, ce droit au retrait ne permet ni retenue de salaire, ni aucune sanction disciplinaire. Au contraire, s'il n'est pas considéré comme légitime, le droit de retrait pourra justifier une retenue sur salaire ou une sanction disciplinaire pouvant aller jusqu'au licenciement pour faute.

ATTENTION !

Le salarié devra composer avec les conséquences de sa décision de s'arrêter si la situation créée par son retrait risque d'entraîner d'éventuels dangers pour ses compagnons. Selon les circonstances, il pourra en effet se voir reprocher un « abus de droit » ou une mise en péril des autres salariés de l'entreprise.

Les risques psychosociaux

Les risques psychosociaux existent dans l'entreprise et dans le cadre de son obligation de sécurité, l'employeur doit tout mettre en œuvre pour les éviter.

Le stress

L'accord national interprofessionnel du 2 juillet 2008 a défini l'état de stress comme « le déséquilibre entre la perception qu'une personne a des contraintes que lui impose son environnement et la perception qu'elle a de ses propres ressources pour y faire face ».

Sans que cette liste soit exhaustive, on peut considérer qu'il y a risque :

- lorsque surgissent des problèmes dans l'organisation et les processus de travail (aménagement du temps de travail, dépassements excessifs et systématiques d'horaires, charge de travail réelle manifestement excessive, objectifs disproportionnés ou mal définis, etc.),
- lorsque les conditions et l'environnement de travail sont pathogènes (exposition à un environnement agressif, à un comportement abusif, au bruit, à une promiscuité trop importante pouvant nuire à l'efficacité, à la chaleur, à des substances dangereuses, etc.),
- lorsque la communication au sein de l'entreprise pose de véritables problèmes (incertitude quant à ce qui est attendu au travail, perspectives d'emploi, changements à venir, mauvaise communication concernant les orientations et les objectifs de l'entreprise, communication difficile entre les acteurs etc.),
- lorsque certains facteurs subjectifs entrent en jeu (pressions émotionnelles et sociales, impression de ne pouvoir faire face à la situation, perception d'un manque de soutien, difficulté de conciliation entre vie personnelle et vie professionnelle, etc.).

JURISPRUDENCE

Stressé au travail, un employé fait un infarctus. Son employeur peut-il être considéré comme responsable ?

Oui, répond la cour de cassation dans une décision en date du 8 novembre 2012 (n° 11-23.855). L'employé pourra, dans ces circonstances, reprocher à son employeur une faute inexcusable, à la condition toutefois de pouvoir prouver que la source de son stress puis de son infarctus avait pour origine une charge de travail incompatible avec une activité normale.

La jurisprudence faisait déjà référence aux risques que faisait courir l'employeur par son comportement envers le salarié (notamment dans le cadre du harcèlement moral). Mais par cette décision, ce qui était directement reproché à l'employeur, c'était une politique générale de réduction des coûts, donc des effectifs, qui a été reconnue à l'origine de la dégradation des conditions de santé du salarié.

Il faut faire la part des choses, dans les consignes de travail, entre la mise sous pression comme mode de management et les modes de management de l'entreprise qui eux ne peuvent être critiquables.

Les discriminations

Les discriminations sont considérées comme l'expression d'une situation de violence au sein de l'entreprise. Discriminer, c'est traiter différemment un salarié non pour des raisons objectives (promotion à l'ancienneté par exemple) mais pour des raisons personnelles (parce qu'elle est mère célibataire par exemple). On ne peut donc être traité différemment au sein de l'entreprise en raison de :

- son origine, son sexe, ses mœurs, son orientation ou identité sexuelle, son âge,
- sa situation de famille ou sa grossesse,
- ses caractéristiques génétiques, son appartenance ou sa non-appartenance à une ethnie, une nation ou une race,
- ses opinions politiques, ses activités syndicales ou mutualistes,
- ses convictions religieuses,
- son apparence physique, son nom de famille,
- son état de santé ou son handicap.

Toute disposition ou tout acte discriminatoire pris dans l'une de ces hypothèses à l'égard d'un salarié est donc nul (art. L 1132-4).

Si un salarié pense être victime d'une décision qu'il considère liée à l'un de ces éléments, il peut saisir le conseil des prud'hommes.

Les discriminations sont interdites notamment en matière (art. L 1132-1) :

- de rémunération,
- de mesures d'intéressement ou de distribution d'actions,
- de formation, de reclassement, d'affectation,
- de qualification, de promotion professionnelle,
- de mutation ou de renouvellement de contrat.

Des différences de traitement sont possibles lorsqu'elles répondent à une exigence professionnelle essentielle et déterminante et pour autant que l'objectif soit légitime et l'exigence proportionnée (art. L 1333-1). Ainsi par exemple, les aménagements d'un poste ou du temps de travail pour une femme enceinte ne constituent pas une mesure discriminatoire.

Le harcèlement sexuel

Le harcèlement sexuel est inscrit au Code pénal (art. 222-33) et dans le Code du travail (art. L 1153-1). Il est constitué par des propos ou comportements à connotation sexuelle répétés qui portent atteinte à la dignité du salarié en raison de leur caractère dégradant ou humiliant ou parce qu'ils créent à son encontre une situation intimidante, hostile ou offensante.

Sont également assimilés au harcèlement sexuel des faits consistant en toute forme de pression grave, même non répétée, exercée dans le but réel ou apparent d'obtenir un acte de nature sexuelle, que celui-ci soit recherché au profit de l'auteur des faits ou au profit d'un tiers.

Quiconque s'estime victime de harcèlement sexuel doit établir des faits qui permettent de présumer l'existence de ce harcèlement. C'est alors à l'employeur de prouver que ce ou ces agissements ne sont pas constitutifs d'un tel harcèlement et que sa décision est justifiée par des éléments objectifs étrangers à tout harcèlement (art. L 1154-1).

Le harcèlement moral

On considère qu'il y a harcèlement moral lorsque le salarié est victime (art. L 1152-1) d'agissements répétés ayant pour objet ou pour effet une dégradation de ses conditions de travail et que ces agissements sont susceptibles de porter atteinte à ses droits et à sa dignité, d'altérer sa santé physique ou mentale ou de compromettre son avenir professionnel.

Une procédure de médiation peut être mise en œuvre par toute personne de l'entreprise s'estimant victime de harcèlement moral. Elle peut également être mise en œuvre par la personne mise en cause (art. L 1152-6).

Aucune sanction ne peut être prononcée contre un salarié qui a subi ou refusé de subir des agissements répétés de harcèlement moral ou sexuel, qui a témoigné de tels agissements ou qui les a relatés.

Le salarié qui se considère victime de problèmes liés aux risques psychosociaux au sein de son entreprise et qui est confronté à une situation d'immobilisme de la part de son employeur peut saisir :

- les organes de représentation des salariés (et notamment le CHSCT s'il existe),
- l'inspection du travail,
- le médecin du travail.

Cas spécifiques

Certains travaux se font dans des conditions particulières (horaires, matériel), lesquelles entraînent des conditions de travail bien spécifiques.

Le travail posté

Dès que plusieurs salariés se succèdent sur un même poste de travail, on parle de travail posté, en discontinu (deux équipes matin et soir), en semi continu (les trois huit) mais avec interruption en fin de semaine ou en continu (les trois huit) mais sans aucun arrêt.

La durée de travail

Comme pour chaque salarié, la durée de travail doit être de 10 heures maximum par jour, 8 heures la nuit. Le salarié a droit à un temps de pause de 20 minutes après 6 heures de travail, et à 11 (sous certaines conditions 9) heures consécutives de repos. L'employeur doit enfin, bien sûr, observer le repos hebdomadaire.

JURISPRUDENCE

Le temps de pause ne peut être fractionné. Ainsi, un employeur qui avait soumis ses salariés à deux temps de pause de 15 minutes, soit au total 30 minutes par jour, s'est vu condamné à des dommages et intérêts (Cass. Soc. 20 février 2013 n° 11-28.612 et n° 11-28.617).

Travail de nuit : une surveillance médicale renforcée

Les salariés qui travaillent sur un poste de nuit en semi continu ou en continu sont surveillés médicalement plus fréquemment par la médecine du travail (trois examens au cours de la première année, un par an par la suite). Le médecin doit être attentif et proposer dès que nécessaire des aménagements ou une mutation dès lors que la santé du salarié se trouve affectée par le rythme de nuit.

Ras le bol !

Un salarié qui a travaillé au moins 20 ans en continu et qui a occupé ce type de poste au cours des 5 dernières années, bénéfice d'une priorité d'affectation lorsqu'un autre poste se libère.

BON À SAVOIR

Sous certaines conditions, il peut même bénéficier d'une retraite à taux plein anticipée !

Le travail sur écran

C'est aujourd'hui un constat, le travail avec visualisation sur écran peut entraîner des troubles musculo-squelettiques (TMS). Pourtant, seul un pourcentage symbolique (entre 3 et 4 %) sera considéré comme une maladie professionnelle attribuée au travail sur écran.

C'est aussi une évidence, l'écran peut être facteur de stress lorsque la formation pour l'utiliser est insuffisante, ou bien que la charge de travail imposée est répartie sur une période de temps plus court. Mais là encore, le lien avec une maladie à caractère professionnel est difficile.

10/10 ou myopie assurée ?

La polémique fait rage autour des troubles de la vision. Pour certains, l'écran favorise les lésions sur un terrain favorable, pour d'autres, c'est un déclencheur de myopie. Même si la question n'est pas médicalement résolue, l'employeur qui propose à son salarié un travail devant un écran de visualisation doit le soumettre à un examen préalable auprès de la médecine du travail.

Les mesures de prévention

L'employeur doit prévoir des temps de pause ou des changements d'activités de manière à reposer le salarié, cette obligation ne visant bien sûr que les salariés dont la fonction essentielle est de travailler sur écran !

L'employeur doit également :

- adapter les logiciels employés à la tâche confiée,
- veiller à ce que les locaux et les outils soient adaptés à la situation. Ainsi par exemple, il doit veiller à respecter les normes en matière d'éclairage,
- s'attacher à la dimension du poste de travail, au siège, à l'ambiance thermique (qui doit prévoir une humidité suffisante et une température tempérée) mais aussi au bruit,
- surveiller son salarié sur le plan médical, le soumettre régulièrement à un examen ophtalmologique et être attentif à toute plainte du salarié concernant sa vue.

BON À SAVOIR

Ces obligations ne rendent pas pour autant l'employeur financièrement redevable des éléments de correction nécessaires à la poursuite de l'activité sur écran, sauf exceptions.

EN PRATIQUE

Le conseil des prud'hommes pas à pas

Monsieur Durand a été engagé en qualité de vendeur par la société IBS, dont les bureaux sont situés 3 rue du Chemin vert à Paris XIe, le 1er novembre 1978. Au cours de sa carrière, il a eu différentes promotions, il est devenu cadre exécutif, et avant son licenciement, il avait été promu chef des ventes. Son entreprise est rachetée le 1er janvier 2013 et dès le 1er février, Monsieur Durand reçoit un premier avertissement.

Il va voir un avocat qui lui conseille de contester chaque point du courrier.

Le 5 mars, il est de nouveau convoqué et reçoit un nouvel avertissement pour des faits différents, qu'il conteste également puis le 5 mai, il est convoqué à un entretien préalable en vue d'un licenciement. Malgré ses explications, l'employeur lui adresse une lettre de licenciement de trois pages qui lui reproche une faute grave qui le prive de son préavis et de son indemnité légale de licenciement.

Stupéfait, il décide de saisir le conseil des prud'hommes. Il va donc aller chercher un formulaire au greffe du conseil des prud'hommes, situé dans le ressort du lieu où il a exercé son activité. En qualité de cadre, il va saisir la section encadrement. Il va donc indiquer dans le formulaire ses demandes :

- son préavis,
- son indemnité légale de licenciement,
- son attestation ASSEDIC conforme,
- des dommages et intérêts,
- le remboursement de ses frais irrépétibles.

S'il a pris un avocat, il va indiquer ses coordonnées dans la demande.

Quelques semaines plus tard, il va être avisé de l'audience de conciliation à laquelle il se rendra seul ou accompagné de son avocat. L'employeur sera représenté lui aussi. À ce stade, il pourra peut-être conclure un accord avec son ancien employeur.

Sinon, il lui sera indiqué une date d'audience devant le bureau de jugement. Entre la date de conciliation et la date d'audience, il devra communiquer ses pièces et faire connaître son argumentation à son adversaire qui en fera de même, c'est ce que l'on appelle « le respect du contradictoire ».

Devant le bureau de jugement, il expliquera (ou son avocat) les circonstances de la rupture et essayera de convaincre le conseil des prud'hommes du bien fondé de son argumentation. L'adversaire (ou son avocat) procédera de même.

La décision est très rarement rendue le jour même, en général il faut entre 1 et 3 mois pour la connaître. Chacune des parties recevra la décision par courrier recommandé avec AR.

Si monsieur Durand ou son employeur (ou les deux !) ne sont pas satisfaits de la décision, ils feront appel de cette décision (dans un délai maximum d'1 mois à compter de la date à laquelle la décision leur a été notifiée) et de nouveau les parties vont échanger pièces et arguments puis développer leur argumentation devant les magistrats de la cour d'appel. Cette dernière pourra confirmer la décision du conseil des prud'hommes, c'est-à-dire rendre une décision identique ou au contraire infirmer* la décision du conseil des prud'hommes et rendre une décision totalement ou partiellement différente.

...

...

Enfin, si l'une ou l'autre des parties n'est pas satisfaite de la décision de la cour d'appel et qu'elle peut faire valoir un moyen de droit, elle pourra, par l'intermédiaire d'un avocat au conseil et à la cour de cassation, faire un pourvoi en cassation (on peut faire un pourvoi dans le délai de 2 mois après que la décision de la cour d'appel a été notifiée).

Si ce pourvoi est considéré comme recevable, la décision de la cour d'appel sera cassée et l'affaire reviendra devant une autre cour d'appel qui appréciera le litige en tenant compte de la décision de la cour de cassation. Si au contraire, la cour de cassation considère que la cour d'appel a correctement appliqué le droit, elle va alors rejeter le pourvoi formé et la décision sera définitive.

Septième partie

La Partie des Dix

Chapitre 25

Le crédit en dix points clés

Mieux vaut prendre toutes les précautions nécessaires lorsque l'on s'apprête à prendre un crédit. Voici un petit mémo en dix points pour être sûr de ne pas commettre d'impair.

Donner les bons renseignements

Un crédit est un contrat, il faut donc que les informations qui y figurent soient exactes.

Le souscripteur ne doit pas oublier d'informer l'organisme prêteur de deniers de toutes ses ressources et de toutes ses dépenses.

Une offre écrite, c'est o-bli-ga-toire !

Cette offre comporte des éléments importants comme le taux, les mensualités et le montant total du crédit. Avant de s'engager, il convient de l'examiner attentivement car dans le contrat de prêt, le souscripteur retrouvera tous les éléments qui figurent dans l'offre, et uniquement ceux-ci.

La rétractation, c'est un droit !

En matière de crédit à la consommation, il est possible de faire jouer son droit de rétractation. Pendant 14 jours, le consommateur peut réfléchir au crédit qu'il envisage de prendre… mais il ne doit pas oublier, le cas échéant, de faire connaître son refus au vendeur avant le terme de ce délai légal de 14 jours, après c'est trop tard !

Pas de bien, pas de crédit !

Si un consommateur prend un crédit pour acheter un bien ou un service déterminé, il pourra, si ce bien ou ce service ne lui est pas fourni, demander au juge de ne pas le condamner à rembourser le crédit.

Délai de réflexion, les sous attendront

En matière de crédit immobilier, aucun versement n'est possible pendant le délai de réflexion imposé. Toute personne qui souhaite souscrire un crédit a 10 jours pour réfléchir, au cours desquels l'organisme prêteur n'a pas le droit de verser quelque montant que ce soit à qui que ce soit, et ce même si cela arrange le souscripteur.

Distinguer simulation et engagement du banquier

Quiconque souhaite contracter un prêt immobilier se verra remettre par son banquier une simulation prévoyant les remboursements. Si le taux change et que le banquier ne propose pas au souscripteur *in fine* les mêmes modalités que la simulation, ce dernier ne pourra les exiger. En effet, une simulation est simplement informative, elle n'a aucune valeur contractuelle.

Une condition sous condition

La condition suspensive permet au futur acheteur d'un bien immobilier de renoncer à son acquisition lorsqu'il n'obtient pas son crédit. Mais attention ! Il existe des obligations à respecter pour pouvoir en bénéficier. L'acquéreur doit rechercher activement le crédit et être en mesure de pouvoir prouver que plusieurs établissements le lui ont refusé. Surtout, il est impératif de respecter les délais prévus dans la condition suspensive et d'informer le vendeur avant la date limite en cas de non obtention du prêt.

Pas de contrat d'assurance, pas de prêt

Même si le banquier a dit oui, il ne faut pas prendre de prêt immobilier sans avoir d'assurance et dans ces conditions, il est d'ailleurs possible d'y renoncer. Sinon, l'acquéreur risque de se retrouver obligé de payer alors qu'il est incapable de travailler ou pire, de laisser la dette à ses héritiers.

Faire l'autruche, c'est non !

Lorsque l'on n'est plus en mesure de rembourser son crédit, il faut réagir dès la mise en demeure du prêteur. Si l'on est confronté à une procédure judiciaire, il ne faut pas oublier qu'il est possible de demander des délais et surtout de bénéficier des conseils et de l'assistance d'un avocat, que le débiteur rémunérera ou qui lui sera désigné dans le cadre d'une demande d'aide juridictionnelle.

Ne pas aggraver la situation

Un débiteur en état de surendettement doit veiller à ne pas aggraver son passif en prenant des crédits supplémentaires qu'il sait ne pas pouvoir payer, sinon, il risque d'être considéré comme un débiteur de mauvaise foi et se verra refuser le bénéfice du surendettement.

Chapitre 26

Conseils juridiques pour 10 étapes clés de la vie quotidienne

Délais à respecter, justificatifs à fournir, démarches à effectuer, informations à donner… Parce que dans le domaine juridique plus encore que dans la vie en général les choses doivent être faites en bonne et due forme, voici un petit mémo en dix points pour ne rien oublier.

Pour faire un état des lieux

L'état des lieux doit toujours être fait, à l'entrée comme à la sortie. Il peut être effectué par un huissier mais pour qu'il ait une valeur pour le bailleur comme pour le locataire, il faut convoquer le propriétaire ou son représentant. À l'entrée dans les lieux, le locataire prendra soin de repérer – et de bien faire préciser ! – les trous, les carrelages cassés, l'émail parti, bref tout ce qui pourrait lui être reproché à la sortie et qu'il devrait alors « rembourser ».

En cas d'état des lieux sans huissier, voici la notation à appliquer :

- A : très bon état
- B : bon état
- C : état moyen
- D : mauvais état
- HS : hors service
- NV : non vérifié (à éviter pour le futur !)

Pour se porter caution

Au moment de s'engager en tant que caution pour un proche qui prend une location, il faut faire attention à la case que l'on coche !

Si la caution coche la case :

- « pour la durée du contrat de location ci-annexé », la date d'échéance du cautionnement indiqué sera celle de la fin du bail, soit par exemple à l'issue des 3 ans ;
- « pour la durée du contrat de location ci-annexé et du renouvellement suivant », la date d'échéance du cautionnement indiqué sera celle du second bail, soit par exemple à l'issue des 6 ans (2 fois 3) ou bien 12 ans (2 fois 6).

En cas de problèmes, cela signifie que la caution sera redevable des loyers, des charges et éventuellement des indemnités d'occupation, des réparations locatives, et des frais éventuels de procédure pendant toute la durée du cautionnement.

Pour signer un CDI

Au minimum, un contrat à durée indéterminée doit comporter la date à laquelle l'employé est engagé. Il comporte une période d'essai au cours de laquelle l'employé peut partir et l'employeur se séparer de lui, cette période d'essai ne pouvant être renouvelée que si cette éventualité a été prévue au contrat.

Le contrat doit mentionner le poste occupé par l'employé (éventuellement, le coefficient hiérarchique) ainsi que sa rémunération.

Si l'entreprise est assujettie à une convention collective, il en est fait mention.

Pour écrire à la Banque de France

Tout dossier de surendettement doit être accompagné d'un courrier adressé à la Banque de France, qui doit expliquer la situation de surendettement du demandeur. C'est pourquoi, ce dernier doit indiquer :

- les raisons de sa situation de surendettement ;
- sa situation personnelle et familiale ;

- son dernier diplôme obtenu, les dernières formations qu'il a suivies et à quelles dates ;
- sa situation professionnelle (métier exercé...) ;
- ses projets professionnels (recherche d'emploi, formation souhaitée, évolution de carrière...) ;
- toutes les informations utiles pour que la Banque de France puisse comprendre la situation actuelle du demandeur (chômage, veuvage, divorce…).

Pour rédiger une lettre de démission

La lettre de démission peut être :

- adressée en recommandé avec accusé de réception ;
- remise en mains propres au DRH ou au dirigeant de la société (dans ce cas, elle doit être revêtue de la mention « reçue en mains propres le… »).

Elle doit contenir une référence soit au Code du travail, soit à la convention collective, soit au contrat du démissionnaire pour rappeler la durée de son préavis, qui commencera à courir au jour de la présentation du courrier recommandé ou à la date à laquelle elle a été remise (le…).

S'il s'agit d'une « démission forcée », le salarié doit indiquer pourquoi il la donne et préciser que c'est contraint et forcé car il ne supporte plus « l'ambiance délétère / le harcèlement /la mise au placard…. » et que c'est la ou les raisons pour lesquelles il remet sa démission, sur laquelle il fait toutes réserves.

Pour demander au syndic de copropriété la convocation d'une assemblée générale

La lettre rédigée pour demander au syndic de copropriété la convocation d'une assemblée générale doit :

- être adressée en recommandé avec AR ;
- contenir la référence de la copropriété et l'objet du courrier, c'est-à-dire : « la convocation d'une assemblée générale des copropriétaires » ;

- préciser le fait que les demandeurs représentent au moins un quart des voix de tous les copropriétaires de l'immeuble situé (adresse) ;
- viser l'article 8 du décret du 17 mars 1967 ;
- préciser l'ordre du jour, sur lequel les demandeurs souhaitent débattre ;
- demander au syndic de convoquer une assemblée générale des copropriétaires dans les délais les plus brefs, tout en respectant les exigences légales ;
- comporter le prénom et le nom de chaque copropriétaire demandeur, qui devra signer la lettre.

Pour témoigner en justice

Le témoignage en justice doit :

- être fait sous la forme manuscrite ;
- être accompagné d'une photocopie d'une pièce d'identité ;
- comporter l'identité et l'adresse de son auteur ;
- rappeler que l'auteur n'est ni parent, ni allié, ni au service de la personne pour laquelle il veut témoigner ;
- relater les faits dont l'auteur a été témoin ;
- préciser que l'auteur sait que ce témoignage doit être produit en justice dans le litige qui oppose X à Y ;
- rappeler que l'auteur a été informé du fait qu'un faux témoignage peut entraîner des poursuites pénales ;
- être daté et signé par son auteur.

Pour se marier !

Voici quelles sont les pièces qui doivent être fournies, au minimum, pour pouvoir déposer un dossier de mariage :

- une pièce d'identité pour chaque futur conjoint ;
- un ou deux justificatifs de domicile ou de résidence pour chaque futur conjoint ;

- les informations concernant les témoins (noms, prénoms, date et lieu de naissance, profession et domicile) ;
- une copie intégrale de l'acte de naissance pour chaque conjoint datant de :
  - moins de 3 mois, si le service délivrant la copie se trouve en France,
  - moins de 6 mois, si le service délivrant la copie se trouve à l'étranger.

Si l'un des futurs époux est étranger, il doit également fournir des documents spécifiques à sa nationalité (se renseigner à la mairie ou au consulat).

Si les futurs époux ont conclu un contrat de mariage, ils doivent produire un certificat du notaire.

Si les futurs époux ont choisi comme lieu de mariage la commune où réside un parent, des justificatifs de domicile du parent concerné sont exigés.

Pour divorcer

Le conjoint qui souhaite divorcer devra obligatoirement prendre un avocat. Si les époux décident de divorcer selon la procédure de consentement mutuel, ils peuvent ne prendre qu'un seul avocat, mais si cette procédure ne parvient pas à se concrétiser, aucun des deux conjoints ne pourra demander à cet avocat de l'assister et de le représenter pour la procédure suivante.

Si les situations financières des époux sont très différentes, celui qui dispose de moyens plus importants sera, sauf exception, redevable d'une prestation compensatoire.

Les enfants devront continuer de voir chacun de leurs parents, la famille et éventuellement toute personne qui a participé à leur entretien et à leur éducation et qui en fera la demande (nouveau conjoint, concubin, partenaire…).

Les époux divorcés devront partager leurs biens communs, avec l'intervention d'un notaire s'il y a des biens immobiliers.

Pour comprendre le système judiciaire français

Il existe des juridictions de droit privé et des juridictions de droit public.

Le système judiciaire de droit privé, comme celui de droit public, comporte deux degrés de juridictions (première instance et second degré), et chaque système dispose d'une juridiction dont la fonction est de veiller à l'application des principes de droit.

Les juridictions de droit privé de première instance sont :

- le tribunal d'instance ;
- le tribunal de grande instance, qui est la seule juridiction où l'assistance d'un avocat est obligatoire ;
- le tribunal correctionnel ;
- le tribunal de police ;
- le tribunal de commerce ;
- le tribunal des affaires de la Sécurité sociale ;
- le conseil des prud'hommes.

Lorsque l'on n'est pas satisfait d'une décision, on interjette appel devant la cour d'appel qui est composée de :

- une chambre civile ;
- une chambre sociale ;
- une chambre commerciale ;
- une chambre correctionnelle.

Puisque les avoués ont été supprimés, on doit, sauf exceptions, se faire assister d'un avocat pour faire appel.

La juridiction de première instance en matière administrative est le tribunal administratif.

La juridiction de second degré est la cour administrative d'appel.

Devant ces deux juridictions, on n'est pas obligé de se faire assister ou représenter par un avocat.

Si l'on n'est pas satisfait de la décision de la cour d'appel ou de la cour administrative d'appel, on peut faire un recours devant la Cour de cassation ou le Conseil d'État par l'intermédiaire d'un avocat à la Cour de cassation et au Conseil d'État, à la condition d'avoir un moyen de droit.

Annexe A

Adresses utiles

Agence Française pour l'Adoption
19, boulevard Henri IV
75001 Paris
Tél. : 01 44 78 61 40
Site Internet : www.agence-adoption.fr

AGIRA
1, rue Jules Lefebvre
75009 PARIS
Tél. : 01 53 21 50 40 / Fax : 01 53 21 50 47
Courriel : agira@agira.asso.fr
Site Internet : www.agira.asso.fr/

Autorité de Contrôle Prudentiel (ACP)
61, rue Taitbout
75436 Paris Cedex 09
Tél. : 01 49 95 40 00
Courriel : bibli@acp.banque-france.fr

Banque de France
Pour obtenir un dossier de déclaration de surendettement :
Lien : http://www.banque-france.fr/la-banque-de-france/missions/protection-du-consommateur/surendettement/declaration-de-surendettement.html

BP Médiation Assurance
1, rue Jules Lefebvre
75431 Paris Cedex 09

Bureau central de tarification
1, rue Jules Lefebvre
75009 Paris
Tél. : 01 53 21 50 40 / Fax : 01 53 21 50 47
Courriel : bct@agira.asso.fr
Site Internet : www.bureaucentraldetarification.com.fr

Bureau de l'entraide civile et commerciale internationale (D3)
Direction des affaires civiles et du Sceau
Ministère de la Justice
13, place Vendôme
75042 Paris cedex 01

Bureau des légalisations – Ministère des Affaires étrangères
57, boulevard des Invalides
75007 Paris
Courriel : bureau.legalisation@diplomatie.gouv.fr
Tél. : 01 53 69 38 28 ou 01 53 69 38 29 / Fax : +33 (0)1 53 69 38 31

Commission de conciliation des rapports locatifs
Pour Paris : Préfecture de Paris
5, rue Leblanc
75911 Paris Cedex 15
Tél. : 01.82.52.40.00
Pour les autres régions, s'adresser aux préfectures.

Cour de Cassation
5, quai de l'Horloge
75055 Paris Cedex 01
Tél. : 01.44.32.95.95 ou 01.44.32.95.59

Direction générale de la concurrence, de la consommation et de la répression des fraudes (DGCCRF)
Site Internet : http://www.economie.gouv.fr, rubrique DGCCRF

Fichier central des dispositions de dernières volontés (FCDDV)
A.D.S.N.
95, avenue des Logissons
Services aux particuliers
13107 VENELLES Cedex
Courriel : adsn-fcddv.particuliers@notaires.fr

Infobanque, Service d'information sur les opérations et pratiques bancaires
Banque de France
39, rue Croix des Petits Champs
75001 Paris
Tél. : 01 42 92 42 92 ou 01 64 80 20 20

INSEE
18, boulevard Adolphe Pinard
75014 Paris
Tél. : 01 41 17 50 50

Journal Officiel
26, rue Desaix
75727 Paris cedex 15
Tél. : 01 40 58 75 00
Site internet : `http://www.journal-officiel.gouv.fr/`

Médiateur de la banque
Site internet : `http://www.fbf.fr`
Taper « médiateur » dans l'espace « Recherche » pour obtenir le médiateur de votre banque.

Médiateur de la SNCF
45, rue de Londres
75008 Paris
Site Internet : `www.mediateur.sncf.com`

Médiateur de l'Éducation nationale et de l'enseignement supérieur
Carré Suffren
110, rue de Grenelle
75357 Paris cedex 07 SP
Fax : 01 55 55 22 99
Courriel : mediateur@education.gouv.fr
Site Internet : `http//www.education.gouv.fr`

Médiateur des communications électroniques
BP 999
75829 Paris Cedex 17
Site Internet : `www.mediateur-telecom.fr`

Médiateur du crédit aux entreprises
Site Internet : `http://www.mediateurducredit.fr/`

Médiateur du Groupe de la Poste
44, boulevard de Vaugirard
CP F407
75757 Paris Cedex 15
Site Internet : `www.laposte.fr/mediateurdugroupe/`

Médiateur national de l'énergie
Libre réponse n° 59252
75443 Paris Cedex 09
Site Internet : `www.energie-mediateur.fr`

Médiation de l'Eau
BP 40 463
75366 Paris Cedex 08
Courriel : contact@mediation-eau.fr
Site Internet : `www.mediation-eau.fr`

Médiateur de la RATP
Monsieur le Médiateur RATP
LAC A9A
54, quai de la Rapée
75599 Paris Cedex 12

Médiateur des Ministères économiques et financiers
BP 60153
14010 Caen Cedex 1
Courriel : mediateur@finances.gouv.fr

Ministère de la Justice
13, place Vendôme
75042 Paris cedex 01
Site Internet : www.justice.gouv.fr

Parquet du Tribunal de grande instance de Nantes
Service des adoptions
Quai François Mitterrand
44921 Nantes Cedex 9

Secrétariat des commissions de surendettement
Banque de France
Site Internet : www.banque-france.fr

Mission de l'Adoption Internationale
(Ministère des Affaires étrangères)
57, boulevard des Invalides
75007 PARIS

Tél. : 01 53 69 31 72
Fax : 01 53 69 33 64
Courriel : courrier.fae-mai@diplomatie.gouv.fr

Service central d'état civil
11, rue de la Maison Blanche
44941 Nantes Cedex 09
Tél. : 0826 08 06 04

Formulaire européen de réclamation pour le consommateur
http://www.europe-consommateurs.eu/fr/faq/formulaire-de-reclamation/

Ministère de la Justice : adresses des différentes antennes en France
http://www.annuaires.justice.gouv.fr/ : rubrique « Justice en région »

Annexe B

Glossaire

Attention, ce lexique comporte des définitions simplifiées qui doivent permettre au lecteur de comprendre l'expression, le concept. Sauf exceptions, il ne s'agit pas de définitions juridiques *stricto sensu*.

Accord de branche : accord conclu en droit du travail entre les syndicats patronaux et les syndicats salariés représentatifs de la branche d'activité.

Acquêts : se dit des biens que l'un ou l'autre des époux, ou les deux ont acquis au cours du mariage et qui de ce fait tombent dans la communauté.

Acte d'administration : opération juridique de gestion qui permet d'administrer le patrimoine mais qui ne permet pas de disposer du bien. On l'oppose à l'acte de disposition.

Acte avec seing d'avocat : acte intermédiaire entre l'acte sous seing privé et l'acte authentique, par lequel l'avocat atteste avoir éclairé pleinement la ou les partie(s) qu'il conseille sur les conséquences juridiques de l'acte qu'ils vont signer.

Acte authentique ou acte notarié : acte passé par devant un notaire, qui lui confère une force juridique exécutoire (comme une décision de justice) et qui ne peut être ni contesté, ni remis en cause.

Acte de disposition : acte juridique qui aura une incidence dans l'avenir sur le patrimoine d'un individu. Se dit par exemple de la vente d'un immeuble. On l'oppose à l'acte d'administration.

Acte de notoriété : acte établi par un notaire qui recueille des témoignages ou qui établit une situation juridique afin de prouver une situation familiale. Le notaire dresse un certificat de notoriété prouvant la qualité d'héritier par exemple.

Acte extra judiciaire : « document délivré par un huissier de justice en dehors de toute action de justice pour exercer ou conserver un droit. » (*Vocabulaire juridique*, sous la direction de Gérard Cornu, éd. PUF)

Acte sous seing privé (SSP) : contrat conclu entre deux ou plusieurs personnes, dont la seule exigence est qu'il soit signé par les parties à l'acte. Cet acte peut être rédigé par les parties elles-mêmes ou par un intervenant extérieur comme un avocat, un banquier… On l'oppose à l'acte authentique ou à l'acte avec seing d'avocat.

Acte usuel : décision concernant le quotidien d'un enfant, prise selon les principes établis par les deux parents, comme par exemple une inscription à une activité sportive ou une autorisation de sortie.

Action aux fins de subsides : action judiciaire qui permet d'obtenir une pension alimentaire pour l'éducation et l'entretien d'un enfant vis-à-vis d'un parent dont on a fait reconnaître la paternité, parfois la maternité.

Action en réduction : action judiciaire qui permet aux héritiers de remettre en cause les donations et libéralités faites par le *de cujus*.

Action en répétition de l'indu : action judiciaire qui permet de faire condamner une personne qui a reçu une somme d'argent alors qu'on ne lui devait rien.

Aide juridictionnelle : aide qui permet aux personnes ayant de faibles revenus de bénéficier d'une prise en charge totale ou partielle par l'État de la rétribution des auxiliaires de justice et des frais de justice.

Appel : recours contre une décision de justice devant la cour d'appel, qui va examiner le litige non seulement en examinant les questions de droit mais également en interprétant les faits. Cette décision peut confirmer la décision de première instance ou au contraire l'infirmer.

Amendement : modification proposée lors du vote d'une loi, en vue de corriger, compléter ou annuler tout ou une partie d'un projet ou d'une proposition de loi.

Arrêt : décision de justice rendue par les cours d'appel, les cours administratives d'appel, la Cour de cassation ou le Conseil d'État.

Arrêté : acte collectif ou individuel pris par les autorités administratives.

Assignation : acte de procédure qui initialise une action en justice et dans lequel le demandeur informe son adversaire qu'il engage un procès contre lui et l'appelle à comparaître devant une juridiction pour qu'il se défende.

Assister : pour un avocat, conseiller et défendre le client qui lui a confié cette mission.

Assurance de groupe : « contrat d'assurance souscrit par une personne morale ou un chef d'entreprise en vue de l'adhésion d'un ensemble de personnes répondant à des conditions définies au contrat, pour la couverture des risques dépendant de la durée de la vie humaine, des risques portant atteinte à l'intégrité physique de la personne ou liés à la maternité, des risques d'incapacité de travail ou d'invalidité ou du risque du chômage » (art. L 141-1 du Code des assurances).

Assurance de dommages : branche d'assurance terrestre dont l'objet est de garantir l'assuré contre les conséquences d'un événement pouvant porter atteinte à son patrimoine (*Traité général des Assurances*, Isidore Alauzet, BookSurge Publishing, 2001), souvent dénommée IARD (incendie, accident et risques divers).

Assurance dommage ouvrage : assurance qui garantit le remboursement et la réparation des dommages qui se produisent après la réception des travaux, sans devoir attendre une décision de justice.

Assurance-vie : assurance de personne dont le contrat a pour but de permettre à terme d'obtenir un capital en étant le bénéficiaire ou en désignant un tiers comme bénéficiaire.

Audience de non conciliation : audience judiciaire au cours de laquelle les époux en instance de divorce règlent, par une décision du juge aux affaires familiales, les conséquences de leur séparation de manière provisoire. La décision rendue s'appelle une ordonnance de non conciliation (ONC).

Avantage matrimonial : Avantage bénéficiant à un époux en application des clauses du contrat de mariage.

Avenant : élément d'un contrat qui modifie partie ou totalité du contrat qui a été précédemment signé. Il doit être signé par chacune des parties au contrat pour être valable.

Biens communs : dans le cadre d'un régime matrimonial, biens qui appartiennent tant au mari qu'à la femme et qui ont été acquis après le mariage.

Bien mobilier ou bien meuble corporel : bien qui concerne tout élément matériel que l'on peut s'approprier et qui peut être déplacé. On l'oppose au bien immobilier.

Bien indivis : se dit en général d'un bien immobilier (mais peut également concerner un bien mobilier) dont la propriété est partagée entre plusieurs personnes physiques ou morales, chaque personne étant réputée propriétaire.

Bien immobilier ou immeuble : bien qui ne peut être déplacé ou qui est rattaché à son support (immeuble par destination comme le fruit d'un arbre ou une glace scellée dans un mur). On l'oppose au bien mobilier.

Bien propre : bien qui appartient à l'un des époux seulement, soit parce qu'il en a hérité, soit parce qu'il le possédait avant le mariage, soit parce les époux sont mariés sous le régime de la séparation des biens.

Cantonnement : décision de justice qui permet de réduire l'assise financière qui sert de garantie et qui libère le surplus au bénéfice du débiteur.

Caution : se dit d'une personne physique ou morale qui a donné son cautionnement.

Cautionnement : acte juridique par lequel une personne donne une garantie et s'engage à régler, si le débiteur est défaillant, alors qu'il n'est pas directement concerné par les fonds empruntés ou l'obligation contractée.

Cessionnaire : personne physique ou morale à qui on cède un contrat.

Charge : au sens large, « fonction publique, plus spécialement fonction des officiers ministériels » (*Vocabulaire juridique*, sous la direction de Gérard Cornu, éd. PUF). Sont considérés comme des officiers ministériels des huissiers, des notaires.

Clause abusive : clause qui crée entre un professionnel et un non professionnel un déséquilibre significatif.

Clause d'agrément : clause incluse dans les statuts d'une société et qui prévoit que s'il doit y avoir de nouveaux associés, ils ne peuvent entrer dans la société que si les autres associés donnent leur accord (vote à la majorité ou à l'unanimité).

Clause de non concurrence : clause qui restreint la liberté d'exercer une activité professionnelle. Elle existe entre deux commerçants, dans le cadre de la vente par représentation et dans le cadre d'un contrat de travail. En droit du travail, cette clause doit, pour être valable, être limitée dans le temps (2 ans maximum), dans l'espace et prévoir une contrepartie financière.

Clause pénale : clause qui prévoit le paiement d'une indemnité dont le montant est fixé soit par une somme, soit par un pourcentage de la dette, lorsqu'une des parties n'exécute pas son obligation.

Clause de préciput : avantage matrimonial prévu contractuellement et qui permet à l'époux survivant de prélever, lors de la dissolution, un bien déterminé ou une somme d'argent.

Cocontractant : toute personne partie à un contrat.

Collatéraux : ensemble des parents qui sont apparentés en dehors de la ligne directe (frères et sœurs, oncles, tantes, cousins…).

Comité d'entreprise : organe représentatif des salariés d'une entreprise de plus de 50 salariés, composé de membres élus par collèges (employés, agents de maîtrise ou cadres).

Comité d'hygiène et de sécurité des conditions de travail (CHSCT) : organe de représentation des salariés qui doit exister dès lors qu'un établissement emploie au moins 50 salariés. La mission principale du CHSCT est de contribuer à la protection de la santé et de la sécurité des travailleurs ainsi qu'à l'amélioration des conditions de travail.

Commandement de payer : acte extra judiciaire délivré par un huissier, qui rend le débiteur tenu de régler la somme demandée. À défaut, le créancier va pouvoir saisir les tribunaux (en matière de baux) ou continuer l'exécution de la procédure (dans le cadre d'une voie d'exécution).

Compensation : opération juridique ou judiciaire qui permet de réduire une dette. On impute ce que doit le débiteur sur la créance, ce qui ne laisse que le solde à payer.

Compétence exclusive : justifie qu'un certain contentieux soit uniquement réservé à une juridiction déterminée.

Compétence territoriale : permet de déterminer géographiquement la juridiction où va se dérouler l'action judiciaire.

Concubinage notoire : communauté de vie affective entre deux personnes (de sexe opposé ou de même sexe), stable et durable et connue de leur entourage social.

Condition suspensive : événement futur et incertain auquel est subordonnée la naissance de l'obligation de celui en faveur de qui elle est conclue. Le contrat ne prend effet que si elle se réalise.

Confirmer une décision : pour la cour d'appel, statuer dans les mêmes termes que la décision qui lui a été soumise. On l'oppose à infirmer.

Conseil de famille : organes de la tutelle, composé de quatre à six membres de la famille ou des amis très proches choisis par le juge des tutelles. Il rend toutes les décisions importantes que nécessite la gestion de la personne et des biens du mineur sous tutelle.

Constitutionnalité : conformité (d'une loi) aux principes de la Constitution.

Contrat à exécutions successives : contrat dans lequel l'un des cocontractants exécute systématiquement une obligation selon une périodicité déterminée, ainsi par exemple un contrat de location, où chaque mois le locataire règle son loyer.

Contrat annulé : contrat anéanti par une décision de justice parce qu'il comporte un vice ; il est réputé ne jamais avoir été conclu.

Contrat de mariage : convention volontaire entre les époux concrétisée par un notaire, qui va régir leur régime matrimonial et ses conséquences.

Contrat résilié : il peut l'être à la suite d'une décision de justice lorsque l'une des parties au contrat n'exécute pas son obligation. La résiliation n'a d'effet que pour l'avenir.

Contrat résolu : la résolution d'un contrat prononcée par une décision de justice à la suite de l'inexécution d'une obligation par une des parties anéantit de manière rétroactive le contrat conclu.

Contrat synallagmatique : contrat qui entraîne des obligations réciproques ; on l'oppose à engagement unilatéral.

Contravention : infraction pénale la moins grave, sanctionnée d'une amende avec ou sans peine complémentaire.

Contreseing : signature apposée par une autorité et qui vient s'ajouter à une autre signature déjà donnée par une autre autorité.

Convention collective : accord qui réglemente les conditions de travail des salariés d'une même branche d'activité et qui a été négocié entre les syndicats et les employeurs.

Créance liquide : créance évaluée en argent ou prévue par une décision de justice contenant tous les éléments permettant son évaluation.

Créancier : personne physique ou morale de droit privé ou de droit public à qui l'on doit une somme d'argent ou envers qui on s'est obligé à faire quelque chose.

Crime : infraction pénale la plus grave, dont la sanction peut être une peine d'emprisonnement de plus de 10 ans.

Curatelle : décision judiciaire qui restreint les droits d'une personne dans la vie civile, certains actes devant être faits avec l'aide d'un curateur.

Date de consolidation : dans le cadre d'un accident corporel, date à laquelle on considère que les soins et l'évolution de l'incapacité ne peuvent plus évoluer.

Débiteur : celui qui doit quelque chose, somme d'argent ou obligation.

Décision de justice définitive : décision qui ne peut plus faire l'objet d'aucun recours judiciaire.

Décision de justice exécutoire : décision dont la solution adoptée par le juge doit être appliquée par les parties, de force si nécessaire, même si elles ont fait un recours. On dit ainsi que le jugement ou l'arrêt est doté de la force exécutoire.

Décision sur le fond : décision qui juge en fait et en droit, par opposition aux décisions qui jugent uniquement en droit, rendues par la Cour de cassation ou le Conseil d'État.

Décret : acte administratif unilatéral.

Décret d'application : acte administratif unilatéral qui a pour objectif de permettre l'application de certaines dispositions d'une loi.

De cujus : personne décédée, dont le décès va générer des droits dans le cadre d'un héritage.

Dédit : somme d'argent contractuellement mise à la charge de celui qui souhaite mettre fin à un engagement.

Défaillant : dans une action en justice, personne qui n'a pas comparu ou ne s'est pas fait représenter.

Défendeur : dans une action en justice, partie qui a été convoquée et qui doit se défendre contre la demande de son adversaire.

Délégué du personnel : salarié appartenant à une entreprise d'au moins dix salariés, élu pour représenter son collège (employés, agents de maîtrise ou cadres) et appartenant souvent à un syndicat représentatif au sein de l'entreprise ou simplement mandaté, en l'absence de syndicat.

Délégué syndical : salarié d'une entreprise désigné par un syndicat représentatif au sein de l'entreprise et qui le représente auprès de l'employeur. Seule une révocation du syndicat peut mettre fin à ses fonctions.

Délit : infraction pénale dont la sanction peut être une peine d'amende et/ou d'emprisonnement (10 ans maximum).

Demandeur : dans une action en justice, plaignant qui initialise la procédure.

Demande reconventionnelle : demande faite au cours d'une procédure judiciaire pour que le demandeur à l'action judiciaire n'obtienne pas gain de cause, qui a pour objectif de saisir le juge d'une autre demande que celle dont il a été initialement saisi et qui vise à obtenir la condamnation du demandeur par cette demande.

Dénonciation calomnieuse : Fait d'accuser un individu ou une société de faits pénalement répréhensibles de manière à faire volontairement condamner cet individu ou cette société alors que l'on savait cette accusation totalement ou partiellement infondée.

Détention : état ou peine ayant pour effet de priver de liberté.

Dette d'aliment : dette née d'une obligation familiale, comme une pension alimentaire pour les enfants ou les parents.

Devoir de secours : devoir alimentaire de chacun des époux envers l'autre. Il cesse avec le divorce mais demeure dans la séparation de corps.

Difficultés économiques structurelles : difficultés économiques propres à l'entreprise, que l'on oppose aux difficultés économiques conjoncturelles.

Difficultés économiques conjoncturelles : difficultés économiques qui concernent le secteur économique dans lequel se situe l'activité de l'entreprise et qui ont des répercutions sur le développement et la pérennité de l'entreprise.

Divorce : procédure de rupture définitive du lien conjugal, qui permet de contracter une autre union.

Dol : vice du consentement, conséquence d'une manœuvre d'un cocontractant dans le but de fausser sa vision de la situation et de le tromper.

Donation : transmission, dans une intention libérale, d'un bien ou d'un droit d'une personne à une autre sans qu'il y ait forcément lien de sang.

Droits civiques : ensemble des droits accordés au citoyen pour protéger ses libertés fondamentales. Ces droits peuvent être retirés à titre de sanction pénale complémentaire pour une durée maximum de 5 ans.

Droit de rétention : droit qui permet au créancier de ne pas rendre un objet qui appartient à son débiteur et qu'il aurait dû rendre, tant que celui-ci ne l'a pas payé.

Droits extrapatrimoniaux : droits qui sont attachés à la personne et n'ont pas de valeur marchande. Ils sont incessibles, intransmissibles et insaisissables.

Droit patrimoniaux : droits attachés au patrimoine des personnes. Ils sont cessibles, peuvent se transmettre aux héritiers et sont saisissables par les créanciers.

Droit privé : ensemble des règles qui régissent les rapports entre des personnes physiques ou morales.

Droit public : ensemble des règles qui régissent les rapports de l'État et de ses administrations et les rapports de l'administration ou de l'État avec les personnes de droit privé.

Émancipé : qualifie un mineur qui a obtenu les mêmes droits que s'il était majeur. Le mineur est alors responsable de ses actes. On peut être émancipé à partir de l'âge de 16 ans.

Exécution provisoire : mesure judiciaire envisagée par le juge dans la décision rendue et qui permet au créancier de saisir les biens du débiteur pour se faire payer, même si le débiteur fait un recours contre la décision.

Exequatur : action judiciaire permettant de faire exécuter une décision de justice, que cette dernière ait été rendue en France ou à l'étranger, à la condition qu'elle ait été signifiée à l'autre partie en précisant les voies de recours. Procédure indispensable pour que les décisions rendues à l'étranger puissent être exécutées en France.

Forclusion : perte d'un droit qui n'a pas été exercé dans les délais prévus par la loi.

Force majeure : élément imprévisible et irrésistible qui permet au débiteur d'une obligation de s'exonérer de sa responsabilité. Il s'agit d'une cause exceptionnelle qui est de fait rarement admise.

Greffe : organe administratif situé dans un tribunal, qui a pour vocation d'en permettre l'organisation matérielle.

Greffier : auxiliaire de justice dont l'activité se déroule dans une juridiction et qui a pour mission d'organiser les audiences et d'en garantir la véracité et le bon déroulement.

Héritier présomptif : membre de la famille qui peut recueillir une succession en vertu de la loi. Le terme s'applique aux descendants ou, en l'absence d'enfant, aux collatéraux.

Héritier réservataire : héritier à qui on ne peut léguer moins que la part minimale prévue par la loi. Le terme s'applique aux enfants et en l'absence d'enfant, au conjoint non divorcé.

Homologuer (homologation) : approuver, rendre exécutoire un acte. En homologuant un acte ou une transaction, le juge lui donne un caractère impératif et exécutoire et lui permet d'avoir les mêmes effets qu'une décision de justice.

Hypothèque : garantie sur un bien immobilier qui permet au créancier de provoquer la saisie immobilière et de se faire payer sur le produit de la vente en priorité en fonction de son rang (c'est-à-dire en fonction de la date à laquelle l'hypothèque a été prise).

Incorporel : « qui échappe à toute appréhension matérielle » (*Vocabulaire juridique*, sous la direction de Gérard Cornu, éd. PUF).

Indivis : qualifie un bien ou ensemble de biens non divisé, non encore partagé et qui est possédé par plusieurs personnes.

Indivisaire : personne qui possède des droits sur un ou des biens dont la propriété est indivise.

Indivision : situation patrimoniale dans laquelle chaque partie a des droits sur un bien et qui fait que le bien ne peut être vendu sans l'accord de tous. Cette situation juridique existe, jusqu'au partage d'une chose ou d'un ensemble de choses, entre ceux qui ont sur cette chose ou cet ensemble un droit de même nature. Cette situation ne peut donc perdurer si l'une des personnes titulaire de ce droit demande le partage en justice pour obtenir sa quote part.

Infirmer (une décision) : pour la cour d'appel, statuer dans un sens différent de celui de la juridiction de première instance. On l'oppose à confirmer une décision.

Journal officiel : Journal de la République française dans lequel sont publiés les lois, les règlements et les décrets d'application qui permettent leur mise en œuvre.

Jugement : décision de justice rendue par les tribunaux de première instance de l'ordre judiciaire privé ou public.

Jugement contradictoire : décision de justice dans laquelle chaque partie a pu faire valoir ses arguments ou bien dans laquelle, si l'une des parties est défaillante, l'autre a porté à sa connaissance ses arguments.

Jugement rendu par défaut : jugement rendu en l'absence du défendeur à la condition que la décision soit rendue en dernier ressort et que la citation n'ait pas été délivrée à la personne du défendeur.

Jugement réputé contradictoire : jugement rendu en l'absence du défendeur à la condition que la décision soit susceptible d'appel ou que la citation ait été délivrée à la personne du défendeur.

Jurisprudence : ensemble des décisions rendues par les juridictions qui interprètent la loi ou comblent un vide juridique. On dit d'une décision quelle fait jurisprudence lorsqu'elle va servir à juger les litiges ultérieurs.

Kbis : document officiel délivré par le greffe du tribunal de commerce qui contient tous les renseignements relatifs à un commerçant, qu'il exerce en son nom personnel ou sous forme de société.

Légataire : bénéficiaire d'un legs dans le cadre d'une succession.

Légalisation : en matière d'adoption, vérification de la conformité des documents au regard de la réglementation française.

Libéralité : acte par lequel une personne dispose d'une partie ou éventuellement de la totalité de son patrimoine envers une personne qui en principe n'a aucun droit sur ses biens ou pour compléter les droits que cette personne a sur ses biens.

Lien de causalité : élément juridique de la responsabilité qui permet d'établir une relation entre la faute qui est invoquée, le dommage et le préjudice dont on veut obtenir réparation.

Licenciement abusif : licenciement pour lequel l'employeur ne parvient pas à démontrer le bien fondé, lorsque le salarié a moins de 2 ans d'ancienneté ou travaille dans une entreprise de moins de 11 salariés.

Licenciement sans cause réelle et sérieuse : licenciement pour lequel l'employeur ne parvient à démontrer le bien fondé, lorsque le salarié a plus de 2 ans d'ancienneté et qu'il travaille dans une entreprise de plus de 11 salariés.

Licitation : vente amiable ou judiciaire d'un bien en indivision.

Litispendance : exception de procédure qui existe lorsque deux ou plusieurs tribunaux sont saisis. Ceux qui ont été saisis après doivent attendre que celui qui a été saisi le premier se déclare compétent pour juger de l'affaire, pour ensuite se dessaisir de l'affaire.

Location avec option d'achat : modalité particulière de la location-vente ou location accession.

Location-vente : modalité d'accession à la propriété qui permet d'acquérir un bien immobilier par le versement d'une redevance puis en concrétisant l'option d'achat.

Loi de finances : loi votée chaque année par le Parlement, qui fixe les recettes et les dépenses publiques.

Loi ordinaire : texte voté par le Parlement, dont le domaine est défini par l'article 34 de la Constitution.

Loi organique : loi relative à l'organisation et au fonctionnement des pouvoirs publics. Votée par le Parlement, elle précise ou complète les dispositions de la Constitution qui a fixé les principes généraux.

Main courante : déclaration faite dans un commissariat pour permettre de donner un caractère officiel à une situation juridique. On fait une main courante en cas de perte ou de vol de documents d'identité, si on veut quitter le domicile conjugal, si on est victime de violences…

Mainlevée : mesure qui permet de lever une situation de blocage ou de protection, lorsque les circonstances ne le justifient plus. Ainsi, l'huissier va donner mainlevée d'une saisie lorsque la dette sera payée.

Maître d'ouvrage : personne physique ou morale pour laquelle un projet est mis en œuvre et réalisé.

Mandat : acte par lequel une personne (le mandant) donne à une autre (le mandataire) le pouvoir de faire quelque chose pour elle et en son nom.

Mandataire : personne qui reçoit un mandat, qui lui donne pouvoir de faire quelque chose pour la personne qui a donné le mandat et en son nom.

Mandant : personne qui donne un mandat à un tiers, ce qui lui donne pouvoir de faire quelque chose pour elle et en son nom.

Magistrats du parquet (ou magistrature debout) : magistrats qui représentent la société lors d'un litige et qui ont pour mission de faire appliquer la loi.

Magistrats du siège (ou magistrature assise) : magistrats qui prononcent les décisions sur les litiges qui leurs sont soumis.

Mariage putatif : fiction juridique qui permet de faire comme si le mariage avait été valablement conclu pour celui qui était de bonne foi.

Médiation : tentative d'arrangement déclenchée par les parties, un juge ou un organisme et qui a pour objectif d'éviter une procédure judiciaire.

Médiateur : personne qualifiée, titulaire d'un diplôme d'État, désignée ou choisie par les parties, dont le travail consiste à accompagner les personnes pour les aider à faire émerger par elles-mêmes des solutions à leur conflit. Le médiateur ne doit pas juger, ni prendre parti.

Mesures éducatives : mesures décidées par le juge des enfants et qui ont pour but de protéger, d'assister, de surveiller et d'éduquer le mineur.

Mineur émancipé : mineur qui a fait l'objet d'une décision du juge des tutelles l'émancipant, c'est-à-dire lui donnant les mêmes droits qu'un majeur, sauf en ce qui concerne la possibilité de passer son permis de conduire, celle de voter ou de se marier.

Mise à pied disciplinaire : sanction qui interdit au salarié l'accès de l'entreprise pendant une durée relativement brève et qui ne lui sera pas payée.

Mise à pied conservatoire : mesure qui accompagne un licenciement pour faute grave et qui interdit l'accès de l'entreprise au salarié pendant la procédure de licenciement. Cette période ne lui sera pas payée.

Modification du contrat de travail : modification d'un élément essentiel du contrat et qui n'était pas prévue lors de la conclusion du contrat, comme la rémunération ou la qualification. Le salarié est en droit de la refuser.

Modification des conditions de travail : modification qui ne touche pas à un élément essentiel du contrat ou qui est rendue possible par une clause contractuelle comme par exemple une clause de mobilité. Le salarié ne peut pas la refuser.

Moratoire : accord entre créancier et débiteur, dans lequel le créancier accorde des délais à son débiteur pour régler son dû.

Nantissement : garantie prise sur un fond de commerce et qui permet au créancier de se faire payer en cas de vente du fonds par priorité.

Nom d'usage : nom qui ne figure pas dans l'état civil mais sur la pièce d'identité et qui permet l'identification de l'individu. Ce nom n'est pas transmissible aux descendants.

Notification : acte de procédure qui porte à la connaissance de l'adversaire une décision de justice.

Nue propriété : fait de disposer d'un bien (pour le vendre par exemple), lorsque la propriété de ce bien est démembrée.

Nullité absolue : nullité qui, sanctionnant la violation d'une règle d'intérêt général ou l'absence d'un élément essentiel à un acte, peut être demandée par tout intéressé pendant 30 ans.

Nullité relative : nullité d'intérêt privé que seule peut invoquer la partie protégée (et seulement en principe pendant 5 ans).

Ordonnance : mesure juridique prise par le gouvernement dans des matières relevant normalement du domaine de la loi. Se dit aussi d'une décision de justice, rendue par un juge unique. On parle par exemple d'une ordonnance de référé ou d'une ordonnance sur requête.

Ordonnance de non conciliation (ONC) : première décision rendue par le juge aux affaires familiales dans le cadre d'une procédure contentieuse de divorce ou de séparation de corps et qui fixe de manière provisoire la vie des époux séparés.

Ordre public : règle de droit impérative qui s'impose à tous, que les parties ne peuvent écarter et qui répond à des exigences fondamentales ou à des intérêts primordiaux.

Parlement : institution informelle qui regroupe l'Assemblée Nationale et le Sénat. Ces deux chambres ne sont physiquement réunies que lors de la révision de la Constitution.

Partie civile : personne physique ou morale qui entend faire valoir ses droits civils dans un procès pénal afin d'obtenir réparation financière d'un préjudice subi. Se porter (on dit aussi « se constituer ») partie civile permet aussi à cette personne d'être associée à une information judiciaire.

Pension alimentaire : au cours de la procédure de divorce, somme mise à la charge d'un époux pour permettre à l'autre de faire face aux dépenses, en conséquence du devoir de secours. Peut aussi désigner les sommes mises à la charge de l'un des parents pour permettre d'assurer l'éducation et l'entretien des enfants, lorsque leur résidence n'est pas fixée chez lui.

Pleine propriété : droit qui permet à son titulaire de bénéficier des trois attributs de la propriété, c'est à dire l'*abusus* (le droit d'en disposer), l'*usus* (le droit de l'utiliser) et le *fructus* (le droit d'en percevoir les fruits).

Police dommage-ouvrage : police d'assurance qui permet, en cas de sinistre mettant en cause la garantie décennale, en dehors de toute recherche de responsabilité, le paiement de la totalité des travaux de réparation.

Pourvoi : recours contre une décision de justice devant la Cour de cassation ou le Conseil d'État, ce dernier ne pouvant examiner que des questions de droit.

Préavis : délai obligatoire contractuellement prévu qui empêche la rupture immédiate d'une relation contractuelle.

Prescription : « mode d'extinction de l'action en justice résultant du non-exercice de celle-ci avant l'expiration du délai fixé par la loi » (*Vocabulaire juridique*, sous la direction de Gérard Cornu, éd. PUF).

Présomption : conséquence que la loi ou le juge tire d'un fait connu à un fait inconnu, dont l'existence est rendue vraisemblable par le premier. Cette situation dispense de prouver le fait inconnu (article 1382 du Code civil). Si la présomption est considérée comme réfragable, l'adversaire peut prouver que ce fait n'existe pas. Si la présomption est considérée comme irréfragable, l'adversaire ne peut remettre en cause le fait.

Prestation compensatoire : indemnité visant à compenser la disparité de train de vie créée par un divorce.

Prévenu : personne amenée à comparaître devant une juridiction répressive après un délit ou un crime.

Privilège : garantie d'un créancier qui lui permet d'être payé avant les autres.

Promulgation : acte par lequel une loi votée devient exécutoire. Consiste en un décret signé par le président de la République et contresigné par le Premier ministre et les ministres chargés de l'application de la loi.

Question prioritaire de constitutionnalité : question posée au cours d'un procès qui a pour objet de vérifier que le fondement juridique est conforme à la Constitution.

Quitus : acte par lequel on approuve la gestion du mandataire (syndic, gérant, président…). Par cette approbation, on décharge en principe le mandataire de sa responsabilité.

Quorum : nombre de membres exigés dans une délibération juridique pour que celle-ci puisse être prise.

Quotient familial : permet sur le plan fiscal de prendre en compte les enfants à charge.

Quotité disponible : partie du patrimoine dont le futur défunt peut librement disposer sans léser ses héritiers.

Récompense : somme d'argent ou bien donné dans le cadre d'un partage, lorsque l'un doit recevoir plus que l'autre et qui a pour vocation d'annuler la disparité.

Récidive : action de commettre une nouvelle infraction, après une infraction de même nature datant de moins de 5 ans et ayant entraîné une condamnation.

Réclusion criminelle : peine privative de liberté en répression d'un crime.

Reconduction : possibilité, dans le cadre d'un contrat à durée déterminée, de permettre au contrat de ne pas s'arrêter à l'échéance.

Recours en rétractation : procédure qui permet à une partie qui y a intérêt et qui n'a pas pu faire valoir ses droits, de demander à la juridiction qui a rendu la décision de se rétracter.

Référé : procédure rapide qui permet au juge saisi, sans avoir à se pencher sur le fond du litige, de prendre une décision qui préserve les droits du demandeur.

Régime matrimonial : statut qui détermine les conséquences sur le patrimoine des époux, qui découle du mariage et qui les envisage dans leurs rapports réciproques, mais aussi dans leurs rapports avec les tiers.

Relaxe : décision de justice rendue au pénal qui exclut toute culpabilité de la personne poursuivie.

Représenter : agir en justice au nom d'une autre personne. La fonction d'origine du représentant peut être légale, judiciaire, conventionnelle…

Représentation : fonction juridique qui permet à un tiers de faire valoir les droits de celui qu'il représente (ainsi le mari pour la femme, l'avocat pour son client, le tuteur pour le majeur sous tutelle…).

Requête : demande adressée à une autorité décisionnaire pour obtenir une décision de justice. On l'oppose à l'assignation, qui est un acte extra judiciaire.

Rescision pour lésion : action judiciaire qui vise à obtenir la remise en cause d'une vente immobilière dès lors que l'on peut prouver que la valeur a été fixée à moins de 7/12e de sa valeur réelle.

Réserve héréditaire : dans une succession, partie de l'héritage dont le testateur ne peut librement disposer car elle revient de droit à ses héritiers directs.

Résidence principale : habitation occupée de façon habituelle et à titre principal par une ou plusieurs personnes d'un même ménage. On l'oppose à la résidence secondaire.

Résiliation : rupture de contrat qui n'a d'effet que pour l'avenir, la résiliation concerne notamment les contrats à exécutions successives.

Résolution : rupture de contrat qui entraîne l'anéantissement rétroactif d'un contrat synallagmatique.

Réticence dolosive : fait de volontairement omettre de donner une information dans le but d'obtenir quelque chose qui sans cette omission pourrait être refusé.

Rétention : état ou peine, lorsque l'infraction est un crime.

Rétractation : acte volontaire qui a pour objet de revenir sur une situation juridique, que l'on a consenti et dont la validité peut être examinée par un juge.

Revenu imposable : revenu qui sert de référence pour établir le montant des impôts.

Salarié protégé : salarié investi d'un mandat soit obtenu après des élections au sein de l'entreprise, soit parce qu'il a été désigné par un syndicat comme son représentant au sein de l'entreprise. Sont des salariés protégés : les délégués du personnel, les membres du comité d'entreprise et les délégués syndicaux au sein de l'entreprise.

Sauvegarde de justice : décision judiciaire qui protège et/ou restreint les droits d'une personne.

Séparation de corps : procédure de rupture du lien familial mais qui laisse subsister le devoir de secours. La séparation de corps ne permet pas à l'époux séparé de se remarier.

Séparation judiciaire : procédure qui permet à l'un des époux, qui considère que le maintien de la communauté met en péril ses intérêts, en raison du désordre des affaires de son conjoint, de sa mauvaise administration ou de son inconduite, d'obtenir une décision de justice ordonnant la dissolution de la communauté sans rupture ni relâchement du lien matrimonial.

Séquestre : dépôt provisoire confié à la garde d'un tiers d'un bien ou d'une somme d'argent faisant l'objet d'un litige. À charge pour ce tiers de s'en dessaisir selon les instructions reçues.

Seuil d'actif net : permet de déterminer la valeur des droits de succession après imputation des dettes.

Solde de tout compte : document que doit remettre l'employeur au salarié à l'issue de son contrat de travail et qui relate toutes les sommes qui lui ont été versées au jour de la rupture.

Soulte : dédommagement versé dans un partage pour compenser la disparité des sommes attribuées et rétablir l'égalité entre les attributaires.

Souscripteur : en droit des assurances, personne qui conclut un contrat, qu'il s'agisse de l'assuré ou d'un tiers.

Succession : biens, droits ou/et actions que les personnes ayant vocation à hériter vont acquérir au décès de leur propriétaire.

Suppléant : personne susceptible de remplacer un élu si celui-ci est dans l'impossibilité d'exercer son mandat.

Testament : acte juridique par lequel le testateur dispose, pour le temps où il n'existera plus, de tout ou partie de ses biens ou ses droits.

Testateur : celui qui établit un testament pour léguer ses biens à des personnes déterminées.

Titre exécutoire : décision de justice qui est revêtue de l'exécution provisoire, c'est-à-dire qui permet les poursuites même s'il y a eu un recours, ou qui est définitive, c'est à dire purgée de toute forme de recours.

Transaction : contrat par lequel les parties à un litige y mettent fin à l'amiable en se faisant des concessions réciproques. Il peut y avoir transaction soit avant, soit après avoir saisi un tribunal, à la condition que la décision de ce dernier ne soit pas définitive.

Tutelle : décision judiciaire qui empêche une personne d'accomplir les actes de la vie civile. Ce rôle est dévolu au tuteur.

Usufruit : droit de disposer de la jouissance ou des revenus d'un bien dont la propriété est démembrée.

Valeur mobilière cotée : action qui peut s'acquérir sur un marché, comme par exemple le CAC 40.

Index

A

Abus de faiblesse, 44
Accident, 49, 79, 101
  du travail, 101
Accords d'Évian, 32
Accouchement, 452
  sous X, 114
Acompte, 305
Acquéreur, 65
Acte
  avec seing d'avocat, 485
  d'administration, 183, 485
  d'avocat, 103
  de disposition, 183, 485
  de naissance, 86
  notoriété, 178, 485
  extra judiciaire, 199, 485
  notarié, 103, 485
  sous seing privé (SSP), 486
  usuel, 486
Action
  aux fins de subsides, 486
  en réduction, 486
  en répétition de l'indu, 486
Administration, 23, 50
Adoption, 41
  à l'étranger, 121
  plénière, 118
  simple, 120
Adultère, 156
Âge, 167, 442
Agriculture, 42
Aide juridictionnelle, 57, 58, 485
Aide Personnalisée au Logement (APL), 96
Alcoolémie, 346
Allocation aux adultes handicapés, 95
Allocation de Parent Isolé (API), 96
Allocations familiales, 96
Amendement, 24, 486
Animal, 236
Appel, 47, 486
Arcco, 94, 173
Argent, 57, 104
Argic, 94, 173
Arrangements amiables en droit privé, 55
Arrêt, 486
Arrêt maladie, 447
Arrêté, 15, 486
Arrhes, 305
Arriérés, 239
Artisan, 94, 102
Assemblée générale des copropriétaires, 241
Assemblée nationale, 10, 17, 18, 19, 25, 497
Assignation, 155, 486, 499
Association, 41
Associations de consommateurs, 304
Assurance, 53, 231, 323, 473
  automobile, 350
  de dommages, 487
  de groupe, 487
  dommage ouvrage, 231, 487
  -vie, 73, 198, 487
Audience, 40, 155, 226, 158
  de non conciliation, 487
Autorité parentale, 124, 162
Avantage matrimonial, 92, 171, 487
Avantages fiscaux, 189
Avenant, 74, 487
Avocat, 40, 43, 48, 92, 158, 486
Ayrault, Jean-Marc, 31

B

Bague, 84
Bail, 100, 108, 162, 164, 165, 251, 252, 254
Bailleur, 232, 246
Balladur, Édouard, 31
Banque, 53
Banque de France, 476
Bans, 87
Barre, Raymond, 30
Bénéficiaire, 72
Bérégovoy, Pierre, 31

Bien
commun, 164, 168, 181, 182, 487
financier, 221
immobilier, 9, 99, 171, 196, 221, 488, 495
indivis, 99, 106, 164, 487
insaisissables, 371
meuble corporel, 99
mobilier, 196, 487
propre, 164, 168, 182

C

Cadeaux, 84
Cantonnement, 488
Capital, 169
Capital décès, 93
Carnet d'entretien, 230
Carte bancaire, 319
Carte d'identité, 40, 144
Carte de séjour, 40
Caution, 476, 488
simple, 358
solidaire, 358
Cautionnement, 181, 257, 357, 488
civil, 360
commercial, 360
des dettes professionnelles, 368
durée du, 364
extinction du, 368
limites du, 363
Censure, 30
Certificat médical, 211
Cessionnaire, 488
Chaban-Delmas, Jacques, 22, 30
Chambre
civile, 47, 48, 480
commerciale, 47, 48, 480
correctionnelle, 480
criminelle, 48
économique, 48
financière, 48
pénale, 47
sociale, 47, 480
Charge, 488
Charges, 237, 259, 275
Chef des armées, 20
Chirac, Jacques, 13, 18, 20, 31
Chômage, 170
Clause
abusive, 76, 488
commerciale, 96
d'agrément, 102, 488
de communauté des meubles et acquêts, 183
de la communauté universelle, 183
de l'entrée en communauté, 184
de non concurrence, 488
de préciput, 95, 184, 488
de prélèvement, 184
pénale, 240, 488
CMU (Couverture Médicale Universelle), 173
Cocontractant, 488
Code
de la consommation, 65
de la route, 44, 354
de la santé publique, 212
électoral, 26
général des Impôts, 102
pénal, 45
civil, 63, 104, 205
Cohabitation, 18
Collatéraux, 194, 198, 489
Colocation, 271
Comité
d'entreprise, 489
d'hygiène et de sécurité des conditions de travail (CHSCT), 489
de l'Élysée, 24
interministériel, 24
Commandement de payer, 489
Commerçant, 42, 94, 102
Commerce électronique, 316
Commissaire de police, 44
Commission d'office, 61
Commission nationale de déontologie de la sécurité, 52
Commission d'accès aux documents administratifs, 50
Commission européenne, 24
Communauté européenne, 24
Compensation, 489
Compétence
exclusive, 489
territoriale, 489
Compte bancaire, 89
Concubin, 40, 100
Concubinage, 41, 95, 96, 188
notoire, 489
Condition suspensive, 65, 489

Conditions Générales de Vente (CGV), 318
Congé, 266, 454
  maternité, 454
Congrès, 10
Conjoint, 40, 43, 72, 91, 195
Conseil
  constitutionnel, 10, 11, 13, 35, 97, 105
  d'État, 33, 37, 48, 51, 53, 60, 74, 166, 256, 258, 417, 486
  de cabinet, 24
  de famille, 216, 221, 489
  des ministres, 13, 19, 20, 24, 30, 31
  des prud'hommes, 41, 480
  national de la consommation, 303
  supérieur de la magistrature, 19
  syndical, 246
Consommateur, 53, 305
Consommation, 283
Constitution, 9, 497
  article 16, 21
Constitutionnalité, 489
Contrat, 63
  à durée déterminée (CDD), 73, 420, 445
  à durée indéterminée (CDI), 74, 420, 476
  à exécutions successives, 489
  annulé, 490
  d'assurance, 323
  de mariage, 490
  de travail, 417, 449, 496
  résilié, 490
  résolu, 490
  synallagmatique, 490
Contravention, 20, 44, 490
Contreseing, 490
Convention collective, 41, 490
Conversations téléphoniques, 157
Copropriétaire, 232
Copropriété, 229
Cotisations, 43
Couple, 40, 91, 92
Cour
  administrative d'appel, 51
  d'appel, 33, 47, 48, 60, 68, 122, 129, 135, 160, 262, 398, 430, 467, 468, 480
  d'assises, 20, 36, 45
  d'assises d'appel, 47
  d'assises des mineurs, 46
  de cassation, 8, 33, 36, 37, 48, 51, 60, 116, 124, 126, 127, 262, 266, 336, 430, 435, 438, 449, 462, 468, 480, 482, 486
  de justice de la République, 38
  de justice de l'Union européenne, 61
  européenne des droits de l'homme, 62
  nationale du droit d'asile, 60
Couve de Murville, Maurice, 30
Crainte révérencielle, 68
Créance liquide, 490
Créancier, 71, 76, 163, 490
Crédit, 55, 471
  à la consommation, 283
  immobilier, 291
Cresson, Édith, 31
Crime, 38, 45, 490
Curatelle, 39, 67, 196, 207, 209, 211, 215, 490
Curateur, 196, 206, 216

D

Date de consolidation, 490
Débiteur, 71, 169, 490
Debré, Michel, 30
Décès, 82, 84, 89, 91, 101, 108, 170, 190
Décision
  de justice définitive, 490
  de justice exécutoire, 491
  sur le fond, 491
Décret, 14, 491
  autonome, 15
  d'application, 14, 491
De cujus, 93, 94, 491
Dédit, 491
Défaillant, 491
Défendeur, 491
Défense nationale, 23
Défenseur des droits, 53
Dégâts des eaux, 232
De Gaulle, général, 32
Délai de réflexion, 472
Délégué
  du personnel, 491
  syndical, 491
Délit, 491
Demande en rescision pour lésion, 69
Demande reconventionnelle, 491
Demandeur, 491
Démarchage à domicile, 311
Démission, 41, 74, 432
  lettre de, 477
Dénonciation calomnieuse, 35, 491
Déontologie, 53

Députés, 23, 25
Descendants, 194, 195
Déshérence, 203
Détective, 157
Détention, 492
Dette d'aliment, 492
Dettes, 198, 199
  ménagères, 90, 105, 185
De Villepin, Dominique, 31
Devoir de secours, 492
Diffamation, 41
Difficultés économiques
  conjoncturelles, 492
  structurelles, 492
Direction générale de la concurrence, de la consommation et de la répression des fraudes (DGCCRF), 304
Discrimination, 53, 255
Divorce, 41, 152, 165, 479, 492
  accepté, 155
  à l'étranger, 174
  à la française, 174
  conséquences du, 165
  et enfants, 163
  et retraite, 163
  et Sécurité sociale, 163
  par consentement mutuel, 153, 158
  pour altération définitive du lien conjugal, 156
  pour faute, 156
Dol, 68, 202, 492
Domicile conjugal, 157
Dommages corporels, 56
Dommages et intérêts, 45, 77, 78, 79, 84, 98, 101, 109, 151, 170, 235, 240, 244, 247, 255, 273, 280, 310, 313, 339, 344, 364, 379, 397, 418, 422, 430, 441, 444, 465, 467
Donation, 95, 171, 187, 492
  assortie d'une obligation de transmettre un bien, 190
  don manuel, 188
  entre époux, 190
  et pacte successoral, 186
  -partage, 189
Droit
  administratif, 33
  constitutionnel, 10
  d'alerte, 460
  de grâce, 20
  de message, 19
  de rétention, 492
  de rétractation, 312, 320
  de retrait, 461
  d'information, 29
  du travail, 12, 415
  étranger, 174
  privé, 33, 492
  public, 492
  syndical, 12
Droits
  civiques, 17, 492
  de l'homme, 62
  de succession, 198
  du salarié, 339
  extrapatrimoniaux, 223, 492
  patrimoniaux, 223, 492

E

École, 53
Éducation, 91, 98
Élections, 22
  législatives, 27
  présidentielles, 18
Émancipé, 492
Emploi, 170
Employeur, 41, 74, 257, 452, 455
Emprisonnement, 46
Emprunt, 181
Emprunteur, 65, 286
Endettement, 167
Enfance, 53
Enfant, 52, 82, 97, 107, 162, 163, 164, 195, 217
  enlèvement par un parent, 136
  posthume, 85
Enseignement, 12
Enterrement, 196
Entreprises, 55
Époux, 87, 154
Escroquerie, 44
État civil, 41, 139
État des lieux, 475
Étiquetage, 306
Examens médicaux, 452
Exécution provisoire, 221, 493
Exequatur, 175, 493
Expulsion, 406

F

Fabius, Laurent, 31
Famille, 81, 90, 193, 194
Fiançailles, 83
Filiation, 41
adoptive, 118, 190
biologique, 112, 190
Fillon, François, 31
Finances, 218
Fisc, 198
Fonction publique, 45
Fonctionnaire, 94, 173
Fonds des Garanties des Assurances Obligatoires (FGAO), 351
Force majeure, 493
Forclusion, 493
Forfait touristique, 340
Foyer fiscal, 172
Fraude, 182
à la carte bancaire, 319
Frère, 92, 194
Funérailles, 196

G

Garde des Sceaux, 34
Garantie de conformité, 308, 344
Garantie des vices cachés, 309
Giscard d'Estaing, Valéry, 20
Gouvernement, 23
Grâce présidentielle, 20
Grands-parents, 194
Greffe, 200, 493
Greffier, 44, 104, 493
Grossesse, 452
Guerre, 21

H

Habitation, 227
Handicap, 454
Harcèlement, 68
Haute autorité de lutte contre les discriminations et pour l'égalité (HALDE), 53
Haute Cour, 21, 38
Héritage, 92
Héritier, 91, 93, 100, 101, 109, 116, 150, 165, 187-203, 214, 219, 252, 368, 473
présomptif, 189, 493
réservataire, 493
Homicide, 191
Homologation, 179, 438, 493
Homosexualité, 86
Huissier, 107, 134, 236, 240
Hypothèque, 90, 169, 240, 493

I

Identité, 40
Immeuble, 245
Impôts, 108
locaux, 105
sur le revenu, 172
sur le Revenu des Personnes Physiques (IRPP), 108
Incendie, 231
Incorporel, 493
Indemnisation, 57, 98, 101, 107
Indivis, 493
Indivisaire, 202, 493
Indivision, 201, 202, 494
Industriels, 94
Infirmer (une décision), 494
Injures, 41, 157, 191
Institut national de la consommation (INC), 303
Instruction, 226
Internaute, 320
Invalidité, 167
ISF, 97, 105, 172

J

Jalousie, 157
Jospin, Lionel, 18, 31
Journal officiel, 14, 28, 29, 144, 284, 494
Juge, 44, 56, 76, 154
aux affaires familiales (JAF), 155, 158, 162
de l'exécution (JEX), 385
Jugement, 494
contradictoire, 494
rendu par défaut, 494
réputé contradictoire, 494
Juppé, Alain, 31
Juré, 46
Juridictions
d'appel, 33
de première instance, 33
Jurisprudence, 67, 494
Justice, 33, 57, 218
Justiciable, 36

K

Kbis, 494
Kouchner, Bernard, 23

L

Légalisation, 494
Légataire, 197, 494
Legs, 494
Le Pen, Jean-Marie, 18
Libéralité, 12, 95, 183, 494
Licenciement, 41, 74, 427
  abusif, 495
  contester un, 430
  motifs de, 431
  pour motif économique, 431
  pour motif personnel, 427
  sans cause réelle et sérieuse, 495
Licitation, 495
Lien de causalité, 495
Lien de sang, 194
Litige, 36, 39, 301, 336, 500
Litispendance, 495
Livraison, 320
Livret de famille, 87
Locataire, 71, 100, 232
Location, 251
  avec option d'achat, 495
  meublée, 269
  saisonnière, 277
  sociale, 273
  -vente, 495
Logement, 71, 90
  commun, 100, 101
  conjugal, 92, 162, 164
  vide, 251
Loi, 11, 36, 233
  de finances, 12, 495
  ordinaire, 11, 495
  organique, 11 495
  référendaire, 12
Lots, 229
Loyer, 71, 104, 252-276, 375, 383, 392, 399, 401

M

Magistrats, 34, 47
  du parquet, 496
  du siège, 496
Magistrature, 33
Main courante, 157, 495
Mainlevée, 495
Maire, 14
Mairie, 25, 26, 86
Maître d'ouvrage, 65, 496
Majeur, 205
Maladie, 447
Malraux, André, 23
Mandant, 496
Mandat, 496
  de protection future, 209
Mandataire, 496
Mandataire judiciaire à la protection des majeurs à titre individuel, 206
Mariage, 41, 85, 188, 478
  annulation du, 88
  blanc, 89
  homosexuel, 87
  putatif, 88, 89, 496
Maternité, 450
Mauroy, Pierre, 31
Médecin, 212
Médiateur, 496
  bancaire, 54
  de l'eau, 54
  de l'économie et des finances, 53
  de l'Éducation nationale, 53
  de la RATP, 54
  de la République, 51
  de la SNCF, 54
  des assurances, 54
  des communications électroniques, 55
  du crédit aux entreprises, 55
  du groupe La Poste, 54
  national de l'énergie, 54
Médiation, 496
  civile, 55
  pénale, 57
Menace, 68
Ménage, 91
Mère, 194, 454
Messmer, Pierre, 30
Mesure
  d'accompagnement judiciaire (MAJ), 208
  d'accompagnement social personnalisé (MASP), 207
Mesures éducatives, 496
Meubles, 106
  corporels, 377
  incorporels, 386

Meurtre, 45
Mineur, 88, 205
émancipé, 220, 496
Ministres
d'État, 23
délégués, 23
Mise à pied
conservatoire, 496
disciplinaire, 496
Mise sous sauvegarde de justice, 211
Mitterrand, François, 13, 18, 19, 20
Moratoire, 497
Mort, 91
Motion de censure, 30

N

Nantissement, 497
Nationalité, 12, 165
Nom, 89
changement de, 143
d'usage, 497
de l'enfant adopté, 141
de l'enfant « biologique », 139
Notaire, 74, 92, 213
Notification, 159, 226, 497
Nue propriété, 190, 497
Nullité
absolue, 68, 497
relative, 68, 497

O

Obligation
d'information, 343
de conseil, 337
de moyen, 71
de résultat, 71
Offre, 66
Oncle, 194
Ordonnance, 13, 497
de non conciliation, 159, 164, 497
Ordre public, 497
Orphelin, 193

P

Pacte Civil de Solidarité (PACS), 40, 41, 82, 96, 102, 188
Pacte successoral, 192
Paiement en ligne, 319
Parents, 40, 112
Parité, 27
Parlement, 28, 497
Parlement européen, 29
Parquet, 34
Partage, 69
Partie civile, 497
Parties, 56, 74, 163
Parties communes, 233, 245
Parties privatives, 233, 241
Passeport, 144
Patrimoine, 90, 167, 177, 180, 218, 385
PayPal, 319
Pension
alimentaire, 97, 497
de réversion, 94, 173
Père, 194
Période d'essai, 421
Permis de conduire, 45, 144
Perpétuité, 45
Petits-enfants, 187
Plan conventionnel de redressement, 406
Pleine propriété, 498
Police dommage-ouvrage, 498
Polygamie, 88
Pompidou, Georges, 22, 30
Poste, 54
Pourvoi, 154, 498
Pouvoir
exécutif, 17
législatif, 25
Préavis, 41, 498
Préfet, 14
Premier ministre, 12, 20, 22, 28, 30, 31, 51, 144, 498
Prénom
changement de, 145
choix du, 143
Prescription, 498
Président de la République, 11, 14, 17, 18, 20, 38, 51, 84, 498
Présomption, 498
Prestataire de service, 321
Prestation compensatoire, 165, 166, 168
Prestations sociales, 173, 208
Prévenu, 498
Privilège, 498
Procédure de rétablissement personnel, 412
Procès, 56
Procès-verbal, 54

Procuration, 26
Procureur, 44, 87
Professions libérales, 94
Promulgation, 498
Propriétaire, 71, 100, 238
Propriété, 105
Protection judicaire, 205, 210
Provisions sur charges, 238
Prud'hommes, 41, 480
Psychiatre, 212

Q

Qualification, 496
Question de confiance, 31
Question prioritaire de constitutionnalité, 36, 498
Quitus, 498
Quorum, 498
Quotient familial, 499
Quotité disponible, 195, 499

R

Raffarin, Jean-Pierre, 31
RATP, 54
Récidive, 499
Réclusion criminelle, 499
Récompense, 95, 499
Reconduction, 499
Recours en rétractation, 499
Référé, 239, 499
Référendum, 10, 32
Régime fiscal, 168
Régime matrimonial, 12, 82, 499
  légal de la communauté réduite aux acquêts, 180
  volontaire de communauté conventionnelle, 183
  volontaire de la participation aux acquêts, 186
  volontaire de la séparation de biens, 185
  volontaire de la séparation de biens avec société d'acquêts, 186
Relations sexuelles, 90
Relaxe, 499
Remariage, 172, 173
Rémunération, 496
Rente viagère, 169
Représentation, 499
Représenter, 499
Répudiation, 175
Requête, 499
Rescision pour lésion, 499
Réserve héréditaire, 95, 500
Résidence
  principale, 269, 500
  secondaire, 161
Résiliation, 500
Résolution, 76, 500
Responsabilité, 78
  civile, 232
  contractuelle, 79
  délictuelle, 79
Rétention, 500
Réticence dolosive, 68, 500
Rétractation, 471, 500
Retraite, 174, 218, 442
Revenu imposable, 500
Revenus, 167
Rocard, Michel, 31
RSA, 60, 208
Rupture, 84
  conventionnelle, 435

S

Saisie, 369
  -attribution, 384
  saisie immobilière des immeubles, 389
  -vente, 377
Salaire, 167
Salarié, 41, 74, 94, 452, 496
  protégé, 500
Sanction disciplinaire, 425
Santé, 86, 167, 208, 447
Sauvegarde de justice, 211, 500
Secrétaires d'État, 20, 23
Sécurité sociale, 12, 43, 94, 173, 218
Sénat, 10, 19, 22, 26, 32, 35, 497
Sénateurs, 22, 23, 27, 36
Séparation, 41, 97, 107, 148
  de corps, 90, 177, 500
  judiciaire, 500
Séquestre, 500
Seuil d'actif net, 501
Sévices, 191
SNCF, 54
Sœur, 92, 194
Solde de tout compte, 501

Soulte, 501
Souscripteur, 501
Sous-location, 261
Stupéfiants, 45, 348
Succession, 12, 41, 91, 190, 193, 501
Suffrage universel
 direct, 11, 25
 indirect, 26
Suppléant, 501
Surendettement, 58, 399
 commission de, 402
 dossier de, 400
 sortir du, 406
Syndic, 244, 477
Syndicat, 230

T

Tante, 194
Taxe
 d'habitation, 172
 foncière, 105
Terrorisme, 45
Testament, 92, 187, 196, 501
Testateur, 195, 501
Tiers, 72, 163
Titre exécutoire, 501
Toxicomanie, 51
Traité constitutionnel européen, 32
Transaction, 501
Transport, 75
Transporteur, 75
Travail, 74, 415
 contrat de, 417
 d'Intérêt Général, 45
 modification des conditions de, 496
 modification du contrat de, 496
 posté, 465
 sur écran, 466
Travailleur handicapé, 455
Travaux, 230, 235
Trésor public, 108, 198
Tribunal, 33
 administratif, 50, 51
 correctionnel, 44, 480
 d'instance, 39, 480
 de commerce, 42
 de grande instance, 40, 60, 238, 480
 de l'Union européenne, 61
 de police, 44, 480
 des affaires de la Sécurité sociale, 43, 480
 des conflits, 51
 judiciaire, 51
 paritaire des baux ruraux, 42
Tutelle, 39, 67, 196, 211, 220, 501
Tuteur, 206, 223

U

Union européenne, 29, 61
Usufruit, 92, 164, 168, 169, 184, 190, 196, 501

V

Vacance, 203
Valeur mobilière cotée, 501
Véhicule, 34
Vélo, 353
Vendeur, 321
Vente
 à distance, 315
 du logement, 90
Vice, 67
Vices cachés, 344
Viol, 45, 90
Violence, 68, 90, 157, 202
Voisins, 236
Voiture, 90
Voyage, 37
 annulation, 339
 cession, 340